Börsengeschäfte, Übertragung von Wertpapieren und Leistungsstörungen

Börsen- und kapitalmarktrechtliche Abhandlungen

Herausgegeben von Horst Hammen

Band 11

PL ACADEMIC RESEARCH

Simon Reitz

Börsengeschäfte, Übertragung von Wertpapieren und Leistungsstörungen

PL ACADEMIC RESEARCH

Bibliografische Information der Deutschen Nationalbibliothek
Die Deutsche Nationalbibliothek verzeichnet diese Publikation in der Deutschen Nationalbibliografie; detaillierte bibliografische Daten sind im Internet über http://dnb.d-nb.de abrufbar.

Zugl.: Gießen, Univ., Fachbereich Rechtswissenschaft, Diss., 2012

Umschlaggestaltung:
© Olaf Glöckler, Atelier Platen, Friedberg

D 26
ISSN 1862-183X
ISBN 978-3-631-62529-3

PL Academic Research ist ein Imprint der Peter Lang GmbH.

Peter Lang – Frankfurt am Main · Berlin · Bruxelles · New York · Oxford · Wien · Warszawa

www.peterlang.de

Für meinen Großvater Werner Noack.

Inhaltsverzeichnis

Literaturverzeichnis

Abel, Walter – Teilabtretung von Briefgrundschulden und vorläufigen Eigentümergrundschulden aus Briefhypotheken, NJW 1966, S. 2044-2047.

Albrecht, Achim/Karahan, Davud/Lenenbach, Markus (Hrsg.) – Fachanwaltshandbuch Bank- und Kapitalmarktrecht, Münster 2010 (zitiert: Albrecht/ Karahan/Lenenbach-*Bearbeiter*).

Alfes, André – Central Counterparty – Zentraler Kontrahent – Zentrale Gegenpartei, Über den Vertragsschluss an der Frankfurter Wertpapierbörse mittels des elektronischen Handelssystems Xetra unter Einbeziehung einer Central Counterparty, Berlin 2005 (zitiert: *Alfes,* Central Counterparty).

Alternativkommentar – Kommentar zum Bürgerlichen Gesetzbuch: In 6 Bänden (Reihe Alternativkommentare) – hrsg. v. Wassermann, Rudolf – Bd. 2., Allgemeines Schuldrecht: [§§ 241-432], Neuwied [u.a.] 1980 (zitiert: AK-BGB-*Bearbeiter*).

Anwaltkommentar BGB – Gesamthrsg. Dauner-Lieb, Barbara, Band 1, Allgemeiner Teil mit EGBGB, hrsg. v. Heidel, Thomas, Bonn 2005 (zitiert: AnwK-BGB-*Bearbeiter*).

Assmann, Heinz-Dieter/Schütze, Rolf A. (Hrsg.) – Handbuch des Kapitalanlagerechts, 3. Aufl., München 2007 (zitiert: Assmann/Schütze-*Bearbeiter*).

Ballerstedt, Kurt – Zur Lehre vom Gattungskauf, in: Dietz, Rolf/Hueck, Alfred/ Reinhardt, Rudolf (Hrsg.), Festschrift für Hans Carl Nipperdey, Zum 60. Geburtstag – 21. Januar 1955, München u. Berlin 1955, S. 261-282 (zitiert: *Ballerstedt,* FS Nipperdey (1955)).

Bamberger, Heinz Georg/Roth, Herbert (Hrsg.) – Kommentar zum Bürgerlichen Gesetzbuch, München, Band 1, §§ 1-610, 2. Aufl. 2007; Band 2, §§ 611-1296, 2. Aufl. 2008 (zitiert: Bamberger/Roth-*Bearbeiter*).

Bank for International Settlements (Hrsg.) – Report on netting schemes, Prepared by the Group of Experts on Payment Systems of the central banks of the Group of Ten countries, Basel Februar 1989, abrufbar unter: http://www.bis.org/ publ/cpss02.pdf(Stand: 13.05.2011) (zitiert: Angell-Report).

Bank for International Settlements/International Organization of Securities Commissions (Hrsg.) – Recommendations for securities settlement systems, Basel November 2001, abrufbar unter: http://www.bis.org/publ/cpss46.pdf

(Stand: 13.05.2011) (zitiert: *BIS/IOSCO,* Recommendations for securities settlement systems).

Bank for International Settlements/International Organization of Securities Commissions (Hrsg.) – Recommendations for Central Counterparties, Consultative Report, Basel März 2004, abrufbar unter: http://www.bis.org/publ/cpss61.pdf (Stand: 13.05.2011) (zitiert: *BIS/IOSCO,* Recommendations for Central Counterparties, Consultative Report, März 2004).

Bankrecht und Bankpraxis – hrsg. v. Hellner, Thorwald/Schröter, Jürgen/Steuer, Stephan/Weber, Ahrend, Grundwerk, laufend ergänzt, Köln 1979 (zitiert: BuB-*Bearbeiter*).

Bank- und Kapitalmarktrecht – begr. v. Kümpel, Siegfried; hrsg. v. Wittig, Arne, 4. Aufl., Köln 2011 (zitiert: *BuK-Bearbeiter*).

Baumbach, Adolf/Hopt, Klaus J. (Hrsg.) – Handelsgesetzbuch, mit GmbH & Co., Handelsklauseln, Bank- und Börsenrecht, Transportrecht (ohne Seerecht), 34. Aufl., München 2010 (zitiert: Baumbach/Hopt-*Bearbeiter*).

Baur, Fritz – Gestufter Mitbesitz am Brief bei Teilgrundpfandrechten, NJW 1967, S. 22-23.

Baur, Fritz (Begr.)/Baur, Jürgen F./Stürner, Rolf – Sachenrecht, 18. Aufl., München 2009 (zitiert: *Baur/Stürner,* Sachenrecht).

Beck, Heiko – Das neue elektronische Handelssystem Xetra der Frankfurter Wertpapierbörse, WM 1998, S. 417-430.

Beck, Heiko – Die Reform des Börsenrechts im Vierten Finanzmarktförderungsgesetz, Teil 2: Neuregelung der Handelsplattformen, des Maklerrechts und der Wertpapierzulassung, BKR 2002, S. 699-708.

Beckmann, Roland Michael/Matusche-Beckmann, Annemarie – Versicherungsrechts-Handbuch, 2. Aufl., München 2011 (zitiert als: Beckmann/Matusche-Beckmann-*Bearbeiter*).

Behrends, Otto/Knütel, Rolf/Kupisch, Berthold/Seiler, Hans Hermann, Corpus Iuris Civilis, Text und Übersetzung, I, Institutionen, 2. Aufl., Heidelberg 1997; III, Digesten 11-20, Heidelberg 1999.

Berger, Christian – Verpfändung und Verwertung von Aktien, WM 2009, S. 577-585.

Berger, Klaus Peter – Der Aufrechnungsvertrag, Aufrechnung durch Vertrag – Vertrag über Aufrechnung, Tübingen 1996 (zitiert: *Berger,* Der Aufrechnungsvertrag).

Boos, Karl-Heinz/Fischer, Reinfrid/Schulte-Mattler, Hermann (Hrsg.) – Kreditwesengesetz, Kommentar zu KWG und Ausführungsvorschriften, 3. Aufl., München 2008 (zitiert: Boos/Fischer/Schulte-Mattler-*Bearbeiter*).

Bork, Reinhard – Allgemeiner Teil des Bürgerlichen Gesetzbuches, 3. Aufl., Tübingen 2011 (zitiert: *Bork,* BGB AT).

Bosch, Ulrich – Finanztermingeschäfte in der Insolvenz, Zum „Netting“ im Insolvenzverfahren, WM 1995, S. 365-375 und 413-428.

Bosch, Ulrich – Differenz- und Finanztermingeschäfte nach der Insolvenzordnung, in: Arbeitskreis für Insolvenz- und Schiedsgerichtswesen e.V. (Hrsg.), Kölner Schrift zur Insolvenzordnung, Das neue Insolvenzrecht in der Praxis, 2. Aufl., Herne u. Berlin 2000, S. 1009-1042 (zitiert: *Bosch*, in: Kölner Schrift (2000)).

Bötticher, Eduard – Die „Selbstexecution“ im Wege der Aufrechnung und die Sicherungsfunktion des Aufrechnungsrechts, in: Fasching, Hans W./Kralik, Winfried (Hrsg.), Festschrift für Hans Schima zum 75. Geburtstag, Wien 1969, S. 95-110 (zitiert: *Bötticher,* FS Schima).

Brink, Ulrich – Rechtsbeziehungen und Rechtsübertragung im nationalen und internationalen Effektengiroverkehr, Berlin 1976 (zitiert: *Brink*, Rechtsbeziehungen und Rechtsübertragung).

Bröcker, Norbert/Ekkenga, Jens – § 6. Börsen- und Wertpapierrecht, in: Claussen, Carsten Peter (Hrsg.), Bank- und Börsenrecht für Studium und Praxis, 4. Aufl., München 2008, S. 317-482 (zitiert: *Bröcker/Ekkenga*, in: Claussen, Bank- und Börsenrecht).

Brodella, Axel/Deusinger, Ronald – Der ECCP zwingt Banken zur strategischen Neuausrichtung, Börsen-Zeitung v. 16.08.2002, S. 3.

Bron, Jan Frederik – Das Gesetz zur Schaffung deutscher Immobilien-Aktiengesellschaften mit börsennotierten Anteilen – Das Gesetz über deutsche Real Estate Investment Trusts unter Berücksichtigung der wesentlichen Änderungen gegenüber dem Regierungsentwurf, BB-Sonderbeilage 7/2007, S. 2-29.

Brüggemeier, Gert – Referat in: Verhandlungen des sechzigsten Deutschen Juristentages, Münster 1994, Band II/1 (Sitzungsberichte – Referate und Beschlüsse), S. K 47-97 – herausgegeben von der ständigen Deputation des Deutschen Juristentages, München 1994 (zitiert: *Brüggemeier*, Referat zum 60. DJT).

Brych, Friedrich Adalbert – Die Konzernverrechnungsklausel, ein Skontrationsvertrag, Saarbrücken 1969 (zitiert: *Brych,* Die Konzernverrechnungsklausel).

Burmeister, Joachim – Verträge zwischen der Verwaltung und Privaten, VVDStRL 52 (1993), S. 190-247.

Canaris, Claus-Wilhelm – Anmerkung zu BAG, Urt. v. 14.12.1966 – 5 AZR 168/77 = SAE 1967, 207, in: SAE 1967, S. 210-212.

Canaris, Claus-Wilhelm – Die Verrechnung beim Kontokorrent, DB 1972, S. 421-426 und 469-473.

Canaris, Claus-Wilhelm – Grundprobleme des bankrechtlichen Abrechnungsverkehrs, WM 1976, S. 994-1016.

Canaris, Claus-Wilhelm – Finanzierungsleasing und Wandelung, NJW 1982, S. 305-312.

Canaris, Claus-Wilhelm – Die Reform des Rechts der Leistungsstörungen, JZ 2001, S. 499-528.

Canaris, Claus-Wilhelm – Handelsrecht, 24. Aufl., München 2006 (zitiert: *Canaris,* Handelsrecht 2006).

Cecchetti, Stephen G./Gyntelberg, Jacob/Hollanders, Marc – Central counterparties for over-the-counter derivatives, BIS Quarterly Review, September 2009, S. 45-58, abrufbar unter: abrufbar unter: http://www.bis.org/publ/qtrpdf/r_qt0909f.pdf (Stand: 13.05.2011) (zitiert: *Cecchetti/Gyntelberg/Hollanders*, BIS Quarterly Review, September 2009).

Coester-Waltjen, Dagmar – Die Gegenleistungsgefahr, Jura 2007, S. 110-114.

Committee of European Securities Regulators (CESR) and European Central Bank (ECB) – Standards for Securities Clearing and Settlement in the European Union, September 2004, abrufbar unter: http://www.ecb.int/pub/pdf/other/escb-cesr-standardssecurities2004en.pdf (Stand: 13.05.2011) (zitiert: *CESR/ECB*, Standards for Securities Clearing and Settlement in the EU).

Cornelius, Kai – Vertragsabschluss durch autonome elektronische Agenten, MMR 2002, S. 353-358.

Dechamps, Claudius – Wertrechte im Effektengiroverkehr, Zum redlichen Erwerb stückeloser Effekten, Köln [u.a.] 1989 (zitiert: *Dechamps*, Wertrechte im Effektengiroverkehr).

Deutsche Börse AG – Funktionale Beschreibung Xetra R7.0, Frankfurt am Main 2002, abrufbar unter: http://cis.deutsche-boerse.com/INTERNET/XETRA/x4_member.nsf/0/56D827DB66D40E6DC1256BB100625D8D/$FILE/FunktionaleBeschreibungXetraR7_0.pdf (Stand: 13.05.2011) (zitiert: *Deutsche Börse AG*, Funktionale Beschreibung Xetra R7.0).

Deutsche Börse AG – Wettbewerb – Geschäftsbericht 2003, abrufbar unter: http://deutsche-boerse.com/dbag/dispatch/de/binary/gdb_navigation/investor_relations/30_Reports_and_Figures/30_Annual_Reports/20_Archive/Content_Files/Archive/GB_2003_Komplett.pdf (Stand: 13.05.2011) (zitiert: *Deutsche Börse AG*, Geschäftsbericht 2003).

Deutsche Börse AG – Xetra Release 10.0 – Marktmodell Aktien, Frankfurt am Main 2009, abrufbar unter: http://deutsche-boerse.com/dbag/dispatch/de/binary/gdb_content_pool/imported_files/public_files/10_downloads/31_trading_member/10_Products_and_Functionalities/20_Stocks/50_Xetra_Market_Model/marktmodell_aktien.pdf (Stand: 13.05.2011) (zitiert: *Deutsche Börse AG*, Xetra Release 10.0).

Deutsche Börse AG – Handel auf dem Parkett in Frankfurt läuft ab Mai 2011 komplett über Xetra-Spezialisten, Pressemitteilung vom 24. November 2010, abrufbar unter: http://deutsche-boerse.com/INTERNET/MR/mr_presse.nsf/maincon tent/A6DC5CAC801897D0C12577E50033E270?Opendocument&lang=de& nl.n=9&nl.c=203&nl.d=20101207&nl.r=&nl.w=94555& (Stand: 13.05.2011) (zitiert: *Deutsche Börse AG*, Pressemitteilung vom 24. November 2010).

Deutsches Aktieninstitut e.V. – Stellungnahme des Deutschen Aktieninstituts zum Eckpunktepapier zur Reform des Depotrechts des Bundesministeriums der Justiz, 22.09.2008, abrufbar unter http://212.100.53.4/internet/dai/dai-2-0. nsf/0/B1747E48B97D1FADC12574CE00252D54/$FILE/CE0487E15873C7 14C12574CE00252C99.pdf?openelement&cb_content_name_utf=2008-09-22 _DAI-Stellungnahme_Depotrecht.pdf (Stand: 13.05.2011) (zitiert: *DAI*, Stellungnahme zur Reform des Depotrechts (2008)).

Deutsches Aktieninstitut e.V. – Stellungnahme zum zweiten Diskussionspapier der EU-Kommission "Legislation on Legal Certainty of Securities Holding and Dispositions" vom 5. März 2010, 10. März 2010, abrufbar unter: http://www.dai.de/internet/dai/dai-2-0.nsf/0/9E7DFA79E6F922FEC12576E3 002CAEC2/$FILE/CF4DC6F8995B91B9C12576E3002CAE01.pdf?openele ment&cb_content_name_utf=2010-03-10%20DAI-GDV-Stellungnahme%20 zweites%20EU-Arbeitspapier%20Depotrecht.pdf (Stand: 13.05.2011) (zitiert: *DAI*, Stellungnahme zum zweiten Diskussionspapier der EU-Kommission (2010)).

Dörner, Heinrich – Rechtsgeschäfte im Internet, AcP 202 (2002), S. 363-396.

The Depository Trust & Clearing Corporation – Central Counterparties: Development, cooperation and consolidation, A White Paper to the Industry on the Future of CCPs, Oktober 2000, abrufbar unter: http://www.dtcc.com/downloads/ leadership/whitepapers/ccpwp.pdf (Stand: 13.05.2011) (zitiert: *DTCC*, Central Counterparties: Development, cooperation and consolidation).

Draft Official Commentary on the draft Convention on Substantive Rules regarding Intermediated Securities, hrsg. v. UNIDROIT, Genf 2009, abrufbar unter: http://www.unidroit.org/english/conventions/2009intermediatedsecurities/con ference/conferencedocuments2009/conf11-2-005-e.pdf (Stand: 13.05.2011) (zitiert: Draft Official Commentary).

Dreher, Meinrad – Das Finanzkommissionsgeschäft nach § 1 Abs. 1 Satz 2 Nr. 4 KWG, ZIP 2004, S. 2161-2169.

du Buisson, Joachim – Die Reichweite der Erlaubnistatbestände Emissionsgeschäft und Eigenhandel für andere in § 1 Kreditwesengesetz (KWG), WM 2003, S. 1401-1412.

Ebenroth, Carsten Thomas/Benzler, Marc – Close-Out Netting nach der neuen Insolvenzordnung, ZVglRWiss 95 (1996), S. 335-386.

Ebenroth, Carsten Thomas/Boujong, Karlheinz (Begr.)/Joost, Detlev/Strohn, Lutz (Hrsg.) – Handelsgesetzbuch: [Kommentar], Band 1, §§ 1-342e, 2. Aufl.,

München 2008; Band 2, §§ 343-475h – Transportrecht – Bank- und Börsenrecht, 2. Aufl., München 2009 (zitiert: Ebenroth/Boujong/Joost/Strohn-*Bearbeiter*).

Eder, Cajetan J. – Die rechtsgeschäftliche Übertragung von Aktien, NZG 2004, S. 107-114.

Ehricke, Ulrich – Finanztermingeschäfte im Insolvenzverfahren, ZIP 2003, S. 273-282.

Ehricke, Ulrich – Verrechnungsabreden zwischen Clearing-Mitgliedern und einer zentralen Vertragspartei und deren insolvenzrechtliche Behandlung, in: Moll, Wilhelm (Hrsg.), Festschrift für Hans-Jochem Lüer zum 70. Geburtstag, München 2008, S. 361-375 (zitiert: *Ehricke,* FS Lüer).

Einsele, Dorothee – Wertpapierrecht als Schuldrecht, Funktionsverlust von Effektenurkunden im internationalen Rechtsverkehr, Tübingen 1995 (zitiert: *Einsele*, Wertpapierrecht als Schuldrecht).

Einsele, Dorothee – Das neue US-amerikanische Wertpapierrecht als Modell für einen funktionsfähigen Effektengiroverkehr, RIW 1997, S. 269-274.

Einsele, Dorothee – Wertpapiere im elektronischen Bankgeschäft, WM 2001, S. 7-16.

Einsele, Dorothee – Das Haager Übereinkommen über das auf bestimmte Rechte im Zusammenhang mit zwischenverwahrten Wertpapieren anzuwendende Recht, WM 2003, S. 2349-2356.

Einsele, Dorothee – Das UNIDROIT-Projekt zu intermediärverwahrten Wertpapieren als Konzept für eine Modernisierung des deutschen Depotrechts, WM 2005, S. 1109-1118.

Ekkenga, Jens/Bernau, Timo – § 57 Effektengeschäft, in: Derleder, Peter/Knops, Kai-Oliver/Bamberger, Heinz Georg (Hrsg.), Handbuch zum deutschen und europäischen Bankrecht, 2. Aufl., Berlin [u.a.] 2009, S. 1679-1723 (zitiert: *Ekkenga/Bernau,* in: Hdb. zum deutschen und europäischen Bankrecht).

Emmerich, Volker – Das Recht der Leistungsstörungen, 6. Aufl., München 2005 (zitiert: *Emmerich,* Leistungsstörungen).

Enneccerus, Ludwig/Lehmann, Heinrich – Recht der Schuldverhältnisse, Ein Lehrbuch, 14. Aufl., Tübingen 1954 (zitiert: *Enneccerus/Lehmann,* Recht der Schuldverhältnisse).

Erbs, Georg (Begr.)/Kohlhaas, Max (ehemaliger Hrsg.)/Ambs, Friedrich (Hrsg.) – Strafrechtliche Nebengesetze, Grundwerk, laufend ergänzt, München (zitiert: Erbs/Kohlhaas-*Bearbeiter*).

Erman, Walter (Begr.)/Westermann, Harm (Hrsg.) – Erman Bürgerliches Gesetzbuch: Handkommentar mit AGG [u.a.], Bd. 1, §§ 1-758; Bd. 2, §§ 759-2385, 12. Aufl., Köln 2008 (zitiert: Erman-*Bearbeiter*).

Eurex Frankfurt AG – Clearing – Risk-Based-Margining, September 2007, abrufbar unter: http://www.eurexchange.com/download/documents/publica tions/ rbm_final_de.pdf (Stand: 13.05.2011) (zitiert: *Eurex Frankfurt AG*, Risk-Based-Margining).
European Central Bank (ECB) (Hrsg.) – Monthly Bulletin, August 2001, abrufbar unter: http://www.ecb.int/pub/pdf/mobu/mb200108en.pdf (Stand: 13.05.2011) (zitiert: *ECB*, Monthly Bulletin, August 2001).
European Financial Markets Lawyers Group (Hrsg.) – Harmonisation of the legal framework for rights evidenced by book-entries in respect of certain financial instruments in the European Union, A report by the European Financial Markets Lawyers Group EFMLG, Juni 2003, abrufbar unter: http://www.efmlg.org/Docs/EFMLG_report_260603.pdf (Stand: 13.05.2011) (zitiert: *EFMLG*, Harmonisation of the legal framework for rights evidenced by book-entries).
European Securities Services Forum (ESSF) (Hrsg.) – Legislation in Legal Certainty of Securities Holding and Dispositions: Consultation document of the Services of the Directorate-General Internal Market and Services, 11. Juni 2009, abrufbar unter: http://www.afme.eu/assets/0/386/612/618/d508b8e9-9fdc-41d2-80c8-6efa45a4fb04.pdf (Stand 13.05.2011) (zitiert: *ESSF*, Consultation document).
Fabricius, Fritz – Zur Theorie des stückelosen Effektengiroverkehrs mit Wertrechten aus Staatsanleihen, Zugleich ein Beitrag zur Frage der Abgrenzung von Schuldrecht und Sachenrecht, AcP 162 (1963), S. 456-484.
Filios, Paul Chr. – Die Gefahrtragung beim Kauf (§ 446 BGB) im Rahmen des Synallagmas, Berlin 1964 (zitiert: *Filios,* Gefahrtragung beim Kauf).
Finn, Markus – Erfüllungspflicht und Leistungshindernis, Die Bestimmung der Grenzen vertraglicher Primärpflichten nach §§ 275 Abs. 1 und 2, 313 BGB, Berlin 2007 (zitiert: *Finn*, Erfüllungspflicht und Leistungshindernis).
Fleckner, Andreas M. – Schicksal der Gegenleistungspflicht beim Kauf von Wertpapieren – Zum Gefahrübergang im Wertpapierhandel sowie zur Konkurrenz zwischen allgemeinem Leistungsstörungsrecht und börsenrechtlicher Zwangsregulierung –, WM 2009, S. 2064-2073.
Flume, Werner – Der verlängerte und erweiterte Eigentumsvorbehalt, NJW 1950, S. 841-850.
Flume, Werner – Allgemeiner Teil des Bürgerlichen Rechts, Das Rechtsgeschäft, 3. Aufl., Berlin [u.a.] 1979 (zitiert: *Flume*, AT II (3. Aufl. 1979)).
Flume, Werner – Der Eigentumserwerb bei Leistungen im Dreiecksverhältnis, in: Bickel, Dietrich/Hadding, Walther/Jahnke, Volker/Lüke, Gerhard (Hrsg.), Recht und Rechtserkenntnis, Festschrift für Ernst Wolf zum 70. Geburtstag, Köln [u.a.] 1985, S. 61-71 (zitiert: *Flume*, FS E. Wolf).

Frey, Johannes/Harbarth, Stephan, REIT-AG – Gesellschafts-, kapitalmarkt- und steuerrechtliche Wesensmerkmale einer neuen Rechtsfigur, ZIP 2007, 1177.

Fuchs, Andreas (Hrsg.) – Wertpapierhandelsgesetz (WpHG), Kommentar, München 2009 (zitiert: Fuchs-*Bearbeiter*).

Gernhuber, Joachim – Die Erfüllung und ihre Surrogate, sowie das Erlöschen der Schuldverhältnisse aus anderen Gründen, 2. Aufl., Tübingen 1994 (zitiert: *Gernhuber,* Die Erfüllung und ihre Surrogate).

Giordano, Francesco – ECMI Short Paper No. 3 – Cross-border trading in financial securities in Europe: The role of Central Counterparty, Dezember 2002, abrufbar unter: http://www.eurocapitalmarkets.org/files/Cross-border%20Trading%20in%20Financial%20Securities%20in%20Europe_the%20Role%20of%20Central%20Counterparty.pdf (Stand: 13.05.2011) (zitiert: *Giordano,* ECMI Short Paper No. 3).

Grathwohl, Egon – Die eigentumsrechtliche Organisation der Girosammelverwahrung im deutschen, französischen und schweizerischen Recht, Köln 1976 (zitiert: *Grathwohl,* Die eigentumsrechtliche Organisation der Girosammelverwahrung).

Gräwe, Daniel – Der Ablauf des US-amerikanischen Chapter 11-Verfahrens, ZInsO 2012, S. 158-165.

Groß, Wolfgang (Hrsg.) – Kapitalmarktrecht, 4. Aufl., München 2009 (zitiert: Groß-*Bearbeiter*).

Gursky, Karl-Heinz – Die neuere höchstrichterliche Rechtsprechung zum Mobiliarsachenrecht – Teil 2, JZ 1997, S. 1154-1166.

Habersack, Mathias/Mayer, Christian – Globalverbriefte Aktien als Gegenstand sachenrechtlicher Verfügungen? – Ein (weiteres) Plädoyer für die Ablösung der Globalurkunde durch Wertrechte –, WM 2000, S. 1678-1684.

Hadding, Walther – Zur Tragweite der „Zwangsregulierung" bei Geschäften im Freiverkehr an der Frankfurter Wertpapierbörse, in: Grundmann, Stefan/Kirchner, Christian/Raiser, Thomas/Schwintowski, Hans-Peter/Weber, Martin/Windbichler, Christine (Hrsg.), Unternehmensrecht zu Beginn des 21. Jahrhunderts, Festschrift für Eberhard Schwark, München 2009, S. 697-706 (zitiert: *Hadding,* FS Schwark).

Hammen, Horst – Börsengeschäft und allgemeines Privatrecht – Das „Matchen" von Angeboten desselben Kreditinstituts, ZBB 2000, S. 293-301.

Hammen, Horst – „Best" – Was ist Börsenhandel, WM 2002, S. 2129-2137.

Hammen, Horst – Genussscheinfinanzierte Geschäfte mit Finanzinstrumenten und Finanzkommissionsgeschäft nach § 1 Abs. 1 KWG, WM 2005, S. 813-821.

Hammen, Horst – Börsenreform und Verfassungsrecht – Rechtsnatur der Börsenbedingungen und Zuständigkeit für die Einführung von Aktien zum Börsenhandel in den Teilbereichen, WM 2007, S. 1297-1305.

Hammen, Horst – Öffentlichrechtliche Zahlungsansprüche von Börsen – Zur Rechtsfähigkeit der deutschen Börsen, in: Burgard, Ulrich/Hadding, Walther/ Mülbert, Peter O./Nietsch, Michael/Welter, Reinhard (Hrsg.), Festschrift für Uwe H. Schneider zum 70. Geburtstag, Köln 2011 (zitiert: *Hammen*, FS Schneider).

Handelsgesetzbuch: Großkommentar – begr. v. Staub, Hermann; hrsg. v. Canaris, Claus-Wilhelm/Schilling, Wolfgang/Ulmer, Peter, Dritter Band, Bankvertragsrecht – 2. Bearbeitung, 3. Aufl., Berlin u. New York 1981; Sechster Band, §§ 383-424, 4. Aufl., Berlin 2004 (zitiert: Staub-*Bearbeiter*).

Harke, Jan Dirk – Allgemeines Schuldrecht, Heidelberg [u.a.] 2010 (zitiert: *Harke,* Allgemeines Schuldrecht).

Hartung, Stephanie G./Hartmann, Alexander – „Wer bietet mehr?" – Rechtssicherheit des Vertragsschlusses bei Internetauktionen, MMR 2001, S. 278-286.

Heer, Markus/Steiner, Christian – Zentraler Kontrahent für Aktien – langer Atem ist nötig, Börsen-Zeitung v. 01.03.2003, S. 3.

Heinsius, Theodor/Horn, Arno/Than, Jürgen (Hrsg.) – Depotgesetz, Kommentar zum Gesetz über die Verwahrung und Anschaffung von Wertpapieren vom 4. Februar 1937, Berlin [u.a.] 1975 (zitiert: *Heinsius/Horn/Than*).

Helios, Marcus/Wewel, Uwe/Wiesbrock, Michael R. (Hrsg.) – REIT-Gesetz, Gesetz über deutsche Immobilien-Aktiengesellschaften mit börsennotierten Anteilen – Kommentar, München 2008 (zitiert: Helios/Wewel/Wiesbrock-*Bearbeiter*).

Heymann, Ernst (Begr.)/Horn, Norbert/Emmerich, Volker (Hrsg.) – Heymann, Handelsgesetzbuch (ohne Seerecht): Kommentar, Band 4, Viertes Buch, §§ 343-475h, 2. Aufl., Berlin 2005 (zitiert: Heymann-*Bearbeiter*).

Hills, Bob/Rule, David/Parkinson, Sarah – Central counterparty clearing houses and financial stability, Bank of England Financial Stability Review, Juni 1999, S. 122-134. abrufbar unter: http://www.jscc.co.jp/en/ccp12/materials/ docs/11.pdf (Stand: 13.05.2011) (zitiert: *Hills/Rule/Parkinson*, Bank of England Financial Stability Review, Juni 1999).

Hirte, Heribert/Knof, Béla – Das Pfandrecht an globalverbrieften Aktien in der Insolvenz, Teil I, WM 2008, S. 7-14.

Historisch-kritischer Kommentar zum BGB – hrsg. v. Mathias Schmoeckel, Bd. 2, Schuldrecht: allgemeiner Teil, §§ 241-432, Teilbd. 1., Vor § 241-304, Tübingen 2007 (zitiert: HKK-*Bearbeiter*).

Hoffmann, Guido – Die Verpfändung von Aktien in der Konsortialpraxis, WM 2007, S. 1547-1554.

Hoffmann, Jochen – Elektronische Handelssysteme nach dem 4. Finanzmarktförderungsgesetz, Von zu engen und zu weiten Regelungen, WM 2003, S. 2025-2032.

Hofmann, Alexander – Der Skontroführer an den deutschen Wertpapierbörsen, Frankfurt am Main [u.a.] 2009 (zitiert: *Hofmann,* Der Skontroführer an den deutschen Wertpapierbörsen).

Hopt, Klaus J. – ECLR Interessenwahrung und Interessenkonflikte im Aktien-, Bank- und Berufsrecht, Zur Dogmatik des modernen Geschäftsbesorgungsrechts, ZGR 2004, S. 1-52.

Horn, Norbert – Entwicklungslinien des europäischen Bank- und Finanzdienstleistungsrechts, ZBB 1994, S. 130-141.

Horn, Norbert – Die Erfüllung von Wertpapiergeschäften unter Einbeziehung eines Zentralen Kontrahenten an der Börse, Sachenrechtliche Aspekte, WM 2002, Sonderbeilage 2, S. 1-23.

Hübner, Heinz – Allgemeiner Teil des Bürgerlichen Gesetzbuches, 2. Aufl., Berlin [u.a.] 1996 (zitiert: *Hübner,* BGB AT).

Hummel, Jörg-Dieter – Mitbesitz und Besitzkonstitut bei Grundschuldteilabtretungen ohne Briefübergabe, NJW 1965, S. 2376-2379.

Ingelmann, Thomas – Importsicherung und das Geschäft für den, den es angeht, WM 1997, S. 745-750.

Internal Market and Services Directorate General der Europäischen Kommission (Hrsg.) – Legislation in legal certainty of securities holding and dispositions – Consultation Document of the Services of the Directorate-General Internal Market and Services, Brüssel 2010, abrufbar unter: http://ec.europa.eu/internal_market/consultations/docs/2010/securities/consultation_paper_en.pdf (Stand: 13.05.2011) (zitiert: *EU Kommission*, Legislation in legal certainty of securities holding and dispositions – Consultation Document).

Jaeger / Insolvenzordnung: Großkommentar – begr. v. Jäger, Ernst; hrsg. v. Henckel, Wolfram/Walter, Gerhardt, Bd. 2., §§ 56-102, Berlin 2007 (zitiert: Jaeger-*Bearbeiter*).

Jäger, Axel – Thema Börse (9): Wiege für die New Economy, NZG 2000, S. 1049-1058.

Jauernig, Othmar (Hrsg.) – Bürgerliches Gesetzbuch, mit Allgemeinem Gleichbehandlungsgesetz (Auszug), 13. Aufl., München 2009 (zitiert: Jauernig-*Bearbeiter*).

Jobst, Stefan – Börslicher und außerbörslicher Derivatehandel mittels zentraler Gegenpartei, ZBB 2010, S. 384-400.

Jung, Mathias/Schleicher, Bettina – Finanzdienstleister und Wertpapierhandelsbanken – Aufsichtsrechtliche Regelungen, 2. Aufl., Berlin 2001 (zitiert: *Jung/Schleicher*, Finanzdienstleister und Wertpapierhandelsbanken).

Jung, Ute – Die Einigung über die „essentialia negotii“ als Voraussetzung für das Zustandekommen eines Vertrages, JuS 1999, S. 28-32.

Kalbhenn, Christopher – Der unbeliebte Kontrahent, Börsen-Zeitung v. 14.06.2002, S. 8.

Keijser, Thomas/Parmentier, Miriam – Die Verabschiedung der Genfer Wertpapierkonvention (Bericht von der Diplomatischen Konferenz), BKR 2010, S. 151-158.

Keller, Christoph – Die EG-Richtlinie 98/26 vom 19.5.1998 über die Wirksamkeit von Abrechnungen in Zahlungs- sowie Wertpapierliefer- und -abrechnungssystemen und ihre Umsetzung in Deutschland, WM 2000, S. 1269-1282.

Kellmann, Christof – Grundprobleme der Willenserklärung, JuS 1971, S. 609-617.

Kindermann, Elmar – Rechtliche Strukturen der Deutschen Terminbörse, WM 1989, Sonderbeilage 2, S. 1-34.

Kirn, Michael – Leistungspflichten im gegenseitigen Vertrag, JZ 1969, S. 325-330.

Kisch, Wilhelm – Die Wirkungen der nachträglich eintretenden Unmöglichkeit der Erfüllung bei gegenseitigen Verträgen nach dem Bürgerlichen Gesetzbuche für das Deutsche Reich, Jena 1900 (zitiert: *Kisch*, Wirkungen der nachträglich eintretenden Unmöglichkeit).

Klang, Heinrich (Begr.) – Kommentar zum Allgemeinen bürgerlichen Gesetzbuch, Bd. 4, Halbbd. 1, Lieferung 50/51, 2. Aufl., Wien 1951 (zitiert: Klang (IV)-*Bearbeiter*).

Knott, Waymond/Mills, Alastair – Modelling risk in central counterparty clearing houses: a review, Bank of England Financial Stability Review, Dezember 2002, S. 162-174.

Knütel, Rolf – Weisungen bei Geschäftsbesorgungsverhältnissen, insbesondere bei Kommission und Spedition, ZHR 137 (1973), S. 285-333.

Köhler, Helmut – BGB Allgemeiner Teil, 34. Aufl., München 2010 (zitiert: *Köhler*, BGB AT).

Koller, Ingo – Der gutgläubige Erwerb von Sammeldepotanteilen an Wertpapieren im Effektengiroverkehr (1. Teil), DB 1972, S. 1857-1861; Der gutgläubige Erwerb von Sammeldepotanteilen an Wertpapieren im Effektengiroverkehr (2. Teil), DB 1972, S. 1905-1909.

Koller, Ingo/Roth, Wulf-Henning/Morck, Winfried (Hrsg.) – Handelsgesetzbuch, Kommentar, 7. Aufl., München 2011 (zitiert: Koller/Roth/Morck-*Bearbeiter*).

Kölner Kommentar zum WpHG – hrsg. v. Hirte, Heribert/Möllers, Thomas M. J., Köln [u.a.] 2007 (zitiert: KK-WpHG-*Bearbeiter*).

Köndgen, Johannes – Preis- und Vergütungsgestaltung im Wertpapierhandel – Zur Obsoleszenz des Kommissionsrechts –, in: Heldrich, Andreas/Koller, Ingo/Prölss, Jürgen (Hrsg.), Festschrift für Claus-Wilhelm Canaris zum 70. Geburtstag, Band II, München 2007, S. 183-207 (zitiert: *Köndgen,* FS Canaris 2007, Bd. II).

Köndgen, Johannes/Mues, Jochen – Zwangslizenz für XETRA? Deutsches Börsenwesen zwischen Staatsauftrag und privatwirtschaftlicher Freiheit, WM 1998, S. 53-62.

Köndgen, Johannes/Theissen, Erik – „Internalisierter" Wertpapierhandel zu Börsenpreisen, WM 2003, S. 1497-1509.

Kress, Hugo – Besitz und Recht, Eine civilrechtliche Abhandlung, Nürnberg [u.a.] 1909 (zitiert: *Kress,* Besitz und Recht).

Kronke, Herbert – Das Genfer UNIDROIT-Übereinkommen über materiellrechtliche Normen für intermediär-verwahrte Wertpapiere und die Reform des deutschen Depotrechts, WM 2010, S. 1625-1635.

Krueger, Paulus – Corpus iuris civilis, Volumen primum, Institutiones, recogn. Paulus Krueger, Digesta, 20. Aufl., Dublin [u.a.] 1968.

Kuhn, Matthias – Rechtshandlungen mittels EDV und Telekommunikation, Zurechenbarkeit und Haftung, Nördlingen 1991 (zitiert: *Kuhn,* Rechtshandlungen mittels EDV und Telekommunikation).

Kümpel, Siegfried – Der Bestimmtheitsgrundsatz bei Verfügungen über Sammeldepotguthaben – zur Theorie des Bruchteilseigentums sui generis –, WM 1980, S. 422-437.

Kümpel, Siegfried – Ablösung der „Wertrechte" durch (Dauer)Globalurkunden? – Zu den Reformvorschlägen für das Wertpapierrecht –, WM 1982, S. 730-738.

Kümpel, Siegfried – Zur Aufnahme des elektronischen Handels an der Frankfurter Wertpapierbörse, WM 1991, Sonderbeilage 4, S. 1-24.

Kümpel, Siegfried – Die neuen Sonderbedingungen für Wertpapiergeschäfte, WM 1995, S. 137-147.

Kümpel, Siegfried – Bank- und Kapitalmarktrecht, 3. Aufl., Köln 2004 (zitiert: *Kümpel* Bank- und Kapitalmarktrecht).

Kümpel, Siegfried – Zur Unanwendbarkeit der Informationspflichten des WpHG auf Direkt(Selbst)Emissionen und Investmentgesellschaften, in: Damm, Reinhard/Heermann, Peter W./Veil, Rüdiger (Hrsg.), Festschrift für Thomas Raiser zum 70. Geburtstag am 20. Februar 2005, Berlin 2005, S. 699-721 (zitiert: *Kümpel,* FS T. Raiser).

Kümpel, Siegfried/Decker, Ernst – Das Depotgeschäft, 2. Aufl., Köln 2007 (zitiert: *Kümpel/Decker,* Depotgeschäft).

Kümpel, Siegfried/Hammen, Horst – Börsenrecht, Eine systematische Darstellung, 2. Aufl., Berlin 2003 (zitiert: *Kümpel/Hammen,* Börsenrecht).

Kunz, Jens H. – Ausgewählte Rechtsprobleme des Zentralen Kontrahenten, Unter besonderer Berücksichtigung des Clearing-Systems an der Frankfurter Wertpapierbörse, Frankfurt am Main [u.a.] 2009 (zitiert: *Kunz,* Ausgewählte Rechtsprobleme des Zentralen Kontrahenten).

Lange, Heinrich – Die Auswirkung von Leistungsstörungen beim echten Vertrage zugunsten Dritter im Rechtsbereich des Dritten, NJW 1965, S. 657-664.

Larenz, Karl – Die Methode der Auslegung des Rechtsgeschäfts, zugleich ein Beitrag zur Theorie der Willenserklärung, Fotomechanischer Nachdruck der 1. Aufl. von 1930, Frankfurt am Main [u.a.] 1930/1966 (zitiert: *Larenz,* Die Methode der Auslegung des Rechtsgeschäfts).

Larenz, Karl – Lehrbuch des Schuldrechts, Band 1, Allgemeiner Teil, 14. Aufl., München 1987 (zitiert: *Larenz,* Schuldrecht AT).

Larenz, Karl/Canaris, Claus-Wilhelm – Methodenlehre der Rechtswissenschaft, 3. Aufl., Berlin [u.a.] 1995 (zitiert: *Larenz/Canaris,* Methodenlehre).

Larenz, Karl/Wolf, Manfred – Allgemeiner Teil des Bürgerlichen Rechts, 9. Aufl., München 2004 (zitiert: *Larenz/Wolf,* BGB AT).

Lehmann, Matthias – Finanzinstrumente, Vom Wertpapier- und Sachenrecht zum Recht der unkörperlichen Vermögensgegenstände, Tübingen 2009 (zitiert: *Lehmann,* Finanzinstrumente).

Lipp, Martin – Zur Bindung an die dingliche Einigung nach § 929 Satz 1 BGB – eine gesetzgebungs- und dogmengeschichtliche Studie, in: Gödicke, Patrick/Hammen, Horst/Schur, Wolfgang/Walker, Wolf D. (Hrsg.), Festschrift für Jan Schapp zum siebzigsten Geburtstag, Tübingen 2010, S. 363-381 (zitiert: *Lipp*, FS Schapp).

Löber, Klaus M. – The devoloping EU legal framework for clearing and settlement of financial instruments, ECB Legal Working Paper No. 1, Frankfurt am Main Februar 2006, abrufbar unter: http://papers.ssrn.com/sol3/papers.cfm?abstract_id=886047 (Stand: 13.05.2011) (zitiert: *Löber,* The devoloping EU legal framework for clearing and settlement of financial instruments).

Lütticke, Klaus-Eberhard – Elektronische Verbriefung von Effektenrechten?, Köln 1980 (zitiert: *Lütticke*, Elektronische Verbriefung von Effektenrechten).

Mankowski, Peter – Zum Nachweis des Zugangs bei elektronischen Erklärungen, NJW 2004, S. 1901-1907.

Marburger, Peter – Absichtliche Falschübermittlung und Zurechnung von Willenserklärungen, AcP 173 (1973), S. 137-157.

Martens, Klaus-Peter – Rechtsgeschäfte und Drittinteressen, AcP 177 (1977), S. 113-188.

Martinek, Michael – Traditionsprinzip und Geheißerwerb, AcP 188 (1988), S. 573-648.

Medicus, Dieter – Allgemeiner Teil des BGB, 10. Aufl., Heidelberg [u.a.] 2010 (zitiert: *Medicus,* BGB AT).

Medicus, Dieter/Lorenz, Stephan – Schuldrecht – Allgemeiner Teil, 18. Aufl., München 2008 (zitiert: *Medicus/Lorenz,* Schuldrecht AT).

Mehrings, Josef – Vertragsabschluß im Internet, Eine neue Herausforderung für das „alte“ BGB, MMR 1998, S. 30-33.

Meincke, Jens Peter – Rechtsfolgen nachträglicher Unmöglichkeit der Leistung beim gegenseitigen Vertrag, AcP 171 (1971), S. 19-43.

Mentz, Alexander/Fröhling, Viviane – Die Formen der rechtsgeschäftlichen Übertragung von Aktien, NZG 2002, S. 201-210.

Mitzkait, Anika – Leistungsstörung und Haftungsbefreiung, Ein Vergleich der Grundregeln des Europäischen Vertragsrechts mit dem reformierten deutschen Recht, Tübingen 2008 (zitiert: *Mitzkait,* Leistungsstörung und Haftungsbefreiung).

Modlich, Joachim J. – Die außerbörsliche Übertragung von Aktien, DB 2002, S. 671-677.

Möllers, Thomas M. J./Christ, Dominique/Harrer, Andreas – Nationale Alleingänge und die europäische Reaktion auf ein Verbot ungedeckter Leerverkäufe, NZG 2010, S. 1167-1170.

Motive zu dem Entwurfe eines Bürgerlichen Gesetzbuches für das Deutsche Reich, Amtliche Ausgabe, Band II, Recht der Schuldverhältnisse, Berlin u. Leipzig 1988 (zitiert: Mot., Bd. II).

Motsch, Richard – Risikoverteilung im allgemeinen Leistungsstörungsrecht, JZ 2001, S. 428-433.

Mülbert, Peter O. – Die Aktie zwischen mitgliedschafts- und wertpapierrechtlichen Vorstellungen, in: Habersack, Mathias (Hrsg.), Entwicklungslinien im Bank- und Kapitalmarktrecht, Festschrift für Gerd Nobbe, Köln 2009, S. 691-724 (zitiert: *Mülbert,* FS Nobbe).

Mülbert, Peter O. – Vom Ende allen sachenrechtlichen Denkens im Depotrecht durch UNIDROIT und die EU, Arbeitspapier 2009/1 rev, Mainz 2009 (zitiert: *Mülbert,* Arbeitspapier 2009/1 rev).

Münchener Kommentar zum Bürgerlichen Gesetzbuch – hrsg. v. Rebmann, Kurt/ Säcker, Franz Jürgen/Rixecker, Roland, München; Bd. 1., Allgemeiner Teil, Halbbd. 1., §§ 1-240, ProstG, 5. Aufl. 2006; Bd. 2., Schuldrecht, allgemeiner Teil: §§ 241-432, 6. Aufl. 2012; Bd. 3., Schuldrecht, besonderer Teil. – 1, §§ 433-610, Finanzierungsleasing, HeizkostenV, BetriebskostenV, CISG, 5. Aufl. 2008; Bd. 4., Schuldrecht, besonderer Teil. – 2, §§ 611-704, EFZG, TzBfG, KSchG, 5. Aufl. 2008; Bd. 6., Sachenrecht: §§ 854-1296, Wohnungseigentumsgesetz, Erbbaurechtsgesetz, 5. Aufl. 2009; Bd. 11., Internationales Privatrecht, internationales Wirtschaftsrecht, Einführungsgesetz zum Bürgerlichen Gesetzbuche (Art. 25-248), 5. Aufl. 2010 (zitiert: MüKoBGB-*Bearbeiter*).

Münchener Kommentar zum Handelsgesetzbuch – hrsg. v. Schmidt, Karsten, München; Bd. 5, Viertes Buch – Handelsgeschäfte, erster Abschnitt – allgemeine Vorschriften: §§ 343-372, Recht des Zahlungsverkehrs, Effektengeschäft,

Depotgeschäft [u.a.], 2. Aufl. 2009; Bd. 6, Viertes Buch – Handelsgeschäfte, zweiter Abschnitt – Handelskauf [u.a.], 2. Aufl., 2007; Bd. 7, Viertes Buch – Handelsgeschäfte, vierter Abschnitt – Frachtgeschäft (§§ 407-452d) [u.a.], 2. Aufl. 2009 (zitiert: MüKoHGB-*Bearbeiter*).

Münchener Kommentar zur Zivilprozessordnung: mit Gerichtsverfassungsgesetz und Nebengesetzen – hrsg. v. Rauscher, Thomas, Bd. 2, §§ 511-945, 3. Aufl., München 2007 (zitiert: MüKoZPO-*Bearbeiter*).

Neumayer, Karl H. – Vertragsschluss durch Kreuzofferten?, in: Aubin, Bernhard/von Caemmerer, Ernst/Meylan, Philippe/Neumayer, Karl H./Rinck, Gerd/Strausz, Walter (Hrsg.), Festschrift für Otto Riese aus Anlass seines siebzigsten Geburtstages, Karlsruhe 1964, S. 309-328 (zitiert: *Neumayer,* FS O. Riese).

Neuner, Jörg – Was ist eine Willenserklärung?, JuS 2007, S. 881-888.

Nodoushani, Manuel – Rechtsfragen bei der Aktienverpfändung, WM 2007, S. 289-296.

Obermüller, Manfred – § 102. Finanzleistungen bei Insolvenz, in: Gottwald, Peter (Hrsg.), Insolvenzrechts-Handbuch, 4. Aufl., München 2010, S. 1754-1772 (zitiert: *Obermüller*, in: InsolvenzR Hdb. 2010).

Obermüller, Manfred – Insolvenzrecht in der Bankpraxis, 8. Aufl., Köln 2011 (zitiert: *Obermüller,* Insolvenzrecht in der Bankpraxis).

Oelkers, Felix – Der Begriff des „Eigenhandels für andere“ im KWG, WM 2001, S. 340-348.

Opitz, Georg – Depotgesetz, Gesetz über die Verwahrung und Anschaffung von Wertpapieren vom 4. Februar 1937; Nebst einem ausführlichen Anhang: Schrankfächer und Verwahrstücke und zahlreiche Anlagen, Zweite, stark vermehrte Auflage, Berlin 1955 (zitiert: *Opitz*, Depotgesetz).

Padeck, Ekkehard – Rechtsprobleme des sog. Streckengeschäfts, Jura 1987, S. 454-465.

Paech, Philipp – Grenzüberschreitende Wertpapierverfügungen – Rechtssicherheit und Effizienz durch Kompatibilität des Depotrechts, Erläuterungen zum UNIDROIT-Konventionsentwurf, WM 2005, S. 1101-1108.

Pagnozzi, Ciro/Westerberg, Nicola – Wettbewerb in Clearing und Settlement, Ein Vergleich der Modelle von Clearnet, Eurex Clearing und London Clearing House, Börsen-Zeitung v. 29.06.2002, S. 3.

Palandt, Otto (Hrsg.) – Bürgerliches Gesetzbuch, 70. Aufl., München 2011 (zitiert: Palandt-*Bearbeiter*).

Parodi, Silvana – Die Maßgeblichkeit der Kenntnis vom Erbschein für einen gutgläubigen Erwerb einer beweglichen Sache nach § 2366 BGB, AcP 185 (1985), S. 362-374.

Peters, Klaus – Bucheffekten – eine Alternative zum Wertpapier?, Möglichkeiten einer Weiterentwicklung des Effektenwesens, WM 1976, S. 890-897.

Pfeiffer, Norbert/Franken, Paul – Die Rechtsgültigkeit von Konzernverrechnungsklauseln, NJW 1960, S. 1977-1981.

Pleyer, Klemens – Zur Verbriefung mehrerer Rechte in einer Urkunde, in: Hadding, Walther/Immenga, Ulrich/Mertens, Hans-Joachim/Pleyer, Klemens/Schneider, Uwe H. (Hrsg.), Festschrift für Winfried Werner zum 65. Geburtstag am 17. Oktober 1984, Handelsrecht und Wirtschaftsrecht in der Bankpraxis, Berlin u. New York 1984, S. 639-655 (zitiert: *Pleyer,* FS Werner).

Pleyer, Klemens/Schleiffer, Guido – Neue Entwicklungen im Depotrecht, DB 1972, S. 77-80.

Pöch, Peter – UNIDROIT – Entwurf einer Wertpapier-Konvention, in: Hutter, Stephan/Baums, Theodor (Hrsg.), Gedächtnisschrift für Michael Gruson, Berlin 2009, S. 303-319 (zitiert: *Pöch,* Gedächtnisschrift für Michael Gruson).

Prütting, Hanns/Wegen, Gerhard/Weinreich, Gerd (Hrsg.) – BGB, Kommentar, 5. Aufl., Köln 2010 (zitiert: PWW-*Bearbeiter*).

Raab, Thomas – Austauschverträge mit Drittbeteiligung, Tübingen 1999 (zitiert: *Raab*, Austauschverträge mit Drittbeteiligung).

Rabel, Ernst – Das Recht des Warenkaufs, 2. Band, Berlin und Tübingen 1958 (zitiert: *Rabel,* Recht des Warenkaufs II).

Raiser, Ludwig – Vertragsfunktion und Vertragsfreiheit, in: von Caemmerer, Ernst/Friesenhahn, Ernst/Lange, Richard (Hrsg.), Hundert Jahre Deutsches Rechtsleben, Festschrift zum hundertjährigen Bestehen des Deutschen Juristentages, Karlsruhe 1960, S. 101-134 (zitiert: *Raiser,* FS zum hundertjährigen Bestehen des DJT).

Rauscher, Thomas – Die von beiden Seiten zu vertretende Unmöglichkeit im neuen Schuldrecht, ZGS 2002, S. 333-337.

Reichsgerichtskommentar – Das Bürgerliche Gesetzbuch: mit besonderer Berücksichtigung der Rechtsprechung des Reichsgerichts und des Bundesgerichtshofes; Kommentar – hrsg. von Mitgliedern des Bundesgerichtshofes, Bd. 2. Teil 1. §§ 241-413, 12. Aufl., Berlin u. New York 1976 (zitiert: BGB-RGRK-*Bearbeiter*).

Reinicke, Dietrich/Tiedtke, Klaus – Kaufrecht, einschließlich Abzahlungsgeschäfte, Allgemeine Geschäftsbedingungen, Eigentumsvorbehalt, Factoring, Fernabsatzverträge und elektronischer Geschäftsverkehr, finanzierte Kaufverträge, Haustürgeschäfte, Leasing, Pool-Vereinbarungen, Produzentenhaftung, Teilzeit-Wohnrechteverträge (Time-sharing), UN-Kaufrecht und Verbrauchsgüterkaufverträge, 8. Aufl., Köln [u.a.] 2009 (zitiert: *Reinicke/Tiedtke,* Kaufrecht).

Reischauer, Friedrich/Kleinhans, Joachim – Kreditwesengesetz (KWG): Loseblattkommentar für die Praxis nebst sonstigen bank- und sparkassenrechtlichen

Aufsichtsgesetzen sowie ergänzenden Vorschriften, I. Band, Berlin, Stand: April 2005 (zitiert: *Reischauer/Kleinhans*).
Richardi, Reinhard – Die Wissensvertretung, AcP 169 (1969), S. 385-403.
Richter, Klaus – Risikoverteilung in Projektentwicklungsverträgen, Die Mitwirkung durch den Aufraggeber bei der Projekterrichtung, AcP 209 (2009), S. 466-497.
Rinker, Mike – Vertragsschluss im börslichen elektronischen Handelssystem, Berlin 2003 (zitiert: *Rinker*, Vertragsschluss im börslichen elektronischen Handelssystem).
Salger, Hanns-Christian – Beschaffung und Beschaffenheit, zur vertraglichen Haftung des Warenverkäufers für seine Lieferquelle unter Betrachtung insbesondere des deutschen und amerikanischen Rechts als Beitrag zum UN-Kaufrecht, Köln [u.a.] 1985 (zitiert: *Salger,* Beschaffung und Beschaffenheit).
Schäfer, Frank A. – Der Handel von Aktien insolventer, insb. US-amerikanischer Gesellschaften an deutschen Börsen, in: Burgard, Ulrich/Hadding, Walther/ Mülbert, Peter O./Welter, Reinhard (Hrsg.)/Nietsch, Michael (Bearb.), Festschrift für Uwe H. Schneider zum 70. Geburtstag, Köln 2011, S. 1097-1106 (zitiert: *Schäfer*, FS Schneider).
Schapp, Jan – Probleme der Reform des Leistungsstörungsrechts, JZ 1993, S. 637-642.
Schapp, Jan/Schur, Wolfgang – Sachenrecht, 4. Aufl., München 2010 (zitiert: *Schapp/Schur,* Sachenrecht).
Scherff, Dyrk – Einführung der zentralen Gegenpartei droht sich zu verögern, FAZ v. 17.05.2001, S. 35.
Scherff, Dyrk – Die Wertpapierabwicklung soll deutlich billiger werden, Deutsche Börse startet ihre Zentrale Gegenpartei / Zunächst nur für Aktien / Regionalbörsen lehnen Projekt ab, FAZ v. 26.03.2003, S. 29.
Schimansky, Herbert/Bunte, Hermann-Josef/Lwowski, Hans-Jürgen (Hrsg.) – Bankrechts-Handbuch, 3. Aufl., München 2007 (zitiert: Schimansky/Bunte/ Lwowski-*Bearbeiter*).
Schlegelberger, Franz (Begr.)/Gessler, Ernst (Mitarb.) – Handelsgesetzbuch: Kommentar, Bd. 6, §§ 383-460, 5. Aufl., München 1977 (zitiert: Schlegelberger-*Bearbeiter*).
Schmidt, Karsten – Handelsrecht, 5. Aufl., Köln [u.a.] 1999 (zitiert: *K. Schmidt*, HandelsR).
Schmidt, Karsten/Lutter, Marcus (Hrsg.) – Aktiengesetz: Kommentar, I. Band, §§ 1-149, 2. Aufl., Köln 2010 (zitiert: K. Schmidt/Lutter-*Bearbeiter*).
Schulze, Reiner (Hrsg.) – Bürgerliches Gesetzbuch, Handkommentar, 6. Aufl., Baden-Baden 2009 (zitiert: Schulze-*Bearbeiter*).
Schürmann, Thomas – Euro und Aktienrecht, NJW 1998, S. 3162-3165.

Schwark, Eberhard/Zimmer, Daniel (Hrsg.) – Kapitalmarktrechts-Kommentar, Börsengesetz mit Börsenzulassungsverordnung, Wertpapierprospektgesetz, Verkaufsprospektgesetz mit Vermögensanlagen-Verkaufsprospektverordnung, Wertpapierhandelsgesetz, Wertpapiererwerbs- und Übernahmegesetz, 4. Aufl., München 2010 (zitiert: Schwark/Zimmer-*Bearbeiter*).

Schwarze, Roland – Unmöglichkeit, Unvermögen und ähnliche Leistungshindernisse im neuen Leistungsstörungsrecht, Jura 2002, S. 73-83.

Schwarze, Roland – Das Recht der Leistungsstörungen, Berlin 2008 (zitiert: *Schwarze,* Leistungsstörungen).

Schwintowski, Hans-Peter – Bankrecht, 3. Aufl., Köln 2011 (zitiert: *Schwintowski,* BankR).

Seibt, Christoph H./Conradi, Johannes (Hrsg.) – Handbuch REIT-Aktiengesellschaft, Aktien- und Kapitalmarktrecht, Immobilienwirtschaftsrecht, Steuerrecht, Köln 2008 (zitiert: Seibt/Conradi-*Bearbeiter*).

Soergel, Hans Theodor (Begr.)/Siebert, Wolfgang/Baur, Jürgen F. (Hrsg.) – Bürgerliches Gesetzbuch: mit Einführungsgesetz und Nebengesetzen, Stuttgart; Bd. 2, Allgemeiner Teil. – 2. (§§ 104-240), 13. Aufl. 1999; Bd. 5, 2, Schuldrecht 3/2, §§ 320-327, 13. Aufl. 2005; Bd. 3, Schuldrecht. – 2: (§§ 433-515), 12. Aufl. 1991 (zitiert: Soergel-*Bearbeiter*).

Spindler, Gerald/Schuster, Fabian (Hrsg.) – Recht der elektronischen Medien, Kommentar, 2. Aufl., München 2011 (zitiert: Spindler/Schuster-*Bearbeiter*).

Spindler, Gerald/Stilz, Eberhard – Kommentar zum Aktiengesetz, Band 1, §§ 1-178, 2. Aufl., München 2010 (zitiert: Spindler/Stilz-*Bearbeiter*).

Staudinger, Julius von (Begr.)/Beitzke, Günther (Hrsg.) – J. von Staudingers Kommentar zum Bürgerlichen Gesetzbuch mit Einführungsgesetz und Nebengesetzen, Berlin; Buch 1, Allgemeiner Teil, §§ 90-133; §§ 1-54, 63 BeurkG (Allgemeiner Teil 3 und Beurkundungsverfahren), Neubearbeitung 2004; Buch 1., Allgemeiner Teil, §§ 134-163 (Allgemeiner Teil 4), Neubearbeitung 2003; Buch 1, Allgemeiner Teil, §§ 139-163, (allgemeiner Teil 4b), Neubearbeitung 2010; Buch 1, Allgemeiner Teil, §§ 164-240 : (allgemeiner Teil 5), Neubearbeitung 2009; Buch 2, Recht der Schuldverhältnisse, §§ 255-304 : (Leistungsstörungsrecht 1), Neubearbeitung 2009; Buch 2, Recht der Schuldverhältnisse, §§ 315-326, (Leistungsstörungsrecht 2), Neubearbeitung 2009; Buch 2, Recht der Schuldverhältnisse, §§ 328-345, (Vertrag zugunsten Dritter, Draufgabe, Vertragsstrafe), Neubearbeitung 2009; Buch 2, Recht der Schuldverhältnisse, §§ 362-396, (Erfüllung, Hinterlegung, Aufrechnung), Neubearbeitung 2006; Buch 2, Recht der Schuldverhältnisse, §§ 397-432, (Erlass, Abtretung, Schuldübernahme, Mehrheit von Schuldnern und Gläubigern), Neubearbeitung 2005; Buch 2, Recht der Schuldverhältnisse, §§ 433-487, Leasing, (Kaufrecht und Leasingrecht), Neubearbeitung 2004; Buch 2, Recht der Schuldverhältnisse, §§ 657-704 (Geschäftsbesorgung), Neubearbeitung 2006; Buch 3, Sachenrecht, Einleitung zum Sachenrecht, §§ 854-882 (Allgemeines Liegenschaftsrecht 1), Neubearbeitung 2007; Eckpfeiler des Zivilrechts, Neubearbeitung 2012 (zitiert: Staudinger-*Bearbeiter*).

Stoll, Hans – Notizen zur Neuordnung des Rechts der Leistungsstörungen, JZ 2001, S. 589-597.

Striegel, Andreas (Hrsg.) – REITG: Gesetz über deutsche Immobilien-Aktiengesellschaften mit börsennotierten Anteilen – mit weiterführenden Vorschriften – Kommentar, Berlin 2007 (zitiert: Striegel-*Bearbeiter*).

Thalmair, Peter – Kunden-Online-Postfächer: Zugang von Willenserklärungen und Textform, NJW 2011 S. 14-19.

Than, Jürgen – Kapitalmarkt und Globalurkunde, in: Kübler, Friedrich/Mertens, Hans-Joachim/Werner, Winfried (Hrsg.), Festschrift für Theodor Heinsius zum 65. Geburtstag am 25. September 1991, Berlin u. New York 1991, S. 809-840 (zitiert: *Than,* FS Heinsius).

Than, Jürgen – Wertpapierrecht ohne Wertpapiere?, in: Horn, Norbert/Lwowski, Hans-Jürgen/Nobbe, Gerd (Hrsg.), Bankrecht – Schwerpunkte und Perspektiven, Festschrift für Herbert Schimansky, Köln 1999, S. 821-836 (zitiert: *Than,* FS Schimansky).

Than, Jürgen – Depotgeschäft, in: Obst, Georg (Begr.)/von Hagen, Jürgen/von Stein, Johann Heinrich (Hrsg.), Geld-, Bank- und Börsenwesen, Handbuch des Finanzsystems, 40. Aufl., Stuttgart 2000, S. 843-860 (zitiert: *Than,* in: Geld-, Bank- und Börsenwesen).

Tiedemann, Thomas – Die Stellung des zentralen Kontrahenten im deutschen und englischen Effektenhandel, Untersucht am Beispiel der Eurex Clearing AG und LCH.Clearnet, Norderstedt 2011 (zitiert: *Tiedemann*, Stellung des zentralen Kontrahenten).

Ulmer, Peter – Der Vertragshändler, Tatsachen und Rechtsfragen kaufmännischer Geschäftsbesorgung beim Absatz von Markenwaren, München 1969 (zitiert: *Ulmer*, Vertragshändler).

Ulmer, Peter/Brandner, Hans Erich/Hensen, Horst-Diether (Begr.)/Christensen, Guido (Bearb.) – AGB-Recht, Kommentar zu den §§ 305-310 BGB und zum Unterlassungsklagegesetz, 10. Aufl., Köln 2006 (zitiert: Ulmer/Brandner/Hensen-*Bearbeiter*).

Ulrici, Bernhard – Die enttäuschende Internetauktion – LG Münster MMR 2000, 280, in: JuS 2000, S. 947-951.

Unberath, Hannes – Die Vertragsverletzung, Tübingen 2007 (zitiert: *Unberath,* Vertragsverletzung).

von Prittwitz und Gaffron, Hans-Georg – Besitz und Eigentum am Grundschuldbrief bei Abtretung der Grundschuld, NJW 1957, S. 85-88.

von Wilmowsky, Peter – Termingeschäft und Insolvenz: Die gesetzliche Regelung, Plädoyer für ein neues Verständnis des § 104 InsO, WM 2002, S. 2264-2277.
Wächter, Carl Georg – Ueber die Frage: Wer hat bei Obligationen die Gefahr zu tragen?, AcP 15 (1832), S. 97-138 und 188-222.
Wadle, Elmar – Die Übergabe auf Geheiß und der rechtsgeschäftliche Erwerb des Mobiliareigentums, JZ 1974, S. 689-696.
Weber, Martin – Sanierung, Denotierung und Delisting – Fragen zur Insolvenz börsennotierter Gesellschaften, ZinsO 2001, S. 385-391.
Weber, Christoph Andreas/Jouannaud, Victor – Anmerkung zu OLG München, Urt. v. 30.11.2011-7 U 330/11, BKR 2012, S. 249-250.
Westermann, Harm Peter – Konzernverrechnungsklauseln, WM 1986, Sonderbeilage 2, S. 2-19.
Westermann, Harry (Begr.)/fortgeführt von: Westermann, Harm Peter/Gursky, Karl-Heinz/Eickmann, Dieter – Sachenrecht, Ein Lehrbuch, 7. Aufl., Heidelberg 1998 (zitiert: *Westermann,* Sachenrecht).
Wiegand, Wolfgang – Rechtsschein und Vertrauen, in: Hof, Hagen/Kummer, Hans/Weingart, Peter/Maasen, Sabine (Hrsg.), Recht und Verhalten, Verhaltensgrundlagen des Rechts – zum Beispiel Vertrauen, Baden-Baden 1994, S. 183-198 (zitiert: *Wiegand,* in: Recht und Verhalten).
Wieling, Hans – Voraussetzungen, Übertragung und Schutz des mittelbaren Besitzes, AcP 184 (1984), S. 440-464.
Wilhelm, Jan – Sachenrecht, 3. Aufl., Berlin 2007 (zitiert: *Wilhelm,* Sachenrecht).
Windbichler, Christine – Neue Vertriebsformen und ihr Einfluß auf das Kaufrecht, AcP 198 (1998), S. 261-286.
Wolter, Lutz – Effektenkommission und Eigentumserwerb, Zugleich ein Beitrag zur Lehre vom Geschäft für denjenigen, den es angeht, Berlin 1979 (zitiert: *Wolter,* Effektenkommission und Eigentumserwerb).
Zerwas, Herbert/Hanten, Mathias – Abgrenzungsprobleme und Ausnahmen bei Handelsaktivitäten nach der Sechsten KWG-Novelle, ZBB 2000, S. 44-53.
Ziemons, Hildegard – Gesellschaftsrechtliche Defizite des Regierungsentwurfs des REIT-Gesetzes, BB 2007, S. 449-454.
Ziganke, Hans – Notwendige Modernisierungen des Wertpapierrechts, WM 1971, S. 983-986.
Zöllner, Wolfgang – Die Zurückdrängung des Verkörperungselements bei den Wertpapieren, in: Baur, Fritz/Esser, Josef/Kübler, Friedrich/Steindorff, Ernst (Hrsg.), Funktionswandel der Privatrechtsinstitutionen – Festschrift für Ludwig Raiser zum 70. Geburtstag, Tübingen 1974, S. 249-285 (zitiert: *Zöllner,* FS L. Raiser).

Abkürzungsverzeichnis

a.A.	anderer Ansicht
a.E.	am Ende
a.F.	alte Fassung
a.M.	am Main
ABl.	Amtsblatt
Abs.	Absatz
Abschn.	Abschnitt
AcP	Archiv für die civilistische Praxis
AG	Aktiengesellschaft/Die Aktiengesellschaft (Zeitschrift)
AGB	Allgemeine Geschäftsbedingungen
AGB Freiverkehr FWB	Allgemeine Geschäftsbedingungen der Deutschen Börse AG für den Freiverkehr an der Frankfurter Wertpapierbörse (Stand: 14.02.2011)
AGB-CBF	Allgemeine Geschäftsbedingungen der Clearstream Banking Aktiengesellschaft (Stand: 01.10.2010)
AktG	Aktiengesetz vom 06.09.1965 (BGBl. I S. 1089)
Amtl.	Amtlich
ÄndRL	Änderungsrichtlinie
Anm.	Anmerkung
Art.	Artikel
AS	Amtliche Sammlung des Bundesrechts (Schweiz)
AT	Allgemeiner Teil
Aufl.	Auflage
Bafin	Bundesanstalt für Finanzdienstleistungsaufsicht
BAG	Bundesarbeitsgericht
BAGE	Entscheidungen des Bundesarbeitsgerichts
BankR	Bankrecht
BB	Betriebs-Berater (Zeitschrift)
BBl.	Bundesgesetzblatt (Schweiz)
Bd.	Band
Bearb.	Bearbeitung/Bearbeiter
BeckRS	Rechtsprechungssammlung in Beck-Online

BEG	Bundesgesetz über Bucheffekten vom 3.10.2008
Begr.	Begründung/Begründer
Bek.	Bekanntmachung
ber.	berichtigt
BGB	Bürgerliches Gesetzbuch i.d.F. der Bek. vom 02.01.2002 (BGBl. I S. 42, ber. S. 2909 und BGBl. 2003 I S. 738)
BGBl.	Bundesgesetzblatt
BGH	Bundesgerichtshof
BGHZ	Entscheidungen des Bundesgerichtshofs in Zivilsachen
BIS	Bank for International Settlements
BKR	Zeitschrift für Bank- und Kapitalmarktrecht
BörsG	Börsengesetz vom 16.07.2007 (BGBl. I S. 1330)
BörsO	Börsenordnung für die Frankfurter Wertpapierbörse (Stand: 01.04.2011)
BR-Drucks.	Bundesratsdrucksache
BReg	Bundesregierung
bspw.	beispielsweise
BT-Drucks.	Bundestagsdrucksache
BuB	Bankrecht und Bankpraxis
BuK	Bank- und Kapitalmarktrecht
BWpVerwG	Gesetz zur Neuordnung des Schuldbuchrechts des Bundes und der Rechtsgrundlagen der Bundesschuldenverwaltung (Bundeswertpapierverwaltungsgesetz) vom 11.12.2001 (BGBl. I S. 3519)
bzgl.	bezüglich
bzw.	beziehungsweise
CB-Eurex	Clearing-Bedingungen der Eurex Clearing AG (Stand: 26.04.2011)
CBF	Clearstream Banking AG
CCP	Central Counterparty; Zentrale Gegenpartei
CESR	Committee of European Securities Regulators
CM	Clearing-Mitglied
d.h.	das heißt
D.	Digesten; Fragmente aus den Schriften der klassischen Juristen (Teil des Corpus iuris civilis)
DAI	Deutsches Aktieninstitut
DB	Der Betrieb (Zeitschrift)

DepotG	Gesetz über die Verwahrung und Anschaffung von Wertpapieren (Depotgesetz) i.d.F. der Bek. vom 11.01.1995 (BGBl. I S. 34)
DiskE	Diskussionsentwurf
DJT	Deutscher Juristentag
DTCC	The Depository Trust & Clearing Corporation
DVP	delivery versus payment
ECB	European Central Bank (Europäische Zentralbank)
ECLR	European Competition Law Review (Zeitschrift)
ECMI	European Capital Markets Institute
EDV	Elektronische Datenverarbeitung
EFMLG	European Financial Markets Lawyers Group
EG	Europäische Gemeinschaften
ErgLfg.	Ergänzungslieferung
ESSF	European Securities Services Forum
etc.	et cetera
EU	Europäische Union
f.	folgende(r)
FAZ	Frankfurter Allgemeine Zeitung
ff.	fortfolgende
FS	Festschrift (für)
FWB	Frankfurter Wertpapierbörse
GB-BB	Bedingungen für Geschäfte an der Börse Berlin (Stand: 15.10.2010)
GB-FWB	Bedingungen für Geschäfte an der Frankfurter Wertpapierbörse (Stand: 01.04.2011)
GB-München	Bedingungen für die Geschäfte an der Börse München (Stand: 26.11.2009)
gem.	gemäß
Gesamthrsg.	Gesamtherausgeber
GG	Grundgesetz vom 23.05.1949 (BGBl. S. 1)
GmbHG	Gesetz betreffend die Gesellschaften mit beschränkter Haftung (GmbHG) i.d.F. der Bek. v. 20.05.1898 (RGBl. S. 846)
h.M.	herrschende Meinung
Halbbd.	Halbband
HandelsR	Handelsrecht
Hdb.	Handbuch
HGB	Handelsgesetzbuch vom 10.05.1897 (RGBl. S. 219)
HKK	Historisch-kritischer Kommentar zum BGB

Hrsg.; hrsg.	Herausgeber; herausgegeben
Hs.	Halbsatz
i.d.F.	in der Fassung
i.d.R.	in der Regel
i.e.S.	im engeren Sinn
i.S.d.	im Sinne des/der
i.S.v.	im Sinne von
i.V.m.	in Verbindung mit
i.w.S.	im weiteren Sinn
insb.	insbesondere
InsO	Insolvenzordnung vom 5.10.1994 (BGBl. I S. 2866)
InsolvenzR	Insolvenzrecht
Inst.	Institutionen Justinians (Teil des Corpus iuris civilis)
IOSCO	International Organization of Securities Commissions
Ist-LR	Ist-Lieferreport
JuS	Juristische Schulung (Zeitschrift)
JZ	Juristenzeitung (Zeitschrift)
Kap.	Kapitel
KCM	Wertpapiere kaufendes Clearing-Mitglied
KNCM	Wertpapiere kaufendes Nicht-Clearing-Mitglied
KommE	Kommissionsentwurf
KonTraG	Gesetz zur Kontrolle und Transparenz im Unternehmensbereich vom 27.04.1998 (BGBl. I S. 786)
KWG	Gesetz über das Kreditwesen (Kreditwesengesetz) i.d.F. der Bek. vom 09.09.1998 (BGBl. I S. 2776)
LCG	Legal Certainty Group
LG	Landgericht (mit Ortsnamen)
lit.	Buchstabe
m.w.N.	mit weiteren Nachweisen
Mio.	Million/Millionen
Mitarb.	Mitarbeiter
MMR	Multi-Media und Recht (Zeitschrift)
Mot.	Motive zu dem Entwurf eines Bürgerlichen Gesetzbuches für das Deutsche Reich
MüKoBGB	Münchener Kommentar zum Bürgerlichen Gesetzbuch
MüKoHGB	Münchener Kommentar zum Handelsgesetzbuch
MüKoZPO	Münchener Kommentar zur Zivilprozessordnung mit Gerichtsverfassungsgesetz und Nebengesetzen
NASDAQ	National Association of Securities Dealers Automated Quotations

NCM	Nicht-Clearing-Mitglied
NCM-CM-Clearing-Vereinbarung	Clearing-Vereinbarung zwischen Clearing-Stelle, Nicht-Clearing-Mitglied und Clearing-Mitglied
NJW	Neue Juristische Wochenschrift (Zeitschrift)
NJW-RR	NJW-Rechtsprechungs-Report, Zivilrecht (Zeitschrift)
Nr.	Nummer(n)
NZG	Neue Zeitschrift für Gesellschaftsrecht
o.ä.	oder ähnliche
OTC	over the counter
RegE	Regierungsentwurf
REIT	Real Estate Investment Trust
REITG	Gesetz über deutsche Immobilien-Aktiengesellschaften mit börsennotierten Anteilen (REIT-Gesetz) vom 28.05.2007 (BGBl. I S. 914)
RGBl.	Reichsgesetzblatt
RGZ	Entscheidungen des Reichsgerichts in Zivilsachen
RIW	Recht der Internationalen Wirtschaft (Zeitschrift)
RL	Richtlinie
Rn.	Randnummer(n)
S.	Seite(n)
SAE	Sammlung arbeitsrechtlicher Entscheidungen (Zeitschrift)
SchuldR	Schuldrecht
SoBedWp	Sonderbedingungen für Wertpapiergeschäfte i.d.F. v. 01.11.2007
sog.	sogenannt
Soll-LR	Soll-Lieferreport
SR	Systematische Sammlung des Bundesrechts (Systematische Rechtssammlung) (Schweiz)
str.	streitig
Tz.	Textziffer
u.	und/unten
u.a.	unter anderem/n
UCC	Uniform Commercial Code
UNIDROIT	Institut International pour l'Unification du Droit Privé
Unterabs.	Unterabsatz
Urt.	Urteil
US	United States
USD	US-Dollar
v.	vom/von

Var.	Variante
VCM	Wertpapiere verkaufendes Clearing-Mitglied
VG	Verwaltungsgericht (mit Ortsname)
vgl.	vergleiche
VNCM	Wertpapiere verkaufendes Nicht-Clearing-Mitglied
VVDStRL	Veröffentlichungen der Vereinigung Deutscher Staatsrechtslehrer (Zeitschrift)
VwGO	Verwaltungsgerichtsordnung i.d.F. der Bek. vom 19.03.1991 (BGBl. I S. 686)
WiGBl.	Gesetzblatt der Verwaltung des Vereinigten Wirtschaftsgebietes
WM	Wertpapier-Mitteilungen, Zeitschrift für Wirtschaft und Bankrecht
WSB	Wertpapiersammelbank
z.B.	zum Beispiel
ZBB	Zeitschrift für Bankrecht und Bankwirtschaft
ZGR	Zeitschrift für Unternehmens- und Gesellschaftsrecht
ZHR	Zeitschrift für das gesamte Handelsrecht und Wirtschaftsrecht
Ziff.	Ziffer
ZinsO	Zeitschrift für das gesamte Insolvenzrecht
ZIP	Zeitschrift für Wirtschaftsrecht (bis 1982: Zeitschrift für Wirtschaftsrecht und Insolvenzpraxis)
ZPO	Zivilprozessordnung i.d.F. der Bek. vom 05.12.2005 (BGBl. I S. 3202, ber. 2006 S. 431 u. 2007 S. 1781)
ZVG	Gesetz über die Zwangsversteigerung und Zwangsverwaltung i.d.F. der Bek. vom 20.05.1898 (RGBl. S. 713)
ZVglRWiss.	Zeitschrift für vergleichende Rechtswissenschaft

Einleitung

Nicht nur für Laien, auch für Juristen, die sich nicht intensiv mit den Themen des Kapitalmarktrechtes[1] befassen, ist das Geschehen an und im Umfeld der Börse oftmals kaum verständlich. Dies gilt schon in tatsächlicher Hinsicht, beginnend mit den Begrifflichkeiten, bis hin zum eigentlichen Handel und den damit in Zusammenhang stehenden Vorgängen. Erst recht aber kann diese Aussage auf eine juristische Einordnung des Börsenhandels und seiner einzelnen Komponenten – den Geschäftsabschlüssen, dem Clearing, dem Netting und dem Settlement – bezogen werden. Der Börsenhandel stellt sich mithin als eine „Black-Box" dar, ein Objekt, dessen innere Funktionsweise unbekannt oder bei vielen nicht von Interesse ist und bei dem letztlich allein das Ergebnis zählt, nämlich dass es (irgendwie) funktioniert. Und so ist es die Aufgabe des Kapitalmarktrechts sicherzustellen, dass diese Black-Box funktioniert (Funktionsschutz) und dass der einzelne Marktteilnehmer vor den möglicherweise in der Black-Box enthaltenen oder aus ihr resultierenden Gefahren geschützt wird (Anlegerschutz).[2]

Was aber kann essentieller für einen funktionierenden Kapitalmarkt sein, als eine auf einem rechtssicheren Fundament beruhende, also eine dogmatisch begründbare und nachvollziehbare Ausgestaltung des Geschehens?[3] Wie soll Schutz gewährleistet werden, wenn sich nicht rechtlich darlegen lässt, dass und welche Rechtspositionen erworben und veräußert werden, wie dies erfolgt und wer von wem was beanspruchen kann? An dieser Stelle kommt es dann zu einer erheblichen Überschneidung des Kapitalmarktrechts mit dem sogenannten Transaktionsrecht,[4] insbesondere des BGB und des HGB.[5]

---

1 Vgl. zum Begriff des Kapitalmarktrechts MüKoBGB-*Schnyder*, Internationales Kapitalmarktrecht, Rn. 1 ff.

2 Vgl. zu den Funktionen des Kapitalmarktrechts MüKoBGB-*Schnyder*, Internationales Kapitalmarktrecht, Rn. 13 ff.

3 Ein klar ausgestalteter, verständlicher, innerlich kohärenter und eindeutiger Rechtsrahmen wird daher auch als Voraussetzung nicht nur für einen schnellen und effektiven Handelsablauf, sondern maßgeblich auch für eine Risikobegrenzung im Rahmen von Wertpapiergeschäften angesehen (vgl. *BIS/IOSCO*, Recommendations for securities settlement systems, S. 8).

4 Vgl. MüKoBGB-*Schnyder*, Internationales Kapitalmarktrecht, Rn. 23.

5 Schimansky/Bunte/Lwowski-*Bruski*, Vor § 104. Grundlagen des Kapitalmarktrechts, Rn. 70.

An diese Erwägungen anknüpfend ist es Ziel dieser Arbeit, das Innere der beschriebenen Black-Box offenzulegen. Den Gegenstand der Untersuchung bildet dabei der elektronische Kassahandel in girosammelverwahrten Wertpapieren[6] unter Einbeziehung eines zentralen Kontrahenten. Dabei ist es zwar das grundsätzliche Anliegen der folgenden Untersuchungen, eine allgemeine Einordnung losgelöst von konkreten tatsächlichen Umständen vorzunehmen. Soweit es jedoch wegen der an den Börsen existierenden unterschiedlichen Regelungswerke erforderlich ist, auf das konkrete Geschehen im Börsenhandel zu schauen, wird Bezug genommen auf den Kassahandel an der Frankfurter Wertpapierbörse unter Einbeziehung der Eurex Clearing AG als Clearing-Stelle und zentraler Kontrahent, sowie der Clearstream Banking AG als Wertpapiersammelbank. Diese tatsächliche Anknüpfung ist in vielen Belangen für das Geschehen an anderen Börsenplätzen in Deutschland exemplarisch.[7]

Im Folgenden werden zunächst die rechtstatsächlichen Grundlagen des Börsenhandels kurz erörtert, damit im Anschluss daran im Rahmen der eigentlichen Untersuchung die erforderliche Kenntnis von den tatsächlichen Gegebenheiten des Börsenhandels und den daran Beteiligten sowie den maßgeblichen Regelwerken gegeben ist (Kapitel I). Sodann wird als Erstes untersucht, wie die Börsengeschäfte unter Einbeziehung eines zentralen Kontrahenten abgeschlossen werden (Kapitel II).

Im Anschluss hieran kann der Frage nachgegangen werden, welchen Inhalt die Börsengeschäfte haben. Wozu verpflichten sich die Vertragsparteien? Entspricht der Pflichteninhalt dem Vertragstypus eines Kaufvertrages oder liegt ein anderer Vertragstyp vor?[8] Welche Auswirkung hat insbesondere die Implementierung eines zentralen Kontrahenten in den Börsenhandel? Welche Stellung nimmt der zentrale Kontrahent ein? Haben bankaufsichtsrechtliche Aspekte Einfluss auf die dogmatische Zuordnung der Börsengeschäfte zu einem bestimmten Vertragstypus? Dies alles soll Gegenstand von Kapitel III sein. Sodann wird in Kapitel IV untersucht, wie das Netting – also die Verrechnung gegenseitiger

---

6 Dieser Arbeit liegt der Wertpapierbegriff des Effektengeschäfts zugrunde. Danach sind Wertpapiere fungible, d.h. nach § 91 BGB vertretbare Urkunden, in denen ein privates Recht in der Weise verbrieft ist, dass zu seiner Geltendmachung die Innehabung der Urkunde erforderlich ist, wobei es aber auf die Verbriefung in einer tatsächlichen Urkunde nicht ankommt, sodass auch sog. Wertrechte erfasst sind (vgl. Schimansky/Bunte/Lwowski-*Kümpel/Bruski*, § 104. Effektengeschäft (Finanzkommissionsgeschäft), Rn. 37 ff.). Wertpapiere in diesem Sinne sind daher insb. Aktien und Anleihen (vgl. *Tiedemann*, Stellung des zentralen Kontrahenten, S. 11).

7 Vgl. *Kunz*, Ausgewählte Rechtsprobleme des Zentralen Kontrahenten, S. 56.

8 Wenn daher im Folgenden von Verkäufern und Käufern oder von Käufen die Rede ist, soll dies allein der Bezeichnung der Vertragsparteien sowie der jeweiligen Verträge dienen und keine Entscheidung hinsichtlich deren Qualifizierung als Kaufverträge darstellen.

Verbindlichkeiten und Ansprüche im Anschluss an das Zustandekommen der Börsengeschäfte – ausgestaltet ist.

Nachdem in Kapitel IV der erste Schritt der Erfüllung von Börsengeschäften behandelt worden ist, wird in Kapitel V erörtert, wie die im Anschluss an das Netting noch geschuldeten Wertpapiere vom einen auf den anderen Handelsteilnehmer übertragen werden. Dabei wird auch zu klären sein, welche Rechtsposition der Inhaber von girosammelverwahrten Wertpapieren innehat. Zu fragen ist, was Gegenstand der Übertragung ist und wie die Übertragung erfolgt, ferner, welche Auswirkungen es hat, dass die Wertpapiere heute oftmals alle zusammengefasst in einer einzigen Urkunde verbrieft sind, welche zudem permanent in den Tresorräumen der Wertpapiersammelbank liegt. Dabei muss erörtert werden, ob bei einer sachenrechtlichen Übertragung der Wertpapiere die oftmals für einen funktionierenden Wertpapierhandel als unerlässlich bezeichnete Möglichkeit eines gutgläubigen Erwerbs unter den Bedingungen des modernen Börsenhandels noch gewährleistet ist. Abschließend soll ein Ausblick auf mögliche Veränderungen in der Dogmatik der Wertpapierverwahrung und -übertragung gegeben werden.

Zuletzt soll untersucht werden, wie es sich hinsichtlich Leistungsstörungen bei Börsengeschäften verhält. Was sind die Rechtsfolgen, wenn eine der Parteien hinter dem vertraglich geschuldeten Pflichtenprogramm zurückbleibt? Wer trägt das Leistungs-, wer das Preisrisiko?

Die Beantwortung dieser hier kurz angesprochenen Fragen und die Lösung damit verbundener Probleme können einen Beitrag dazu leisten, das Geschehen im Rahmen des Börsenhandels rechtlich einzuordnen. Dabei kann gezeigt werden, dass die unzugänglich erscheinende Materie des Börsenhandels oft schon mit allgemeinen bürgerlich- und handelsrechtlichen Normen und Instrumenten, jedenfalls aber unter Anwendung einschlägiger Spezialregelungen, befriedigend erklärt werden kann.

Kapitel I: Elektronischer Börsenhandel unter Beteiligung eines zentralen Kontrahenten

In diesem Kapitel soll eine kurze Einführung in die wesentlichen tatsächlichen Grundlagen des sodann juristisch einzuordnenden Geschehens erfolgen. Dazu wird zunächst die Struktur und der Ablauf des Börsenhandels am Beispiel der Frankfurter Wertpapierbörse (FWB) kurz dargestellt (A.)). Sodann folgt eine Beschreibung der Beteiligten an den hier relevanten Prozessen (B.)), sowie abschließend des für den Börsenhandel, das Clearing und die Abwicklung maßgeblichen rechtlichen Rahmens (C.)).

A.) Beschreibung der Struktur und des Ablaufes des Börsenhandels

Beim Börsengeschehen in einem weiteren Sinne können drei Elemente unterschieden werden: der Börsenhandel (I.)), das Clearing (II.)) und das Settlement (III.)).

I.) Der Börsenhandel

Mit Börsenhandel sind die Abläufe gemeint, innerhalb derer die Börsengeschäfte zustande kommen, also innerhalb derer die auf Abschluss der Börsengeschäfte gerichteten Offerten der Handelsteilnehmer an einer Börse einander zugeordnet werden.[9] Grundsätzlich gibt es zwei Arten des Börsenhandels, nämlich den (elektronisch unterstützten) Präsenzhandel und den vollelektronischen Handel, der an der FWB über das System Xetra erfolgt.[10]

1.) Elektronischer Handel und Präsenzhandel

Im elektronischen Handel existiert im Gegensatz zum Präsenzhandel kein Skontroführer,[11] der den Geschäftsabschluss zwischen den Handelsteilnehmern vermittelt

9 Vgl. *Tiedemann*, Stellung des zentralen Kontrahenten, S. 10.

10 Vgl. Schwark/Zimmer-*Beck*, § 27 BörsG Rn. 7 ff.

11 Vgl. *Beck*, BKR 2002, S. 699; *Köndgen/Theissen*, WM 2003, S. 1497, 1503.

und insoweit als Vermittlungsmakler agiert[12] und die Ermittlung eines Börsenpreises[13] vornimmt. Vielmehr erfolgt der Geschäftsabschluss im elektronischen Handel dadurch, dass das Handelssystem der Order[14] eines Handelsteilnehmers automatisch eine korrespondierende Order zuordnet (Matching).[15] Hierdurch werden die Handelsteilnehmer, deren Orders gematcht wurden, zugleich als Parteien des (hier sogenannten) wirtschaftlichen Geschäfts[16] ermittelt. Bildlich gesprochen, handelt es sich bei einem elektronischen Handelssystem um ein Skontroführersystem, das den Skontroführer erübrigt, gleichwohl aber so ausgestaltet sein muss, dass keine der Geschäftsparteien die Herrschaft über die Preisbildung hat.[17] Der maßgebliche Unterschied zum Präsenzhandel (skontroführergestützter Handel) ist also, dass im elektronischen Handel die Zusammenführung korrespondierender Kauf- und Verkaufsaufträge zu einem Geschäftsabschluss sowie die Preisermittlung automatisch durch die EDV erfolgen und kein Skontroführer als Intermediär daran beteiligt ist.[18] Da der Präsenzhandel im regulierten Markt an der FWB mit Wirkung zum 23. Mai 2011 eingestellt wurde,[19] soll auf diesen im Folgenden nicht mehr eingegangen werden.

---

12 *Hammen*, WM 2002, S. 2129, 2129 u. 2133.

13 Für die Frage, ob ein Geschäft im „Börsenhandel“ zustande gekommen ist, ist jedoch nicht maßgeblich, ob ihm ein Börsenpreis zugrunde liegt oder ob es zu einem solchen führt (vgl. *Beck*, BKR 2002, S. 699, 702; *Hammen*, WM 2002, S. 2129, 2131 ff.).

14 Eine Order ist das Kauf- oder Verkaufsangebot eines Handelsteilnehmers hinsichtlich eines bestimmten Wertpapiers. Eine solche Order kann auch infolge eines gestellten Quotes vorliegen. Ein Quote ist die gleichzeitige Aufgabe je eines limitierten Kauf- und Verkaufsangebots. Diese Quotes dürfen nur von sog. Market-Makern, Spezialisten, Best-Executors oder Designated Sponsors (Terminologie je nach Markt und Marktmodell unterschiedlich) aufgegeben werden (vgl. § 142 Abs. 2 S. 1 BörsO-FWB). Die hiernach vorliegenden Kauf- und Verkaufsorders unterscheiden sich aber in ihrer rechtlichen Behandlung nicht von den „normalen“ Orders, sodass im Folgenden nicht zwischen Quotes und Orders differenziert, sondern einheitlich von Orders gesprochen werden soll.

15 Schwark/Zimmer-*Beck*, § 27 Rn. 27. Im fortlaufenden Handel werden die Orders nach der sog. Preis-Zeit-Priorität einander zugeordnet (§ 154 Abs. 2 BörsO-FWB), d.h. zunächst werden die Orders nach dem Limit geordnet. Bei gleichem Limit oder bei unlimitierten Orders entscheidet die zeitliche Reihenfolge der Ordereingabe.

16 Zur der Unterscheidung zwischen wirtschaftlichem und juristischem Geschäft vgl. unten S. 51.

17 *Köndgen/Theissen*, WM 2003, S. 1497, 1503.

18 Schwark/Zimmer-*Beck*, § 27 Rn. 27. Trotz allem liegt Börsenhandel vor, da die maßgebliche Zentralisierung der Geschäftsabschlüsse an einem Ort bzw. in einem System vorliegt (vgl. Schwark/Zimmer-*Beck*, § 27 Rn. 27; Baumbach/Hopt-*Hopt*, BörsG, Einleitung, Rn. 1).

19 Siehe *Deutsche Börse AG*, Pressemitteilung vom 24. November 2010.

2.) Handelsphasen im elektronischen Handel

Der Handelstag ist im elektronischen Handel an der FWB gem. § 136 Abs. 1 BörsO-FWB in drei aufeinander folgende Phasen gegliedert: die Vorhandels-, die Haupthandels- und die Nachhandelsphase. In allen Phasen haben die Handelsteilnehmer die Möglichkeit, Orders einzugeben. Der Handel in Wertpapieren durch die Handelsteilnehmer findet jedoch nur in der Haupthandelsphase in dem jeweils für das betreffende Wertpapier festgelegten Handelsmodell statt (§ 136 Abs. 3 S. 2 BörsO-FWB).

3.) Handelsmodelle

Als Handelsmodell lässt sich die Art des Zustandekommens eines Geschäfts nach Eingabe einer Order bezeichnen. Die einzelnen Handelsmodelle unterscheiden sich in der Art der Preisfeststellung, im Umfang der Informationspublizität für die Handelsteilnehmer und den Prioritätsregeln für ihre Orders. In der Haupthandelsphase stehen an der FWB gem. § 135 S. 1 BörsO-FWB die Handelsmodelle der Auktion, des fortlaufenden Handels mit untertägigen Auktionen, der fortlaufenden Auktion und des Midpoint Order Matchings zur Verfügung.[20] In welchem konkreten Handelsmodell ein bestimmtes Wertpapier gehandelt werden kann, wird von der Geschäftsführung der Börse festgelegt (§ 135 S. 2 BörsO-FWB).

II.) Das Clearing

Im Anschluss an den Abschluss eines Börsengeschäfts kommt es zum Clearing. Clearing umfasst im weiteren Sinne die gesamte Verwaltung der Transaktionen zwischen Abschluss und Erfüllung der Geschäfte, beginnend mit der Erfassung der Geschäftsabschlüsse nach dem Matching bis hin zum Erstellen von Lieferinstruktionen an die Wertpapiersammelbank.[21] In einem engeren Sinne, welcher den folgenden Ausführungen zugrunde liegt, bedeutet Clearing die Sicherung der Erfüllung von Wertpapiergeschäften mittels Verrechnung (Netting) und Besicherung der offenen gegenseitigen Verpflichtungen.[22]

---

20 Als „Grundformen“ des Handels werden dabei der fortlaufende Handel und die Auktion bezeichnet (vgl. *Beck*, WM 1998, S. 417, 426 f.).

21 *Löber*, The devoloping EU legal framework for clearing and settlement of financial instruments, S. 6.

22 *Alfes*, Central Counterparty, S. 44. Vgl. zur Unterscheidung zwischen der weiten und der engen Bedeutung des Begriffes „Clearing“ auch *Kindermann*, WM 1989, Sonderbeilage 2, S. 1, 23.

Aus dieser Beschreibung ergibt sich auch, dass das Clearing nicht mit der Erfüllung der Börsengeschäfte im Wege der tatsächlichen Lieferung der Wertpapiere bzw. Zahlung des Kaufpreises verwechselt werden darf.[23] Dies ist nämlich nicht Bestandteil des Clearings, sondern stellt den ihm nachfolgenden Schritt, das sogenannte Settlement dar. Allerdings kann man die im Rahmen des Clearings stattfindenden Verrechnungen der offenen gegenseitigen Verpflichtungen (Netting) und das Settlement zusammenfassend als die Erfüllung der Börsengeschäfte bezeichnen. Gleichwohl sind das Netting und das Settlement, auch dogmatisch, streng voneinander zu trennen.[24]

III.) Das Settlement

Nachdem durch das Clearing die Voraussetzungen für die eigentliche Abwicklung geschaffen worden sind,[25] indem beispielsweise Lieferinstruktionen erstellt wurden, und nachdem gegenseitige offene Verpflichtungen verrechnet worden sind, müssen (nur noch) die nicht verrechneten noch offenen Verpflichtungen (die sogenannten „Spitzen") durch tatsächliche Lieferung der Wertpapiere bzw. deren Bezahlung erfüllt werden.[26] Dieser dritte und letzte Abschnitt ist das sogenannte Settlement.

Bei Geschäftsabschlüssen an der FWB unter Einbeziehung der Eurex Clearing AG als zentraler Kontrahent findet das Settlement nicht bereits am Tag der Geschäftsabschlüsse (Tradingday T) statt, sondern erst zwei Geschäftstage später (T+2), weil erst dann die auf Lieferung der Wertpapiere bzw. deren Bezahlung gerichteten, aus dem Abschluss des Börsengeschäfts folgenden Forderungen fällig werden.[27]

Dabei sind der Käufer und der Verkäufer zur Lieferung bzw. Zahlung Zug um Zug verpflichtet.[28] Die Synchronisierung der Lieferung mit der Bezahlung (delivery versus payment, DVP) wird in tatsächlicher Hinsicht durch den Umstand ermöglicht, dass die Wertpapiere und der Kaufpreis im Rahmen des Settlements heute nicht mehr physisch übergeben werden, sondern das Settlement

---

23 Vgl. *Tiedemann*, Stellung des zentralen Kontrahenten, S. 11.

24 Vgl. *Canaris*, WM 1976, S. 994, 1000.

25 Vgl. *Löber,* The devoloping EU legal framework for clearing and settlement of financial instruments, S. 6.

26 Vgl. *Ehricke*, FS Lüer, S. 361, 363; *Horn*, WM 2002, Sonderbeilage 2, S. 1, 4.

27 § 7 Abs. 1 S. 1 GB-FWB (für den elektronischen Handel i.V.m. § 38 S. 1 GB-FWB), Kap. V Ziff. 2.1 Abs. 4 CB-Eurex.

28 § 7 Abs. 2 GB-FWB (für den elektronischen Handel i.V.m. § 38 S. 1 GB-FWB), Kap. V Ziff. 2.1 Abs. 4 CB-Eurex.

auf reinen (Depot-) Kontobuchungen beruht.[29] Gewährleistet wird das DVP sodann durch die Buchungspraxis der Wertpapiersammelbank.[30] Deren elektronisches Settlementsystem nimmt zeitgleich die Abbuchung der zu liefernden Wertpapiere vom Depotkonto des Veräußerers (sofern er ein solches bei der Wertpapiersammelbank unterhält; andernfalls muss er sich eines Abwicklungsinstituts bedienen) und deren Gutschrift auf dem Depotkonto des Erwerbers vor. Zeitgleich belastet sie das Geldkonto des Erwerbers um den Kaufpreis und schreibt diesen dem Geldkonto des Verkäufers gut.[31]

B.) Beteiligte

In den umfassenden Materialien,[32] die von den Börsen, den Sammelverwahrern und auch den Clearinghäusern zur Verfügung gestellt werden, aber auch in den unterschiedlichen maßgeblichen Regelwerken, werden für die Beteiligten Bezeichnungen verwendet, die deren unterschiedliche Funktionen widerspiegeln. An dieser Stelle sollen daher zugleich mit einer Einführung in die Terminologie auch die Funktionen und die Stellung der Beteiligten innerhalb des Geschehens vom Geschäftsabschluss bis zur endgültigen Erfüllung der Verbindlichkeiten erörtert werden.

I.) Der zentrale Kontrahent

Als zentraler Kontrahent wird allgemein eine Stelle bezeichnet, die an einem Markt für Finanzinstrumente als Käufer gegenüber jedem Verkäufer bzw. als Verkäufer gegenüber jedem Käufer agiert.[33] Nach der gesetzlichen Definition in § 1 Abs. 31 KWG ist ein zentraler Kontrahent „ein Unternehmen, das bei Kaufverträgen innerhalb eines oder mehrerer Finanzmärkte zwischen den Käufer und

29 Ausführlich zur Lieferung der Wertpapiere unten S. 202 ff.

30 Vgl. zur Synchronisierung der Buchungen hinsichtlich des Kaufpreises mit den Depotkontobuchungen BuB-*Decker*, Depotgeschäft (Stand: 10/2008), Rn. 8/337c.

31 *Tiedemann*, Stellung des zentralen Kontrahenten, S. 12.

32 Beispielsweise *Deutsche Börse AG*, Funktionale Beschreibung Xetra R7.0, oder die Informationen im Information Centre auf der Homepage der Clearstream Banking AG (http://www.clearstream.com/ci/dispatch/en/cic/CIC/Information_Centre.htm (Stand: 25.12.2012)) oder sehr umfangreich auf der Homepage der Eurex Clearing AG (http://www.eurexclearing.com (Stand: 25.12.2012)).

33 *Knott/Mills*, Bank of England Financial Stability Review, Dezember 2002, S. 162, 164; *Kunz*, Ausgewählte Rechtsprobleme des Zentralen Kontrahenten, S. 57; *BIS/IOSCO*, Recommendations for Central Counterparties, Consultative Report, März 2004, S. 1.

den Verkäufer geschaltet wird, um als Vertragspartner für jeden der beiden zu dienen, und dessen Forderungen aus Kontrahentenausfallrisiken gegenüber allen Teilnehmern an seinen Systemen auf Tagesbasis hinreichend besichert sind."[34] Die Definition einer zentralen Vertragspartei in Art. 2 c) der RL 98/26/EG[35] verzichtet hingegen auf das Erfordernis, dass die Forderungen des als zentraler Kontrahent agierenden Unternehmens hinreichend besichert sein müssen. Nach ihr ist zentraler Kontrahent „eine Stelle, die in einem System zwischen den Instituten eingeschaltet ist und in bezug auf die Zahlungs- bzw. Übertragungsaufträge dieser Institute als deren ausschließliche Vertragspartei fungiert[e]". Letztere Definition bringt den Vorteil mit sich, dass sie eine dogmatische Einordnung der an der Börse unter Einbeziehung eines zentralen Kontrahenten geschlossenen Verträge nicht präjudiziert, da sie auf die Termini „Käufer" und „Verkäufer" verzichtet.

Aus diesen Begriffsbestimmungen wird auch die Funktion eines zentralen Kontrahenten ersichtlich: Während im Handel ohne zentralen Kontrahenten die Geschäfte unmittelbar zwischen den Handelsteilnehmern zustande kommen, werden an einem Markt, an dem ein zentraler Kontrahent vorhanden ist, die Verträge nicht unmittelbar zwischen den Handelsteilnehmern geschlossen.[36] Die Verträge kommen vielmehr jeweils zwischen dem zentralen Kontrahenten und

---

34 Die gesetzliche Definition legt nahe, dass ein zentraler Kontrahent (im Geltungsraum des KWG), der über kein Sicherheitensystem verfügt und damit nicht die Voraussetzungen der Legaldefinition erfüllt, gerade nicht nach § 32 Abs. 1 S. 1 KWG erlaubnispflichtig ist und gerade nicht der Aufsicht der Bafin nach § 6 Abs. 1 KWG unterliegt. Es liegt auf der Hand, dass dies nicht dem auf eine effektive Aufsicht gerichteten Willen des Gesetzgebers (vgl. dazu die Begr. zum RegE des Gesetzes zur Umsetzung der neu gefassten Bankenrichtlinie und der neu gefassten Kapitaladäquanzrichtlinie, BT-Drucks. 16/1335, S. 40) entspricht, sodass § 1 Abs. 31 KWG teleologisch dahingehend reduziert werden muss, dass ein zentraler Kontrahent eine Institution ist, die bei Kaufverträgen innerhalb eines oder mehrerer Finanzmärkte zwischen den Käufer und den Verkäufer geschaltet wird, um als Vertragspartner für jeden der beiden zu dienen (*Kunz*, Ausgewählte Rechtsprobleme des Zentralen Kontrahenten, S. 498 f.).

35 Richtlinie 98/26/EG des Europäischen Parlaments und des Rates vom 19. Mai 1998 über die Wirksamkeit von Abrechnungen in Zahlungs- sowie Wertpapierliefer- und -abrechnungssystemen (ABl. Nr. L 166 S. 45). Zuletzt geändert durch Art. 1 ÄndRL 2010/78/EU vom 24.11.2010 (ABl. Nr. L 331 S. 120).

36 Vgl. Albrecht/Karahan/Lenenbach-*Lenenbach*, § 37 Effektengeschäft, Rn. 112. Es ist durchaus möglich, dass das Geschäft zunächst zwischen den Handelsteilnehmern abgeschlossen wird und der zentrale Kontrahent erst im Wege der Vertragsübernahme oder Novation in den Vertrag eintritt. Diese Ausgestaltung findet sich oftmals bei zentralen Kontrahenten im Ausland und liegt auch dem Einbezug der Eurex Clearing AG als zentraler Kontrahent für OTC-Kontrakte zugrunde (vgl. Kap. VIII Ziff. 1.2 CB-Eurex). Im Kassahandel an der FWB unter Einbeziehung der Eurex Clearing AG als zentraler Kontrahent kommen die Verträge zwischen den Clearing-Mitgliedern und dem zentralen Kontrahenten jedoch nicht im Wege der Novation zustande (siehe unten, S. 68 f.). Zur rechtlichen Konstruktion des außerbörslichen Derivatehandels mittels der Eurex Clearing AG als zentralem Kontrahenten vgl. *Jobst*, ZBB 2010, S. 384, 392 ff.

denjenigen Handelsteilnehmern zustande, deren eingegebene Kauf- bzw. Verkaufsorders durch das Matching einander zugeordnet worden sind. Der zentrale Kontrahent wird somit bildlich gesprochen zwischen diese Handelsteilnehmer geschaltet. Damit wird er sowohl auf der einen Handelsseite Vertragspartner des veräußernden Handelsteilnehmers, als auch auf der Gegenseite Vertragspartner des erwerbenden Handelsteilnehmers. Es kommt somit nicht mehr zu nur einem Vertragsschluss, sondern zu zwei sich inhaltlich entsprechenden Verträgen. Man kann daher zwischen dem wirtschaftlichen Geschäft und den einzelnen Verträgen unterscheiden, in die sich dieses Geschäft aufteilt und die man in Abgrenzung zum wirtschaftlichen Geschäft als die juristischen Geschäfte bezeichnen kann.[37] Die beiden Handelsteilnehmer sind Parteien des wirtschaftlichen Geschäfts. Sie alleine sind interessiert am Erhalt des Kaufpreises und dem Erwerb der Wertpapiere. Ihre Stellung als Parteien des wirtschaftlichen Geschäfts folgt aus dem Matching ihrer Orders. Gleichwohl entstehen durch das Matching keine vertraglichen Beziehungen zwischen ihnen, sondern es liegen zwei Verträge je mit dem zentralen Kontrahenten vor.[38] Dieser ist somit zur Lieferung der Wertpapiere bzw. zur Zahlung des Kaufpreises gegenüber dem jeweiligen Handelsteilnehmer verpflichtet.[39] Dabei bleibt der zentrale Kontrahent im Handelsverlauf vollständig passiv und gibt selbst keine Orders in das Handelssystem ein.

Clearing-Mitglied ·· Clearing-Mitglied
Clearing-Mitglied ——— Zentraler Kontrahent ——— Clearing-Mitglied

············ Wirtschaftliches Geschäft
——— Juristisches Geschäft

Diese Verfahrensweise setzt jedoch voraus, dass beide Handelsteilnehmer Clearing-Mitglieder sind, also zur Teilnahme am Clearing nach Maßgabe der Clearing-Bedingungen zugelassen sind.[40] Ist dies nicht der Fall, handelt es sich also um Nicht-Clearing-Mitglieder,[41] kommt es zu einer weiteren Aufspaltung des wirtschaftlichen Geschäfts. Denn ein Nicht-Clearing-Mitglied wird weder Vertragspartei des gematchten anderen Handelsteilnehmers noch des zentralen Kontrahenten. Diese weitere Aufspaltung erfolgt dadurch, dass – bildlich gesprochen – zwischen den zentralen Kontrahenten und das Nicht-Clearing-Mitglied ein Clearing-Mitglied, welches dem Nicht-Clearing-Mitglied zugeordnet ist, geschaltet wird.

37 Vgl. *Hoffmann*, WM 2003, S. 2025, 2028; *Jobst*, ZBB 2010, S. 384, 388.
38 Vgl. § 2 Abs. 2 S. 1 GB-FWB und Kap. I Ziff. 1.2.1 Abs. 1 und 2 CB-Eurex.
39 *Kindermann*, WM 1989, Sonderbeilage 2, S. 1, 24 f.
40 Vgl. zu Clearing-Mitgliedern unten, S. 59 f.
41 Eingehend auch zu diesen unten, S. 60 f.

Es kommt dabei zu zwei sich inhaltlich entsprechenden Verträgen: Das Clearing-Mitglied schließt einen Vertrag mit dem zentralen Kontrahenten und einen Parallelkontrakt mit dem Nicht-Clearing-Mitglied. Dabei bleibt das Clearing-Mitglied im Handel wie auch der zentrale Kontrahent vollständig passiv. Lediglich das Nicht-Clearing-Mitglied gibt eine Order ein.

Je nachdem, ob der Order des Nicht-Clearing-Mitglieds eine Order eines Clearing- oder aber eines Nicht-Clearing-Mitglieds im Wege des Matchings zugeordnet wird, erfolgt somit eine Spaltung des wirtschaftlichen Geschäfts in drei bzw. vier Verträge.

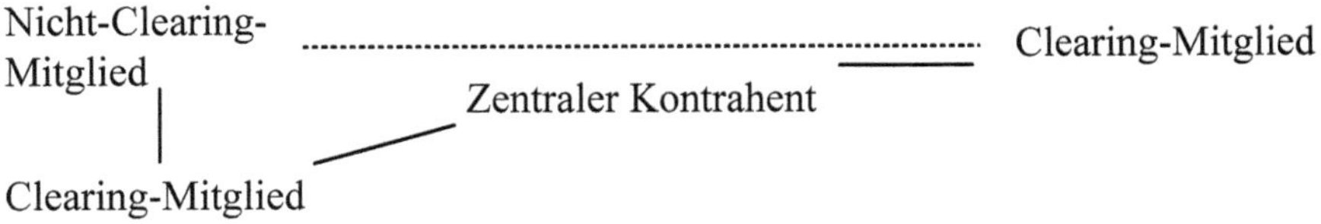

bzw.

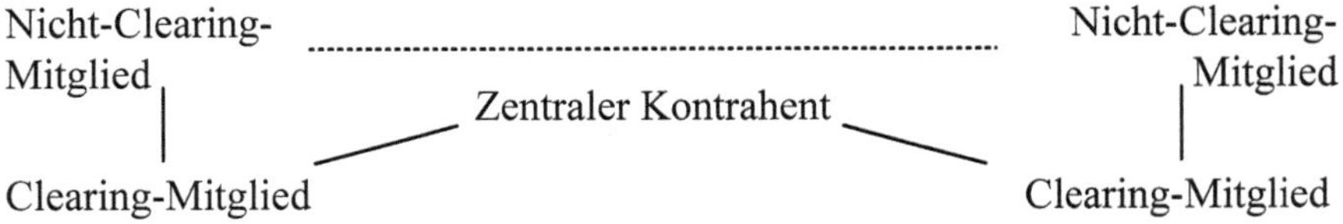

Die beschriebene Aufspaltung hat unter anderem den Vorteil, dass zwei Orders ein und desselben Handelsteilnehmers einander im Wege des Matchings zugeordnet werden können und daraus gleichwohl Rechtsfolgen erwachsen. Denn wird im Handel ohne die Einbeziehung eines zentralen Kontrahenten z.B. eine Kauforder eines Handelsteilnehmers seiner eigenen korrespondierenden Verkaufsorder zugeordnet, kommt es mangels Personenverschiedenheit auf Seiten des Offerenten und des Annehmenden zu keinem Vertragsschluss.[42] Indem nun von vornherein Geschäfte nur mit dem zentralen Kontrahenten zustande kommen, steht auf einer Seite des Vertrages jedoch stets dieser, was eine Personenidentität auf Seiten des Anbietenden und Annehmenden ausschließt.[43]

42 *Hammen*, ZBB 2000, S. 293, 295.

43 *Hammen*, ZBB 2000, S. 293, 301; *Alfes*, Central Counterparty, S. 69 f. Dies setzt jedoch voraus, dass die Vertragsschlüsse von vornherein zwischen den Clearing-Mitgliedern und dem zentralen Kontrahenten zustande kommen. Würde das Geschäft erst zwischen den Handelsteilnehmern abgeschlossen werden und der zentrale Kontrahent erst im Wege der Vertragsübernahme oder Novation in den Vertrag eintreten (siehe dazu näher unten, S. 68), entfiele der hier beschriebene Vorteil.

II.) Clearing-Stelle

Als Clearing-Stelle[44] bezeichnet man den Betreiber eines Systems zur Sicherung der Erfüllung von Geschäften in zum Clearing an einem Markt zugelassenen Wertpapieren durch Verrechnung und Besicherung der gegenseitigen Verbindlichkeiten.[45] Regelmäßig fungiert die Clearing-Stelle zugleich auch als zentraler Kontrahent. Clearing im Sinne von Sicherung der Erfüllung von Wertpapiergeschäften kann jedoch auch ausgeübt werden, ohne dass die Clearing-Stelle Gläubiger und Schuldner der Handelsteilnehmer im Rahmen der Börsengeschäfte wird. Zudem können die Aufgaben des Clearings und diejenige eines zentralen Kontrahenten von unterschiedlichen Instituten wahrgenommen werden.[46] So beschreibt Art. 2 e) der RL 98/26/EG eine Clearing-Stelle als „eine Organisation, die für die Berechnung der Nettopositionen der Institute, einer etwaigen zentralen Vertragspartei *und/oder* einer etwaigen Verrechnungsstelle zuständig ist".[47] Und Art. 2 f) Unterabs. 2 der RL 98/26/EG normiert: „Je nach den Regeln des Systems kann ein und derselbe Teilnehmer als zentrale Vertragspartei, als Verrechnungsstelle oder als Clearingstelle auftreten oder alle diese Funktionen ganz oder teilweise ausüben". Im Folgenden soll davon ausgegangen werden, dass die Clearing-Stelle zugleich als zentraler Kontrahent agiert, wie dies auch im Falle der Eurex Clearing AG als Clearing-Stelle und zentraler Kontrahent an der FWB der Fall ist. Dabei werden die Begriffe „zentraler Kontrahent" und „Clearing-Stelle" synonym verwendet.

1.) Aufgaben

Zu den Aufgaben einer Clearing-Stelle gehören alle dem Clearing zuzuordnenden Tätigkeiten zwischen dem Abschluss der Geschäfte und dem Settlement. Dies umfasst entsprechend der vorstehenden Beschreibung des Clearings insbesondere die Ermittlung des Ausfallrisikos, das (sie als) der zentrale Kontrahent durch den Geschäftsabschluss mit einem Clearing-Mitglied eingeht, und die darauf beruhende Berechnung der von den Clearing-Mitgliedern jeweils zu verlangenden Sicherheiten. Ferner gehören auch Tätigkeiten wie die Verwaltung der Transaktionen zwischen Abschluss und Erfüllung der Geschäfte und die Erstellung und Übermittlung von Lieferinstruktionen an die Wertpapiersammelbank sowie von Transaktionsreports an die Handelsteilnehmer zum Aufgabenbereich der Clearing-Stelle.

---

44 Gebräuchlich ist auch die Bezeichnung „Clearing-Haus".

45 *Alfes,* Central Counterparty, S. 42 f.

46 *Jobst,* ZBB 2010, S. 384, 387.

47 Hervorhebung durch den Verfasser.

2.) Clearing-Beteiligte

Beteiligte eines Clearing-Systems sind die Clearing-Stelle, die Clearing-Mitglieder, die Geldverrechnungsstelle und die Wertpapiersammelbank.[48] Die Teilnahme eines Handelsteilnehmers am Clearing kann unmittelbar als General- oder Direct-Clearing-Mitglied durch Erwerb einer Clearing-Lizenz oder mittelbar als Nicht-Clearing-Mitglied durch Abschluss einer NCM-CM-Clearing-Vereinbarung mit einem Clearing-Mitglied und der Clearing-Stelle erfolgen.[49]

3.) Sicherstellung der Erfüllung

Die Kernaufgabe der Clearing-Stelle geht eng einher mit dem Hauptvorteil der Implementierung eines zentralen Kontrahenten und dem sich daraus aber auch ergebenden Risiko. Als eines der Hauptziele der Einführung eines zentralen Kontrahenten kann die Reduktion des Ausfallrisikos[50] der Gegenpartei für die Handelsteilnehmer bezeichnet werden. Indem der zentrale Kontrahent wie beschrieben alleiniger Vertragspartner der Clearing-Mitglieder wird, übernimmt er zentral das Erfüllungsrisiko der Geschäfte.[51] Jedoch kann auch er das Ausfallrisiko nicht gänzlich von einem Markt entfernen, sondern nur auf sich zentralisieren. Die Handelsteilnehmer tragen nicht mehr das Ausfallrisiko eines jeden einzelnen ihrer Geschäftspartner, sondern nur noch dasjenige des zentralen Kontrahenten.[52] Der zentrale Kontrahent wiederum trägt das Ausfallrisiko aller mit ihm kontrahierenden Clearing-Mitglieder. Sollte ein solches ausfallen, bedient sich der zentrale Kontrahent der von den Clearing-Mitgliedern gestellten Sicherheiten[53] und der sonstigen Mittel seines Sicherheitensystems,[54] um seine Verbindlichkeiten zu erfüllen. Dies bedingt somit neben der Zentralisierung auch eine Sozialisierung des Ausfallrisikos. Hätte ohne Einschaltung des zentralen Kontrahenten der mit dem ausfallenden Marktteilnehmer kontrahierende Handelsteilnehmer den Verlust alleine zu tragen gehabt, wird dieser nun durch Inanspruchnahme der in einem bestimmten Umfang von allen Clearing-Mitgliedern geleisteten Mittel gemeinsam getragen.

48 *Kindermann*, WM 1989, Sonderbeilage 2, S. 1, 22.

49 *Kindermann*, WM 1989, Sonderbeilage 2, S. 1, 14; *Alfes,* Central Counterparty, S. 43.

50 Dieses wird auch Erfüllungs- oder Kontrahentenrisiko genannt. Alle drei Begriffe bezeichnen das Risiko, dass der Vertragspartner seine Verpflichtungen nicht erfüllt.

51 *BIS/IOSCO*, Recommendations for securities settlement systems, S. 11; *Hoffmann*, WM 2003, S. 2025, 2028.

52 *CESR/ECB*, Standards for Securities Clearing and Settlement in the EU, S. 28; *DTCC*, Central Counterparties: Development, cooperation and consolidation, S. 4; *Hills/Rule/Parkinson*, Bank of England Financial Stability Review, Juni 1999, S. 122, 126.

53 Dabei wird er in der Regel zunächst die Sicherheiten verwerten, welche die ausgefallene Partei zu stellen hatte (vgl. Kap. I Ziff. 6.2 Abs. 2 CB-Eurex).

54 Näher dazu sogleich, S. 57.

Die Verlagerung des Ausfallrisikos weg von den einzelnen Handelsteilnehmern und konzentriert hin zum zentralen Kontrahenten wird aber auch als einer der Nachteile der Implementierung eines zentralen Kontrahenten an einem Markt angesehen. Denn es besteht die Gefahr, dass sich die nun beim zentralen Kontrahenten konzentriert befindlichen Ausfallrisiken kumuliert realisieren, indem dieser ausfällt oder in eine Krise gerät.[55] Eine effektive Reduktion des Ausfallrisikos setzt somit voraus, dass der zentrale Kontrahent als einzige Gegenpartei aller Clearing-Mitglieder stets solvent und in der Lage ist, sich die Wertpapiere, zu deren Lieferung er verpflichtet ist, zu beschaffen, sodass er gegenüber seinem Vertragspartner seine Verpflichtungen erfüllen kann, auch wenn er in anderen Geschäften ausfällt.[56] Der zentrale Kontrahent muss den Ausfall eines Clearing-Mitglieds absorbieren können. Das Ausmaß der Reduktion des Ausfallrisikos durch Einführung eines zentralen Kontrahenten ist somit davon abhängig, dass dieser so installiert wird, dass die Erfüllung der Verbindlichkeiten durch ihn gewährleistet ist.[57] Diese Gewährleistung geschieht durch die zweistufige Sicherstellung der Erfüllung im Rahmen des Clearings, nämlich durch das Netting (a.)) und die Besicherung der offenen Verbindlichkeiten (b.)).

a.) Netting

Beim Netting werden alle Forderungen und Verbindlichkeiten eines Handelsteilnehmers gegenüber dem zentralen Kontrahenten hinsichtlich Geldzahlungen und Wertpapierübertragungen in einer Wertpapiergattung miteinander verrechnet, sodass nur eine Nettoforderung bzw. -verbindlichkeit dem zentralen Kontrahenten gegenüber verbleibt.[58] Infolge des Nettings beschränken sich die noch zu erfolgenden Transaktionen auf die dann noch bestehen bleibenden, nicht verrechneten Verbindlichkeiten, die sogenannte Spitze.[59] Dies wird als ein wichtiger

---

55 Vgl. *ECB*, Monthly Bulletin, August 2001, S. 77; *DTCC*, Central Counterparties: Development, cooperation and consolidation, S. 10. In der Börsengeschichte ist es aufgrund mangelnden Risikomanagements durchaus schon vorgekommen, dass ein zentraler Kontrahent in eine Krisensituation geraten oder gar ganz als Vertragspartner ausgefallen ist, vgl. *Hills/Rule/Parkinson*, Bank of England Financial Stability Review, Juni 1999, S. 122, 129. Zu weiteren Nachteilen der Einführung eines zentralen Kontrahenten vgl. *Kunz*, Ausgewählte Rechtsprobleme des Zentralen Kontrahenten, S. 70 ff.

56 Entsprechendes gilt umgekehrt für die Kaufpreiszahlungen.

57 *DTCC*, Central Counterparties: Development, cooperation and consolidation, S. 9; *Cecchetti/Gyntelberg/Hollanders*, BIS Quarterly Review, September 2009, S. 45, 53.

58 *Horn*, WM 2002, Sonderbeilage 2, S. 1, 4. Da sowohl die auf Geldzahlung als auch die auf Wertpapierübertragung gerichteten Forderungen Gegenstand des Nettings sind, gelten die folgenden Ausführungen bzgl. des Nettings für beide in gleichem Maße.

59 *Alfes*, Central Counterparty, S. 62; *Horn*, WM 2002, Sonderbeilage 2, S. 1, 7.

Vorteil der Einführung eines zentralen Kontrahenten genannt.[60] Zwar können Handelsteilnehmer auch an Märkten ohne zentralen Kontrahenten gegeneinander aufrechnen, jedoch verbleibt stets ein Saldo gegenüber jedem Kontrahenten.[61] Durch Einsatz eines zentralen Kontrahenten werden die Vertragsverhältnisse auf diesen konzentriert, sodass jeder Handelsteilnehmer nach dem Netting allein diesem gegenüber nur eine Saldoforderung bzw. -verbindlichkeit hat.[62]

Eine wichtige Folge des Nettings ist die Verringerung des Kontrahentenrisikos, da nach dem Netting eine geringere Anzahl und ein geringeres Volumen an offenen Positionen verbleiben.[63] Dies bewirkt zudem, dass seitens der Clearing-Mitglieder auch entsprechend weniger Sicherheiten hinterlegt werden müssen, sodass weniger Liquidität in geleisteten Sicherheiten gebunden wird.[64] Ferner reduzieren sich mit der Anzahl der abzuwickelnden Geschäfte[65] die mit der Übertragung der Wertpapiere verbundenen Transaktionskosten.[66] Dies kommt insbesondere Marktteilnehmern zugute, die eine Vielzahl von Geschäften abschließen und hohe Volumina bewegen.[67]

---

60 *Alfes,* Central Counterparty, S. 62; *Giordano,* ECMI Short Paper No. 3, S. 40; *Kalbhenn,* Börsen-Zeitung v. 14.06.2002, S. 8; *Scherff,* FAZ v. 26.03.2003, S. 29.

61 Vgl. *Alfes,* Central Counterparty, S. 62 f. und auch *ECB,* Monthly Bulletin, August 2001, S. 69 f., wo das Netting unter Einbeziehung eines zentralen Kontrahenten fälschlicherweise als multilaterales Netting bezeichnet wird. Ein wirklich multilaterales Netting ließe sich im Wege der Skontration bewerkstelligen (vgl. MüKoBGB-*Schlüter,* § 387 Rn. 52; *Canaris,* WM 1976, S. 994, 997).

62 Vgl. *Alfes,* Central Counterparty, S. 62 f. und auch *DTCC,* Central Counterparties: Development, cooperation and consolidation, S. 18.

63 *Alfes,* Central Counterparty, S. 65; *CESR/ECB,* Standards for Securities Clearing and Settlement in the EU, S. 29.

64 *Alfes,* Central Counterparty, S. 67; *Jobst,* ZBB 2010, S. 384, 385; *Kalbhenn,* Börsen-Zeitung v. 14.06.2002, S. 8; *ECB,* Monthly Bulletin, August 2001, S. 71. Eine weitere Reduktion der zu stellenden Sicherheiten wird auf Ebene der Clearing-Stellen oftmals dadurch bewirkt, dass deren Berechnungsmodelle für die Ermittlung der Höhe der zu leistenden Sicherheiten wiederum Verrechnungsmöglichkeiten vorsehen. So werden beim sog. Cross-Margining die Risiken von entgegengesetzten Termin- und Kassageschäften miteinander verrechnet, was zu einer geringeren notwendigen Gesamtsicherheitsleistung führt, als wenn jedes Geschäft einzeln besichert würde (vgl. *Brodella/Deusinger,* Börsen-Zeitung v. 16.08.2002, S. 3; *Hills/Rule/Parkinson,* Bank of England Financial Stability Review, Juni 1999, S. 122, 125; *Kunz,* Ausgewählte Rechtsprobleme des Zentralen Kontrahenten, S. 68; *Eurex Frankfurt AG,* Risk-Based-Margining, S. 14 und insb. 44 ff.).

65 Nach dem Geschäftsbericht der Deutschen Börse AG von 2003 (*Deutsche Börse AG,* Geschäftsbericht 2003, S. 39) lag die Nettingeffizienz damals bei über 95 %, d.h. weniger als 5 % der Geschäfte wurden tatsächlich durch Abwicklung erfüllt. Die Nettingeffizienz befindet sich auch gegenwärtig auf einem sehr hohen Niveau.

66 *Alfes,* Central Counterparty, S. 62 f.; *Jobst,* ZBB 2010, S. 384, 385; *Scherff,* FAZ v. 17.05.2001, S. 35; *ECB,* Monthly Bulletin, August 2001, S. 71. Die Transaktionskosten werden als der teuerste Posten im Rahmen der Abwicklung bezeichnet (vgl. *Kalbhenn,* Börsen-Zeitung v. 14.06.2002, S. 8).

67 *Giordano,* ECMI Short Paper No. 3, S. 40; *Kalbhenn,* Börsen-Zeitung v. 14.06.2002, S. 8.

Ebenso wie der zentrale Kontrahent verrechnet auch ein Clearing-Mitglied seine Ansprüche und Verbindlichkeiten gegenüber seinen einzelnen Nicht-Clearing-Mitgliedern, sodass auch zwischen dem Clearing-Mitglied und einem Nicht-Clearing-Mitglied am Ende des Handelstages je nur eine Nettoverbindlichkeit oder ein Nettoanspruch des Clearing-Mitglieds gegenüber Letzterem besteht.[68]

Die Verrechnungsregeln werden dabei in der Rechtsbeziehung zwischen dem zentralen Kontrahenten und den Clearing-Mitgliedern durch die Clearing-Vereinbarung bzw. durch die hiermit verbundenen Clearing-Bedingungen vereinbart. Im Verhältnis zwischen den Clearing-Mitgliedern und den ihnen zugeordneten Nicht-Clearing-Mitgliedern finden durch Abschluss der NCM-CM-Clearing-Vereinbarung und den damit bewirkten Einbezug der Clearing-Bedingungen inhaltsgleiche Regelungen Anwendung.[69]

b.) Besicherung der Verbindlichkeiten

Die Sicherstellung der Solvenz des zentralen Kontrahenten und damit die Sicherstellung der Erfüllung der nach dem Netting noch verbleibenden offenen Verbindlichkeiten ist die zweite Stufe der Sicherung der Erfüllung durch die Clearing-Stelle. Diese lässt sich wiederum dreistufig darstellen. Zunächst müssen die Clearing-Mitglieder hinreichend solvent sein und daher über eine bestimmte Menge an haftendem Eigenkapital verfügen, um am Clearing-System teilnehmen zu dürfen (Stufe 1: Minimierung des Risikos der Leistungsunfähigkeit eines Marktteilnehmers). Ferner müssen die Clearing-Mitglieder für die von ihnen eingegangenen Geschäfte Sicherheiten, sogenannte Margins, stellen (Stufe 2: Minimierung der Verluste für den zentralen Kontrahenten, falls Stufe 1 scheitert). Des Weiteren müssen sie (je nach Ausgestaltung des Sicherheitenmodells des zentralen Kontrahenten zusätzlich oder alternativ zu Stufe 2) Sicherheitsleistungen in einen Haftungs-Fonds einbringen[70] und schließlich verfügt der zentrale Kontrahent möglicherweise noch über Ausfallversicherungen oder Garantien Dritter sowie eigene Rücklagen (Stufe 3: Allokation der bei Scheitern von Stufen 1 und 2 eintretenden Verluste).[71] Von Interesse sind an dieser Stelle die beiden letztgenannten Stufen, die dafür Sorge tragen sollen, dass der zentrale Kontrahent in der Lage ist, seine Verbindlichkeiten erfüllen zu können, auch wenn ein Clearing-Mitglied ihm gegenüber ausfällt. Bezweckt ist also, dass der Ausfall

68 *Horn*, WM 2002, Sonderbeilage 2, S. 1, 4.

69 Vgl. zur jeweiligen Einbeziehung in die Rechtsverhältnisse *Horn*, WM 2002, Sonderbeilage 2, S. 1, 4 und als Beispiele Ziff. 1 der Clearing-Vereinbarung sowie Ziff. 1 und 3 der NCM-CM-Clearing-Vereinbarung der Eurex Clearing AG (je i.V.m. Kap. I Ziff. 1.4 CB-Eurex).

70 Vgl. Kap. I Abschn. 6 CB-Eurex.

71 Vgl. *Hills/Rule/Parkinson*, Bank of England Financial Stability Review, Juni 1999, S. 122, 126 ff. (insbesondere zu den drei genannten Stufen); *ECB*, Monthly Bulletin, August 2001, S. 72.

eines Clearing-Mitglieds nicht auf den Markt durchschlägt, sondern die Ansprüche der Gegenparteien der wirtschaftlichen Geschäfte dieses ausfallenden Clearing-Mitglieds, welche die Gegenparteien gegenüber dem zentralen Kontrahenten haben, gleichwohl erfüllt werden können.

Die Frage, ob ein Handelsteilnehmer mittelbar oder unmittelbar am Clearing teilnimmt, ist dabei ausschlaggebend dafür, wem gegenüber er die Margins für die konkreten offenen Positionen zu stellen hat. Dies muss nämlich nur im Verhältnis zum Partner des juristischen Geschäfts erfolgen. Nur die Clearing-Mitglieder müssen also gegenüber der Clearing-Stelle Margins stellen.[72] Diese müssen dabei ausreichend hoch sein, um möglichst alle denkbaren – mit Ausnahme der extremsten – Preisschwankungen innerhalb eines bestimmten Zeitraums (in der Regel ein Börsentag)[73] abzudecken, sodass der zentrale Kontrahent, falls das Clearing-Mitglied ausfällt, mit Hilfe der hinterlegten Margins weiterhin in der Lage ist, seine sonstigen Verbindlichkeiten zu erfüllen.[74] Ein Clearing-Mitglied muss mit der Besicherung auch das Fremdrisiko resultierend aus den Geschäften seiner Nicht-Clearing-Mitglieder abdecken.[75] Denn die Clearing-Mitglieder sind gegenüber dem zentralen Kontrahenten aus Eigen- und auch aus Fremdgeschäften verpflichtet, was im letztgenannten Falle wiederum alle Eigen- und Fremdgeschäfte der ihnen zugeordneten Nicht-Clearing-Mitglieder erfasst.[76] Die Clearing-Mitglieder müssen daher zur Sicherstellung ihrer Solvenz ihrerseits von den ihnen angeschlossenen Nicht-Clearing-Mitgliedern Sicherheiten verlangen.[77]

Da aber die eingeforderten und geleisteten Margins lediglich eine bestimmte Spannweite an Preisbewegungen, die innerhalb eines bestimmten Zeitraums angenommen wird, abdecken, können sie im Extremfall nicht ausreichen, um bei einem Ausfall des Clearing-Mitglieds mit ihnen die ungedeckten Verbindlichkeiten des zentralen Kontrahenten zu erfüllen.[78] Dann wird der zentrale Kontrahent die im Haftungsfonds befindlichen Mittel verwerten, wodurch es zu der bereits angesprochenen Sozialisierung des Ausfallrisikos kommt. Es haften dann im Ergebnis alle Clearing-Mitglieder, die in den Fonds eingezahlt haben, füreinander, wenn auch in der Regel nur nachrangig zur Inanspruchnahme anderer Sicherheiten durch die Clearing-Stelle entsprechend der in den Clearing-Bedingungen festgelegten Reihenfolge.[79]

---

72 Vgl. Kap. I Ziff. 3.1 Abs. 1 CB-Eurex.

73 *Knott/Mills*, Bank of England Financial Stability Review, Dezember 2002, S. 162, 164. Vgl. auch Kap. I Ziff. 3.1 Abs. 1 CB-Eurex.

74 Vgl. *Knott/Mills*, Bank of England Financial Stability Review, Dezember 2002, S. 162, 164.

75 *Kindermann*, WM 1989, Sonderbeilage 2, S. 1, 34.

76 *Alfes*, Central Counterparty, S. 49.

77 Vgl. Kap. I Ziff. 3.1 Abs. 7 CB-Eurex.

78 Vgl. *Knott/Mills*, Bank of England Financial Stability Review, Dezember 2002, S. 162.

79 *Kindermann*, WM 1989, Sonderbeilage 2, S. 1, 28. Vgl. Kap. I Ziff. 6.2 Abs. 2 CB-Eurex.

III.) Clearing-Mitglieder

Clearing-Mitglied ist, wer Inhaber einer Clearing-Lizenz ist und auf dieser Grundlage am Clearing-Verfahren an dem entsprechenden Markt teilnimmt.[80] Die Clearing-Lizenz wird mit Abschluss einer Clearing-Vereinbarung des (künftigen) Clearing-Mitglieds mit der Clearing-Stelle erteilt.[81] Die Clearing-Vereinbarung bewirkt als Rahmenvertrag zudem die Einbeziehung der Clearing-Bedingungen als Allgemeine Geschäftsbedingungen in das Rechtsverhältnis zwischen der Clearing-Stelle (und damit dem zentralen Kontrahenten) und dem Clearing-Mitglied.[82]

Aufgrund des Rechts zur Teilnahme am Clearing kann ein Clearing-Mitglied am Clearing selbstständig teilnehmen, ohne dabei auf die Mitwirkung eines anderen Clearing-Mitglieds angewiesen zu sein. Zudem kann der Inhaber einer Clearing-Lizenz das Clearing[83] für Nicht-Clearing-Mitglieder übernehmen, was bei Erhebung einer Clearing-Gebühr ein eigenes Geschäftsfeld eröffnet.[84] Hinsichtlich der Reichweite dieser Befugnis ist jedoch zwischen den Lizenzen weiter zu differenzieren in General-Clearing- und Direkt-Clearing-Lizenzen,[85] sodass es entsprechend General-Clearing-Mitglieder und Direkt-Clearing-Mitglieder gibt. Erstere dürfen für Nostro- und Kundengeschäfte sowie für Geschäfte von Nicht-Clearing-Mitgliedern das Clearing tätigen. Direkt-Clearing-Mitglieder hingegen dürfen neben Nostro- und Kundengeschäften lediglich für Geschäfte konzernverbundener Nicht-Clearing-Mitglieder das Clearing übernehmen.[86] Eine General-Clearing-Lizenz reicht somit also hinsichtlich des Umfangs der Befugnis zum Clearing von Geschäften von Nicht-Clearing-Mitgliedern weiter.

Mit dem Recht zum Clearing gehen aber auch die Pflicht zur Stellung von Sicherheiten und ferner den Geschäftsabschlüssen nachgelagerte Leistungspflichten gegenüber dem zentralen Kontrahenten einher.[87] Da die Verträge mit dem zentralen Kontrahenten nur zwischen diesem und den Clearing-Mitgliedern zustande kommen, sind nur diese, nicht die Nicht-Clearing-Mitglieder, dem zentralen

---

80 Vgl. Kap. I Ziff. 1.1 Abs. 3 u. 5 CB-Eurex. Ähnlich auch *Alfes,* Central Counterparty, S. 44.

81 Vgl. Kap. I Ziff. 2.1 Abs. 2 CB-Eurex.

82 Vgl. *Alfes,* Central Counterparty, S. 49; *Kunz,* Ausgewählte Rechtsprobleme des Zentralen Kontrahenten, S. 78. Eine Prüfung der CB-Eurex am Maßstab der §§ 305 ff. BGB ist nicht Gegenstand dieser Arbeit.

83 Clearing ist diesbezüglich im Sinne der Transaktionsnachbearbeitung, aber auch der Verrechnung gegenseitiger Verbindlichkeiten (siehe oben, S. 47) zu verstehen. Mittels des Clearing-Mitglieds nimmt somit ein Nicht-Clearing-Mitglied mittelbar am Clearing-Verfahren der Clearing-Stelle teil.

84 *Alfes,* Central Counterparty, S. 49; *Heer/Steiner*, Börsen-Zeitung v. 01.03.2003, S. 3.

85 Vgl. Kap. I Ziff. 2.1 Abs. 2 CB-Eurex.

86 Vgl. Kap. I Ziff. 1.7 Abs. 1 bzw. Abs. 2 CB-Eurex.

87 *Alfes,* Central Counterparty, S. 49.

Kontrahenten gegenüber zur fristgemäßen Erfüllung aller Verbindlichkeiten verpflichtet. Dies gilt für Nostro- und Fremdgeschäfte, wobei letztere wie erwähnt auch die Nostro- und Fremdgeschäfte desjenigen Nicht-Clearing-Mitglieds erfassen, für welches das Clearing-Mitglied das Clearing übernommen hat.[88] Damit besteht für Clearing-Mitglieder die Gefahr, dass ein Nicht-Clearing-Mitglied Positionen aufbaut und damit für das Clearing-Mitglied Verbindlichkeiten begründet, die über die Liefer- und Zahlungsfähigkeit des Nicht-Clearing-Mitglieds hinausgehen.[89] Da eine General-Clearing-Lizenz zum Clearing von Geschäften auch von nicht konzernverbundenen Clearing-Mitgliedern berechtigt, mithin beschriebene Gefahr für General-Clearing-Mitglieder größer ist als für Direkt-Clearing-Mitglieder, müssen Erstere zum Erhalt der Clearing-Lizenz auch über mehr Eigenkapital verfügen als Direkt-Clearing-Mitglieder.[90]

IV.) Nicht-Clearing-Mitglieder

Nicht-Clearing-Mitglieder verfügen im Gegensatz zu den Clearing-Mitgliedern selbst über keine Clearing-Lizenz. Sie bedürfen daher zum einen der Mitwirkung eines[91] Clearing-Mitglieds für das Clearing ihrer Nostro- und Kundengeschäfte und werden zum anderen bei Abschluss eines Börsengeschäfts nicht Vertragspartner des zentralen Kontrahenten.[92]

Die notwendige rechtliche Regelung des Clearings mittels eines Clearing-Mitglieds und des Zustandekommens der Verträge je im Verhältnis zwischen dem Nicht-Clearing-Mitglied und dem Clearing-Mitglied sowie Letzterem und dem zentralen Kontrahenten erfolgt durch die NCM-CM-Clearing-Vereinbarung. Diese Vereinbarung ist ein dreiseitiger Vertrag zwischen dem Clearing-Mitglied, dem Nicht-Clearing-Mitglied und der Clearing-Stelle.[93] Durch sie werden die Geltung der Clearing-Bedingungen und die Anwendung der Börsenusancen im

88 *Alfes,* Central Counterparty, S. 49.

89 Vgl. *Alfes,* Central Counterparty, S. 149; *Kindermann,* WM 1989, Sonderbeilage 2, S. 1, 25. Diesem Risiko trägt die Pflicht der Nicht-Clearing-Mitglieder zur Bestellung von Sicherheiten an das ihnen je zugeordnete Clearing-Mitglied Rechnung.

90 2007 betrug das Minimum an haftendem Eigenkapital für eine General-Clearing-Lizenz für das Clearing von an der FWB geschlossenen Geschäften über Aktien € 25 Mio., für eine Direkt-Clearing-Lizenz hingegen nur € 2,5 Mio. (vgl. *Eurex Frankfurt AG,* Risk-Based-Margining, S. 6).

91 Seit der Einführung der „Multiple Clearing Relationships for Xetra and Xetra International Market“ zum 01. Oktober 2010 können sich Nicht-Clearing-Mitglieder auch zweier Clearing-Mitglieder zum Clearing der an der FWB im elektronischen Handelssystem abgeschlossenen Geschäfte bedienen (vgl. Kap. V Abschn. 1 Abs. 4 CB-Eurex).

92 Vgl. *Alfes,* Central Counterparty, S. 50 f.

93 *Alfes,* Central Counterparty, S. 51.

Verhältnis dieser drei Parteien untereinander privatrechtlich verankert. Hierdurch wird bewirkt, dass in allen Rechtsbeziehungen die gleichen Regelwerke Anwendung finden, sodass ein einheitlicher rechtlicher Rahmen für die Geschäftsabschlüsse und das Clearing besteht.[94]

V.) Handelsteilnehmer

Handelsteilnehmer ist, wer als solcher zur Teilnahme am Handel an der Börse zugelassen ist (vgl. § 1 BörsO-FWB). Handelsteilnehmer unterliegen den Bestimmungen der an der jeweiligen Börse geltenden Börsenordnung. Die von ihnen getätigten Geschäfte unterfallen den an der Börse geltenden Geschäftsbedingungen.[95] An der FWB ist zur Zulassung als Handelsteilnehmer gem. §§ 13 Abs. 1, 14 Abs. 3 BörsO-FWB für den Handel bestimmter von der Geschäftsführung bekannt gegebener Wertpapiere die Gewährleistung der Abwicklung[96] über die Eurex Clearing AG erforderlich. Diese Gewährleistung erfolgt durch Abschluss einer Clearing- oder einer NCM-CM-Clearing-Vereinbarung. Daher ist ein zugelassener Handelsteilnehmer an der FWB stets zumindest als Nicht-Clearing-Mitglied in das Clearing-System der Eurex Clearing AG einbezogen. Ein Handelsteilnehmer ist folglich zwingend immer auch Clearing- oder Nicht-Clearing-Mitglied.[97]

VI.) Abwicklungsinstitute

Abwicklungsinstitute haben die Aufgabe, ein eigenes Depot für die Abwicklung der Geschäfte eines Clearing-Mitglieds zur Verfügung zu stellen. Rechtliche Grundlage dafür ist eine dreiseitige Vereinbarung zwischen dem Clearing-Mitglied, dem Abwicklungsinstitut und der Clearing-Stelle, durch die festgelegt wird, dass die Clearing-Bedingungen auch für das Abwicklungsinstitut gelten.[98] Regelmäßig sind die Clearing-Mitglieder jedoch selbst für die Abwicklung verantwortlich.[99] Dass sie sich eines externen Abwicklungsinstituts bedienen, ist

---

94 Vgl. *Kindermann*, WM 1989, Sonderbeilage 2, S. 1, 29 f.

95 *Alfes,* Central Counterparty, S. 45.

96 Abwicklung i.S.d. § 14 Abs. 3 BörsO-FWB meint nicht nur die Abwicklung i.S.d. Settlements, sondern auch das Clearing, d.h. die Sicherung der Erfüllung. Hingegen bedeutet Abwicklung i.S.d. CB-Eurex allein die Erfüllung der nach dem Netting verbleibenden Ansprüche (vgl. Kap. I Ziff. 1.5 CB-Eurex).

97 Umgekehrt ist es aber denkbar, dass ein Clearing-Mitglied nicht Handelsteilnehmer ist, da die Erteilung einer Clearing-Lizenz unabhängig von der Zulassung zum Handel an der FWB ist.

98 *Alfes,* Central Counterparty, S. 54.

99 Vgl. *Alfes,* Central Counterparty, S. 54. Davon geht auch Kap. I Ziff. 2.2 Abs. 6, Abs. 7 CB-Eurex aus.

somit lediglich eine zusätzliche Option. Im Folgenden soll davon ausgegangen werden, dass die Clearing-Mitglieder von der Möglichkeit der Nutzung externer Abwicklungsinstitute keinen Gebrauch machen.

VII.) Wertpapiersammelbank

Eine Wertpapiersammelbank verwahrt und verwaltet Wertpapiersammelbestände.[100] Sie ist ein Kreditinstitut i.S.d. § 1 Abs. 1 S. 1, S. 2 Nr. 5 KWG und betreibt Depotgeschäfte – und zwar ausschließlich – für Banken.[101] Das Rechtsverhältnis zwischen den Banken und der Wertpapiersammelbank ist dabei maßgeblich durch die AGB der Wertpapiersammelbank ausgestaltet.[102] Die einzige in Deutschland (noch) existierende Wertpapiersammelbank ist die Clearstream-Banking AG,[103] die zum Konzern der Deutschen Börse AG gehört.

C.) Rechtlicher Rahmen

Sowohl die Rechtsbeziehungen zwischen den einzelnen Beteiligten, als auch das Zustandekommen der einzelnen juristischen Geschäfte und das Clearing werden durch eine Vielzahl von Vereinbarungen und Normen unterschiedlicher Rechtsnatur geregelt. Diese sind zudem vielfach mit- und untereinander durch entsprechende Einbeziehungen und/oder Querverweise verknüpft.

I.) Gesetzliche Regelungen

Für jegliche Vereinbarungen vertraglicher Art und das Zustandekommen und die Rechtsfolgen der Verträge im Rahmen der Börsengeschäfte, ferner aber auch für die Aufrechnung im Rahmen des Nettings und die Verwahrung und Übereignung der Wertpapiere gelten die einschlägigen Vorschriften des BGB und des HGB. Diese Bestimmungen werden jedoch durch Spezialgesetze wie das DepotG oder auch durch die Börsenordnungen und Börsenusancen ergänzt und modifiziert.[104]

---

100 *Alfes,* Central Counterparty, S. 56.

101 Schimansky/Bunte/Lwowski-*Gößmann/Klanten*, § 72. Das Depotgeschäft, Rn. 28.

102 Vgl. *Alfes,* Central Counterparty, S. 56 und bspw. auch II Abs. 2 S. 1 AGB-CBF: „Für sämtliche Geschäftsbeziehungen mit der CBF gelten diese Allgemeinen Geschäftsbedingungen [...].“

103 Vgl. Ebenroth/Boujong/Joost/Strohn-*Scherer*, § 1 DepotG Rn. VI 426 (auch zur historischen Entwicklung).

104 Vgl. *Kunz*, Ausgewählte Rechtsprobleme des Zentralen Kontrahenten, S. 279.

II.) Börsenordnung

Die Börsenordnung wird gem. § 12 Abs. 2 S. 1 Nr. 1 BörsG vom Börsenrat erlassen. Sie enthält – zum Teil gem. § 16 Abs. 1 S. 2, Abs. 2 BörsG zwingend – unter anderem Regelungen über die Börsenorgane, die Zulassung als Handelsteilnehmer und Bestimmungen über die Aufnahme, Aussetzung, Einstellung und Unterbrechung der Notierungen von Wertpapieren.[105] Darüber hinaus regelt sie die Handelsarten[106] und -modelle, sowie die Preisbildung.[107] Nach § 16 Abs. 2 BörsG muss sie zudem Regelungen über die Abwicklung der Börsengeschäfte und die zur Verfügung stehenden externen Abwicklungssysteme beinhalten.[108]

Entgegen einer früher vertretenen Ansicht, die aufgrund des Erfordernisses einer Genehmigung durch die Börsenaufsichtsbehörde von einer Rechtsverordnung ausging,[109] normiert § 12 Abs. 2 S. 1 Nr. 1 BörsG a.E. ausdrücklich, dass es sich bei der Börsenordnung um eine Satzung handelt.[110] Ihr Erlass ist somit Rechtssetzungsakt.[111] Als Satzung ist sie objektives Recht und gilt für die Handelsteilnehmer unmittelbar, ohne dass sie zwischen diesen vereinbart werden muss.[112] An der FWB hat die Börsenordnung jedoch für die Handelsteilnehmer noch einen zweiten Geltungsgrund. Indem in der Clearing- und auch in der NCM-CM-Clearing-Vereinbarung die Anwendung der BörsO-FWB, der GB-FWB und der sonstigen Regelwerke der FWB im Verhältnis zwischen zentralem Kontrahenten und Clearing-Mitglied bzw. zwischen diesen beiden und einem Nicht-Clearing-Mitglied ausdrücklich vereinbart wird,[113] werden diese Bestimmungen als AGB Bestandteil der entsprechenden Vereinbarung.[114] Damit kommt in Betracht, dass sie mittelbar (jedoch nur in ihrer Geltungsweise als AGB, nicht als objektives Recht)[115] einer Inhaltskontrolle nach §§ 307 ff. BGB unterliegen.[116]

---

105 Vgl. *Kümpel/Hammen*, Börsenrecht, S. 93.

106 Dies betrifft insbesondere die Frage, ob der Handel elektronisch oder als Präsenzhandel ausgestaltet ist (*Bröcker/Ekkenga* in: Claussen, Bank- und Börsenrecht, § 6 Rn. 40).

107 Vgl. §§ 78 ff. BörsO-FWB.

108 Vgl. § 174 BörsO-FWB.

109 *Kindermann*, WM 1989, Sonderbeilage 2, S. 1, 10.

110 Daran ändert auch die Genehmigungsbedürftigkeit nach § 16 Abs. 3 BörsG nichts (Groß-*Groß*, § 16 BörsG Rn. 7).

111 Groß-*Groß*, § 16 BörsG Rn. 1.

112 *Alfes,* Central Counterparty, S. 86 f.; Schwark/Zimmer-*Schwark*, § 12 BörsG Rn. 13.

113 Vgl. Standard-Clearing-Vereinbarung bzw. Standard-NCM-CM-Clearing-Vereinbarung der Eurex Clearing AG.

114 AGB-rechtlich ist das zulässig (vgl. Ulmer/Brandner/Hensen-*P. Ulmer*, § 305 Rn. 7a m.w.N.).

115 Vgl. Baumbach/Hopt-*Hopt*, § 16 BörsG Rn. 4.

116 Vgl. dazu *Alfes,* Central Counterparty, S. 86 ff., der dies jedoch aufgrund der Vorschrift in § 307 Abs. 3 S. 1 BGB verneint.

III.) Bedingungen für Geschäfte an der Börse

Die Bedingungen für Geschäfte an der Börse (Geschäftsbedingungen oder auch Börsenusancen)[117] regeln zusammen mit der Börsenordnung den Börsengeschäftsverkehr und standardisieren damit die Börsengeschäfte durch Ergänzung der hier sonst geltenden allgemeinen zivilrechtlichen Bestimmungen,[118] was die Grundlage für einen zügigen Börsenhandel darstellt.[119] Wie die Börsenordnung werden sie nach § 12 Abs. 2 S. 1 Nr. 1 BörsG vom Börsenrat als Satzung erlassen,[120] sodass sie als objektives Recht unmittelbar für die Handelsteilnehmer gelten. Dies gilt hinsichtlich der Geschäftsbedingungen an der FWB auch für Geschäfte mit dem zentralen Kontrahenten, was § 1 GB-FWB ausdrücklich klarstellt. Auch sie werden zudem an der FWB zusätzlich als AGB zwischen der Clearing-Stelle und den Clearing-Mitgliedern, sowie Letzteren, der Clearing-Stelle und den dem entsprechenden Clearing-Mitglied zugeordneten Nicht-Clearing-Mitgliedern vereinbart,[121] sodass insoweit das zur Börsenordnung Ausgeführte entsprechend gilt.

IV.) Clearing-Bedingungen

Auch die Clearing-Bedingungen regeln das Zustandekommen der Geschäfte am jeweiligen Markt und ergänzen damit zusätzlich die Regelungen des BGB zum Vertragsschluss. Darüber hinaus enthalten sie unter anderem noch Bestimmungen hinsichtlich der Voraussetzungen zur Teilnahme am Clearing-System, des Nettings, des Sicherheitensystems und der Folgen eines Ausfalls eines Clearing-

---

117 *Hammen*, WM 2007, S. 1297. Alfes hingegen bezeichnet als Usancen alle von der Börse oder dem Börsenträger erlassenen Regelwerken wie z.B. auch technische Durchführungsbestimmungen (vgl. *Alfes,* Central Counterparty, S. 86).

118 Vgl. Schwark/Zimmer-*Schwark*, § 12 BörsG Rn. 19.

119 Vgl. *Kümpel/Hammen*, Börsenrecht, S. 180.

120 Den Satzungscharakter stellte auch vor der Klarstellung in § 12 Abs. 2 Nr. 1 BörsG in der Fassung vom 01.11.2007 gem. Art. 2 des Finanzmarktrichtlinie-UmsetzungsG v. 16.07.2007 (BGBl. I S. 1330) das VG Frankfurt am Main mit Urteil vom 17.06.2002 (9 E 2028/01) fest. Nach Hammen stellt der Erlass der Geschäftsbedingungen als Satzung einen Verstoß gegen Art. 72, 74 GG dar (vgl. *Hammen*, WM 2007, S. 1297, 1300 ff.).

121 Dies empfiehlt Hammen sogar explizit, da seiner Ansicht nach der Erlass der Geschäftsbedingungen als Satzung gegen Art. 72, 74 GG verstößt und somit die Gefahr bestünde, dass im Wege der Normenkontrolle nach § 47 VwGO deren Unwirksamkeit mit Wirkung inter omnes festgestellt werde. Durch Einbezug der Geschäftsbedingungen auf privatrechtliche Weise als Vertragsbedingungen würden bei gerichtlicher Feststellung der Unwirksamkeit der Geschäftsbedingungen als Satzung diese zumindest als Vertragsbedingungen für die Geschäftsparteien (dann konstitutiv) wirken (vgl. *Hammen*, WM 2007, S. 1297, 1300 ff.).

Mitgliedes. In den CB-Eurex[122] beispielsweise sind zudem Regelungen zur Abwicklung, mithin Regelungen sachenrechtlicher Natur, enthalten. So regelt Kap. I Ziff. 1.5 CB-Eurex, dass die Eurex Clearing AG Vertragspartner für alle Lieferungen und Zahlungen bei der Erfüllung der Geschäfte wird, bei girosammelverwahrten Aktien[123] die Übereignung jedoch unmittelbar zwischen den Clearing-Mitgliedern erfolgt.

Die Clearing-Bedingungen sind keine Börsenusancen, da sie nicht von der Börse oder dem Börsenträger erlassen werden.[124] Sie stellen ein rein privatrechtliches, von der Clearing-Stelle erstelltes Regelwerk dar und gelten daher nur aufgrund einer auf ihre Geltung gerichteten Vereinbarung, nämlich der Clearing-Vereinbarung bzw. der NCM-CM-Clearing-Vereinbarung, als AGB im jeweiligen Rechtsverhältnis der Vertragsparteien untereinander.[125]

V.) AGB der Wertpapiersammelbank

Die AGB der Wertpapiersammelbanken gelten zwischen dieser und den Depotkonteninhabern für all deren Geschäftsbeziehungen.[126] Sie beinhalten Regelungen über die Verwahrung, Verwaltung und Übertragung von Wertpapieren.

VI.) Einheitlicher Rechtsrahmen

Trotz der unterschiedlichen Regelungskomplexe, die wie dargelegt zur Anwendung kommen, liegt gleichwohl durch gegenseitige Verweisungen und Einbeziehungen ein einheitlicher Rechtsrahmen für alle Beteiligten vor. So ist an der

---

122 Die folgenden Darstellungen und Untersuchungen beziehen sich auf die Fassung der CB-Eurex vom 26. April 2011. Die jeweils aktuelle Version kann unter http://www.eurexclearing.com/documents/regulations/clearing_conditions_de.html abgerufen werden. Dort lassen sich auch die (häufig erfolgenden) Änderungen nachvollziehen. Einige der für diese Arbeit wichtigsten Clearing-Bedingungen der Fassung vom 26. April 2011 sind zudem im Anhang abgedruckt.

123 Nur solche sind in die Abwicklung über die Eurex Clearing AG als zentraler Kontrahent und Clearing-Stelle einbezogen (*Kunz*, Ausgewählte Rechtsprobleme des Zentralen Kontrahenten, S. 396). Für sonderverwahrte Aktien beinhalten die CB-Eurex keine Regelungen. Eine auf das Clearing von Aktien gerichtete Clearing-Lizenz der Eurex Clearing AG kann daher nur zum Clearing von girosammelverwahrten Aktien berechtigen (vgl. *Eurex Frankfurt AG*, Risk-Based-Margining, S. 7).

124 *Alfes,* Central Counterparty, S. 86.

125 Vgl. *Alfes,* Central Counterparty, S. 86 f.

126 Vgl. II Abs. 1 S. 1 AGB-CBF. Die AGB-CBF sind abrufbar unter http://www.clearstream.com/ci/dispatch/en/binary/ci_content_pool/60_publications/20000_customer_information/5000_general_terms_conditions/ac_dwn_termscbf/AGB-CBF_d.pdf (Stand: 13.05.2011).

FWB wie dargelegt gem. §§ 13 Abs. 1, 14 Abs. 3 BörsO-FWB zur Zulassung als Handelsteilnehmer für den Handel in bestimmten, von der Geschäftsführung bekannt gegebenen Wertpapieren die Gewährleistung der Teilnahme am Clearing-Verfahren der Eurex Clearing AG erforderlich. Am Clearing-Verfahren kann ein Handelsteilnehmer wiederum als Clearing- oder Nicht-Clearing-Mitglied teilnehmen. Durch Abschluss der Clearing-Vereinbarung bzw. der NCM-CM-Clearing-Vereinbarung werden die Clearing-Bedingungen als AGB in die jeweiligen Rechtsverhältnisse zwischen der Clearing-Stelle und den Clearing-Mitgliedern bzw. diesen beiden und den Nicht-Clearing-Mitgliedern einbezogen. Damit gelten die Clearing-Bedingungen für alle Handelsteilnehmer. Umgekehrt beziehen wie ausgeführt die Clearing-Vereinbarung und die NCM-CM-Clearing-Vereinbarung die BörsO-FWB und die an der FWB geltenden Börsenusancen wiederum als AGB in die jeweiligen Rechtsverhältnisse zwischen der Clearing-Stelle und den Clearing-Mitgliedern sowie gegebenenfalls den Nicht-Clearing-Mitgliedern mit ein. Die Clearing- bzw. NCM-CM-Clearing-Vereinbarungen stellen mithin einen rechtlichen Verbund her, durch den alle Beteiligten innerhalb eines rechtlichen Rahmens agieren.[127]

Ferner ist an der FWB nach §§ 13 Abs. 1, 14 Abs. 1 Nr. 2, Abs. 2 S. 1, 174 BörsO-FWB Voraussetzung für die Zulassung zum Handel, dass der Antragsteller seine Börsengeschäfte über eine nach § 1 Abs. 3 DepotG anerkannte Wertpapiersammelbank abwickelt. Damit unterliegt ein Handelsteilnehmer an der FWB nicht nur stets den Clearing-Bedingungen, sondern auch den AGB der Wertpapiersammelbank.

127 *Kindermann*, WM 1989, Sonderbeilage 2, S. 1, 30.

Kapitel II: Abschluss von Börsengeschäften

Ziel der Darstellung an dieser Stelle ist es, den Abschluss von Börsengeschäften im elektronischen Handel an der FWB unter Einbezug der Eurex Clearing AG als zentralen Kontrahenten rechtskonstruktiv darzulegen. Zunächst soll dabei klargestellt werden, dass die Verträge zwischen den Clearing-Mitgliedern und dem zentralen Kontrahenten im Kassahandel an der FWB keineswegs dadurch zustande kommen, dass zunächst die Clearing-Mitglieder unmittelbar selbst miteinander kontrahieren und der zentrale Kontrahent nachträglich in dieses Vertragsverhältnis „eintritt" (A.)). Sodann können zwei mögliche Modelle, wie die Verträge mit dem zentralen Kontrahenten zustande kommen, dargelegt werden. Beide bauen auf der Erkenntnis auf, dass der zentrale Kontrahent im Handelsverlauf vollständig passiv verbleibt.[128] Das erste Modell löst dieses Problem anknüpfend an das Antizipationsmodell von Alfes[129] dadurch, dass der zentrale Kontrahent im Vorfeld des eigentlichen Handels antizipiert die Annahme aller von den Clearing-Mitgliedern abgegebenen Angebote erklärt (B.)). Nach dem zweiten Lösungsmodell erfolgt die jeweilige Annahme der Offerten der Clearing-Mitglieder hingegen im Verlauf des Handels, jedoch nicht abgegeben vom zentralen Kontrahenten selbst (C.)). Im Rahmen der Darstellungen beider Modelle werden dabei stets die Vertragsschlüsse für den Fall, dass nur der zentrale Kontrahent und Clearing-Mitglieder,[130] sowie auch für den Fall erörtert, dass zusätzlich auch Nicht-Clearing-Mitglieder beteiligt sind.[131]

---

128 Vgl. dazu auch *Alfes,* Central Counterparty, S. 103 f.

129 *Alfes,* Central Counterparty, S. 105 ff.

130 Dies ist der Fall, wenn das wirtschaftliche Geschäft zwischen zwei Clearing-Mitgliedern zustande kommt und zwei juristische Geschäfte abgeschlossen werden. Zur Unterscheidung von wirtschaftlichem und juristischem Geschäft siehe oben, S. 51.

131 Dies ist der Fall, wenn das wirtschaftliche Geschäft zwischen zwei Nicht-Clearing-Mitgliedern oder zwischen einem Nicht-Clearing-Mitglied und einem Clearing-Mitglied zustande kommt und vier bzw. drei juristische Geschäfte vorliegen.

A.) Keine Vertragsschlüsse durch Vertragsübernahme

Vorab ist festzustellen, dass entgegen einer vielfach in der Presse[132] aber auch in der Fachliteratur[133] gebrauchten Terminologie die Verträge zwischen den Clearing-Mitgliedern und dem zentralen Kontrahenten beim Kassahandel an der FWB nicht dadurch zustande kommen, dass zunächst ein Vertrag zwischen zwei Clearing-Mitgliedern geschlossen wird und anschließend der zentrale Kontrahent in diesen „eintritt", indem er das jeweils andere Clearing-Mitglied als Schuldner und Gläubiger des Vertrages ersetzt. Wäre dem so, käme es zu einer Ersetzung des einen Vertrages zwischen den Clearing-Mitgliedern durch zwei neue Verträge, bei denen der zentrale Kontrahent je eine der Vertragsparteien würde. Mithin würde eine Art „Spaltung" des ursprünglichen Vertrages erfolgen. Gelegentlich wird ausgeführt, diese Form des Zustandekommens der Verträge zwischen den Clearing-Mitgliedern und dem zentralen Kontrahenten erfolge durch Novation.[134] Und in der Tat ist dies insbesondere im außerbörslichen Derivatehandel (OTC-Handel) mittels einer zentralen Vertragspartei häufig der Fall,[135] der vorliegend freilich nicht Untersuchungsgegenstand ist. Im börslichen Handel in Aktien kommen die Verträge zwischen den Clearing-Mitgliedern und dem zentralen Kontrahenten hingegen nicht im Wege einer Novation zustande:

Novation ist die vertragliche Begründung eines neuen Schuldverhältnisses anstelle eines älteren, das zugleich aufgehoben wird, aber die causa des neuen Schuldverhältnisses bildet.[136] Das Modell der Novation ist in Deutschland als Schuldersetzung oder Schuldumschaffung bekannt.[137] Dabei ist es durchaus möglich, dass durch eine Ersetzungsabrede ein Schuldverhältnis zu einer neuen Partei entsteht.[138] Da jedoch – wollte man dem „Eintrittsmodell" folgen – für den zentralen Kontrahenten bei Vertragseintritt auch Pflichten entstehen, ist auch

---

132 Vgl. *Kalbhenn*, Börsen-Zeitung v. 14.06.2002, S. 8; *Scherff*, FAZ v. 17.05.2001, S. 35.

133 Vgl. *Ekkenga/Bernau*, in: Hdb. zum deutschen und europäischen Bankrecht, § 57 Effektengeschäft, Rn. 15.

134 *Pagnozzi/Westerberg*, Börsen-Zeitung v. 29.06.2002, S. 3; *BIS/IOSCO*, Recommendations for Central Counterparties, Consultative Report, März 2004, S. 11; *DTCC*, Central Counterparties: Development, cooperation and consolidation, S. 4.

135 Das Modell der Novation liegt bspw. der Einbeziehung der Eurex Clearing AG als zentraler Kontrahent für OTC-Kontrakte zugrunde (vgl. Kap. VIII Ziff. 1.2 CB-Eurex). Zur rechtlichen Konstruktion des außerbörslichen Derivatehandels mittels der Eurex Clearing AG als zentralem Kontrahent vgl. *Jobst*, ZBB 2010, S. 384, 392 ff.

136 *Gernhuber,* Die Erfüllung und ihre Surrogate, S. 402.

137 Vgl. zur Novation und den Begrifflichkeiten MüKoBGB-*Emmerich*, § 311 Rn. 30 f.; *Larenz*, Schuldrecht AT, § 7 III (S. 91 ff.). Kritisch zur vom Begriff der Novation abweichenden Terminologie *Gernhuber,* Die Erfüllung und ihre Surrogate, S. 402 f.

138 *Enneccerus/Lehmann,* Recht der Schuldverhältnisse, S. 290.

dessen hierauf gerichtete Willenserklärung erforderlich.[139] Eine Novation mit einseitigem Subjektswechsel ist nur in einem dreiseitigen Vertrag möglich.[140]

Sowohl aus den Börsenusancen[141] als auch aus den Clearing-Bedingungen[142] ergibt sich indes, dass ein Vertragsschluss zwischen den Clearing-Mitgliedern erst gar nicht zustande kommen soll, sondern ausschließlich zwischen den Clearing-Mitgliedern und dem zentralen Kontrahenten. Ein auf nachträglichen Subjektswechsel gerichteter Wille der Beteiligten liegt somit gerade nicht vor.[143] Zudem soll die Installierung eines zentralen Kontrahenten an den Börsen auch dazu dienen, dass Orders eines Clearing-Mitglieds mit von demselben Clearing-Mitglied eingegebenen Orders gematcht werden können und dabei wirksame Verträge zwischen dem Clearing-Mitglied und dem zentralen Kontrahenten geschlossen werden.[144] Im Handel ohne zentralen Kontrahenten, bei dem alle Geschäfte zwischen den gematchten Parteien direkt zustande kommen, führt diese Sachlage nämlich aufgrund Personenidentität auf Seiten des Offerenten und des Annehmenden dazu, dass es zu keinem Vertragsschluss kommen kann.[145] Diese Rechtslage stünde auch bei der Installation eines zentralen Kontrahenten im Wege, wenn doch zunächst der Vertrag zwischen den Handelsteilnehmern zustande käme. Ein Eintrittsmodell entspricht daher weder den mit der Einführung eines zentralen Kontrahenten verfolgten Zielen, noch den Börsenusancen und Clearing-Bedingungen und dem Willen der Beteiligten.

Die Verträge zwischen den Clearing-Mitgliedern und dem zentralen Kontrahenten kommen folglich nicht durch nachträglichen Eintritt des zentralen Kontrahenten in einen zwischen den Clearing-Mitgliedern geschlossenen Vertrag zustande.[146]

---

139 Vgl. MüKoBGB-*Emmerich*, § 311 Rn. 32.

140 *Gernhuber,* Die Erfüllung und ihre Surrogate, S. 405 f.

141 § 2 Abs. 2 GB-FWB.

142 Kap. I Ziff. 1.2.1 Abs. 1 CB-Eurex.

143 So auch *Kunz*, Ausgewählte Rechtsprobleme des Zentralen Kontrahenten, S. 287 f.

144 Vgl. *Hammen*, ZBB 2000, S. 293, 301; *Alfes,* Central Counterparty, S. 69 f.

145 Vgl. dazu *Hammen*, ZBB 2000, S. 293, 294 f.

146 So auch *Alfes,* Central Counterparty, S. 104; *Kunz*, Ausgewählte Rechtsprobleme des Zentralen Kontrahenten, S. 287 f., 307.

B.) Lösungsmodell 1: Vertragsschluss durch Antrag der Clearing-Mitglieder und antizipiert erklärte Annahme des zentralen Kontrahenten

Das erste hier darzustellende Konstruktionsmodell hinsichtlich des Vertragsschlusses zwischen dem zentralen Kontrahenten und einem Clearing-Mitglied (dazu unter II.)), sowie zwischen einem Clearing-Mitglied und einem ihm zugeordneten Nicht-Clearing-Mitglied (dazu unter III.)) knüpft an das Antizipationsmodell von Alfes an, weshalb dieses Modell hier zunächst kurz geschildert werden soll (I.)).

I.) Das Antizipationsmodell von Alfes

Ausgangspunkt von Alfes, der in seiner 2005 erschienenen Dissertation ebenfalls zwei Lösungsmodelle vorschlägt, ist die zutreffende Feststellung, dass der zentrale Kontrahent während des Börsenhandels ausschließlich passiv verbleibt, woraus Alfes folgert, dass nur zwei Möglichkeiten bestünden, seine Verpflichtung zu konstruieren.[147] Diese sind erstens die Verpflichtung des zentralen Kontrahenten durch einen Dritten, worauf Alfes sein Stellvertretungsmodell stützt,[148] und zweitens die Abgabe der zu den Vertragsschlüssen führenden Willenserklärungen durch den zentralen Kontrahenten selbst, jedoch bereits im Vorfeld des Handelsvorganges. Letzteres führt Alfes zu seinem Antizipationsmodell.[149] In diesem Modell geht Alfes hinsichtlich der die Rechtsgeschäfte begründenden Willenserklärungen von Angeboten der Clearing-Mitglieder und antizipierten Annahmeerklärungen des zentralen Kontrahenten aus. Trotz mancher Schwächen stellt dieser Ansatz einen tragfähigen Ausgangspunkt zur Entwicklung einer eigenen Lösung dar. Daher sollen die Ausführungen Alfes zum Zustandekommen der Rechtsgeschäfte ohne (1.)) bzw. mit Beteiligung von Nicht-Clearing-Mitgliedern

---

147 *Alfes,* Central Counterparty, S. 103 f.

148 *Alfes,* Central Counterparty, S. 120 ff. Nach dem Stellvertretungsmodell von Alfes geben die Clearing-Mitglieder neben Willenserklärungen im eigenen Namen zugleich solche als Aktivvertreter des zentralen Kontrahenten ab. Alfes geht davon aus, dass die Orders nach außen indifferent erscheinen und stets sowohl Antrags- und zugleich Annahmeerklärung gerichtet an den zentralen Kontrahenten, als auch Antrags- und zugleich Annahmeerklärung im Namen des zentralen Kontrahenten gerichtet an die anderen Clearing-Mitglieder darstellen. Jede Willenserklärung beinhalte also stets ein Angebot und eine Annahme zugleich. Dieses Modell leidet letztlich unter konstruktiven Schwächen, welche Alfes selbst erkennt und darlegt und daraufhin sein Antizipationsmodell für vorzugswürdig erklärt (*Alfes,* Central Counterparty, S. 135-137). Mangels tragfähiger Ansätze, die zur Entwicklung einer eigenen Lösung fruchtbar gemacht werden könnten, wird auf das Stellvertretungsmodell mangels Relevanz im Rahmen dieser Arbeit nicht weiter eingegangen.

149 *Alfes,* Central Counterparty, S. 105 ff.

(2.)) am wirtschaftlichen Geschäft hier kurz wiedergegeben werden. Dabei wird dargelegt, inwiefern Alfes Antizipationsmodell eine tragfähige Grundlage zur Konstruktion der Vertragsschlüsse im Börsenhandel darstellt, gleichwohl aber die Notwendigkeit eines eigenen Lösungsmodells bestehen bleibt (3.)).

1.) Vertragsschluss ohne Beteiligung von Nicht-Clearing-Mitgliedern

Das auf Vertragsschluss an den zentralen Kontrahenten[150] gerichtete Angebot der Clearing-Mitglieder wird nach Alfes durch die Eingabe einer Order in das elektronische Handelssystem abgegeben.[151] Den zu seiner Wirksamkeit notwendigen Zugang des Angebots (§ 130 Abs. 1 S. 1 BGB) konstruiert Alfes durch eine Passivvertretung (§ 164 Abs. 3 BGB) des zentralen Kontrahenten durch die anderen Clearing-Mitglieder.[152] Die Konstruktion mittels dieser Passivvertretung sei notwendig, da der zentrale Kontrahent weder Handelsteilnehmer sei, noch über einen Handelsbildschirm verfüge und damit nicht die Möglichkeit der eigenen Kenntnisnahme von der Order habe.[153] Den anderen Handelsteilnehmern gehe das Angebot mit der Darstellung der Order im Orderbuch wirksam zu, weil damit für sie die Möglichkeit der Kenntnisnahme gegeben sei.[154]

Die Annahme des Angebots durch den zentralen Kontrahenten erfolge antizipiert bei Abschluss der Clearing-Vereinbarung, also bereits vor dem eigentlichen Handelsgeschehen.[155] Der Abschluss der Clearing-Vereinbarung sei ein einheitliches Verhalten, das eine Vielzahl von Annahmeerklärungen hinsichtlich aller Angebote des entsprechenden Clearing-Mitglieds ausdrücke. Der diesbezügliche Wille des zentralen Kontrahenten folge aus den Regelwerken, die vorsehen, dass Geschäfte stets mit ihm zustande kommen.[156] Im Wege dieser antizipierten Annahme nehme der zentrale Kontrahent das Angebot eine juristische Sekunde nach der Darstellung der Order auf dem Bildschirm des den zentralen Kontrahenten empfangsvertretenden Clearing-Mitglieds und dem damit verbundenen wirksamen Zugang der Offerte beim zentralen Kontrahenten wirksam an.[157]

150 *Alfes*, Central Counterparty, S. 85. Eine andere Auffassung vertritt Rinker, der davon ausgeht, dass die Clearing-Mitglieder ihre Offerten an alle anderen Handelsteilnehmer und damit ad incertas personas richten, sodass diese daher auch den zentralen Kontrahenten passiv vertreten müssen, damit der Zugang der Offerten bei Letzterem erfolgen kann (*Rinker*, Vertragsschluss im börslichen elektronischen Handelssystem, Rn. 323 f.).

151 *Alfes*, Central Counterparty, S. 105.

152 *Alfes*, Central Counterparty, S. 105.

153 *Alfes*, Central Counterparty, S. 105.

154 *Alfes*, Central Counterparty, S. 107.

155 *Alfes*, Central Counterparty, S. 113.

156 *Alfes*, Central Counterparty, S. 113 f.

157 *Alfes*, Central Counterparty, S. 113.

Das Rechtsgeschäft zwischen dem zentralen Kontrahenten und dem Clearing-Mitglied (CM 1) stehe jedoch – so sagt Alfes – unter der aufschiebenden Bedingung (§ 158 Abs. 1 BGB) des Matchings der Order von CM 1 mit einer korrespondierenden Order eines anderen Clearing-Mitglieds (CM 2).[158] Damit erreicht Alfes eine Verknüpfung des wirtschaftlichen Geschäfts zwischen den beteiligten Clearing-Mitgliedern (CM 1 und CM 2) mit den beiden juristischen Geschäften zwischen CM 1 bzw. CM 2 und dem zentralen Kontrahenten. Die juristischen Geschäfte entstehen daher erst und nur dann, wenn infolge des Matchings zweier korrespondierender Orders auch das wirtschaftliche Geschäft zustande gekommen ist. Somit bestünde für den zentralen Kontrahenten kein Risiko, dass er CM 1 gegenüber Liefer- oder Zahlungsverpflichtungen eingeht, ohne dass mit CM 2 ein entsprechendes Deckungsgeschäft zustande kommt, aus dem er selbst diese Leistungen von CM 2 beanspruchen kann. Dies bewirkt zudem, dass das mit der im Voraus abgegebenen Annahme aller an den zentralen Kontrahenten abgegebenen Angebote typischerweise verbundene Risiko für diesen minimiert wird.[159]

2.) Die Vertragsschlüsse unter Beteiligung von Nicht-Clearing-Mitgliedern

Basierend auf seinem Antizipationsmodell macht Alfes auch Ausführungen zur Konstruktion der Vertragsschlüsse beim Handel unter Beteiligung von Nicht-Clearing-Mitgliedern, wenn mithin zumindest ein Nicht-Clearing-Mitglied Partei des wirtschaftlichen Geschäfts ist.[160]

a.) Vertragsschluss zwischen Nicht-Clearing- und zugeordnetem Clearing-Mitglied

Das Angebot des Nicht-Clearing-Mitglieds an das ihm zugeordnete Clearing-Mitglied wird nach Alfes durch Ordereingabe abgegeben.[161] Die Annahme dieses Angebots habe das Clearing-Mitglied bereits mit Abschluss der NCM-CM-Clearing-Vereinbarung antizipiert erklärt.[162] Wie der zentrale Kontrahent verhielten sich

158 *Alfes,* Central Counterparty, S. 117.

159 Vgl. dazu *Alfes,* Central Counterparty, S. 119. Vgl. zum Matching als aufschiebender Bedingung näher unten, S. 88 ff.

160 *Alfes,* Central Counterparty, S. 143 ff.

161 *Alfes,* Central Counterparty, S. 144. Zum Zugang macht Alfes keine Ausführungen, sodass wohl davon ausgegangen werden kann, dass er diesen ebenso wie im Handel ohne Beteiligung eines Nicht-Clearing-Mitglieds als mit der Darstellung im Orderbuch erfolgt ansieht (vgl. dazu *Alfes,* Central Counterparty, S. 107).

162 *Alfes,* Central Counterparty, S. 144.

auch die Clearing-Mitglieder bei Beteiligung von Nicht-Clearing-Mitgliedern im Handelsverlauf vollständig passiv, sodass das Antizipationsmodell auf den Vertragsschluss zwischen Clearing- und Nicht-Clearing-Mitgliedern übertragbar sei.[163]

Ferner stehe auch der Vertrag zwischen dem Clearing-Mitglied und dem Nicht-Clearing-Mitglied unter der mit Abschluss der NCM-CM-Clearing-Vereinbarung vereinbarten aufschiebenden Bedingung des Matchings der Order des Nicht-Clearing-Mitglieds mit einer korrespondierenden Order eines anderen Handelsteilnehmers.[164] Damit werde das Risiko für das Clearing-Mitglied verringert, gegenüber dem zentralen Kontrahenten oder dem Nicht-Clearing-Mitglied verpflichtet zu werden, ohne solchen Pflichten korrespondierende Ansprüche aus den Deckungsgeschäften zu haben.[165]

b.) Vertragsschluss zwischen Clearing-Mitglied und zentralem Kontrahenten

Hinsichtlich der Verträge zwischen dem zentralen Kontrahenten und dem Clearing-Mitglied, welches dem Nicht-Clearing-Mitglied zugeordneten ist, gilt das vorstehend zum Vertragsschluss ohne Beteiligung eines Nicht-Clearing-Mitglieds Ausgeführte mit der Maßgabe entsprechend, dass nunmehr die Angebotserklärung des Clearing-Mitglieds durch das diesem zugeordnete Nicht-Clearing-Mitglied als Aktivvertreter abgegeben wird.[166] Die erforderliche Vollmacht werde – so Alfes – den Nicht-Clearing-Mitgliedern bereits mit Abschluss der NCM-CM-Clearing-Vereinbarung erteilt.[167]

Damit legt Alfes allen juristischen Geschäften des Börsenhandels unter Zwischenschaltung eines zentralen Kontrahenten sein Antizipationsmodell zugrunde. Abweichungen zur Konstruktion des Vertragsschlusses ohne Beteiligung von Nicht-Clearing-Mitgliedern ergeben sich nur insoweit, als im letztgenannten Fall die Clearing-Mitglieder ihre Angebote gerichtet an den zentralen Kontrahenten selbst und nicht vertreten durch ein Nicht-Clearing-Mitglied abgeben. Alle juristischen Geschäfte stehen unter der aufschiebenden Bedingung des Matchings der Order des Nicht-Clearing-Mitglieds mit einer korrespondierenden Order eines anderen (Nicht-) Clearing-Mitglieds. Damit kommen alle Verträge zeitgleich zustande.

---

163 *Alfes,* Central Counterparty, S. 144.
164 *Alfes,* Central Counterparty, S. 144.
165 *Alfes,* Central Counterparty, S. 144.
166 *Alfes,* Central Counterparty, S. 145.
167 *Alfes,* Central Counterparty, S. 145 f.

3.) Weiterer Klärungsbedarf

Das Antizipationsmodell bietet ohne weiteres einen tragfähigen Ansatzpunkt zur Konstruktion des Vertragsschlusses im elektronischen Handel unter Einbeziehung eines zentralen Kontrahenten. Gleichwohl wirft das Modell auch Fragen auf. Diese betreffen die Möglichkeit einer antizipierten Annahmeerklärung, den Zugang der Offerten mit der Darstellung im Orderbuch, die Aufnahme des Matchings als aufschiebender Bedingung sowie die Offenkundigkeit des Handelns der Nicht-Clearing-Mitglieder im Namen der ihnen zugeordneten Clearing-Mitglieder. Diese Fragen gilt es im Rahmen der Ausführungen zu dem hier vertretenen Vertragsschlussmodell zu beantworten.

II.) Vertragsschluss ohne Beteiligung von Nicht-Clearing-Mitgliedern

Im Folgenden soll dargestellt werden, wie nach dem ersten der beiden hier vorgeschlagenen Modelle, welches auf dem Antizipationsmodell von Alfes aufbaut, die Verträge zwischen den Clearing-Mitgliedern und dem zentralen Kontrahenten im Handel zustande kommen. Dabei wird unter II.) zunächst der Fall behandelt, in welchem an dem wirtschaftlichen Geschäft kein Nicht-Clearing-Mitglied beteiligt ist. Unter III.) ist anschließend das Zustandekommen der Vertragsschlüsse nach diesem Modell bei Beteiligung von Nicht-Clearing-Mitgliedern am wirtschaftlichen Geschäft Untersuchungsgegenstand.[168]

1.) Angebot

Das Clearing-Mitglied gibt sein Angebot mit der Eingabe der Order in das elektronische Handelssystem ab. Dass diese Order für das Zustandekommen des Vertrages mit dem zentralen Kontrahenten hinreichend bestimmt ist, wird im folgenden Kapitel eingehender behandelt.[169] Fraglich ist, wie der für die Wirksamkeit des Angebots nach § 130 Abs. 1 S. 1 BGB erforderliche Zugang erfolgt. An dieser Stelle ist vorab festzustellen, dass das Angebot auf Vertragsschluss nicht an die anderen Handelsteilnehmer und damit ad incertas personas gerichtet ist.[170] Denn die Clearing-Mitglieder wollen die Verträge allein mit dem zentralen Kontrahenten abschließen. Daher sind deren Angebote auch an diesen und damit ad certam personam gerichtet. Der Zugang des Angebots muss daher beim zen-

168 Siehe unten, S. 92 ff.
169 Siehe unten, S. 113 ff.
170 A.A. *Rinker*, Vertragsschluss im börslichen elektronischen Handelssystem, Rn. 324.

tralen Kontrahenten erfolgen. Denkbar wäre dafür eine Passivvertretung des zentralen Kontrahenten durch die Handelsteilnehmer und deren Möglichkeit der Kenntnisnahme mit Abbildung der Order im Orderbuch, wie Alfes[171] dies vorschlägt (a.)). Alternativ kommt in Betracht, dass der zentrale Kontrahent vom Betreiber des elektronischen Handelssystems, in welches die Orders eingegeben werden, passiv vertreten wird oder dass dieser als Bote agiert (b.)).[172]

a.) Kein Zugang im Wege einer Empfangsvertretung des zentralen Kontrahenten durch die anderen Handelsteilnehmer

Hinsichtlich der erstgenannten Ansicht,[173] der zentrale Kontrahent werde durch die Handelsteilnehmer passiv vertreten, ist zunächst festzustellen, dass selbst wenn dies zutreffen sollte, es sich bei dem mit Ordereingabe abgegebenen Angebot um ein solches ad certam personam und nicht ad incertas personas handelt. Denn das Angebot ist gerichtet auf den Vertragsschluss mit dem zentralen Kontrahenten und daher an eben diesen. Mit der Ordereingabe geben die Clearing-Mitglieder gerade kein Angebot auf Abschluss eines Börsengeschäfts gerichtet an die anderen Handelsteilnehmer ab. Bevor sodann auf die Frage eingegangen werden kann, ob die Handelsteilnehmer Empfangsvertreter des zentralen Kontrahenten sind, muss vorab geprüft werden, ob diese Akteure überhaupt die Möglichkeit haben, von der Angebotserklärung eines anderen Handelsteilnehmers unmittelbar selbst Kenntnis zu nehmen. Zweifelhaft ist nämlich, ob die Darstellung der Order im Orderbuch überhaupt ausreicht, um von einer hinreichend bestimmten Angebotserklärung ausgehen zu können.[174]

Damit ein äußerer Erklärungstatbestand eine Angebotserklärung i.S.d. §§ 145 ff. BGB sein kann, muss dieser inhaltlich hinreichend bestimmt sein.[175] Eine Erklärung kann nämlich nicht als Willenserklärung ausgelegt werden, ohne zugleich ihren konkreten Inhalt zu ermitteln.[176] Ein Angebot muss dabei alle

171 *Alfes,* Central Counterparty, S. 106 ff.

172 Letzteres entspräche der Konstruktion von Kunz, der das elektronische Handelssystem als bloßes Kommunikationsmedium bezeichnet, ohne den Betreiber als Boten einzuordnen, es aber mit dem seiner Meinung nach als Erklärungsboten agierenden Skontroführer vergleicht (vgl. *Kunz,* Ausgewählte Rechtsprobleme des Zentralen Kontrahenten, S. 326).

173 *Alfes,* Central Counterparty, S. 105; *Jobst,* ZBB 2010, S. 384, 391.

174 Es geht hier allein um die Frage, ob die *Abbildung* der Order im Orderbuch den Inhalt des Angebots in inhaltlich hinreichend bestimmter Weise *wiedergibt.* Nicht geht es darum, ob das Angebot, so wie es abgegeben wird, inhaltlich hinreichend bestimmt *ist,* was im folgenden Kapitel behandelt und bejaht wird (siehe S. 113 ff.).

175 Vgl. *Larenz,* Die Methode der Auslegung des Rechtsgeschäfts, S. 81.

176 *Kellmann,* JuS 1971, S. 609; *Neuner,* JuS 2007, S. 881, 882.

essentialia negotii enthalten, was grundsätzlich auch die Benennung der Vertragsparteien beinhaltet.[177]

Aufgrund der Pre-Trade-Anonymity[178] ist jedoch für die anderen Handelsteilnehmer bzw. für den zentralen Kontrahenten nicht erkennbar, wer die Order abgegeben hat.[179] Dies ist hier jedoch unschädlich.

Zutreffend weist Alfes darauf hin, dass der Offerent hier Rechtsbindungswillen hat, wenn er das Angebot abgibt, da er sich seiner Bindung ohnehin nicht durch seine Anonymität entziehen kann. Nach Abschluss des Geschäftes werden nämlich an die Beteiligten die Geschäftsbestätigungen zugestellt,[180] welche die zur Abwicklung relevanten Daten enthalten, mithin auch die Identität des Offerenten.[181] Ferner spricht ein Vergleich mit dem offenen Geschäft für den, den es angeht, für die Unschädlichkeit des Umstandes, dass der Offerent zunächst anonym bleibt. Denn auch wenn es hier nicht um die Offenkundigkeit einer Stellvertretung geht, kann der hinter der Zulässigkeit des offenen Geschäfts für den, den es angeht, stehende Gedanke fruchtbar gemacht werden. Im Rahmen eines offenen Geschäfts für den, den es angeht, wird die Ungewissheit über die Person des Vertretenen und damit des Vertragspartners als unschädlich anerkannt, da der Gegenüber wisse, dass eine Vertretung vorliegt. Auf Kenntnis der genauen Identität hingegen könne er verzichten, was regelmäßig aber nur in Betracht komme, wenn ihm diese gleichgültig ist.[182] Hier hat der zentrale Kontrahent

177 Vgl. Bamberger/Roth-*Eckert*, § 145 Rn. 3 m.w.N.; *Bork*, BGB AT, Rn. 712.

178 Pre-Trade-Anonymity bedeutet, dass für die Handelsteilnehmer aus den Daten, die das elektronische Handelssystem übermittelt oder die im Orderbuch abgebildet werden, nicht ersichtlich ist, von welchem anderen Handelsteilnehmer eine Order abgegeben wurde (vgl. *Alfes*, Central Counterparty, S. 68).

179 Dies stellt auch Alfes selbst fest (*Alfes*, Central Counterparty, S. 109 f.).

180 Zum Verhältnis von Geschäftsabschluss und -bestätigung siehe sogleich unten, S. 81 ff.

181 Vgl. *Deutsche Börse AG*, Xetra Release 10.0, S. 6; *Deutsche Börse AG*, Funktionale Beschreibung Xetra R7.0, S. 21. Die vielfach als Vorteil eines zentralen Kontrahenten angeführte Post-Trade-Anonymity (vgl. *Scherff*, FAZ v. 26.03.2003, S. 29) herrscht als solche somit nur zwischen den Beteiligten des wirtschaftlichen Geschäfts, nicht jedoch in der jeweiligen Beziehung zum zentralen Kontrahenten, d.h. nicht innerhalb der juristischen Geschäfte. Die Gewährleistung der Post-Trade-Anonymity erfolgt dadurch, dass auch im Rahmen der Abwicklung (Settlement; siehe dazu Kapitel V, insb. S. 202 ff.) eine Zwischenbuchung auf einem Konto des zentralen Kontrahenten bei der Wertpapiersammelbank erfolgt, sodass für den Endempfänger nicht ersichtlich ist, von welchem Marktteilnehmer die Leistung ursprünglich stammt (*Alfes*, Central Counterparty, S. 68). Die Post-Trade-Anonymity wird insbesondere von „großen" Marktteilnehmern als ein Vorteil der Implementierung eines zentralen Kontrahenten an einem Markt begrüßt, da gerade große Banken befürchten, dass andernfalls das Bekanntwerden größerer Transaktionen Auswirkungen auf den Markt (market impact) haben könnte (*Giordano*, ECMI Short Paper No. 3, S. 41; *Hills/Rule/Parkinson*, Bank of England Financial Stability Review, Juni 1999, S. 122, 125; *Scherff*, FAZ v. 26.03.2003, S. 29).

182 *Larenz/Wolf*, BGB AT, § 46 Rn. 82.

durch den Abschluss der Clearing-Vereinbarungen zu erkennen gegeben, dass er alle Angebote aller Clearing-Mitglieder annehmen werde. Er ist sich daher des Kreises der potentiellen Offerenten bewusst. Zudem hat der zentrale Kontrahent nach diesem Modell hinsichtlich aller Offerten der Clearing-Mitglieder antizipiert die Annahme erklärt.[183] Daraus folgt, dass ihm gleichgültig ist, welches Clearing-Mitglied die Order eingegeben hat, sodass eine solche Offerte mit der Lage beim offenen Geschäft für den, den es angeht, vergleichbar ist und ebenfalls zulässig sein muss.[184]

Des Weiteren ist es grundsätzlich möglich, dass ein *Offerent* den Vertragspartner nachträglich durch einen Dritten bestimmen lässt.[185] Wenn dies aber möglich ist, dann muss es auch umgekehrt zulässig sein, dass alle potentiellen Offerenten mit dem Angebotsempfänger (dem zentralen Kontrahenten) vorab vereinbaren, dass Letzterem die Identität des konkreten Offerenten erst nachträglich offengelegt wird. Das Risiko für den zentralen Kontrahenten ist dabei nicht größer, als (umgekehrt) für einen Offerenten, der die Bestimmung des Vertragspartners einem Dritten überlässt. Die angesprochene Vereinbarung kann als in der Clearing-Vereinbarung enthalten gesehen werden, da der zentrale Kontrahent seine Funktion als Vertragspartner für alle Clearing-Mitglieder willentlich einnimmt und er und auch die Clearing-Mitglieder sich der Handelsumstände bewusst sind, unter denen das Prinzip der Pre-Trade-Anonymity herrscht. Damit steht die Pre-Trade-Anonymity der erforderlichen inhaltlichen Bestimmtheit des Angebots nicht entgegen.

Jedoch stellt sich als weiteres Problem hinsichtlich der inhaltlichen Bestimmtheit der Offerte, dass die Orders im Orderbuch hinsichtlich ihres Volumens lediglich kumuliert, sogenannte Hidden Orders sogar gar nicht, dargestellt werden (vgl. § 138 Abs. 5 BörsO-FWB). Hiernach wird allenfalls die gesamte Markttiefe erkennbar, also wie viele Wertpapiere zu einem bestimmten Limit insgesamt angeboten bzw. nachgefragt werden, nicht aber welches Volumen eine konkrete Order zu diesem Limit hat (dieses Volumen kann sich daher aus einer einzigen, oder aus mehreren Orders mit entsprechenden Teilvolumina ergeben). Aus der Darstellung im Orderbuch kann mithin nicht einmal die Anzahl der Kaufgegenstände, hinsichtlich deren das Angebot abgegeben wurde, entnommen werden. Die Abbildung im Orderbuch ist somit für ein Angebot i.S.d. §§ 145 ff. BGB kein inhaltlich hinreichend bestimmter Erklärungstatbestand. Im Ergebnis stellt die Abbildung einer Order im Orderbuch mangels genügender Bestimmtheit kein Angebot i.S.d. §§ 145 ff. BGB dar. Auf die Frage, ob die Handelsteil-

---

183 Vgl. dazu näher unten, S. 85 ff.

184 So auch *Alfes*, Central Counterparty, S. 110.

185 *Bork*, BGB AT, Rn. 712.

nehmer als Passivvertreter für den zentralen Kontrahenten agieren, kommt es daher nicht an.

In praktischer Hinsicht ist für den elektronischen Handel an der FWB zusätzlich anzumerken, dass das Orderbuch im Rahmen der Handelsmodelle der Auktion, die auch im fortlaufenden Handel mit untertägigen Auktionen stattfindet (vgl. § 138 BoersO-FWB), grundsätzlich (vgl. § 138a Abs. 2 S. 3 BoersO-FWB), und im Rahmen des Handelsmodells des Midpoint-Order-Matchings stets (§ 140 Abs. 2 S. 1 BoersO-FWB) geschlossen ist und damit die Wiedergabe der Order im Orderbuch nur für einen Teil des elektronischen Handels als Anknüpfungspunkt für den Zugang der Offerte in Betracht käme.[186] Sollte man also in der Abbildung der Order im Orderbuch ein hinreichend bestimmtes Angebot erblicken, wäre nur für einen Teilbereich des Handels für die Handelsteilnehmer die Möglichkeit der Kenntnisnahme von dieser Offerte gegeben.

b.) Betreiber des elektronischen Handelssystems als Bote oder Passivvertreter

Mit Eingabe der Order in das elektronische Handelssystem ist jedoch der Zugang der Offerte bei dem Betreiber des Programms und der Datenverarbeitungsanlage gegeben.[187] Für einen wirksamen Zugang ist grundsätzlich erforderlich, dass die Willenserklärung derart in den Machtbereich des Empfängers (oder dessen Vertreters) gelangt, dass dieser die Möglichkeit der Kenntnisnahme hat und mit der Kenntnisnahme auch gerechnet werden kann.[188] Dies ist im Rahmen von elektronischen Willenserklärungen und automatischen Programmabläufen – wie hier dem elektronischen Handelssystem Xetra – beim Betreiber des Programmes und Inhaber der Datenverarbeitungsanlage der Fall.[189] Indem nämlich die Order in das System eingegeben wird, besteht für den Betreiber die Möglichkeit, von der sich in dem von ihm betriebenen System befindlichen Order Kenntnis zu nehmen, womit die in der Order verkörperte Willenserklärung zugegangen ist.[190] Das Programm (Xetra) tritt hinsichtlich der Kenntnisnahme somit an die Stelle des Betreibers in Person.[191] Und weil die Order selbst hinreichend bestimmt eingegeben wird,[192] mithin auch die Identität des Offerenten und die genaue Zahl

---

186 Vgl. *Kunz*, Ausgewählte Rechtsprobleme des Zentralen Kontrahenten, S. 325.

187 Allgemein zum Zugang elektronischer Willenserklärungen vgl. MüKoBGB-*Säcker*, Einleitung, Rn. 176 ff.

188 BGH NJW 1998, 967, 977 m.w.N.

189 Beckmann/Matusche-Beckmann- *Dörner*, § 21 Rn. 9; Spindler/Schuster-*U. Müller*, § 166 BGB Rn. 8.

190 *Mankowski*, NJW 2004, S. 1901, 1902. *Bork*, BGB AT, Rn. 628.

191 Spindler/Schuster-*U. Müller*, § 166 BGB Rn. 8.

192 Zur inhaltlichen Bestimmtheit der Orders siehe S. 113 ff.

der angebotenen bzw. nachgefragten Wertpapiere und den Kaufpreis enthält, besteht für den Betreiber des elektronischen Handelssystems die Möglichkeit der Kenntnisnahme von ihrem genauen Inhalt. Wäre der Betreiber sodann Empfangsvertreter des zentralen Kontrahenten, so würde mit Zugang des Angebots bei dem Betreiber und mithin schon kurz nach der Eingabe der Order in das System diese dem Vertretenen zugehen (§ 164 Abs. 3 BGB).[193] Daher stellt sich zunächst die Frage, wer der Betreiber des elektronischen Handelssystems ist (aa.)), woraufhin zu prüfen ist, ob dieser tatsächlich als Passivvertreter des zentralen Kontrahenten agiert, oder ob er lediglich – was es davon abzugrenzen gilt – ein Erklärungsbote des die Order eingebenden Handelsteilnehmers oder ein Empfangsbote des zentralen Kontrahenten ist (bb.)).

aa.) Börsenträger als Betreiber des elektronischen Handelssystems

Anders als manche meinen,[194] ist der Börsenträger und nicht die Börse Betreiber des elektronischen Handelssystems, sodass das System seinem Machtbereich zuzuordnen ist. Ausweislich des Gesetzesentwurfs der Bundesregierung zum Vierten Finanzmarktförderungsgesetz ist nämlich der *Träger*[195] der Börse nach § 5 Abs. 1 S. 2 BörsG zum Betrieb elektronischer Handelssysteme verpflichtet.[196] Der Börsenträger der FWB, die Deutsche Börse AG, betreibt dabei mittels der Tochtergesellschaft Deutsche Börse Systems AG sowohl die Handels- wie auch die Abwicklungssysteme an der FWB,[197] was auch die dafür erforderlichen Sachmittel, d.h. die Gerätschaften der Datenverarbeitung, umfasst,[198] welche somit im Eigentum des Börsenträgers stehen.[199] Daher stellt § 15 Abs. 2 BörsO-FWB hinsichtlich des Zugangs eines Handelsteilnehmers zur Börsen-EDV auch auf dahingehend abzuschließende Verträge mit dem Träger der Börse ab. Faktisch dominiert somit der Börsenträger den Börsenhandel.[200] Der Betreiber des Systems ist also nicht mit der Börse identisch, vielmehr ist die Börse nur Nutzerin des von ihm

193 Vgl. BGH NJW 2002, S. 1041, 1042; *Richardi*, AcP 169 (1969), S. 385, 398 f.

194 Rinker vertritt in seiner Dissertation die Auffassung, dass der Zugang einer Offerte beim zentralen Kontrahenten im Wege einer doppelten Stellvertretung erfolge. Dieser werde durch die Handelsteilnehmer passiv vertreten, welche wiederum durch die Börse als Betreiber des elektronischen Handelssystems passiv vertreten werden (*Rinker*, Vertragsschluss im börslichen elektronischen Handelssystem, Rn. 325 und 329). Rinker scheint daher davon auszugehen, dass die Börse der Betreiber des elektronischen Handelssystems ist.

195 Zum Verhältnis von Börse zu Börsenträger vgl. Schwark/Zimmer-*Beck*, § 2 BörsG Rn. 38 f.

196 Groß-*Groß*, § 5 BörsG Rn. 4 m.w.N.

197 Assmann/Schütze-*Franke*, § 2 Rn. 23.

198 Groß-*Groß*, § 5 BörsG Rn. 4 m.w.N.

199 Schwark/Zimmer-*Beck*, § 5 Rn. 13; Groß-*Groß*, § 2 BörsG Rn. 15a.

200 Vgl. auch *Köndgen/Mues*, WM 1998, S. 53, 57.

zur Verfügung gestellten Systems,[201] welches er auch an mehreren Börsen anbieten kann.[202] Die Börse bietet damit elektronischen Handel an, ohne dabei selbst Systembetreiber zu werden.[203] Das Handelssystem und die dafür erforderlichen Gerätschaften sind somit dem Machtbereich des Börsenträgers zuzurechnen. Unschädlich wäre dabei im Übrigen, falls die Übertragungsleitungen zwischen dem Handelssystem und den Handelsteilnehmern der Hoheit der Börse unterstünden.[204] Denn dies betrifft nicht den Machtbereich hinsichtlich des Zielortes der Willenserklärung, sondern allein deren Weg. Und auch im Falle einer auf einem Anrufbeantworter gespeicherten Nachricht würde niemand annehmen, dass der Anrufbeantworter nicht dem Machtbereich des Inhabers des Empfängeranschlusses zuzurechnen sei, nur weil die Telefonleitungen im Eigentum des Netzbetreibers stehen. Allein also, weil die Börse beispielsweise die Übertragung kappen könnte, ist eine abweichende Beurteilung nicht geboten. Dies ergibt sich auch daraus, dass für den Zugang der Willenserklärungen maßgeblich ist, dass unter *normalen Umständen* mit der Kenntnisnahmemöglichkeit zu rechnen ist.[205]

Mit der Eingabe der Order in das Handelssystem gelangt diese somit in den Machtbereich des Börsenträgers, womit Zugang bei diesem gegeben ist.

Auf die umstrittene Frage, ob die Börse – sofern erforderlich, um eine Empfangsvertretung oder -botenschaft durch sie annehmen zu können[206] – privatrechtsfähig ist,[207] kommt es daher insoweit nicht mehr an.

bb.) Börsenträger als Bote oder Passivvertreter

Nachdem somit feststeht, dass mit der Eingabe der Order in das elektronische Handelssystem das Angebot dem Börsenträger als dessen Betreiber zugegangen ist, ist zu fragen, wie der Zugang der Offerte beim zentralen Kontrahenten be-

---

201 Vgl. Groß-*Groß*, § 3 BörsG Rn. 10.

202 Vgl. *Köndgen/Mues*, WM 1998, S. 53, 61.

203 Vgl. *Beck*, WM 1998, S. 417, 419.

204 Vgl. *Beck*, WM 1998, S. 417, 425.

205 Vgl. auch *Thalmair*, NJW 2011, S. 14, 15 zum Zugang bei einem privaten Emailempfänger, dessen Onlineemailkonto jederzeit vom Provider gesperrt werden kann.

206 Davon ausgehend *Alfes*, Central Counterparty, S. 80; *Rinker*, Vertragsschluss im börslichen elektronischen Handelssystem, Rn. 114 ff.; *Tiedemann*, Stellung des zentralen Kontrahenten, S. 71.

207 Verneinend *Alfes*, Central Counterparty, S. 80; Schwark/Zimmer-*Beck*, § 5 Rn. 13; *Kunz*, Ausgewählte Rechtsprobleme des Zentralen Kontrahenten, S. 162 ff.; *Tiedemann*, Stellung des zentralen Kontrahenten, S. 71. Differenzierend *Rinker*, Vertragsschluss im börslichen elektronischen Handelssystem, Rn. 133 ff. Jedenfalls zum Teil bejahend Groß-*Groß*, § 2 BörsG Rn. 15a; *Hammen*, FS Schwark, S. 455 ff. Allgemein zur kompetenzbezogenen Teilprivatrechtsfähigkeit juristischer Personen des Öffentlichen Rechts *Burmeister*, VVDStRL 52 (1993), S. 190, 219 f. m.w.N.

wirkt wird. Dabei kommt in Betracht, dass der Börsenträger Passivvertreter oder Empfangsbote des zentralen Kontrahenten oder Erklärungsbote des die Order eingebenden Handelsteilnehmers ist.

Für den rechtskonstruktiv mit dem elektronischen Handel vergleichbaren[208] Präsenzhandel (ohne Beteiligung eines zentralen Kontrahenten) geht ein großer Teil der Literatur davon aus, der Skontroführer sei Empfangsvertreter der Handelsteilnehmer.[209] Dies ergebe sich aus der praktischen Notwendigkeit, dass der Vertrag sofort mit Zuordnung der Kontrahenten zustande kommt.[210] Dem wird entgegengehalten, die Wirksamkeit der Verträge stehe ohnehin unter der aufschiebenden Bedingung des Zugangs der Geschäftsbestätigungen[211] und trete damit auch bei Annahme einer Passivvertretung nicht schon mit Zugang der Orders beim Skontroführer (bzw. im elektronischen Handel mit Eingabe der Order in das System) ein.[212] Dieser Einwand erscheint jedoch unzutreffend. Zum einen ist, selbst wenn das zugunsten der Einordnung des Skontroführers als Empfangsvertreter genannte Argument nicht richtig wäre, keineswegs endgültig erwiesen, dass der Skontroführer bzw. im elektronischen Handel der Betreiber der Handelsplattform nicht als Empfangsvertreter einzuordnen sein können. Es fiele allenfalls *ein* Argument für diese Einordnung weg. Zum anderen liegt dem angeführten Gegenargument die Prämisse zugrunde, dass die Verträge im Börsenhandel nur unter der aufschiebenden Bedingung der Erteilung der Geschäftsbestätigungen zustande kommen. Dem wird an anderer Stelle nachzugehen sein.[213]

Gleichwohl ist damit aber umgekehrt auch noch nicht belegt, dass der Börsenträger als Passivvertreter für den zentralen Kontrahenten fungiert. In Betracht käme alternativ auch eine bloße Stellung als Bote. Dann allerdings wäre der Zugang bei einer Erklärungsbotenschaft (auf Seiten des die Order eingebenden Handelsteilnehmers) erst erfolgt, wenn das Angebot tatsächlich dem zentralen Kontrahenten zugeht[214] bzw. bei einer Empfangsbotenschaft (auf Seiten des zentralen Kontrahenten), wenn dies nach dem regelmäßigen Lauf der Dinge zu erwarten ist.[215] In

---

208 So *Kümpel*, WM 1991, Sonderbeilage 4, S. 1, 7.

209 *Kümpel*, Bank- und Kapitalmarktrecht, Rn. 17.468; Albrecht/Karahan/Lenenbach-*Lenenbach*, § 37 Effektengeschäft, Rn. 110; vgl. ferner die Nachweise bei *Hofmann*, Der Skontroführer an den deutschen Wertpapierbörsen, S. 377 Fn. 1384.

210 *Kümpel*, WM 1991, Sonderbeilage 4, S. 1, 8 Fn. 30.

211 Diese werden gem. § 2 Abs. 3 GB-FWB im Präsenz- und auch im elektronischen Handel sowohl an die Handelsteilnehmer als auch an die Eurex Clearing AG als zentralen Kontrahenten gesendet.

212 Vgl. *Kunz*, Ausgewählte Rechtsprobleme des Zentralen Kontrahenten, S. 300 ff.

213 Siehe unten, S. 82 f.

214 Vgl. *Medicus*, BGB AT, Rn. 284; *Köhler*, BGB AT, § 6 Rn. 15.

215 Vgl. Jauernig-*Jauernig*, § 130 Rn. 7 m.w.N.

beiden Varianten wäre dies regelmäßig erst der Zeitpunkt der Zustellung der Geschäftsbestätigung.[216]

Demgegenüber entsprechen nur eine Bewirkung des Zugangs und die damit verbundene Möglichkeit des Vertragsschlusses bereits *vor* Erteilung der Geschäftsbestätigungen den Regelwerken an der FWB sowie an einigen anderen deutschen Börsen. Die Einstufung des elektronischen Systems als Empfangsvertreter kann anders als seine Einordnung als Bote[217] erklären, dass und warum schon vor den Geschäftsbestätigungen die Rechtsgeschäfte zustande kommen, wovon die Regelwerke ausgehen.

Die Auffassung, dass die Geschäftsbestätigung aufschiebende Bedingung für den Geschäftsabschluss sei, mithin die Geschäfte erst mit deren Erteilung zustande kämen, konnte zwar auf den Wortlaut von § 11 Abs. 1 S. 1 GB-FWB a.F. gestützt werden,[218] der dies aufgrund der kumulativen Aufzählung von „Ausführung von Aufträgen *und* Geschäftsbestätigung"[219] durchaus nahe zu legen schien.[220] Jedoch

---

216 A.A. *Tiedemann*, Stellung des zentralen Kontrahenten, S. 83 f. Tiedemann erkennt zwar, dass das Geschäft vor den Geschäftsbestätigungen zustande kommen muss (S. 86 f.). Er ist aber der Ansicht, dass die Order dem zentralen Kontrahenten zugeht, wenn Xetra die Daten, welche sich aus dem Matchingvorgang ergeben, an die Eurex Clearing AG zum Zwecke des Clearings und an die Wertpapiersammelbank zum Zwecke des Settlements weiterleitet (S. 83 f.). Dabei verkennt er jedoch, dass diese Übermittlung der Daten gerade erst durch die elektronischen Geschäftsbestätigungen erfolgt (vgl. *Deutsche Börse AG*, Funktionale Beschreibung Xetra R7.0, S. 21). Zeitlich den Geschäftsbestätigungen vorgelagert sind nur die Auftragsbestätigungen, welche die Daten der ausgeführten Orders beinhalten. Diese werden aber nur an den die Order eingebenden Handelsteilnehmer gesendet, nicht an die Eurex Clearing AG oder die Wertpapiersammelbank (vgl. *Deutsche Börse AG*, Funktionale Beschreibung Xetra R7.0, S. 21). Die Unterscheidung zwischen der Auftragsbestätigung und der Geschäftsbestätigung ist auch in den GB-FWB vorgesehen. § 2 Abs. 3 S. 1 GB-FWB normiert: „Zusätzlich zu der Ausführungsbestätigung gemäß Absatz 1 Satz 2 werden *zustande gekommene* Geschäfte den Geschäftsparteien und in den Fällen des Absatz 2 der Eurex Clearing AG bestätigt. Die Geschäftsbestätigung erfolgt im Präsenzhandel durch Schlussnote, im elektronischen Handel durch elektronische Bestätigung" (Hervorhebung durch den Verfasser). Die Regelung geht somit ersichtlich davon aus, dass das Geschäft zustande kommt, bevor die Geschäftsbestätigung, aufgrund derer der Eurex Clearing AG die Daten der ausgeführten Orders übermittelt werden, zugeht. Eine Übermittlung der Daten an die Eurex Clearing AG erfolgt also erst *durch* die elektronischen Geschäftsbestätigungen, welche sich aber auf die bereits zustande gekommenen Geschäfte beziehen. Gleiches gilt im Übrigen hinsichtlich der Übermittlung der Daten von Geschäften, welche ein Nicht-Clearing-Mitglied abgeschlossen hat, an das ihm zugeordnete Clearing-Mitglied.

217 Eine Mindermeinung nimmt auch bei Empfangsbotenschaft mit Zugang beim Boten sofortigen Zugang beim Hintermann an (vgl. *Marburger*, AcP 173 (1973), S. 137, 142 f.).

218 „Ein Geschäft zwischen zwei Handelsteilnehmern kommt an der Frankfurter Wertpapierbörse durch Ausführung von Aufträgen und Geschäftsbestätigung zustande."

219 Hervorhebung durch den Verfasser.

220 So auch Hofmann, der den Wortlaut der Regelung als „unmißverständlich" bezeichnet (*Hofmann*, Der Skontroführer an den deutschen Wertpapierbörsen, S. 378 Fn. 1391).

weicht die die Geschäftsbestätigungen heute regelnde Bestimmung in § 2 Abs. 3 S. 1 GB-FWB in der Fassung vom 01.04.2011[221] hiervon ab und unterscheidet zwischen „zustande gekommene[n] Geschäfte[n]" und deren Bestätigung. Zudem lautet Kap. I Ziff. 1.2.1 Abs. 1 S. 1 CB-Eurex dahingehend, dass die Geschäfte bereits aus dem Matching resultieren, statuiert also gerade nicht das Erfordernis einer zusätzlichen Geschäftsbestätigung. Die Geschäfte an der FWB kommen somit offensichtlich bereits vor einer Geschäftsbestätigung zustande.

Nichts anderes gilt im Übrigen an anderen deutschen Börsenplätzen, etwa an der Berliner Börse, auch wenn § 38 Abs. 1 GB-BB in der Fassung vom 15.10.2010 das Zustandekommen eines Geschäftes als „durch Ausführung eines Auftrags (Order oder Quote) *und* Geschäftsbestätigung"[222] gegeben sieht. § 13 Abs. 2 GB-BB sieht nämlich vor, dass der Verkäufer im elektronischen Handel den Abschluss des Geschäfts bestätigt. Andernfalls „gilt" das Geschäft als nicht zustande gekommen. Indem § 13 Abs. 2 GB-BB sich mittels des Wortlauts „gilt" der Fiktion[223] des nicht zustande gekommenen Geschäfts bedient, geht die Regelung davon aus, dass das Geschäft auch ohne Geschäftsbestätigung tatsächlich wirksam zustande gekommen ist.[224] Und die GB-München unterscheiden sogar ausdrücklich zwischen Einwendungen gegen Geschäftsbestätigungen (§ 12 GB-München) und Einwendungen gegen die Geschäftsabschlüsse (§ 12a GB-München).

Schließlich legt auch das Wort „Geschäfts*bestätigung*" selbst nahe, dass ein Geschäft schon zeitlich zuvor zustande gekommen ist, da andernfalls nichts bestätigt werden könnte.[225] Mithin sehen alle Regelwerke unmissverständlich vor, dass der Geschäftsabschluss bereits vor Erteilung einer Geschäftsbestätigung erfolgt. Demnach muss zuvor der Zugang der Offerte beim zentralen Kontrahenten bewirkt werden. Das wird durch eine Einstufung des das Handelssystem betreibenden Börsenträgers als Passivvertreter für den zentralen Kontrahenten möglich. Damit entspricht diese Einordnung anders als die Annahme von Botenschaft den Regelwerken an den deutschen Börsen.

Ferner spiegelt es auch das Vorstellungsbild der Beteiligten wider, wenn mit Eingabe der Order und Matching der Vertragsschluss bewirkt ist.[226] Die angeführten Regelwerke bilden nämlich nicht nur in Ergänzung zum bürgerlichen Recht

221 Dieser lautet: „Zusätzlich zu der Ausführungsbestätigung gemäß Absatz 1 Satz 2 werden zustande gekommene Geschäfte den Geschäftsparteien und in den Fällen des Absatz 2 der Eurex Clearing AG bestätigt."

222 Hervorhebung durch den Verfasser.

223 Zur juristischen Fiktion, u.a. bei Verwendung des Wortes „gilt", vgl. *Larenz/Canaris*, Methodenlehre, S. 83.

224 So auch *Hofmann*, Der Skontroführer an den deutschen Wertpapierbörsen, S. 378 Fn. 1391.

225 Vgl. *Kunz*, Ausgewählte Rechtsprobleme des Zentralen Kontrahenten, S. 302.

226 So zum elektronischen Handel ohne Einbezug eines zentralen Kontrahenten schon *Kümpel*, WM 1991, Sonderbeilage 4, S. 1, 8.

und zum Handelsrecht den juristischen Rahmen der Rechtsgeschäfte an den Börsen, sondern auch eine wichtige Grundlage für das Vorstellungsbild der Beteiligten. Dieses Bild wird zudem durch Informationsschreiben der Börsen geprägt, welche ebenfalls zwischen den Geschäftsbestätigungen und den Geschäftsabschlüssen unterscheiden.[227]

Der Börsenträger und Systembetreiber ist auch zur Passivvertretung bevollmächtigt. Der zentrale Kontrahent will sich des elektronischen Handelssystems bedienen, um den rechtzeitigen Zugang der Willenserklärungen der Clearing-Mitglieder zu gewährleisten. Denn anders als mittels des elektronischen Handelsprogramms können dem zentralen Kontrahenten die Angebote nicht zukommen. Und da wie dargelegt eine Botenschaft ausscheidet, mithin das Handelsprogramm nicht eine bloße Mittlerfunktion ausüben kann,[228] kommt nur eine Empfangsvertretung in Betracht. Es ist somit davon auszugehen, dass der Börsenbetreiber bei der Implementierung des zentralen Kontrahenten an der Börse von diesem konkludent dazu bevollmächtigt wird, als Passivvertreter die Willenserklärungen der Handelsteilnehmer entgegenzunehmen.

Auch dem Offenkundigkeitsprinzip im Recht der Stellvertretung ist Genüge getan. Bei der Passivvertretung geschieht dies dadurch, dass die Willenserklärung des Geschäftsgegners (Clearing-Mitglied) erkennbar an den Vertretenen gerichtet ist.[229] Im Börsenhandel wollen die Clearing-Mitglieder Vertragsschlüsse mit dem zentralen Kontrahenten herbeiführen und nicht mit dem Börsenträger als Empfänger der Willenserklärung. Und wie bereits ausgeführt,[230] richten die Clearing-Mitglieder ihre Willenserklärungen auch nicht an die anderen Handelsteilnehmer ad incertas personas, sondern an den zentralen Kontrahenten selbst, da sie sich des Umstandes bewusst sind, dass Verträge nur zwischen ihnen und dem zentralen Kontrahenten zustande kommen.[231] Aufgrund dieser tatsächlichen Gegebenheiten ist es auch für den Börsenträger als Rezipient der Offerte erkennbar, dass diese nicht an ihn selbst, sondern an den zentralen Kontrahenten und damit an den Vertretenen gerichtet ist. Damit ist das Offenkundigkeitsprinzip gewahrt.

Somit liegen alle Voraussetzungen einer wirksamen passiven Stellvertretung gem. § 164 Abs. 3 BGB des zentralen Kontrahenten durch den das elektronische Handelssystem betreibenden Börsenträger vor.

---

227 Vgl. *Deutsche Börse AG*, Funktionale Beschreibung Xetra R7.0, S. 21.

228 A.A. *Kunz*, Ausgewählte Rechtsprobleme des Zentralen Kontrahenten, S. 326 f.

229 Erman-*Palm*, § 164 Rn. 24.

230 Siehe oben, S. 74.

231 A.A. *Rinker*, Vertragsschluss im börslichen elektronischen Handelssystem, Rn. 324.

c.) *Ergebnis*

Mit Eingabe der Order in das elektronische System gibt das Clearing-Mitglied seine Offerte gerichtet an den zentralen Kontrahenten ab. Nach den Regelwerken an den deutschen Börsen und auch entsprechend dem Vorstellungsbild der Beteiligten muss der Vertrag vor Erteilung der Geschäftsbestätigungen zustande kommen, das Angebot daher dem zentralen Kontrahenten bereits zuvor zugehen. Ein Zugang durch eine passive Stellvertretung gem. § 164 Abs. 3 BGB durch die anderen Handelsteilnehmer, basierend auf der Annahme, dass ihnen mit Abbildung der Order im Orderbuch die Offerte zugeht, ist mangels inhaltlicher Bestimmtheit der Wiedergabe der Order im Orderbuch nicht ausreichend. Vielmehr geht das Angebot dem zentralen Kontrahenten im Wege einer Empfangsvertretung durch den Börsenträger als Betreiber des elektronischen Handelssystems zu, in welche das offerierende Clearing-Mitglied die Order eingibt.

2.) Annahme

Was die Annahme der Offerte seitens des zentralen Kontrahenten angeht, ist zu gewichten, dass der zentrale Kontrahent nicht aktiv am Börsenhandel teilnimmt. Hiernach ist entweder denkbar, dass die Annahme im Handelsverlauf jedoch nicht vom zentralen Kontrahenten erklärt wird,[232] oder aber dass die Abgabe der Annahmeerklärung durch den zentralen Kontrahenten selbst erfolgt. Diese Erklärung wird jedoch in letzterem Fall nicht erst im Anschluss an die Angebote der Clearing-Mitglieder, sondern bereits im Vorfeld des Handelsgeschehens, mithin antizipiert abgegeben.[233] Dies geschieht dadurch, dass der zentrale Kontrahent mit Abschluss der Clearing-Vereinbarung dem Clearing-Mitglied gegenüber erklärt, zukünftig alle an ihn gerichteten Angebote anzunehmen.[234]

a.) *Zulässigkeit der antizipierten Annahme einer unbestimmten Anzahl von Angeboten*

Fraglich ist dabei, ob die antizipierte Annahme einer inhaltlich und auch der Anzahl nach unbestimmten Vielzahl von Angeboten – gerade auch im besonderen Bezug auf einen zentralen Kontrahenten und dessen Funktionen – zulässig ist. Dabei ist zunächst festzustellen, dass der erforderliche Rechtsbindungswille des zentralen Kontrahenten vorliegt. Hieran könnte im Rahmen der Auslegung

232 Zu dem darauf aufbauenden Lösungsmodell des Vertragsschlusses im Wege des Insichgeschäfts siehe unten, S. 96 ff.

233 Vgl. *Alfes,* Central Counterparty, S. 103 f.

234 *Alfes,* Central Counterparty, S. 113.

der Erklärungen des zentralen Kontrahenten bei Abschluss der Clearing-Vereinbarung zunächst wegen der Gefahr der Eingehung einer zur Zeit der Erklärung noch unbestimmten Vielzahl von Verbindlichkeiten gezweifelt werden.[235] In der Literatur wird nämlich eine drohende unverhältnismäßig hohe Haftung als Beispiel für mangelnden Rechtsbindungswillen genannt.[236] Eine solche Gefahr besteht indes für den zentralen Kontrahenten trotz der antizipierten Annahme einer unbekannten Anzahl von Angeboten nicht. Durch die Vereinbarung des Matchings als aufschiebende Bedingung[237] wird nämlich vermieden, dass der zentrale Kontrahent Verbindlichkeiten begründet, die er nicht mit selbst aus entsprechenden Deckungsgeschäften zu beanspruchenden Wertpapieren bzw. Zahlungen erfüllen kann.[238] Nur wenn der Order eines Clearing-Mitglieds (CM 1) eine korrespondierende Order eines anderen Clearing-Mitglieds (CM 2) gegenübersteht und diese sodann gematcht werden, kommt es hiernach zur Wirksamkeit der Verträge zwischen dem zentralen Kontrahenten und den Clearing-Mitgliedern. So kommt z.B. ein Vertrag zwischen dem eine Kauforder abgebenden CM 1 und dem zentralen Kontrahenten über eine Anzahl X von Wertpapieren nur zustande, wenn auch ein Vertrag zwischen dem zentralen Kontrahenten und CM 2 zustande kommt, aus dem der zentrale Kontrahent einen Anspruch auf Lieferung eben dieser Anzahl X an Wertpapieren erhält.[239] Folglich besteht für den zentralen Kontrahenten kein Anlass, seine Leistungsfähigkeit anzuzweifeln und eine unverhältnismäßig hohe Haftung zu befürchten.[240] Gerade die Gewährleistung, dass

235 Vgl. *Alfes,* Central Counterparty, S. 113 f.

236 *Bork,* BGB AT, Rn. 677.

237 Dazu unten, S. 88 ff.

238 Vgl. *Alfes,* Central Counterparty, S. 119.

239 Möglich ist auch, dass eine nicht vollumfänglich korrespondierende Order beispielsweise nur bezüglich des Verkaufs von X/2 Wertpapieren, vorliegt. Sollte CM 1 nicht mittels eines entsprechenden Zusatzes („Fill-or-Kill“) in der Order ausgeschlossen haben, dass die Order zunächst zu einem Teilvolumen ausgeführt wird, kommt es nur teilweise, nämlich in der Anzahl X/2, zum Matching. Damit entstehen für den zentralen Kontrahenten aber auch nur in dieser Höhe X/2 Verbindlichkeiten gegenüber CM 1. Das Angebot des CM 1 wird, da es auf den Zusatz „Fill-or-Kill“ verzichtete, nämlich so auszulegen sein, dass es nicht „Kaufe X Wertpapiere“, sondern „Kaufe X oder weniger Wertpapiere“ lautet. Der Vertrag kommt daher hinsichtlich des Inhalts „Kaufe X oder weniger Wertpapiere vom zentralen Kontrahenten“ zustande, wird aber nur in Höhe von X/2 wirksam, da nur insoweit das Matching als aufschiebende Bedingung eingetreten ist. Sobald später eine erneute Verkaufsorder bzgl. der Menge X/2 eingegeben wird, tritt die Wirksamkeit des Vertrages in eben dieser verbleibenden Höhe ein. Der Einfachheit halber soll an dieser Stelle aber davon ausgegangen werden, dass sich zwei Orders vollumfänglich entsprechen.

240 So auch *Kunz,* Ausgewählte Rechtsprobleme des Zentralen Kontrahenten, S. 296, der, wie noch dargelegt werden wird (S. 88 f.), diesen Mechanismus jedoch nicht im Wege des Matchings als aufschiebende Bedingung gem. § 158 Abs. 1 BGB konstruiert.

er die zu bewirkende Leistung selbst auch von einem anderen Clearing-Mitglied beanspruchen kann, ist Zweck der Aufnahme des Matchings als aufschiebende Bedingung in die Verträge über die Veräußerung und die Anschaffung von Wertpapieren.

Zudem mangelt es dem zentralen Kontrahent auch keineswegs an einem Rechtsbindungswillen etwa unter dem Gesichtspunkt, dass er gegebenenfalls vor Eingehung der Verbindlichkeiten noch die Leistungsfähigkeit seines Vertragspartners prüfen möchte. Denn durch die Sicherheitsleistungen der Clearing-Mitglieder und den Sicherheitsfonds im Handelssystem mit einem zentralen Kontrahenten ist eine weitgehende Reduktion des Risikos eines wirtschaftlichen Totalausfalls des zentralen Kontrahenten mit seinen Ansprüchen gewährleistet.[241] Ferner überzeugt auch der von Alfes angeführte Vergleich mit den als zulässig anerkannten Blanketturkunden und -unterschriften,[242] bei denen ebenfalls Inhalt und Umfang vertraglicher Bindungen vom Einfluss Dritter abhängig sind.[243]

Schließlich ist die Konstruktion einer antizipierten Annahme im Rahmen von Internet-Auktionen von Rechtsprechung[244] und Literatur[245] mit Argumenten anerkannt worden, die sich auf den vorliegenden Sachverhalt übertragen lassen. So hat das LG Münster die mit Eröffnung der Auktion antizipiert erklärte Annahme der dann durch Gebotsabgabe erklärten Angebote bei einem entsprechend hohen Kaufpreis für möglich gehalten.[246] Ein solcher Preis lässt sich im Vorhinein nur gewährleisten, wenn der Einsteller ein entsprechendes Mindestgebot vorsieht, welches das wirtschaftliche Risiko eines Unterwertverkaufs ausschließt.[247] In der Eröffnung einer Internetauktion kann demzufolge eine antizipierte Annahmeerklärung liegen, wenn und weil wegen der Möglichkeit der Angabe eines Mindestverkaufspreises kein schutzwürdiges Interesse des Einlieferers besteht.[248] Da das wirtschaftliche Risiko des zentralen Kontrahenten beim Börsengeschäft durch das Matching als aufschiebender Bedingung und durch das Sicherheitssystem ebenfalls erheblich reduziert ist, muss den referierten Ausführungen zur Internetauktion entsprechend die antizipierte Annahme hierbei ebenfalls möglich sein. Ferner kennt der zentrale Kontrahent das Risiko, welches er mit der antizipierten Annahme eingeht und es entspricht dann der Privatautonomie und der

---

241 *Kunz*, Ausgewählte Rechtsprobleme des Zentralen Kontrahenten, S. 296.
242 Vgl. Soergel-*Hefermehl*, § 126 Rn. 5 m.w.N.
243 *Alfes,* Central Counterparty, S. 116.
244 Vgl. insbesondere das ricardo.de-Urteil BGH NJW 2002, S. 363.
245 *Hartung/Hartmann*, MMR 2001, S. 278; *Ulrici*, JuS 2000, S. 947.
246 LG Münster MMR 2000, S. 280, 283 f.
247 *Ulrici*, JuS 2000, S. 947, 950.
248 *Hartung/Hartmann*, MMR 2001, S. 278, 282.

Gestaltungsfreiheit der Vertragsparteien, wenn ihm diese Möglichkeit des Vertragsschlusses gegeben ist.[249]

Somit ist zusammenfassend zu sagen, dass eine antizipierte Annahmeerklärung im vorliegenden Zusammenhang zulässig ist.

b.) Auslegung der Clearing-Vereinbarung als antizipierte Annahmeerklärung

Die zur Clearing-Vereinbarung abgegebene Willenserklärung des zentralen Kontrahenten kann als antizipierte Annahme nach §§ 133, 157 BGB ausgelegt werden, da der Wille zur Annahme aller Angebote des jeweiligen Clearing-Mitglieds der Stellung des zentralen Kontrahenten als einzigem Vertragspartner aller Clearing-Mitglieder entspricht.[250] Abgabe, Zugang und Wirksamkeit der Annahmeerklärung sind im Rahmen des Abschlusses der Clearing-Vereinbarung unproblematisch gegeben.

Somit nimmt nach diesem Ansatz der zentrale Kontrahent die Offerte des Clearing-Mitglieds antizipiert mit Abschluss der Clearing-Vereinbarung an.

3.) Das Matching als aufschiebende Bedingung

Wie ausgeführt, spricht insbesondere die Gefahr der Begründung einer zur Zeit der Abgabe der antizipierten Annahmeerklärung noch unbestimmten Vielzahl von Verträgen und daraus resultierender Verbindlichkeiten gegen die Zulässigkeit einer Konstruktion des Vertragsschlusses durch antizipierte Annahmeerklärung. Dass eine solche Gefahr hier aber für den zentralen Kontrahenten nicht gegeben ist und dieser daher auch den notwendigen Rechtsbindungswillen zur Zeit der Clearing-Vereinbarung und damit auch bei Abgabe der antizipierten Annahmeerklärung hat, steht unter der Prämisse, dass das Matching als aufschiebende Bedingung einzustufen sei. Es muss daher geprüft werden, ob das Matching als aufschiebende Bedingung i.S.d. § 158 Abs. 1 BGB eingeordnet werden kann.

Kunz verneint diese Möglichkeit[251] und muss daher das Matching als rein tatsächlichen Umstand einstufen, bei dessen Vorliegen das elektronische Handelssystem automatisiert die Annahmeerklärung erstellt und dem offerierenden Clearing-Mitglied zustellt.[252] Würde nämlich der zentrale Kontrahent die Annahme unter der aufschiebenden Bedingung des Matchings erklären, dann wäre dies nach

249 Vgl. *Hartung/Hartmann*, MMR 2001, S. 278, 284.

250 So statuiert Kap. I Ziff. 1.2.1 Abs. 1 S. 1 CB-Eurex auch ausdrücklich, dass infolge des Matchings die Verträge nur mit dem zentralen Kontrahenten zustande kommen.

251 Vgl. *Kunz*, Ausgewählte Rechtsprobleme des Zentralen Kontrahenten, S. 297.

252 Siehe dazu noch unten, S. 97 ff.

§ 150 Abs. 2 BGB als neues Angebot zu werten,[253] sodass, so führt Kunz aus, entweder das Clearing-Mitglied daraufhin die Annahme erklären oder alternativ bereits dessen Order diese Bedingung enthalten müsste.[254] Im elektronischen Handel sei (im Gegensatz zum Präsenzhandel)[255] daher nicht von einer antizipierten Annahmeerklärung durch den zentralen Kontrahenten auszugehen.[256] Vielmehr erstelle das Programm selbstständig eine sogenannte Computererklärung durch Matching zweier Orders.[257] Diese automatisch erstellte Annahme sei dem sich des Systems bedienenden zentralen Kontrahenten zuzurechnen.[258] Im Ergebnis macht Kunz den Vertragsschluss vom Matching als einem äußeren Umstand abhängig, ohne dieses als aufschiebende Bedingung nach § 158 Abs. 1 BGB einzuordnen. Wie noch gezeigt werden wird,[259] ist diese Konstruktion jedoch angreifbar und daher keine Lösung auf das von Kunz beschriebene Problem aus § 150 Abs. 2 BGB. Zudem lässt sich noch grundsätzlicher zeigen, dass das Vorliegen gematchter Orders sehr wohl zur aufschiebenden Bedingung erklärt werden kann.

Unterstellt man, Kunz habe mit seiner Auffassung Recht, ist zunächst festzustellen, dass nach der Eingabe der Order in das Handelssystem in der Tat keinerlei Handeln des Clearing-Mitglieds mehr erfolgt, das als Erklärungstatbestand für eine Annahme der aufgrund der – nunmehr nach Kunz als Neuangebot zu qualifizierenden – antizipiert erklärten Annahme in Betracht käme. Jedoch könnte bereits das Angebot des Clearing-Mitglieds das Matching als aufschiebende Bedingung enthalten, welche dann aufgrund der antizipierten Annahme durch den zentralen Kontrahenten zwischen den Parteien vereinbart wäre.[260] Es erscheint aber zumindest fraglich, ob der Offerte eines Clearing-Mitglieds dieser Inhalt im

---

253 Vgl. Soergel-*Wolf*, § 150 Rn. 9.

254 *Kunz*, Ausgewählte Rechtsprobleme des Zentralen Kontrahenten, S. 297.

255 Für den Präsenzhandel greift auch Kunz auf das Modell einer antizipierten Annahmeerklärung des zentralen Kontrahenten zurück. Die Erklärung ergebe sich aus der Bereitschaft, Vertragspartner aller Clearing-Mitglieder zu werden, wie sie in den CB-Eurex zum Ausdruckt komme (*Kunz*, Ausgewählte Rechtsprobleme des Zentralen Kontrahenten, S. 295 f.). Sie werde aber erst und nur dann im Laufe des Handels vom Skontroführer an das offerierende Clearing-Mitglied übermittelt, wenn diesem eine korrespondierende Order eines anderen Clearing-Mitglieds vorliege (*Kunz*, Ausgewählte Rechtsprobleme des Zentralen Kontrahenten, S. 297 ff.).

256 *Kunz*, Ausgewählte Rechtsprobleme des Zentralen Kontrahenten, S. 328.

257 *Kunz*, Ausgewählte Rechtsprobleme des Zentralen Kontrahenten, S. 327. Warum sich aus der Bereitschaft, Vertragspartner aller Clearing-Mitglieder zu werden, wie sie in den CB-Eurex zum Ausdruck kommt, im Präsenzhandel eine antizipierte Annahmeerklärung ergeben soll, im elektronischen Handel, auf den die gleichen Clearing-Bedingungen Anwendung finden, jedoch nicht, vermag Kunz nicht zu erklären.

258 *Kunz*, Ausgewählte Rechtsprobleme des Zentralen Kontrahenten, S. 327.

259 Siehe unten, S. 97 ff.

260 Vgl. *Kunz*, Ausgewählte Rechtsprobleme des Zentralen Kontrahenten, S. 297.

Wege der Auslegung entnommen werden kann. Ein Clearing-Mitglied sieht im zentralen Kontrahenten einen Vertragspartner, dessen Leistungsfähigkeit es nicht anzweifelt. Er dient gerade dazu, Ausfallrisiken zu minimieren. Man könnte deshalb einerseits argumentieren, dass ein Clearing-Mitglied mithin keine Erwägungen dahingehend anstellt, unter welchen Bedingungen es seine Offerte erklären muss, damit die Leistungsfähigkeit seines Vertragspartners (des zentralen Kontrahenten) gewährleistet ist. Andererseits geben auch die Clearing-Mitglieder ihre Erklärungen vor dem Hintergrund der vereinbarten CB-Eurex ab, sodass sie das Bewusstsein haben, dass der zentrale Kontrahent nur unter der aufschiebenden Bedingung des Matchings kontrahieren will. Demnach könnte man auch bereits die Offerten der Clearing-Mitglieder so auslegen, dass sie die aufschiebende Bedingung des Matchings beinhalten.

Letztlich kann die Frage dahingestellt bleiben. Denn der Vereinbarung des Matchings als aufschiebender Bedingung im Rahmen eines *jeden einzelnen Vertragsschlusses* bedarf es nicht. Diese Vereinbarung erfolgt nicht für jeden Vertragsschluss getrennt, sondern *bereits im Vorfeld der späteren Einzelverträge* als Bestandteil der Clearing-Bedingungen als allgemeine Geschäftsbedingung. Ziff. 1 der Standard-Clearing-Vereinbarung der Eurex Clearing AG bezieht die CB-Eurex in das Rechtsverhältnis zwischen Clearing-Mitglied und zentralem Kontrahenten mit ein.[261] Die Clearing-Vereinbarung stellt dabei einen Rahmenvertrag[262] dar, durch den die Geltung der CB-Eurex zwischen dem Clearing-Mitglied und dem zentralen Kontrahenten vereinbart wird. Aufgrund des Abschlusses eines Rahmenvertrages folgen spätere Einzeltransaktionen den Vertragsbedingungen, die im Rahmenvertrag geregelt sind.[263] Er dient somit dem Abschluss und der Durchführung der späteren Einzelverträge.[264] Die CB-Eurex wiederum stellen solchermaßen für die späteren Einzelverträge vereinbarte allgemeine Geschäftsbedingungen dar.[265] Und die CB-Eurex enthalten in Kap. I Ziff. 1.2.1 Abs. 1 S. 1 eine Regelung, die als aufschiebende Bedingung des Matchings auszulegen ist. Denn nach dieser Klausel resultieren die Geschäfte aus dem Matching und kommen dabei nur zwischen den Clearing-Mitgliedern und dem zentralen Kontrahenten zustande. Die Klausel setzt somit das Zustandekommen

261 Gleiches gilt hinsichtlich der NCM-CM-Clearing-Vereinbarung.

262 Zur vielfach unterschiedlichen Terminologie vgl. *Windbichler*, AcP 198 (1998), S. 261, 264 f.

263 *Windbichler*, AcP 198 (1998), S. 261, 276.

264 *Raiser,* FS zum hundertjährigen Bestehen des DJT, S. 101, 111.

265 Vgl. *Alfes,* Central Counterparty, S. 89 ff. Dies stellt Abs. 4 der Präambel der CB-Eurex ausdrücklich klar: „Die Erfüllung und Besicherung der Geschäfte (Clearing) erfolgt gemäß den nachfolgenden Allgemeinen Geschäftsbedingungen (Clearing-Bedingungen)" (vgl. MüKoHGB-*Einsele*, Depotgeschäft, Rn. 110; *Kunz*, Ausgewählte Rechtsprobleme des Zentralen Kontrahenten, S. 78).

der Verträge mit dem Matching in eindeutigen konditionalen Zusammenhang, indem sie normiert, dass die Verträge zwischen zentralem Kontrahenten und Clearing-Mitglied aus dem Matching resultieren. Damit wird das Matching in Kap. I Ziff. 1.2.1 Abs. 1 S. 1 CB-Eurex als allgemeine (aufschiebende) Geschäftsbedingung der späteren Einzelverträge zwischen dem Clearing-Mitglied und dem zentralen Kontrahenten bereits mit Abschluss der Clearing-Vereinbarung als Rahmenvertrag vereinbart.[266]

Somit ist das Matching eine rechtsgeschäftlich zwischen den Clearing-Mitgliedern und dem zentralen Kontrahenten im Vorfeld der später abgeschlossenen Börsengeschäfte im Wege eines Rahmenvertrages für die späteren Einzelkontrakte vereinbarte aufschiebende Bedingung i.S.d. § 158 Abs. 1 BGB.

4.) Zusammenfassung

Das für den Vertragsschluss im Börsenhandel notwendige Angebot liegt in der Eingabe einer Order in das Handelssystem durch ein Clearing-Mitglied. Dieses Angebot geht dabei im Wege einer Passivvertretung gem. § 164 Abs. 3 BGB durch den das elektronische Handelssystem betreibenden Börsenträger dem zentralen Kontrahenten zu. Die Annahmeerklärung hat der zentrale Kontrahent mit dem Inhalt, alle künftigen Angebote des Clearing-Mitglieds annehmen zu wollen, antizipiert bei Abschluss der Clearing-Vereinbarung abgegeben. Bei Abschluss der Clearing-Vereinbarung haben das Clearing-Mitglied und der zentrale Kontrahent ferner das Matching als aufschiebende Bedingung nach § 158 Abs. 1 BGB für alle künftigen im Rahmen des Handels zustande kommenden Verträge vereinbart. Damit wird der Vertrag nur und erst wirksam, wenn eine der Order des Clearing-Mitglieds korrespondierende Order eines anderen Clearing-Mitglieds im Handelssystem vorliegt.

Wie der Vertrag zwischen dem die Order eingebenden Clearing-Mitglied (CM 1) und dem zentralen Kontrahenten zustande kommt, wird auch der korrespondierende Vertrag zwischen dem zentralen Kontrahenten und demjenigen Clearing-Mitglied (CM 2) geschlossen, dessen Order derjenigen von CM 1 im Wege des Matchings zugeordnet wird.

266 Zum wirksamen Einbezug der CB-Eurex als AGB und einer Inhaltskontrolle nach §§ 305 ff. BGB vgl. *Alfes,* Central Counterparty, S. 89 ff. und auch 149 ff.

III.) Vertragsschluss unter Beteiligung von Nicht-Clearing-Mitgliedern

Im Fall der Beteiligung von Nicht-Clearing-Mitgliedern am wirtschaftlichen Geschäft muss zwischen dem Abschluss des Vertrages zwischen einem Nicht-Clearing-Mitglied und dem ihm zugeordneten Clearing-Mitglied einerseits (1.)) und dem Vertragsschluss zwischen diesem Clearing-Mitglied und dem zentralen Kontrahenten andererseits (2.)) unterschieden werden.

1.) Vertragsschluss zwischen Nicht-Clearing- und zugeordnetem Clearing-Mitglied

Mit der Eingabe einer Order in das elektronische Handelssystem erklärt das Nicht-Clearing-Mitglied seinen Antrag an das ihm zugeordnete Clearing-Mitglied. Das ist vertraglich im Grunde unproblematisch. Fraglich ist an dieser Stelle lediglich, wie der Zugang dieser Erklärung erfolgt. Anzumerken ist auch hier, dass der Vertrag den Regelwerken an den Börsen entsprechend bereits vor Erteilung der Geschäftsbestätigungen zustande kommen muss.[267] Daher kommt auch an dieser Stelle eine passive Stellvertretung des Clearing-Mitglieds durch den das Handelssystem betreibenden Börsenträger gem. § 164 Abs. 3 BGB in Betracht. Um den Börsenträger als Passivvertreter des Clearing-Mitglieds qualifizieren zu können, müsste er zunächst von dem Clearing-Mitglied zur Passivvertretung bevollmächtigt worden sein. Da im Rahmen des auf antizipierten Annahmeerklärungen aufbauenden Modells die Passivvertretung durch den Betreiber des elektronischen Handelssystems die einzige Möglichkeit ist, wie der Zugang einer Order erfolgt, ist davon auszugehen, dass auch die Clearing-Mitglieder wie der zentrale Kontrahent sich des Handelsprogrammes nicht nur bedienen wollen, um entsprechende Offerten gerichtet an den zentralen Kontrahenten abgeben, sondern auch um solche der ihnen zugeordneten Nicht-Clearing-Mitglieder empfangen zu können. Denn die Clearing-Mitglieder wollen sich des Programmes umfassend bedienen, um über dieses ihre Geschäfte zustande zu bringen. Mithin können die auf Abschluss der Verträge mit dem Börsenträger (vgl. § 15 Abs.2 BörsO-FWB) über die Nutzung des elektronischen Systems gerichteten Willenserklärungen dahingehend ausgelegt werden, dass mit ihnen der Börsenträger als Systembetreiber bevollmächtigt wird, mit Wirkung für und gegen die Clearing-Mitglieder Willenserklärungen der Nicht-Clearing-Mitglieder zu empfangen.[268]

267 Dazu siehe oben, S. 81 ff.

268 Die Erteilung dieser Vollmacht kann jedoch nicht in dem Ersuchen um Zulassung zum Handel an der Börse gesehen werden. Dieses richtet sich nämlich an die Geschäftsführung der Börse, nicht an den Börsenträger (vgl. § 19 BörsG).

Dabei wird auch das Offenkundigkeitsprinzip hinsichtlich der Passivvertretung gewahrt. Aus den Geschäfts- und Clearingbedingungen ergibt sich, dass Verträge nur zwischen einem Nicht-Clearing- und dem ihm zugeordneten Clearing-Mitglied zustande kommen,[269] sodass bei Abgabe der Offerte eines Nicht-Clearing-Mitglieds offenkundig ist, dass diese Erklärung letztlich nicht an den Vertreter, sondern nur an das zugeordnete Clearing-Mitglied als Vertretenen gerichtet ist. Es ist daher möglich, den Börsenträger als Passivvertreter für die Clearing-Mitglieder zu qualifizieren. Mit Eingabe der Order in das elektronische Handelssystem durch ein Nicht-Clearing-Mitglied geht das darin liegende Angebot daher nach § 164 Abs. 3 BGB dem zugeordneten Clearing-Mitglied zu.

Hinsichtlich der Annahme des Antrags durch das Clearing-Mitglied kann auf die Ausführungen zur antizipierten Annahme durch den zentralen Kontrahenten verwiesen werden.[270] Bei Abschluss der NCM-CM-Clearing-Vereinbarung hat dementsprechend das Clearing-Mitglied konkludent antizipiert die Annahme aller an ihn gerichteten Angebote des Nicht-Clearing-Mitglieds erklärt.

Auch zwischen dem Nicht-Clearing-Mitglied und dem Clearing-Mitglied wird das Matching durch den Abschluss der NCM-CM-Clearing-Vereinbarung als Rahmenvertrag als aufschiebende Bedingung rechtsgeschäftlich vereinbart. Denn mit Abschluss der Vereinbarung werden die CB-Eurex auch in das Rechtsverhältnis zwischen dem Nicht-Clearing- und dem zugeordneten Clearing-Mitglied als allgemeine Geschäftsbedingungen mit einbezogen.[271] Und nach Kap. I Ziff. 1.2.1 Abs. 2 S. 2 CB-Eurex kommen durch das Matching einer Order eines Nicht-Clearing-Mitglieds mit einer anderen Order Geschäfte zwischen dem Nicht-Clearing-Mitglied und dem zugeordneten Clearing-Mitglied sowie zwischen diesem und dem zentralen Kontrahenten zustande. Ebenso wie nach Kap. I Ziff. 1.2.1 Abs. 1 S. 1 CB-Eurex im Handel ohne Beteiligung eines Nicht-Clearing-Mitglieds wird durch jene Klausel das Matching als aufschiebende Bedingung aller Einzelverträge zwischen dem Nicht-Clearing-Mitglied und dem zugeordneten Clearing-Mitglied sowie zwischen dem Clearing-Mitglied und dem zentralen Kontrahenten vereinbart. Hierdurch ist für das Clearing-Mitglied gewährleistet, dass es nur dann dem Nicht-Clearing-Mitglied gegenüber verpflichtet wird, wenn es selbst einen inhaltsgleichen Anspruch gegenüber dem zentralen Kontrahenten hat und umgekehrt. Es gilt mithin hinsichtlich des Zwecks des Matchings als aufschiebende Bedingung im Rechtsverhältnis zwischen dem Nicht-Clearing-

269 Vgl. § 2 Abs. 2 S. 2 GB-FWB, Kap. I Ziff. 1.2.1 Abs. 2 S. 2 CB-Eurex.

270 Oben, S. 85 ff.

271 Vgl. Ziff. 1 der NCM-CM-Clearing-Vereinbarung der Eurex Clearing AG. Insofern kann hier auf das zur Vereinbarung der Clearing-Bedingungen als AGB durch die Clearing-Vereinbarung als Rahmenvertrag zwischen den Clearing-Mitgliedern und dem zentralen Kontrahenten oben (S. 90 f.) Gesagte verwiesen werden.

und dem ihm zugeordneten Clearing-Mitglied das gleiche, wie bereits zum Rechtsverhältnis zwischen dem Clearing-Mitglied und dem zentralen Kontrahenten ausgeführt wurde.[272]

2.) Vertragsschluss zwischen Clearing-Mitglied und zentralem Kontrahenten

Der Vertrag zwischen dem Clearing-Mitglied und dem zentralen Kontrahenten kommt ähnlich wie im Handel ohne Beteiligung eines Nicht-Clearing-Mitglieds zustande. Hinsichtlich der Annahmeerklärung des zentralen Kontrahenten und der Vereinbarung des Matchings als aufschiebender Bedingung kann daher auf die vorstehenden Ausführungen mit der Maßgabe verwiesen werden, dass dies im Rahmen der NCM-CM-Clearing-Vereinbarung[273] und nicht der Clearing-Vereinbarung erfolgte.

Die Offerte des Clearing-Mitglieds wird jedoch durch das Nicht-Clearing-Mitglied als dessen Aktivvertreter abgegeben.[274] Mithin erklärt das Nicht-Clearing-Mitglied mit der Ordereingabe einen Antrag an das Clearing-Mitglied im eigenen Namen und zugleich einen inhaltsgleichen Antrag als Stellvertreter des Clearing-Mitglieds an den zentralen Kontrahenten.[275] Die hierfür erforderliche Vollmacht hat das Clearing-Mitglied dem Nicht-Clearing-Mitglied bei Abschluss der NCM-CM-Clearing-Vereinbarung erteilt.[276]

Problematisch könnte auch an dieser Stelle – worauf Alfes hingewiesen hat[277] – aufgrund der Pre-Trade-Anonymity die Wahrung des Offenkundigkeitsprinzips (nunmehr hinsichtlich der Aktivvertretung durch das Nicht-Clearing-Mitglied) sein. Es ist jedoch anzumerken, dass Alfes den Zugang der Offerte des Clearing-Mitglieds mit der Abbildung der Order im Orderbuch konstruiert.[278] Aus dieser Order ergibt sich in der Tat nicht, ob ein Vertretungsgeschäft vorliegt und wer durch wen vertreten wird. In dieser Arbeit wird demgegenüber indes auf einen Zugang im Wege der Passivvertretung des zentralen Kontrahenten durch den

---

272 Vgl. oben, S. 88.

273 Diese stellt wie bereits angesprochen (S. 61) einen dreiseitigen Vertrag zwischen Clearing-Mitglied, Nicht-Clearing-Mitglied und zentralem Kontrahenten dar.

274 Vgl. Ziff. 2 Abs. 1 S. 1 der NCM-CM-Clearing-Vereinbarung der Eurex Clearing AG: „Alle Eingaben des NCM in das Handelssystem nach Maßgabe des Kapitels II der Anlage zur NCM-CM-Clearing-Vereinbarung wirken unmittelbar für und gegen das CM."

275 Zur Zulässigkeit eines Handelns zugleich im fremden und im eigenen Namen vgl. BGH NJW 1988, S. 1908, 1909; Bamberger/Roth-*Habermeier*, § 164 Rn. 23 m.w.N.

276 Vgl. Ziff. 2 Abs. 1 S. 1 der NCM-CM-Clearing-Vereinbarung der Eurex Clearing AG.

277 *Alfes,* Central Counterparty, S. 146.

278 Vgl. *Alfes,* Central Counterparty, S. 107 ff.

Betreiber des elektronischen Handelssystems abgestellt.[279] Dabei ist gem. § 166 Abs. 1 BGB die Kenntnis und das Vorstellungsbild des Vertreters, nicht des Vertretenen maßgeblich.[280] Aus der Order selbst (nicht aus ihrer Wiedergabe im Orderbuch) ist nun aufgrund der mit ihr verbundenen händlerbezogenen Daten ersichtlich, von wem sie stammt.[281] Die Order wird keineswegs anonym eingegeben, sondern lediglich anonym im Orderbuch abgebildet.[282] Hiernach hat der Systembetreiber als Empfangsvertreter Kenntnis von der Identität des Offerenten. Da aus den Clearing- und Handelsbedingungen zudem folgt, dass nur Clearing-Mitglieder mit dem zentralen Kontrahenten Geschäfte abschließen können,[283] ist für den Systembetreiber auch offensichtlich, dass die Ordereingabe eines jeden Nicht-Clearing-Mitglieds zugleich eine Willenserklärung im Namen des diesem zugeordneten Clearing-Mitglieds darstellt. Damit ist für den Empfangsvertreter hier ersichtlich, dass bei Abgabe der Offerte eine Stellvertretung vorliegt.[284] Das Offenkundigkeitsprinzip hinsichtlich der Aktivvertretung ist damit bei Eingabe der Order durch das Nicht-Clearing-Mitglied gewahrt.

Zur Wahrung des Offenkundigkeitsprinzips hinsichtlich der Empfangsvertretung durch den Systembetreiber kann auf die vorstehenden Ausführungen zum Handel ohne Beteiligung eines Nicht-Clearing-Mitglieds verwiesen werden.[285] Somit stellt die Eingabe der Order durch das Nicht-Clearing-Mitglied (auch) die im Namen des Clearing-Mitglieds abgegebene Offerte an den zentralen Kontrahenten dar, die dieser bereits mit Abschluss der NCM-CM-Clearing-Vereinbarung antizipiert angenommen hat. Der hierdurch herbeigeführte Vertragsschluss wird rechtswirksam, sobald die aufschiebende Bedingung des Matchings eingetreten ist. Mit dem Matching einer Order des Nicht-Clearing-Mitglieds mit der eines anderen (Nicht-) Clearing-Mitglieds kommen daher zeitgleich drei bzw. vier Verträge über Finanzinstrumente zustande.

---

279 Siehe oben, S. 78 ff.

280 Vgl. PWW-*Frensch*, § 166 Rn. 4 f.

281 Die Order wird von den Handelsteilnehmern nämlich unter Verwendung der ihnen individuell zugeteilten Benutzerkennung eingegeben (vgl. § 2 Abs. 4 GB-FWB).

282 Vgl. *Alfes,* Central Counterparty, S. 108 f.

283 Vgl. Kap. I Ziff. 1.2.1 Abs. 2 S. 2 CB-Eurex, § 2 Abs. 2 S. 2 GB-FWB.

284 Zwar ist für den Börsenträger als Betreiber des elektronischen Handelssystems und als Passivvertreter nicht ersichtlich, wer durch das Nicht-Clearing-Mitglied vertreten wird. Und nach § 166 Abs. 1 BGB kommt es auf seine Kenntnis und nicht diejenige des zentralen Kontrahenten an. Gleichwohl wird klar, dass es sich um ein Nicht-Clearing-Mitglied handelt, das (auch) für einen anderen handelt. Damit ist dem Offenkundigkeitsprinzip bereits Genüge getan (vgl. Soergel-*Leptien*, Vor § 164 Rn. 25).

285 Siehe oben, S. 84.

IV.) Zusammenfassung

Die Clearing-Mitglieder geben ihre Angebote durch Ordereingabe ab. Diese Orders gehen dem zentralen Kontrahenten im Wege einer Empfangsvertretung durch den Betreiber des elektronischen Handelssystems nach § 164 Abs. 3 BGB zu. Die Annahme des Angebots hat der zentrale Kontrahent bei Abschluss der Clearing-Vereinbarung antizipiert erklärt.

Ist ein Nicht-Clearing-Mitglied beteiligt, gibt dieses mit Ordereingabe eine eigene Angebotserklärung gerichtet an das ihm zugeordnete Clearing-Mitglied und zugleich eine Angebotserklärung als Aktivvertreter dieses Clearing-Mitglieds gerichtet an den zentralen Kontrahenten ab. Die Angebotserklärungen gehen dem Clearing-Mitglied und dem zentralen Kontrahenten zeitgleich im Wege einer Passivvertretung durch den Betreiber des elektronischen Handelssystems zu. Sowohl das Clearing-Mitglied als auch der zentrale Kontrahent haben ihre Annahme bereits antizipiert bei Abschluss der NCM-CM-Clearing-Vereinbarung erklärt.

Gleichgültig ob das wirtschaftliche Geschäft mit oder ohne Beteiligung von Nicht-Clearing-Mitgliedern getätigt wird, stehen alle Verträge (die juristischen Geschäfte) unter der aufschiebenden Bedingung des Matchings der eingegebenen Order mit einer korrespondierenden Order eines anderen Clearing- oder Nicht-Clearing-Mitglieds, sodass alle Verträge nur in diesem Fall und sodann zeitgleich wirksam werden. Damit ist der zentrale Kontrahent davor geschützt, einem Clearing-Mitglied gegenüber verpflichtet zu sein, ohne einen inhaltsgleichen Anspruch gegen ein anderes Clearing-Mitglied zu haben. In gleicher Weise ist ein Clearing-Mitglied davor geschützt, dem ihm zugeordneten Nicht-Clearing-Mitglied gegenüber verpflichtet zu sein, ohne gegen den zentralen Kontrahenten einen inhaltsgleichen Anspruch zu haben, und umgekehrt.

C.) Lösungsmodell 2: Vertragsschluss durch gestattetes Selbstkontrahieren

Das zweite hier vorgeschlagene Konstruktionsmodell geht davon aus, dass die Annahmeerklärung des zentralen Kontrahenten nicht bereits antizipiert im Vorfeld, sondern erst während des eigentlichen Handelsgeschehens erfolgt. Da der zentrale Kontrahent jedoch im Börsenhandel gänzlich passiv verbleibt, kommt allein in Betracht, dass er diese Annahmeerklärung nicht selbst sondern ein anderer sie für ihn abgibt. Auch im Rahmen der Beschreibung dieses Modells soll dabei unterschieden werden, ob ein Nicht-Clearing-Mitglied am wirtschaftlichen Geschäft beteiligt ist (II.)), oder nicht (I.)).

I.) Vertragsschluss ohne Beteiligung von Nicht-Clearing-Mitgliedern

1.) Angebot des Clearing-Mitglieds

Auch nach diesem Modell gibt das Clearing-Mitglied das auf Vertragsschluss an den zentralen Kontrahenten gerichtete Angebot mit der Eingabe der Order in das elektronische Handelssystem ab.

2.) Annahme

Ausgangspunkt dieses Modells ist es, dass der zentrale Kontrahent keine antizipierte Annahmeerklärung im Vorfeld des Handelsgeschehens abgibt, sondern die Annahme erst während des Handels abgegeben wird, dann aber nicht durch den dabei passiv verbleibenden zentralen Kontrahenten. Es gilt deshalb zu klären, wie diese Annahmeerklärung erfolgt. Hierbei kommt in Betracht, dass die Annahme durch eine seitens des elektronischen Handelssystems erstellte, automatisierte Willenserklärung erfolgt, die dem zentralen Kontrahenten zuzurechnen ist (a.)). Es kann aber auch an eine Annahme durch Erklärung eines Clearing-Mitglieds gedacht werden (b.)).

a.) Keine Annahme durch automatisierte Willenserklärung

Zunächst ist zu Fragen, ob die Annahme – wie Kunz dies seinem Vertragsschlussmodell zugrunde legt[286] – durch eine automatisiert erstellte, dem zentralen Kontrahenten zurechenbare Willenserklärung geschieht. Zu untersuchen ist, ob diese Erklärung seitens des elektronischen Handelsprogramms abgegeben wird, sobald der Order eines Clearing-Mitglieds eine korrespondierende Order im Wege des Matchings zugeordnet wird. Der Zugang der Erklärung könnte sodann in der Zustellung der Geschäftsbestätigung[287] oder bereits der Ausführungsbestätigung an das offerierende Clearing-Mitglied zu sehen oder gar als nach § 151 S. 1 BGB entbehrlich einzustufen sein.

In der Tat erscheint es als keineswegs von vornherein ausgeschlossen, dass ein elektronisches Handelsprogramm eine solche automatisierte Willenserklärung erstellt und in der Form der Ausführungs- oder Geschäftsbestätigung den Handelsteilnehmern zusendet. Eine automatisierte, auch Computererklärung ge-

---

286 Vgl. *Kunz*, Ausgewählte Rechtsprobleme des Zentralen Kontrahenten, S. 326 ff.

287 *Kunz*, Ausgewählte Rechtsprobleme des Zentralen Kontrahenten, S. 327.

nannte,[288] Willenserklärung wird ohne *aktuelle* menschliche Beteiligung erstellt. Dies geschieht dadurch, dass ein Computer gemäß den Vorgaben seines Programms im Falle des Eintritts einer bestimmten Bedingung eine Willenserklärung bestimmten Inhalts abgibt oder dies unterlässt.[289] Eine Computererklärung ist von einer lediglich elektronisch übermittelten, jedoch schon zuvor erstellten Willenserklärung zu unterscheiden.[290] Auch bei Computererklärungen handelt es sich jedoch um menschliche Willenserklärungen,[291] da durch die Programmierung des Computers durch den Anlagenbetreiber dieser letztlich über die Abgabe der Willenserklärung entscheidet, diese damit auf einen – zur Qualifizierung eines Tatbestandes als Willenserklärung stets erforderlichen[292] – menschlichen Willen zurückzuführen ist.[293] Bei einer Computererklärung wird die Willenserklärung lediglich ohne *aktuelle* menschliche Mitwirkung durch den Computer erstellt. Gleichwohl reicht die Autonomie des Programms nicht so weit, dass man es mit einem Vertreter gleich stellen könnte.[294] Denn der Computer entscheidet nicht autonom, sondern setzt nur die ihm durch das Programm vorgegebenen Parameter um. Die Vorschriften in §§ 164 ff. BGB finden deshalb keine Anwendung. Da das Programm aber auch keineswegs lediglich eine ihm eingegebene vorgefertigte Erklärung weitergibt, geht es in seiner Tätigkeit über eine mit der Botenschaft vergleichbare bloße Übermittlung einer Erklärung hinaus.[295] Vielmehr nimmt das Programm selbst die Inhaltsbestimmung und die Entscheidung über das „Ob“ der Abgabe der betreffenden Erklärung vor.

Elektronische Systeme verfügen nicht selten über eine Software, die nach entsprechender Programmierung in der Folge gemäß den Vorgaben der Programmierung entscheidet, ob und mit welchem (gleichwohl durch die Programmierung vorgegebenen) Inhalt sie eine Willenserklärung abgibt. Als Beispiel wird in der Literatur eine automatisierte Lagerverwaltung genannt, die bei entsprechendem Bedarf selbstständig neue Waren bestellt.[296] Wenn eine solche Bestellung eine Computererklärung darstellt, mithin dieser Vorgang für die Annahme einer für einen Vertragsschluss hinreichenden Erklärung ausreicht, so muss dies auch dann

---

288 Vgl. zur uneinheitlichen Terminologie *Mehrings*, MMR 1998, S. 30, 31; MüKoBGB-*Säcker*, Einleitung, Rn. 175 Fn. 5 m.w.N.

289 Vgl. *Dörner*, AcP 202 (2002), S. 363, 365 Fn. 4.

290 Vgl. dazu MüKoBGB-*Säcker*, Einleitung, Rn. 174.

291 Dies ist entgegen früherer vereinzelter Einwände heute h.M., vgl. *Mehrings*, MMR 1998, S. 30, 31 mit Nachweisen auch zur Gegenansicht.

292 Vgl. *Mehrings*, MMR 1998, S. 30, 31 m.w.N.

293 *Mehrings*, MMR 1998, S. 30, 31; MüKoBGB-*Säcker*, Einleitung, Rn. 175 m.w.N.

294 *Kuhn*, Rechtshandlungen mittels EDV und Telekommunikation, S. 66.

295 *Kuhn*, Rechtshandlungen mittels EDV und Telekommunikation, S. 66.

296 Beispiel nach MüKoBGB-*Säcker*, Einleitung, Rn. 174.

der Fall sein, wenn das börsliche Handelssystem eine Annahmeerklärung abgibt, sobald ein bestimmtes Ereignis eintritt. Hierfür spricht auch ein praktisches Argument: Das Ereignis, welches die Abgabe der Annahmeerklärung auslöst, könnte im Matching zweier Orders gesehen werden. Hiernach würde, ohne dass das Matching als aufschiebende Bedingung i.S.d. § 158 Abs. 1 BGB eingeordnet werden müsste,[297] der Vertragsschluss zwischen dem zentralen Kontrahenten und dem Clearing-Mitglied nur dann erfolgen, wenn der zentrale Kontrahent, wie es infolge des Matchings geschieht, ein entsprechendes Deckungsgeschäft eingeht. Mithin kommt im Ansatz durchaus in Betracht, dass das elektronische Handelssystem die Annahmeerklärung durch eine automatisierte Willenserklärung abgibt.

Allerdings ist es nicht möglich, eine solche Erklärung dem zentralen Kontrahenten zuzurechnen. Nach Kunz muss sich der zentrale Kontrahent, obgleich die Eurex Clearing AG als zentraler Kontrahent an der FWB nicht Betreiberin des elektronischen Handelssystems ist, die Vorgänge innerhalb der EDV atypischer Weise doch zurechnen lassen, weil er sich die Datenverarbeitungsergebnisse zumessen lassen wolle und dies auch nach außen erkenntlich sei.[298] Diese Argumentation trägt jedoch nicht. Wem eine Computererklärung zuzurechnen ist, kann durch das Erfordernis, eine Willenserklärung auf einen menschlichen Willen zurückführen zu können, ermittelt werden. Bei einer Computererklärung kommt es zu einem gestreckten arbeitsteiligen Verhalten bei der Erstellung und der Abgabe der Willenserklärung, wobei der menschliche Mitwirkungsakt nur in der vorbereitenden Programmgestaltung liegt.[299] Dieser Mitwirkungsakt kann aber nur durch den Betreiber des Programmes erfolgen, da nur er im Vorfeld die Möglichkeit hatte, das Programm seinem Willen entsprechend zu gestalten. Daher nimmt die herrschende Meinung richtigerweise an, dass (nur) dem Betreiber des Systems die von diesem automatisiert erstellten Willenserklärungen zuzurechnen sind.[300] Das elektronische Handelsprogramm wird aber nicht von dem als zentralem Kontrahent agierenden Unternehmen, sondern vielmehr vom Systembetreiber bzw. in dessen Auftrag programmiert.[301] Damit kann eine von diesem Programm abgegebene Erklärung nicht auf den Willen des zentralen Kontrahenten zurückgeführt werden. Entgegen Kunz[302] will sich der zentrale Kontrahent hier auch nicht *in äußerlich erkennbarer Weise* die Ergebnisse des Programms, mithin die

297 Bedenken gegen eine solche Einordnung hat insb. *Kunz*, Ausgewählte Rechtsprobleme des Zentralen Kontrahenten, S. 297. Vgl. auch oben S. 88 ff.

298 *Kunz*, Ausgewählte Rechtsprobleme des Zentralen Kontrahenten, S. 327.

299 *Cornelius*, MMR 2002, S. 353, 354.

300 Vgl. MüKoBGB-*Säcker*, Einleitung, Rn. 175 m.w.N.

301 So ist bspw. die Eurex Clearing AG nicht Betreiberin des elektronischen Handelssystems an der Eurex Deutschland, sondern nimmt diese Stellung vielmehr die Eurex Frankfurt AG ein (*Jobst*, ZBB 2010, S. 384, 389).

302 Vgl. *Kunz*, Ausgewählte Rechtsprobleme des Zentralen Kontrahenten, S. 327.

von diesem erstellten Erklärungen zurechnen lassen, sodass es auf die Frage, ob dies an die Stelle der Betreibereigenschaft treten kann, nicht ankommt. Der zentrale Kontrahent bedient sich hier des Handelssystems ebenso wie die Handelsteilnehmer. Er steht diesem System genauso nah oder fern, wie die Handelsteilnehmer auch. Es ist nicht erkennbar, dass sich der zentrale Kontrahent anders als die Handelsteilnehmer[303] die Prozesse des Handelssystems zurechnen lassen wolle.

Will man also von einer durch das elektronische Handelssystem automatisiert erstellten Annahmeerklärung ausgehen, kann diese Erklärung gleichwohl nicht dem zentralen Kontrahenten zugerechnet werden. Schon deshalb scheidet eine Annahme der Offerte im Wege einer Computererklärung aus.[304]

Mithin erfolgt die Annahme der Offerte nicht durch eine durch das elektronische Handelssystem automatisiert erstellte, sogenannte Computererklärung, die dem zentralen Kontrahenten zuzurechnen ist.

b.) Annahme durch das offerierende Clearing-Mitglied

Nachdem eine Annahme durch eine automatisch generierte elektronische Willenserklärung, die dem zentralen Kontrahenten zuzurechnen wäre, als denkbare Lösung ausscheidet, kommt als weitere Möglichkeit in Betracht, dass die Annahme der Order ebenfalls seitens des die Order eingebenden Clearing-Mitglieds, nämlich in aktiver Stellvertretung des zentralen Kontrahenten erklärt wird.[305] Die Order

---

303 Bzgl. der an den zentralen Kontrahenten gerichteten Willenserklärungen der Clearing-Mitglieder (oder auch der an die Clearing-Mitglieder gerichteten Angebote der Nicht-Clearing-Mitglieder) geht Kunz davon aus, dass diese das Handelssystem nur als Übermittler ihrer Willenserklärung benutzen (vgl. *Kunz*, Ausgewählte Rechtsprobleme des Zentralen Kontrahenten, S. 326, 329). Dadurch, dass Kunz jedoch das Matching (angreifbar, vgl. oben, S. 88 ff.) nicht als aufschiebende Bedingung einordnen will, sieht er sich dazu genötigt, mittels der Konstruktion der Abgabe einer Computererklärung im Falle des Matchings als rein *tatsächlichem* Umstand zu gewährleisten, dass der zentrale Kontrahent sich nur verpflichtet, wenn er auch entsprechende Deckungsgeschäfte tätigen kann. Infolge dessen muss er jedoch zwischen der Funktion und Stellung, welche das elektronische Handelssystem für die Handelsteilnehmer einnimmt (bloßer Mittler) und derjenigen, wie dies hinsichtlich des zentralen Kontrahenten der Fall ist (System, das eine dem zentralen Kontrahenten zurechenbare automatisierte Willenserklärung erstellt), differenzieren.

304 Dies gilt ebenso hinsichtlich der Konstruktion von Kunz, auch die Annahmeerklärung eines Clearing-Mitglieds gegenüber dem Nicht-Clearing-Mitglied werde mittels Computererklärung erstellt, die dem Clearing-Mitglied zuzurechnen sei, da dieses mittelbar die Herstellung der Erklärungen durch das System beherrsche, weil es die Clearing-Lizenz zurückgeben könne, wenn es sich die Erklärungen nicht mehr zurechnen lassen wolle (vgl. *Kunz*, Ausgewählte Rechtsprobleme des Zentralen Kontrahenten, S. 329 f.).

305 Denkbar wäre ferner auch, dass nicht das die Order eingebende Clearing-Mitglied (CM 1) die Annahme in Stellvertretung des zentralen Kontrahenten erklärt, sondern dass dies durch das CM 1 im Wege des Matchings zugeordnete Clearing-Mitglied (CM 2) geschieht. Davon geht

könnte somit zugleich neben der Offerte gerichtet an den zentralen Kontrahenten die korrespondierende, in dessen Namen abgegebene Annahmeerklärung darstellen. Eine solche Konstruktion stellt zwar einen Fall des Selbstkontrahierens i.S.d. § 181 Var. 1 BGB und damit ein Insichgeschäft dar.[306] Ein solches Geschäft ist jedoch zulässig, wenn es durch den Vertretenen im Wege der Einwilligung (§ 183 BGB) gestattet ist.[307] Dies kann auch konkludent geschehen,[308] was vor allem bereits mit der Erteilung der Vollmacht zur Stellvertretung erfolgen kann.[309]

Die zu einer wirksamen Vertretung erforderliche Vollmacht erteilt der zentrale Kontrahent dem Clearing-Mitglied konkludent bei Abschluss der Clearing-Vereinbarung. Dies ergibt sich aus einer Auslegung der auf Abschluss der Clearing-Vereinbarung gerichteten Willenserklärung des zentralen Kontrahenten. In der Clearing-Vereinbarung erklärt sich der zentrale Kontrahent bereit, für alle von dem Clearing-Mitglied an der Börse abgeschlossenen wirtschaftlichen Geschäfte dessen Vertragspartner zu werden. Er verpflichtet sich mithin dazu, hinsichtlich jedes wirtschaftlichen Geschäfts, welches das Clearing-Mitglied eingeht, mit diesem Clearing-Mitglied einen entsprechenden Vertrag (juristisches Geschäft) zu schließen. Um seiner Verpflichtung nachkommen zu können, muss er – da er nach diesem Modell keine eigene Willenserklärung abgibt – das Clearing-Mitglied zur Vertretung bevollmächtigen und diesem wegen der gesetzlich durch § 181 Var. 1 BGB bewirkten Beschränkung der Vertretungsmacht das Selbstkontrahieren gestatten. Gegen einen auf Vollmachterteilung und Gestattung des Selbstkontrahierens gerichteten Willen des zentralen Kontrahenten spricht auch nicht die Gefahr, dass dieser durch eine Vielzahl künftiger durch das Clearing-

---

Alfes in seinem Stellvertretungsmodell aus (*Alfes,* Central Counterparty, S. 120 ff.), auf welches hier aufgrund seiner von Alfes selbst erkannten Schwächen (vgl. *Alfes,* Central Counterparty, S. 135 ff.) nicht weiter einzugehen ist.

Einen ähnlichen Weg beschreitet Rinker mit seinem Kreuzoffertenmodell (*Rinker*, Vertragsschluss im börslichen elektronischen Handelssystem, Rn. 215 ff. und 320 ff.). Rinker geht anders als Alfes nicht davon aus, dass die Order stets ein Angebot und eine Annahme zugleich darstellt. Nach Rinker geben die Clearing-Mitglieder mit der Eingabe der Orders sogenannte Kreuzofferten (vgl. zu solchen insb. *Neumayer*, FS O. Riese, S. 309 und ferner auch LG Frankfurt a.M., Urt. v. 16.01.2008 – 2-04 O 412) im eigenen Namen gerichtet an den zentralen Kontrahenten und inhaltsgleich ebenfalls in dessen Namen gerichtet an das gematchte andere Clearing-Mitglied ab. Danach kommen die Verträge durch das Kreuzen von je zwei Angebotserklärungen zustande.

306 Vgl. MüKoBGB-*Schramm*, § 181 Rn. 11. Die Terminologie hinsichtlich § 181 BGB ist uneinheitlich, da mancherorts auch „Selbstkontrahieren" als Oberbegriff beider von § 181 BGB erfassten Fälle verwendet wird. Hier soll „Insichgeschäft" als Oberbegriff verwendet werden, der sowohl § 181 Var. 1 BGB (Selbstkontrahieren) als auch § 181 Var. 2 BGB (Mehrfachvertretung) erfasst (so auch Palandt-*Ellenberger*, § 181 Rn. 1; Staudinger-*Schilken*, § 181 Rn. 1).

307 Palandt-*Ellenberger*, § 181 Rn. 17.

308 Vgl. Bamberger/Roth-*Habermeier*, § 181 Rn. 33 m.w.N.

309 *Hübner*, BGB AT, Rn. 1331.

Mitglied vorgenommener Geschäfte in noch unbekanntem Umfang verpflichtet wird. Auch nach der hier vorgeschlagenen Konstruktion haben der zentrale Kontrahent und das Clearing-Mitglied bei Abschluss der Clearing-Vereinbarung als Rahmenvertrag das Matching als aufschiebende Bedingung vereinbart. Wie vorstehend ausgeführt[310] wird daher das wirtschaftliche Risiko auf das normale Ausfallrisiko reduziert. Somit kann seine Willenserklärung zum Abschluss der Clearing-Vereinbarung als konkludente Vollmachterteilung und Gestattung des Selbstkontrahierens ausgelegt werden.

Auch ein Insichgeschäft muss nach außen erkennbar vorgenommen werden, woran bei obligatorischen Geschäften aber geringere Anforderungen zu stellen sind.[311] Es reicht aus, dass ein mit den Verhältnissen Vertrauter die Vornahme des Geschäfts erkennen kann.[312] Hinreichend ist zudem, wenn sich der Abschluss des Insichgeschäfts rückschauend aus *nachfolgenden* äußerlich erkennbaren Maßnahmen ergibt, was insbesondere bei Handlungen möglich ist, die der Ausführung des abgeschlossenen Geschäfts dienen.[313] Da im Anschluss an den Geschäftsabschluss den Clearing-Mitgliedern und dem zentralen Kontrahenten die Geschäftsbestätigungen zugestellt werden,[314] wird publik, dass das Insichgeschäft abgeschlossen wurde. Die notwendige Publizität ist somit gegeben.

Nach dieser Lösung erfolgt also ebenfalls mit Eingabe der Order der Vertragsschluss zwischen dem Clearing-Mitglied und dem zentralen Kontrahenten. Der Vertragsschluss steht jedoch noch unter der aufschiebenden Bedingung eines Matchings. Auch dieses Modell entspricht damit den Vorgaben der Regelwerke, die einen Vertragsschluss vor Erteilung der Geschäftsbestätigungen vorsehen.

II.) Vertragsschluss unter Beteiligung von Nicht-Clearing-Mitgliedern

Nun folgend soll basierend auf der Konstruktion eines Vertragsschlusses durch Insichgeschäft erörtert werden, wie der Abschluss eines Börsengeschäfts zwischen einem Nicht-Clearing-Mitglied und dem ihm zugeordneten Clearing-Mitglied (1.)), sowie Letzterem und dem zentralen Kontrahenten (2.)) erfolgt, wenn an dem wirtschaftlichen Geschäft mindestens ein Nicht-Clearing-Mitglied beteiligt ist.

---

310 Siehe S. 86 zum ersten Lösungsmodell.

311 Palandt-*Ellenberger*, § 181 Rn. 23 m.w.N.

312 MüKoBGB-*Schramm*, § 181 Rn. 60.

313 Soergel-*Leptien*, § 181 Rn. 11.

314 § 2 Abs. 3 GB-FWB.

1.) Vertragsschluss zwischen Nicht-Clearing-Mitglied und zugeordnetem Clearing-Mitglied

Der Vertragsschluss zwischen dem Nicht-Clearing-Mitglied und dem zugeordneten Clearing-Mitglied erfolgt bei Eingabe einer Order ebenfalls durch gestattetes Selbstkontrahieren, hier seitens des Nicht-Clearing-Mitglieds. Die dazu erforderliche Vollmacht und Gestattung erteilt das Clearing-Mitglied dem Nicht-Clearing-Mitglied bei Abschluss der NCM-CM-Clearing-Vereinbarung.[315] Auch der Vertragsschluss zwischen Nicht-Clearing- und zugeordnetem Clearing-Mitglied steht unter der aufschiebenden Bedingung eines Matchings der Order des Nicht-Clearing-Mitglieds mit einer anderen Order, sodass das wirtschaftliche Risiko für das Clearing-Mitglied den vorstehenden Ausführungen[316] entsprechend reduziert wird.

2.) Vertragsschluss zwischen Clearing-Mitglied und zentralem Kontrahenten

Wenn ein oder zwei Nicht-Clearing-Mitglieder an dem wirtschaftlichen Geschäft beteiligt sind, muss bezüglich des Vertragsschlusses zwischen dem Clearing-Mitglied und dem zentralen Kontrahenten zunächst berücksichtigt werden, dass sowohl der zentrale Kontrahent als auch das Clearing-Mitglied passiv verbleiben, weil nämlich lediglich eine Ordereingabe des Nicht-Clearing-Mitglieds vorliegt.

In Betracht zu ziehen ist mithin zunächst, ob das Nicht-Clearing-Mitglied bei der Ordereingabe nicht nur als Vertreter des Clearing-Mitglieds, sondern auch als Vertreter des zentralen Kontrahenten agiert und insofern in Mehrfachvertretung beider Parteien (§ 181 Var. 2 BGB) den Vertrag zustande bringt. Die Gestattung dieser Form des Insichgeschäfts könnte in der NCM-CM-Clearing-Vereinbarung zu sehen sein, welche zwischen dem Nicht-Clearing-Mitglied, dem Clearing-Mitglied und dem zentralen Kontrahenten und damit zwischen allen relevanten Beteiligten abgeschlossen wird und im Falle der Standard NCM-CM-Clearing-Vereinbarung der Eurex Clearing AG in Ziff. 2 Abs. 1 S. 2 vorsieht: „Wird ein vom NCM eingegebener Auftrag oder Quote mit einem anderen Auftrag oder Quote zusammengeführt, kommt ein Geschäft zwischen dem NCM und dem CM und gleichzeitig ein inhaltsgleiches Geschäft zwischen CM und der Eurex Clearing AG gemäß den Clearing Bedingungen zustande […]“.

Allerdings lautet Ziff. 2 Abs. 1 S. 1 der genannten Vereinbarung: „Alle Eingaben des NCM in das Handelssystem […] wirken unmittelbar für und gegen

---

315 Vgl. Ziff. 2 Abs. 1 S. 1 der NCM-CM-Clearing-Vereinbarung der Eurex Clearing AG: „Alle Eingaben des NCM in das Handelssystem nach Maßgabe des Kapitels II der Anlage zur NCM-CM-Clearing-Vereinbarung wirken unmittelbar für und gegen das CM.“

316 Siehe S. 86 und 93 zum ersten Lösungsmodell.

das CM.“ Und für den Kassahandel an der FWB heißt es dazu in Kapitel II der Anlage zur NCM-CM-Clearing-Vereinbarung zudem: „Der NCM darf mit unmittelbarer Wirkung für oder gegen das CM Aufträge und Quotes für alle Wertpapiere der zwischen dem CM und dem NCM vereinbarten Wertpapiergruppen sowie für alle im Handelsmodell der fortlaufenden Auktion handelbaren Wertpapiere in das Handelssystem der FWB eingeben.“ Die Vereinbarung geht somit ersichtlich davon aus, dass das Nicht-Clearing-Mitglied gerade nicht den zentralen Kontrahenten vertritt. Denn dieser Vereinbarungsbestandteil spricht lediglich ausdrücklich davon, dass und welche Wirkung Aufträge und Quotes eines Nicht-Clearing-Mitglieds für und gegen das ihm zugeordnete Clearing-Mitglied haben. Hingegen wird eine solche Regelung hinsichtlich des zentralen Kontrahenten nicht vorgenommen. Dies spricht gegen die zunächst dargelegte Konstruktion. Vielmehr muss es dabei bleiben, dass der zentrale Kontrahent durch das Clearing-Mitglied vertreten wird, welches die Verträge zwischen sich und dem Kontrahenten durch Insichgeschäfte abschließt. Da das Clearing-Mitglied hier aber auch keine eigene Order eingibt, bedient es sich des Nicht-Clearing-Mitglieds als Untervertreter. Das Clearing-Mitglied wird also auf beiden Seiten – als Partei auf der einen und als Vertreter des zentralen Kontrahenten auf der anderen Seite – wiederum durch das Nicht-Clearing-Mitglied vertreten. Der zentrale Kontrahent wird somit im Wege einer Doppelstellvertretung vertreten. Zunächst durch das Clearing-Mitglied, welches wiederum durch das Nicht-Clearing-Mitglied vertreten wird.

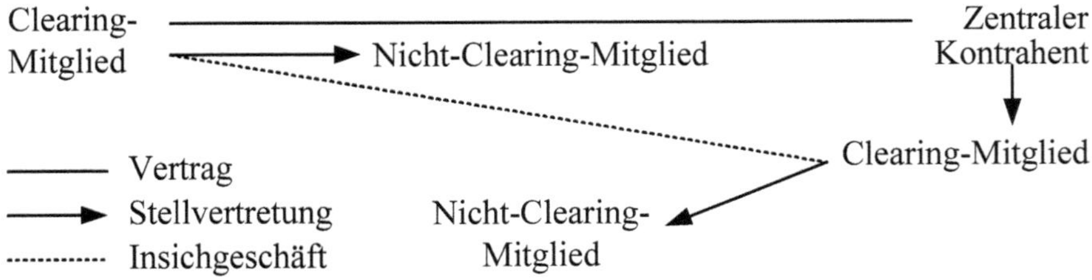

Auf den ersten Blick erscheint es so, als läge hier eine Mehrfachvertretung (§ 181 Var. 2 BGB) durch das Nicht-Clearing-Mitglied vor, da es hier zweifach als Vertreter agiert. Jedoch vertritt es jeweils nur das Clearing-Mitglied. Für die Eröffnung des Anwendungsbereichs des § 181 Var. 2 BGB erforderlich wäre demgegenüber, dass das Nicht-Clearing-Mitglied auf der einen Seite das Clearing-Mitglied, auf der anderen Seite aber einen davon personenverschiedenen Dritten, also den zentralen Kontrahenten vertritt.[317] Dies ist hier freilich wie dargelegt nicht der Fall. Dieser Sachverhalt fällt somit nicht in den Anwendungsbereich von § 181 Var. 2 BGB.

317 Vgl. MüKoBGB-*Schramm*, § 181 Rn. 14.

Vielmehr ist diese Gestaltung analog § 181 Var. 1 BGB ebenfalls als Selbstkontrahieren des Clearing-Mitglieds zu behandeln.[318] Denn da § 181 Var. 1 BGB die Vertretungsmacht des Clearing-Mitglieds dahingehend reduziert, dass es nicht mit sich selbst kontrahieren darf, kann nichts anderes gelten, wenn es als Vertreter des zentralen Kontrahenten ebenso wie für sich selbst einen Untervertreter bestellt. Es kann dadurch seine Vertretungsmacht nicht erweitern.[319] Gleichwohl ist diese Gestaltung hier zulässig, da wie oben ausgeführt dem Clearing-Mitglied das Selbstkontrahieren gestattet worden ist. Denn § 181 Var. 1 BGB findet wiederum keine analoge Anwendung, wenn ein Vertreter, dem das Selbstkontrahieren gestattet ist (Clearing-Mitglied), einen Unterbevollmächtigten (Nicht-Clearing-Mitglied) bestellt, um das Geschäft vorzunehmen.[320] Auch der so abgeschlossene Vertrag zwischen dem zentralen Kontrahenten und dem Clearing-Mitglied steht wiederum unter der aufschiebenden Bedingung eines Matchings.

III.) Zusammenfassung

Nach vorstehend vorgestelltem Modell kommen alle juristischen Geschäfte zwischen dem zentralen Kontrahenten und den Clearing-Mitgliedern durch gestattetes Selbstkontrahieren der Clearing-Mitglieder bei Eingabe der Order durch das Clearing-Mitglied zustande.

Ist ein Nicht-Clearing-Mitglied an dem wirtschaftlichen Geschäft beteiligt, kommt das juristische Geschäft zwischen diesem und dem ihm zugeordneten Clearing-Mitglied ebenfalls durch gestattetes Selbstkontrahieren mit Ordereingabe durch das Nicht-Clearing-Mitglied zustande. Und auch der Vertragsschluss zwischen dem Clearing-Mitglied und dem zentralen Kontrahenten erfolgt mit der Ordereingabe durch das Nicht-Clearing-Mitglied im Wege des gestatteten Selbstkontrahierens, nämlich des Clearing-Mitglieds, welches dabei aber auf beiden Seiten des Geschäfts durch das Nicht-Clearing-Mitglied vertreten wird. Alle Vertragsschlüsse stehen unter der aufschiebenden Bedingung des Matchings zweier Orders, sodass bei deren Eintritt alle Verträge zeitgleich wirksam werden.

---

318 Vgl. Soergel-*Leptien*, § 181 Rn. 29 m.w.N.; MüKoBGB-*Schramm*, § 181 Rn. 24 m.w.N. Letzterer zu dem Fall, dass der Vertreter auf nur einer Seite des Geschäfts einen Untervertreter bestellt.

319 Vgl. BGH NJW 1975, S. 1117, 1118.

320 MüKoBGB-*Schramm*, § 181 Rn. 24.

D.) Vorzugswürdigkeit des Selbstkontraktionsmodells

Beide hier erörterten Lösungsmodelle vermögen es, den Vertragsschluss bereits vor Erteilung der Geschäftsbestätigungen zu erklären und entsprechen damit den Regelwerken der deutschen Börsen.

Gegen das Modell der Vertragsschlüsse durch gestattetes Selbstkontrahieren kann nun argumentiert werden, dass dabei eine Stellvertretung angenommen wird, obwohl auch eine eigene antizipierte Willenserklärung des zentralen Kontrahenten in Betracht gezogen werden könne. Ferner ließe sich als Kritikpunkt anführen, es erscheine fraglich, weshalb dann die Clearing-Vereinbarungen nicht explizit eine Regelung der Stellvertretung, insbesondere eine Gestattung des Selbstkontrahierens enthielten.[321]

Diesen Argumenten lässt sich wiederum entgegnen, dass auch im Rahmen des Selbstkontraktionsmodelles eine eigene Willenserklärung des zentralen Kontrahenten vorliegt und zwar ebenfalls im Vorfeld des eigentlichen Handels. Die Rede ist insoweit nicht von einer eigenen Annahmeerklärung hinsichtlich des Vertragsschlusses mit dem Clearing-Mitglied, sondern von der Erteilung der Vollmacht und Gestattung des Selbstkontrahierens. Auch dies stellt jedoch eine rechtliche Möglichkeit dar, später Vertragspartner zu werden, ohne dann am konkreten Vorgang des Vertragsschlusses aktuell beteiligt zu sein. Und diese Möglichkeit kommt keineswegs auch nur dann in Betracht, wenn eine eigene unmittelbar auf Vertragsschluss gerichtete Willenserklärung ausscheidet.

Dem zweitgenannten Argument gegen das Selbstkontraktionsmodell kann entgegnet werden, dass auch eine antizipierte Annahme, wie sie das Modell mit zeitlich aufeinander folgenden Willenserklärungen erfordert, nicht ausdrücklich in den Clearing- bzw. NCM-CM-Clearing-Vereinbarungen bzw. den Clearing-Bedingungen erklärt wird, sondern diesen Regelwerken lediglich im Wege der Auslegung entnommen werden kann.

Das Antizipationsmodell hingegen muss sich zudem entgegenhalten lassen, dass es schwierig erscheint, den Betreiber des elektronischen Handelssystems als Empfangsvertreter je des Empfängers einer Offerte zu qualifizieren, also zwar als Passivvertreter des zentralen Kontrahenten bzw. der Clearing-Mitglieder, nicht jedoch der Nicht-Clearing-Mitglieder, die aber als Handelsteilnehmer ebenso wie die Clearing-Mitglieder sich des Handelssystems bedienen. Es erscheint daher

321 Eine Stellvertretungsregelung ist lediglich in Ziff. 2 Abs. 1 S. 1 der NCM-CM-Clearing-Vereinbarung der Eurex Clearing AG zu sehen, die lautet: „Alle Eingaben des NCM in das Handelssystem nach Maßgabe des Kapitels II der Anlage zur NCM-CM-Clearing-Vereinbarung wirken unmittelbar für und gegen das CM.“ Eine ausdrückliche Gestattung des Selbstkontrahierens ist darin freilich nicht enthalten.

fraglich, ob der Börsenträger als Betreiber des Systems im Rahmen eines juristischen Geschäfts einer Seite als Empfangsvertreter zugerechnet werden kann.

Diese Schwierigkeiten der Einordnung des Betreibers des Handelssystems als Stellvertreter kann das Selbstkontraktionsmodell hingegen vermeiden. Des Weiteren kann die Einfachheit dieser Lösung als Argument angeführt werden. Das Selbstkontraktionsmodell offenbart, dass ungeachtet der verschiedenen einschlägigen Regelwerke, Beteiligten und Rechtsverhältnisse alle Verträge letztlich mittels im BGB vorgesehener Elemente ohne bedeutenden Begründungsaufwand, nämlich durch schlichtes gestattetes Selbstkontrahieren und unter der vorherigen, durch AGB erfolgten Vereinbarung einer aufschiebenden Bedingung nach § 158 Abs. 1 BGB zustande kommen. Weder muss man danach automatisierte Willenserklärungen,[322] Kreuzofferten[323] oder schwierig zu konstruierende Empfangsvertretungen bemühen, noch bedarf es Konstruktionen wie Willenserklärungen, die zugleich Angebot und Annahme in einem darstellen sollen.[324] Außerdem ist dieses Modell von den tatsächlichen Ausgestaltungen des Börsenhandels, insbesondere davon, wann und wie welche Daten an wen übermittelt werden, unabhängig und vermag daher den Abschluss von Börsengeschäften auch zu erklären, wenn die technischen Ausgestaltungen geändert werden sollten. Gerade dies erscheint angesichts der schnellen Entwicklungen im EDV-Bereich als das entscheidende Argument für das Stellvertretungsmodell, sodass ihm im Ergebnis der Vorzug zu geben ist.

---

322 Vgl. zu dieser Konstruktion *Kunz*, Ausgewählte Rechtsprobleme des Zentralen Kontrahenten, S. 326 ff.

323 So das Vertragsschlussmodell von *Rinker*, Vertragsschluss im börslichen elektronischen Handelssystem, Rn. 215 ff. und 320 ff.

324 Vgl. dazu das Stellvertretungsmodell von *Alfes,* Central Counterparty, S. 120 ff.

Kapitel III: Inhalt der Börsengeschäfte

Während im vorherigen Kapitel dargelegt wurde, wie die Geschäfte im elektronischen Handel unter Einbeziehung der Eurex Clearing AG als zentralem Kontrahenten an der FWB abgeschlossen werden, soll nun der Inhalt der zustande gekommenen Verträge untersucht werden. Es wird im Folgenden der Frage nachgegangen, ob die zwischen dem zentralen Kontrahenten und den Clearing-Mitgliedern zustande gekommenen Geschäfte[325] einem gesetzlich vorgeprägtem Vertragstypus entsprechen oder nicht, oder ob sie Elemente mehrerer verschiedener Vertragsarten beinhalten und daher typengemischte Verträge darstellen oder ob es sich gar um Verträge sui generis handelt.[326]

Der gedankliche Ausgangspunkt soll dabei sein, dass es sich bei den Börsengeschäften um Kaufverträge handelt (A.)), sodass zunächst dargestellt werden muss, was das Wesen eines Kaufvertrages ausmacht (B.)). Im Anschluss kann dann auf die Besonderheiten der Börsengeschäfte eingegangen und untersucht werden, ob diese Geschäfte dem Wesen von (typischen) Kaufverträgen entsprechen (C.)).

A.) Gedanklicher Ausgangspunkt: Kaufverträge

Wie bereits erwähnt, wird ein zentraler Kontrahent in § 1 Abs. 31 KWG legaldefiniert als „ein Unternehmen, das bei Kaufverträgen innerhalb eines oder mehrerer Finanzmärkte zwischen den Käufer und den Verkäufer geschaltet wird, um als Vertragspartner für jeden der beiden zu dienen [...].“. Der Gesetzgeber ist mithin ausweislich dieser Legaldefinition der Auffassung, der zentrale Kontrahent werde

---

325 Dies sind die hier sog. juristischen Geschäfte (vgl. zur Terminologie S. 51). Da zwischen den Parteien des hier als wirtschaftliches Geschäft bezeichneten Geschäfts infolge des Abschlusses dieses Geschäfts keine Vertragsbeziehungen bestehen, ist das wirtschaftliche Geschäft hier nicht von unmittelbarem Interesse.

326 Die folgenden Ausführungen beziehen sich hauptsächlich auf die Geschäfte zwischen den Clearing-Mitgliedern und dem zentralen Kontrahenten. Da Erstere gegenüber den ihnen zugeordneten Nicht-Clearing-Mitgliedern eine dem zentralen Kontrahenten vergleichbare Stellung einnehmen, insbesondere auch bei allen Börsengeschäften deren Kontrahent werden, können die Ausführungen hinsichtlich der Geschäfte zwischen den Clearing-Mitgliedern und dem zentralen Kontrahenten im Wesentlichen entsprechend auf die Geschäfte zwischen den Nicht-Clearing-Mitgliedern und den Clearing-Mitgliedern übertragen werden.

Vertragspartner von Kaufverträgen. Und auch die GB-FWB gehen hinsichtlich der an der FWB abgeschlossenen Geschäfte von Kaufverträgen aus, wenn sie z.B. in § 12 Abs. 1 i.V.m. § 38 S. 1 vom Käufer und vom Verkäufer sprechen.

Dem entspricht ferner Nr. 1 Abs. 2 S. 1 SoBedWP, wonach eine Bank bei einem Finanzkommissionsgeschäft „mit einem anderen Marktteilnehmer oder einer Zentralen Gegenpartei ein Kauf- oder Verkaufsgeschäft" abschließt (Ausführungsgeschäft). Die zwischen der Eurex Clearing AG als zentralem Kontrahenten und den Clearing-Mitgliedern vereinbarten Clearing-Bedingungen gehen ebenfalls an mehreren Stellen vom „Kauf oder Verkauf" (Kap. I Ziff. 1.4.1 Abs. 1 CB-Eurex) oder von „Kauf- und Verkaufsgeschäfte[n]" (Kap. I Ziff. 1.6 Abs. 1 lit. e CB-Eurex) aus und sprechen andernorts beispielsweise von einer „Zahlung des Kaufpreises" (Kap. I Ziff. 3.5.1 Abs. 1 S. 1 CB-Eurex). Dies zeigt, dass es auch dem Selbstverständnis der Vertragsparteien entspricht, dass die an der Börse zustande kommenden Geschäfte Kaufverträge darstellen.

Da aber nicht die Bezeichnung durch die Parteien, sondern der Inhalt eines Vertrages für seine systematische Einordnung maßgeblich ist,[327] können diese Feststellungen nur als Anlass dienen, im gedanklichen Ausgangspunkt annehmen zu können, dass es sich bei den abgeschlossenen Geschäften um Kaufverträge handeln könnte.[328] Ein Ergebnis ist hiermit keinesfalls vorgegeben. Der von den Parteien gewählte Wortlaut einer Erklärung hat vielmehr lediglich indikativen Charakter für deren wirklichen, den Inhalt der Verträge bestimmenden Willen. Daher ist auf Basis der beschriebenen Annahme eben dieser Inhalt genau zu überprüfen: Handelt es sich also bei den an der Börse unter Einbeziehung eines zentralen Kontrahenten abgeschlossenen Geschäften um Kaufverträge?

B.) Wesensmerkmale des Vertragstypus „Kaufvertrag"

Zur Klärung der Frage, ob es sich bei den Börsengeschäften um Kaufverträge handelt, sind diejenigen Elemente eines Kaufvertrages herauszuarbeiten, über die sich die Vertragsparteien geeinigt haben müssen, damit die gesetzlich für diesen Vertragstyp vorgesehenen Rechtsfolgen eintreten.[329] Folglich sind zunächst die das Wesen eines Kaufvertrages ausmachenden Elemente zu entwickeln.

327 BGH NJW 1979, S. 2207, 2209; NJW 1980, S. 452; Bamberger/Roth-*Gehrlein*, § 311 Rn. 17 m.w.N.

328 Wenn daher im Folgenden von Verkäufern und Käufern oder von Käufen und Kaufverträgen die Rede ist, soll dies zunächst allein der Bezeichnung der Vertragsparteien sowie der jeweiligen Verträge dienen und noch keine Entscheidung hinsichtlich deren Qualifizierung als Kaufverträge darstellen.

329 Vgl. MüKoBGB-*H.P. Westermann*, § 433 Rn. 9.

Der Gesetzgeber hat im 8. Abschnitt des 2. Buches des BGB einzelne Schuldverhältnisse normiert und die Regelungen über den Kauf als rechtsgeschäftliches Schuldverhältnis in den §§ 433 ff. BGB an die Spitze gesetzt. § 433 BGB regelt die Rechte und Pflichten der Vertragsparteien für den Fall, dass diese einen Kaufvertrag im Sinne der Norm geschlossen haben. Zugleich mit der Anordnung der Rechtsfolgen eines Kaufvertrages enthält § 433 BGB auch eine Definition des Vertragstypus „Kaufvertrag“,[330] wonach nämlich ein Vertrag dann ein Kaufvertrag ist, wenn die Vertragsparteien die in § 433 BGB geregelten Pflichten übernehmen und sich über deren Wechselseitigkeit einig sind.[331] Aus dem Pflichteninhalt nach § 433 BGB folgen mithin die Wesensmerkmale eines Kaufvertrages,[332] anhand deren die Abgrenzung der Börsengeschäfte – unter Zugrundelegung der Annahme, dass es sich dabei um Kaufverträge handelt – von anderen Schuldverhältnissen vorzunehmen ist.[333]

Aus den von den Parteien zu übernehmenden Hauptpflichten, wie sie in § 433 BGB bestimmt sind, ergibt sich somit das Wesen eines Kaufvertrages. Diese Pflichten sind allesamt wirtschaftlich darauf gerichtet, dass im Vermögen des Käufers der Kaufgegenstand (Sache oder Recht) den Kaufpreis ersetzt und umgekehrt im Vermögen des Verkäufers der Kaufpreis die Stelle des Kaufgegenstandes einnimmt.[334] Bei dem in §§ 433 ff. BGB normierten Kaufvertrag handelt es sich also um ein wirtschaftlich auf den Austausch von Ware gegen Geld gerichtetes Umsatzgeschäft,[335] welchem zudem die Vorstellung zugrunde liegt, dass die geschuldeten Leistungen endgültig in die rechtliche und auch tatsächliche Verfügungsmacht der anderen Vertragspartei übertragen werden.[336] Typischerweise liegt also ein Kauf vor, wenn ein Verkäufer einzelne Sachen oder Rechte zu übertragen verspricht und daher zu einmaliger Leistung im Austausch gegen Geld verpflichtet wird,[337] wobei der Gesetzgeber grundsätzlich von einem Barkauf ausgegangen ist.[338]

§ 433 BGB beinhaltet aber keine exakt abgrenzbare Definition, nach welcher ein Kaufvertrag i.S.d. § 433 BGB immer nur dann vorliegt, wenn die Parteien die in § 433 BGB niedergelegten Pflichten in idealtypischer Weise übernehmen.

---

330 Soergel-*Huber*, § 433 Rn. 6; ähnlich Staudinger-*Beckmann*, Vorbem. zu §§ 433 ff. Rn. 2.
331 Soergel-*Huber*, § 433 Rn. 9.
332 Staudinger-*Beckmann*, Vorbem. zu §§ 433 ff. Rn. 2.
333 Vgl. Soergel-*Huber*, § 433 Rn. 6.
334 Soergel-*Huber*, § 433 Rn. 20.
335 Palandt-*Weidenkaff*, Einf. v. § 433 Rn. 1; Soergel-*Huber*, § 433 Rn. 20.
336 Soergel-*Huber*, Vor § 433 Rn. 1, 5.
337 Soergel-*Huber*, Vor § 433 Rn. 42.
338 Vgl. MüKoBGB-*H.P. Westermann*, § 433 Rn. 74.

Beschrieben wird in § 433 BGB vielmehr der Kauf als Vertragstypus,[339] so wie er sich im Regelfall darstellt und vom Rechts- und Geschäftsverkehr aufgefasst wird.[340] Um den je individuellen Bedürfnissen der Parteien Rechnung tragen zu können, haben sich im Rechtsverkehr vielerlei Formen von Kaufverträgen herausgebildet.[341] Im Einzelfall können mithin auch einzelne Rechte und Pflichten, wie sie in § 433 BGB niedergelegt sind, modifiziert sein oder ganz fehlen, ohne dass dies ausschließt, dass es sich bei dem betreffenden Vertrag um einen Kaufvertrag i.S.d. § 433 BGB handelt.[342] Zudem können neben kaufrechtliche Elemente Teilinhalte anderer Vertragstypen treten.[343] Für das Vorliegen eines Kaufs ist lediglich erforderlich, dass Hauptpflichten der Vertragsparteien festgelegt werden, die dem in § 433 BGB entfalteten Pflichtenprogramm im Kern entsprechen.[344] Die Hauptpflichten beim Kauf sind die Übereignungs- und Übergabe- bzw. im Falle des Rechtskaufs die Übertragungspflicht des Verkäufers (§ 433 Abs. 1 S. 1 BGB) sowie im synallagmatischen Verhältnis dazu die Pflichten des Käufers zur Kaufpreiszahlung und – insofern nicht synallagmatisch zu den bezeichneten Verkäuferpflichten[345] – zur Abnahme des Kaufgegenstandes (§ 433 Abs. 2 BGB).[346]

Im Folgenden ist daher zu prüfen, ob die Börsengeschäfte ihrem Inhalt nach darauf ausgerichtet sind, einen Austausch von Kaufgegenstand (Wertpapier) gegen Kaufpreis stattfinden zu lassen. Kann dies bejaht werden, handelt es sich bei den Börsengeschäften um Kaufverträge i.S.d. § 433 BGB. Eine solche Qualifizierung würde dabei wegen der Offenheit der sich aus dem Pflichtenprogramm des § 433 BGB ergebenden Definition des Kaufvertrages durch das Hinzutreten weiterer Elemente anderer Vertragstypen ebenso wenig ausgeschlossen, wie durch einzelne vom Idealbild eines Kaufvertrages abweichende Ausgestaltungen der Vertragsbeziehung.

C.) Besonderheiten bei Börsengeschäften

Zwar verhindert die Offenheit der §§ 433 ff. BGB für atypische Gestaltungen eines Kaufvertrages, dass eine Qualifizierung von Verträgen als Kaufverträge

339 MüKoBGB-*H.P. Westermann*, § 433 Rn. 4.

340 Soergel-*Huber*, § 433 Rn. 9.

341 Vgl. Palandt-*Weidenkaff*, Einf. v. § 433 Rn. 2.

342 Vgl. MüKoBGB-*H.P. Westermann*, Vor § 433 Rn. 37 und § 433 Rn. 4.

343 MüKoBGB-*H.P. Westermann*, Vor § 433 Rn. 37.

344 Soergel-*Huber*, § 433 Rn. 9.

345 Vgl. MüKoBGB-*H.P. Westermann*, § 433 Rn. 78.

346 Vgl. Staudinger-*Beckmann*, Vorbem. zu §§ 433 ff. Rn. 2; MüKoBGB-*H.P. Westermann*, § 433 Rn. 9.

allzu schnell ausscheidet. Jedoch liegen bei Börsengeschäften im Vergleich mit einem typischen Kaufgeschäft mehrere Besonderheiten vor, die bei genauem Hinsehen an der Einordnung der Börsengeschäfte als Kaufvertrag – jedenfalls dem gesetzlichen Idealbild entsprechend – durchaus zweifeln lassen können. Und auch die Interessenlage der Beteiligten, insbesondere des zentralen Kontrahenten, ist eine durchaus besondere und entspricht nicht derjenigen, wie man sie gemeinhin bei einem Käufer oder Verkäufer vorzufinden vermag. Diese Besonderheiten sollen hier zunächst dargelegt und sodann darauf untersucht werden, ob sie zu einer anderweitigen Qualifizierung der Börsengeschäfte als derjenigen als Kaufverträge – wie sie hier als Annahme zugrunde liegt – führen. Anders ausgedrückt: Weicht der Inhalt der Börsengeschäfte derart von dem in § 433 BGB enthaltenen Bild eines Kaufvertrages ab, dass eine Einordnung jener Verträge als Kaufverträge i.S.d. § 433 BGB ausscheiden muss?

Dazu sollen zunächst die auf Abschluss der Börsenverträge gerichteten, mit der Eingabe der Orders in das elektronische Handelssystem abgegebenen Willenserklärungen der Handelsteilnehmer betrachtet werden (I.)). Sodann wird auch das Vorstellungsbild der Beteiligten (II.)) und ferner die besondere Stellung und Funktion des zentralen Kontrahenten (III.)) gewichtet. Schließlich wird untersucht, ob die bankaufsichtsrechtliche Qualifizierung der Tätigkeiten eines zentralen Kontrahenten als Bankgeschäft nach § 1 Abs. 1 S. 2 Nr. 12 KWG Auswirkungen auf die dogmatische Einordnung der Börsengeschäfte hat (IV.)).

I.) Die auf Abschluss der Börsengeschäfte gerichteten Willenserklärungen

Wie dargelegt, erfolgt die Abgabe der vertraglichen Erklärungen sowohl der Clearing-Mitglieder (Kauf- bzw. Verkaufsofferte) als auch des zentralen Kontrahenten (Annahme der Offerte) durch die Eingabe der Orders seitens der Clearing-Mitglieder in das elektronische Handelssystem.[347] An dieser Stelle soll nun untersucht werden, ob diese Willenserklärungen den zum Abschluss von Kaufverträgen erforderlichen Mindestinhalt aufweisen, mithin die essentialia negotii eines Kaufvertrages beinhalten. Denn jeder auf Abschluss eines Vertrages gerichtete Antrag bedarf zu seiner Wirksamkeit der inhaltlichen Bestimmtheit bzw. Bestimmbarkeit, welche voraussetzt, dass die Offerte hinsichtlich der essentialia negotii des vom Offerenten angestrebten Vertragstyps eine für den Empfänger verständliche Regelung enthält.[348] Umgekehrt kann nur dann, wenn die Offerte

347 Zum Vertragsschluss im Wege eines Insichgeschäfts siehe oben, S. 96 ff.

348 Bamberger/Roth-*Eckert*, § 145 Rn. 34; MüKoBGB-*Kramer*, § 145 Rn. 4; AnwK-BGB-*Schulze*, § 145 Rn. 5.

die essentialia negotii des intendierten Vertragstypus einschließt, der sodann durch eine Annahme zustande gekommene Vertrag dem entsprechenden Vertragstypus zugeordnet werden.[349]

Die essentialia negotii eines Kaufvertrages sind die Festlegung der Vertragsparteien sowie die Bestimmung des Kaufpreises und des Kaufgegenstandes.[350] Im Folgenden soll dargelegt werden, dass die Orders der Börsenteilnehmer trotz einiger Besonderheiten alle Bestandteile von für den Abschluss von Kaufverträgen erforderlichen Willenserklärungen enthalten.

1.) Parteien der Börsengeschäfte

Zunächst ließe sich wegen der schon angesprochenen Pre-Trade-Anonymity daran zweifeln, ob die Parteien des Geschäfts ausreichend bestimmbar sind.[351] Dabei muss aber sorgfältig unterschieden werden zwischen dem Verhältnis eines verkaufenden zu einem kaufenden Clearing-Mitglied (wirtschaftliches Geschäft) und dem Verhältnis zwischen dem als Käufer agierenden zentralen Kontrahenten und dem verkaufenden Clearing-Mitglied bzw. zwischen dem zentralen Kontrahenten in seiner Funktion als Verkäufer und dem kaufenden Clearing-Mitglied (juristische Geschäfte). Die Pre-Trade-Anonymity besteht nämlich allein zwischen den Handelsteilnehmern untereinander, nicht aber gegenüber dem zentralen Kontrahenten, also nicht gegenüber dem Vertragspartner der Clearing-Mitglieder. Anonymität im Börsenhandel wird dadurch hergestellt, dass die Identität des die Order eingebenden Handelsteilnehmers nicht im Orderbuch angezeigt, sondern vom elektronischen Handelssystem gezielt unterdrückt wird. Somit ist für alle anderen Handelsteilnehmer nicht ersichtlich ist, von wem die im Orderbuch abgebildeten Orders stammen. Anonym bleibt der die Order abgebende Handelsteilnehmer dabei aber nur gegenüber den anderen Handelsteilnehmern und damit seinem Partner des wirtschaftlichen Geschäfts. Dies ist jedoch für die Einordnung der einzelnen juristischen Geschäfte zwischen dem zentralen Kontrahenten und den Clearing-Mitgliedern bzw. einem Nicht-Clearing-Mitglied und einem ihm zugeordneten Clearing-Mitglied irrelevant.

Dass sich die Parteien der juristischen Geschäfte anhand der Orders bestimmen lassen, ergibt sich aus Folgendem: Gibt ein Handelsteilnehmer eine Order

---

349 Klang (IV)-*Gschnitzer*, S. 53.

350 Staudinger-*Beckmann*, § 433 Rn. 13; *Bork,* BGB AT, Rn. 712; *Larenz/Wolf*, BGB AT, § 29 Rn. 18; *Reinicke/Tiedtke,* Kaufrecht, Rn. 14; *Jung,* JuS 1999, S. 28 ff.

351 Die Bestimmbarkeit der Vertragsparteien ist ausreichend (RGZ 38, S. 185, 187 f.; Bamberger/Roth-*Eckert*, § 145 Rn. 34; MüKoBGB-*H.P. Westermann*, § 433 Rn. 34).

ein, so wird dabei auch seine Identität mit abgesendet.[352] Und diese ist für seinen Vertragspartner auch erkennbar. Denn handelt es sich bei dem die Order eingebenden Handelsteilnehmer um ein Clearing-Mitglied, bringt dieses den Vertrag mit dem zentralen Kontrahenten wie erörtert im Wege des Insichgeschäfts zustande, sodass es dabei als (Aktiv- und Passiv-) Vertreter des zentralen Kontrahenten agiert und seine Kenntnis von seiner eigenen Identität dem zentralen Kontrahenten nach § 166 Abs. 1 BGB zuzurechnen ist. Und auch, wenn es sich bei dem Handelsteilnehmer um ein Nicht-Clearing-Mitglied handelt, welches mit der Ordereingabe die Verträge zwischen ihm und dem ihm zugeordneten und von ihm vertretenen Clearing-Mitglied, sowie – in Stellvertretung des Clearing-Mitglieds – zwischen dem Clearing-Mitglied und dem zentralen Kontrahenten (vertreten durch das Clearing-Mitglied, welches wiederum durch das Nicht-Clearing-Mitglied vertreten wird)[353] je im Wege von Insichgeschäften zustande bringt, gilt nichts anderes. Denn das Nicht-Clearing-Mitglied weiß sowohl von seiner Identität als auch derjenigen des ihm zugeordneten Clearing-Mitglieds und auch hier kommt es nach § 166 Abs. 1 BGB allein auf die Kenntnis des Nicht-Clearing-Mitglieds an.

Im Verhältnis zwischen dem zentralen Kontrahenten und den Clearing-Mitgliedern, sowie auch zwischen den Nicht-Clearing-Mitgliedern und den ihnen zugeordneten Clearing-Mitgliedern liegt somit keine Anonymität vor. Und dass zudem offenkundig ist, ob die Orders in Vertretung oder im eigenen Namen abgegeben wurden, wurde oben bereits dargelegt.[354]

Da ferner alle Angebote an den zentralen Kontrahenten bzw. das einem Nicht-Clearing-Mitglied zugeordnete Clearing-Mitglied gerichtet sind und die Verträge auch nur jeweils mit diesen zustande kommen sollen, ist zudem eindeutig, wer die andere Vertragspartei sein wird. Die Kontrahenten sind somit aufgrund der Orders zumindest bestimmbar.[355]

---

352 *Alfes*, Central Counterparty, S. 109; *Jobst*, ZBB 2010, S. 384, 391. Nach § 2 Abs. 4 GB-FWB werden die Orders unter Verwendung einer bestimmten Benutzerkennung eingegeben.

353 Siehe oben, S. 103.

354 Siehe S. 94 f.

355 Zu keinem anderen Ergebnis kommt man im Übrigen, wenn man das Antizipationsmodell (siehe oben, S. 70 ff.) zugrunde legt. Da die Orders mit der Identität des Offerenten versehen sind, gehen auch diese im Wege der Passivvertretung durch den das elektronische Handelssystem betreibenden Börsenträger nach § 164 Abs. 3 BGB dem zentralen Kontrahenten zu. Wird die Order durch ein Nicht-Clearing-Mitglied eingegeben, ergibt sich die Identität des Clearing-Mitglieds, welches mit dem zentralen Kontrahenten den Vertrag abschließt, mittelbar aus der Identität des Nicht-Clearing-Mitglieds, da aufgrund des Abschlusses der NCM-CM-Clearing-Vereinbarung bekannt ist, welches Clearing-Mitglied dem Nicht-Clearing-Mitglied zugeordnet ist. Dies wiederum gilt auch, wenn – wie an der FWB möglich – ein Nicht-Clearing-Mitglied zwei Clearing-Mitglieder mit dem Clearing seiner Geschäfte beauftragt hat, da diese nur hinsichtlich je einer Wertpapiergruppe für das Nicht-Clearing-Mitglied tätig werden (vgl. Kap. V Abschnitt 1 Abs. 4 Ziff. 1 CB-Eurex).

2.) Einigung über den Kaufpreis

Für die Wirksamkeit eines Kaufvertrages ist erforderlich, dass anhand des Vertrages der Kaufpreis zumindest bestimmbar sein muss.[356] Nur wenn dies hier also aufgrund der Orders gewährleistet ist, kommt in Betracht, dass die Parteien bei den Börsengeschäften Kaufverträge abschließen. Grundsätzlich gibt es zwei Arten von Orders, nämlich die unlimitierte und die limitierte Order. Unlimitierte Orders werden ohne die Angabe eines Preislimits eingegeben und sodann zum nächstmöglichen Preis (bei einer Kauforder billigst, bei Vorliegen einer Verkaufsorder bestens) ausgeführt.[357] Bei limitierten Orders hat der Handelsteilnehmer hingegen eine Preisgrenze vorgesehen, sodass die Orders einen Maximal- (Kauforder) bzw. Mindestpreis (Verkaufsorder) beinhalten und entweder zu diesem Preis oder besser ausgeführt werden.[358] In beiden Fällen steht jedoch allein auf Basis des Inhalts der Order nicht fest, zu welchem Preis das Börsengeschäft schließlich zustande kommt. Der Preis ist allein auf Grundlage der Order somit nicht bestimmt.

Maßgeblich dafür, dass es sich bei einem Vertrag um einen Kaufvertrag handeln kann, ist hinsichtlich der Preisbestimmung in den Willenserklärungen jedoch zunächst nur, dass sich der Käufer überhaupt verpflichtet, einen Preis zu zahlen.[359] Nicht erforderlich ist, dass die Parteien den Preis der Höhe nach bestimmt vertraglich festlegen.[360] Er muss jedoch zumindest aufgrund eines vereinbarten, nach objektiven Kriterien erfolgenden Verfahrens bestimmbar sein.[361] Es muss also festgestellt werden können, zu welchem Kaufpreis der Vertrag letztlich zustande kommen soll.[362] Dies ist hier sowohl bei einer unlimitierten als auch bei einer limitierten Order der Fall. Denn in beiden Fällen vereinbaren die Parteien, dass der Vertrag zum nächstbesten Preis, der im Handel festgestellt wird, abgeschlossen wird. Bei einer limitierten Order ist dabei das Angebot zunächst ledig-

---

356 *Flume*, AT II, § 34 6b (S. 627); *Larenz,* Schuldrecht AT, § 6 II (S. 80).

357 *Rinker*, Vertragsschluss im börslichen elektronischen Handelssystem, Rn. 30; Online-Börsenlexikon auf der Website der Deutschen Börse AG (http://deutsche-boerse.com/dbag/dispatch/de/kir/gdb_navigation/info_center/40_Know_how/10_Stock_Exchange_A_Z?glossaryWord=PI_glos_Order (Stand: 27.01.2011)).

358 *Rinker*, Vertragsschluss im börslichen elektronischen Handelssystem, Rn. 30; Online-Börsenlexikon auf der Website der Deutschen Börse AG (http://deutsche-boerse.com/dbag/dispatch/de/kir/gdb_navigation/info_center/40_Know_how/10_Stock_Exchange_A_Z?glossaryWord=PI_glos_Order (Stand: 27.01.2011)).

359 Soergel-*Huber*, Vor § 433 Rn. 137. Selbst die Bestimmung der Pflicht, dass der Käufer überhaupt einen Preis zahlen soll, muss nicht explizit geschehen. Vielmehr kann sich auch aus den Umständen ergeben, dass eine Zahlungspflicht vereinbart werden soll (Soergel-*Huber*, Vor § 433 Rn. 137).

360 Soergel-*Huber*, Vor § 433 Rn. 137.

361 Staudinger-*Beckmann*, § 433 Rn. 52 f.; MüKoBGB-*H.P. Westermann*, § 433 Rn. 19.

362 Staudinger-*Beckmann*, § 433 Rn. 53.

lich noch aufschiebend bedingt (§ 158 Abs. 1 BGB) auf das Zustandekommen des in der Order angegebenen Mindest- bzw. das Unterschreiten des angegebenen Höchstpreises. Nur wenn für das zu kaufende bzw. verkaufende Wertpapier der angegebene oder ein für den Handelsteilnehmer besserer Preis notiert wird, ist bzw. wird die Offerte wirksam. Indem die Parteien aber den an der konkreten Börse für das betreffende Wertpapier festgestellten Preis vereinbaren, ist dieser für jedermann bestimmbar. Denn in der Vereinbarung dieser Börsenklausel[363] legen die Parteien ein nach objektiven Merkmalen erfolgendes Preisermittlungsverfahren, nämlich die Ermittlung des Kaufpreises anhand des Börsenkurses, fest, was für die Bestimmbarkeit des Kaufpreises wie erwähnt ausreichend ist.[364]

3.) Kaufgegenstand

Auch hinsichtlich des Kaufgegenstandes genügt die Bestimmbarkeit. Der Kaufgegenstand muss also nicht eindeutig im Angebot bezeichnet sein.[365] Ausreichend aber auch erforderlich ist auch hier eine Einigung über Maßgaben, nach welchen der Kaufgegenstand bestimmt werden kann.[366] Auf den ersten Blick erscheint die Bestimmtheit der Kaufgegenstände bei Wertpapierorders fraglos gegeben zu sein, denn eine Order beinhaltet die Bezeichnung der zu kaufenden bzw. verkaufenden Wertpapiere und deren Menge.[367]

Erörterungsbedürftig sind indes in diesem Zusammenhang die sogenannten Teilausführungen. Dabei trifft eine Order auf eine oder mehrere insgesamt nur zu einem mengenmäßig geringeren Anteil korrespondierende andere Orders. Es kommt dann lediglich mit diesem geringeren Umfang zu einem oder mehreren Vertragsabschlüssen.[368] Richtigerweise lautet eine Wertpapierorder, die nicht mit

---

363 Vgl. Palandt-*Weidenkaff*, § 433 Rn. 39.

364 Staudinger-*Beckmann*, § 433 Rn. 53 f.; MüKoBGB-*H.P. Westermann*, § 433 Rn. 18 f.

365 Erman-*Grunewald*, § 433 Rn. 2.

366 MüKoBGB-*H.P. Westermann*, § 433 Rn. 34.

367 *Jobst*, ZBB 2010, S. 384, 391.

368 Richtigerweise kann der Zusatz "Fill-or-Kill" keine Teilausführungen im eigentlichen Sinn verhindern, denn er schließt nicht aus, dass einer Order mehrere korrespondierende, sich bereits im Orderbuch befindende Orders mit jeweils geringerem Volumen zugeordnet werden, deren Gesamtvolumen aber der Order entspricht (vgl. Online-Börsenlexikon auf der Website der Deutschen Börse AG unter http://www.boerse-frankfurt.de/DE/index.aspx?pageID=44&NewsID=98 (Stand: 8.5.2011)). Dann kommen nämlich trotz des Zusatzes mehrere (wirtschaftliche) Geschäfte zustande. Der Begriff Teilausführung, der hier zugrunde liegt, bezeichnet vielmehr den Fall, dass keine der Order korrespondierende Orders vorliegen, welche insgesamt das der Order entsprechende Volumen aufweisen, wenn also bspw. hinsichtlich einer Kauforder über zehn Wertpapiere mehrere mengenmäßig nicht entsprechende Verkaufsorders (z.B. eine zu drei, die andere zu sechs) vorliegen, die auch zusammen hinter der in der Kauforder angegebenen Menge zurückbleiben. Zwischen dem kaufenden Clearing-Mitglied und dem zentralen Kontrahenten kommt es dann zu einem Kaufvertrag über neun Wertpapiere und zwischen dem

dem eine Teilausführung verhindernden Zusatz „Fill-or-Kill“[369] versehen ist, also nicht dahingehend, dass der Handelsteilnehmer die Anzahl X zum Verkauf anbietet oder den Kauf offeriert, sondern vielmehr, dass er dies hinsichtlich der Anzahl „X oder weniger“ tut. Gleichwohl ist eine solche Offerte aber auch hinsichtlich der Menge hinreichend bestimmt. Die Menge der zu kaufenden bzw. verkaufenden Wertpapiere ergibt sich dabei zwar nicht allein aus der in der Order angegeben Anzahl als maximaler Menge. Sie kann jedoch anhand der Anzahl der korrespondierenden Orders ermittelt werden. Der Kaufvertrag kommt daher über diejenige Anzahl an Wertpapieren zustande, hinsichtlich deren eine korrespondierende Orderlage besteht, maximal zu der Menge, die in der Order angegeben ist.[370] Damit lässt sich die Menge und also auch der Kaufgegenstand anhand objektiver Gegebenheiten hinreichend bestimmen.

Somit beinhaltet jede Order in hinreichend bestimmbarer Weise die essentialia negotii eines Kaufvertrages i.S.d. § 433 BGB, sodass die Börsengeschäfte im Ausgangspunkt diesem Vertragstypus zugeordnet werden können.

II.) Das Vorstellungsbild der Beteiligten

Der Umstand, dass für die Zuordnung eines Vertrages zu einem Vertragstyp des Besonderen Schuldrechts die Interessenlage der Parteien, also das Ziel, das sie erreichen wollen, ein maßgebliches Kriterium ist,[371] lenkt das Augenmerk ferner auf ihr Vorstellungsbild hinsichtlich der Börsengeschäfte. Hier fällt zunächst auf, dass die an den Börsengeschäften Beteiligten wissen, dass es in großem Ausmaß, ja beinahe vollumfänglich, im Anschluss an den Geschäftsabschluss zu dem eingangs beschriebenen Netting kommt (1.)).[372] Des Weiteren ist bemerkenswert, dass die Vertragsparteien des Börsengeschäfts sich des Umstandes bewusst

---

zentralen Kontrahenten und den beiden verkaufenden Clearing-Mitgliedern zu einem Kaufvertrag zu drei und zu einem Kaufvertrag über sechs Wertpapiere.

369 Vgl. § 143 Abs. 1 lit. a BörsO-FWB. Es handelt sich dabei um eine auflösende Bedingung, unter der eine Order abgegeben werden kann. So gekennzeichnete Orders werden erst gar nicht in das Orderbuch eingestellt, wenn sie nicht sofort und vollumfänglich ausgeführt werden können. Daran sind die Handelsteilnehmer regelmäßig interessiert, da mehrere Transaktionen mit geringeren Einzelvolumina zu erhöhten Kosten führen (vgl. Schwark/Zimmer-*Beck*, § 29 BörsG Rn. 11; *Jäger*, NZG 2000, S. 1049, 1053 f.).

370 Bleibt die Order hinsichtlich des Restvolumens im Orderbuch, kann es später hinsichtlich dieses verbleibenden Anteils zu erneuten Kaufvertragsabschlüssen kommen, wenn korrespondierende Orders eingegeben werden.

371 BGH NJW 1973, S. 1235, 1236; BGH NJW 1979, S. 2207, 2209.

372 Laut dem Geschäftsbericht der Deutschen Börse AG aus dem Jahr 2003 betrug die Nettingeffizienz an der FWB 2003 über 95 %, sodass weniger als 5 % der Geschäfte im Rahmen des Settlements erfüllt wurden (*Deutsche Börse AG*, Geschäftsbericht 2003, S. 39). Die Nettingeffizienz befindet sich auch gegenwärtig auf einem sehr hohen Niveau.

sind, dass keine von ihnen auch nur für eine juristische Sekunde Eigentümer der gehandelten Wertpapiere war, ist und werden wird (2.)). Beides entspricht augenscheinlich nicht dem Bild eines Umsatzgeschäftes, welches wie der Kauf darauf gerichtet ist, dass ein Austausch von Ware gegen Geld im jeweiligen Vermögen der Vertragsparteien stattfindet. Es ist daher zu prüfen, ob diese Charakteristika der Börsengeschäfte Auswirkungen auf deren Einordnung als Kaufverträge i.S.d. § 433 BGB haben.

1.) Kenntnis der Vertragsparteien vom Netting

Bei Börsengeschäften wissen alle Vertragsparteien, dass nach Abschluss der Geschäfte eine Verrechnung aller gegenläufigen Forderungen hinsichtlich der Zahlung von Geld bzw. der Übertragung von Wertpapieren gleicher Gattung jeweils im Verhältnis zwischen dem zentralen Kontrahenten und den Clearing-Mitgliedern, sowie zwischen Letzteren und den ihnen zugeordneten Nicht-Clearing-Mitgliedern stattfindet. Sie sind sich dabei auch der Tatsache bewusst, dass im Anschluss an die Verrechnung in der Regel nur noch ein geringer Teil der gegenseitigen Forderungen verbleibt und somit nur dieser Teil der abgeschlossenen Geschäfte tatsächlich durch Entgeltzahlung bzw. Lieferung der Wertpapiere erfüllt werden wird. Ein Großteil der Geschäfte ist mithin von vornherein nicht auf den Austausch Ware gegen Geld gerichtet.

Wollte man aufgrund dieses Umstandes jedoch von der Einordnung der Geschäfte als Kaufverträge Abstand nehmen, würde dem ein Fehlverständnis des für einen Kaufvertrag wesentlichen und damit dessen Typus ausmachenden Pflichtenprogramms und zudem eine Vermischung der rechtsgeschäftlichen Begründung der Verbindlichkeiten mit deren Erfüllung zugrunde liegen.

Hinsichtlich der Pflicht zur Kaufpreiszahlung nach § 433 Abs. 2 BGB ist zunächst anzumerken, dass es zwar in der Tat eine für den Kauf als Vertragstyp wesentliche Pflicht des Käufers ist, den in Geld festgesetzten Kaufpreis zu zahlen.[373] Jedoch ist „zahlen“ nicht im engeren Wortsinne einer Barzahlung (oder einer verkehrsüblichen Ersatzform wie der Überweisung) zu verstehen.[374] Maßgeblich für die Abgrenzung eines Kaufvertrages von anderen Vertragstypen ist hinsichtlich der Kaufpreiszahlung allein, *dass* der Käufer die Pflicht übernommen hat, den Kaufpreis als *in Geld festgesetzte* Gegenleistung zu erbringen.[375] Irrelevant ist hingegen, *wie* der Käufer diese Leistung erbringt und damit seine Pflicht zum Erlöschen bringt.

---

373 Soergel-*Huber*, Vor § 433 Rn. 3.

374 Soergel-*Huber*, § 433 Rn. 14.

375 Vgl. Soergel-*Huber*, Vor § 433 Rn. 3.

Für einen Verkäufer kann bei einem Gattungskauf wie bei den Börsengeschäften über Wertpapiere hinsichtlich seiner Pflichten auf Übereignung und Übergabe bzw. Übertragung mutatis mutandis nur das Gleiche gelten. Maßgeblich ist lediglich, dass sich der Verkäufer verpflichtet, Gegenstände einer bestimmten Gattung zu übereignen und zu übergeben. Nicht entscheidend für die Bestimmung der Vertragsart ist hingegen, wie er diese Pflichten später erfüllt. Dem entspricht auch, dass die Aufrechnung nicht anders als die Erfüllung in den §§ 362 ff. BGB als Erlöschensgrund normiert ist (vgl. die Überschrift vor §§ 362-397 BGB: „Erlöschen der Schuldverhältnisse"). Die Ebene der rechtsgeschäftlichen Vereinbarung von Rechten und Pflichten darf deshalb nicht mit derjenigen der Erfüllung verwechselt werden.

Es sind daher sogar Vereinbarungen im Vorhinein möglich, die dem Käufer vorab gestatten, seine Zahlungspflichten mit Zahlungsansprüchen gegenüber demselben Verkäufer zu verrechnen.[376] Entsprechendes ist auch hinsichtlich der Pflichten eines Verkäufers zulässig. Solche Vereinbarungen stellen beispielsweise sogenannte Wash-Out-Klauseln dar, wie sie im Warenterminhandel vorzufinden sind. Mittels dieser Klauseln einigen sich die Parteien *vorab* darauf, dass der Verkäufer dem nicht belieferten Käufer allein die Differenz zwischen den Marktpreisen ersetzen muss, die durch das Steigen des Marktpreises seit Abschluss des Kaufvertrages entstanden ist. Zur Ermittlung dieses Betrags wird dann – wenn auch nicht zwingend – ein Rückkauf des ursprünglichen Verkäufers vorgenommen.[377] Diese Vorgehensweise ändert aber nichts daran, dass es sich bei letztgenannten Geschäften um Kaufverträge handelt, auch wenn die Geschäfte nur getätigt werden, damit die Parteien mit bereits bestehenden entgegengesetzten Forderungen auf Übereignung und Übergabe der gattungsmäßig bestimmten Ware vollumfänglich aufrechnen können, um die sich aus den Kursveränderungen ergebene Differenz der Kaufpreisforderungen ermitteln zu können.[378]

Wenn aber in jenem Fall – also bei beiderseitiger Kenntnis, dass es definitiv zu einer Verrechnung der Forderungen aus dem konkret abzuschließenden Geschäft kommen wird – dieses Bewusstsein der Parteien auf die Einordnung des Rückerwerbsgeschäfts als Rück*kauf* keinen Einfluss zu haben vermag, kann für die Börsengeschäfte im Allgemeinen nichts anderes gelten. Denn im Gegensatz zu jener Konstellation ist es den Beteiligten im Börsenhandel bei Abgabe ihrer auf den Abschluss des konkreten Börsengeschäfts gerichteten Willenserklärungen lediglich bewusst, dass *wahrscheinlich* eine Verrechnung mit gegenläufigen Forderungen stattfindet. Zudem schwankt das Ausmaß der Wahrscheinlichkeit, dass es

376 Soergel-*Huber*, § 433 Rn. 14.

377 Baumbach/Hopt-*Hopt*, § 346 Rn. 40.

378 Vgl. Soergel-*Huber*, Vor § 433 Rn. 314 und § 433 Rn. 98.

zu einer Verrechnung kommen wird, je nach beiderseitiger Handelsaktivität der Vertragsparteien in dem betreffenden Wertpapier. Folglich findet naturgemäß das Netting zwischen Clearing-Mitgliedern und dem zentralen Kontrahenten auch in deutlich größerem Umfang statt, als zwischen einem Clearing-Mitglied und einem ihm zugeordneten Nicht-Clearing-Mitglied. Denn zwischen Letzteren sind nur die Verbindlichkeiten aus zwischen ihnen eingegangenen juristischen Geschäften zu verrechnen, während zwischen dem zentralen Kontrahenten und den Clearing-Mitgliedern neben den aus Nostrogeschäften des Clearing-Mitglieds resultierenden auch noch diejenigen Verbindlichkeiten zu verrechnen sind, die ein Nicht-Clearing-Mitglied mit Abschluss eines wirtschaftlichen Geschäfts für das zugeordnete Clearing-Mitglied und den zentralen Kontrahenten begründet hat. Wollte man also aus dem Bewusstsein, dass es wahrscheinlich zu einem Netting kommt, Konsequenzen für die Einordnung der Börsengeschäfte in den Vertragstypus des Kaufvertrages i.S.d. §§ 433 ff. BGB ziehen, müsste man im Einzelnen nach der beiderseitigen Handelsaktivität in dem betreffenden Wertpapier differenzieren.

In keinem Fall aber wissen die Vertragspartner bei Vertragsschluss, dass eine Verrechnung definitiv stattfinden wird. Folglich übernehmen sie im Ausgangspunkt die Pflicht, der Gegenpartei die Wertpapiere zu verschaffen bzw. dafür eine in Geld festgesetzte Gegenleistung, mithin einen Kaufpreis, zu leisten. Ob es in der Folge dann zu einem tatsächlichen Austausch der Leistungen oder einer anderen Art der Erfüllung kommt, kann im Zeitpunkt der Vereinbarung der wechselseitigen Pflichten keiner der Beteiligten sagen.

Da also die Parteien stets die wechselseitigen Pflichten zur Übertragung der Wertpapiere und Bewirkung einer in Geld festgesetzten Gegenleistung, mithin die in § 433 BGB bestimmten Hauptpflichten vereinbaren, können die Börsengeschäfte ungeachtet der Tatsache, dass sich die Parteien vorab des Umstandes bewusst sind, dass (wahrscheinlich) ein Großteil der vereinbarten Pflichten verrechnet werden wird, als Kaufverträge eingeordnet werden.

2.) Allseitige Kenntnis vom Direkterwerb

Wie erwähnt, handelt es sich bei dem Kaufvertrag um ein auf den Umsatz von Ware gegen Geld gerichtetes Rechtsgeschäft, bei dem sich der Veräußerer verpflichtet, den Kaufgegenstand endgültig in die rechtliche und tatsächliche Verfügungsmacht des Käufers zu übertragen, und synallagmatisch dazu der Käufer die Pflicht übernimmt, als Entgelt einen festgesetzten Geldbetrag an den Verkäufer zu zahlen.[379] Ein dem Leitbild der §§ 433 ff. BGB entsprechender Kaufvertrag

379 Soergel-*Huber*, Vor § 433 Rn. 1.

ist mithin darauf gerichtet, dass die geschuldete Leistung endgültig in die Herrschafts- und Verfügungsmacht der Gegenpartei übergeht.[380]

Nun verhält es sich jedoch hinsichtlich der Übertragung der Wertpapiere im Anschluss an den Abschluss der Börsengeschäfte und das Netting so, dass der zentrale Kontrahent zum einen, wenn er als Erwerber agiert, nicht Eigentümer der Wertpapiere wird und werden soll und zum anderen, wenn er als Veräußerer agiert, ebenfalls nie Eigentum an den Wertpapieren erlangt, um dieses an das erwerbende Clearing-Mitglied zu übertragen. Mithin findet eine Direktübertragung zwischen dem veräußernden Clearing-Mitglied an das erwerbende Clearing-Mitglied statt, ohne dass der zentrale Kontrahent auch nur für eine juristische Sekunde Eigentum am Kaufgegenstand erwerben würde.[381] Ein Börsengeschäft mit dem als Erwerber agierenden zentralen Kontrahenten ist daher mitnichten darauf gerichtet, dass dieser die volle rechtliche und tatsächliche Verfügungsmacht an dem Kaufgegenstand erlangt, schon gar nicht endgültig. Und diese Sachlage liegt nicht allein im Verhältnis zwischen Clearing-Mitglied und zentralem Kontrahenten vor. Kommt ein Börsengeschäft zwischen zwei Nicht-Clearing-Mitgliedern zustande, so liegen vier sich inhaltlich entsprechende Geschäfte vor. Nach dem Parteiwillen findet aber lediglich ein Direkterwerb des erwerbenden Nicht-Clearing-Mitglieds (KNCM) vom veräußernden Nicht-Clearing-Mitglied (VNCM) statt.[382]

Mithin existieren dann zwischen dem Clearing-Mitglied (VCM), welches VNCM zugeordnet ist, und dem zentralen Kontrahenten (ZK) sowie zwischen Letzterem und demjenigen Clearing-Mitglied (KCM), welches KNCM zugeordnet ist, Verträge, bei denen zum einen der jeweilige Veräußerer (VCM bzw. ZK) nie Eigentümer war und auch kein Eigentum erlangt, um dieses dem Erwerber (ZK bzw. KCM) zu verschaffen. Zum anderen soll der Erwerber (ZK bzw. KCM) niemals Eigentümer werden und wird dies auch nicht. In diesem Fall sind und werden also je beide Parteien (VCM und ZK bzw. ZK und KCM) dieser beiden Geschäfte niemals Eigentümer.[383] Nimmt man an, dass es sich bei den

380 Vgl. Soergel-*Huber*, Vor § 433 Rn. 5.

381 Vgl. *Horn*, WM 2002, Sonderbeilage 2, S. 1, 19. Den Direkterwerb der Clearing-Mitglieder ohne Zwischenerwerb des zentralen Kontrahenten sieht Kap. I Ziff. 1.5 Abs. 3 S. 5 CB-Eurex explizit vor. Vgl. näher zur Übertragung der Wertpapiere unten, S. 202 ff.

382 *Alfes,* Central Counterparty, S. 192.

383 Haben die Nicht-Clearing-Mitglieder die Börsengeschäfte zudem aus Anlass einer Effektenkommission getätigt, gilt gleiches sogar hinsichtlich der Verträge zwischen ihnen und den ihnen je zugeordneten Clearing-Mitgliedern. Denn sowohl der als Einkaufs- als auch der als Verkaufskommissionär agierende Handelsteilnehmer erwirbt im Rahmen der Übertragung der Wertpapiere vom Verkaufs- auf den Einkaufskommittenten kein Eigentum (vgl. *Einsele*, WM 2001, S. 7, 12). Es findet mithin ein Direkterwerb direkt vom Verkaufskommittenten bis hin zum Einkaufskommittenten statt, ohne dass die dazwischen involvierten Nicht-Clearing- und Clearing-Mitglieder und der zentrale Kontrahent Eigentum erwerben.

vier einzelnen Geschäften um Kaufverträge handelt, wären dies daher solche, bei denen der Verkäufer fremdes Eigentum verkauft und der Käufer dieses nie erwerben soll. Dies ist eine auf den ersten Blick ersichtliche und auch nicht unerhebliche Abweichung von dem beschriebenen Typus des Kaufvertrages als eines auf den Umsatz von Ware gegen Geld gerichteten Austauschvertrags.

Zur leichteren Verständlichkeit der folgenden Ausführungen soll angenommen werden, dass das wirtschaftliche Geschäft zwischen zwei Clearing-Mitgliedern zustande kommt. Hinsichtlich der juristischen Geschäfte verhält es sich dabei wie ausgeführt so, dass der als Verkäufer agierende zentrale Kontrahent fremdes Eigentum veräußert und er in seiner Funktion als Käufer niemals Eigentum erlangen soll. Auf Basis dieser Annahme kann in anschaulicher Weise überprüft werden, ob einer dieser Umstände für die Qualifizierung der einzelnen juristischen Geschäfte als Kaufverträge schädlich ist.[384]

a.) Verkäufer nicht zwingend Eigentümer

Unschädlich ist dabei zunächst für die Einordnung der Börsengeschäfte als Kaufverträge, dass der Verkäufer hier nicht Eigentümer des Kaufgegenstandes ist. Denn nach § 433 Abs. 1 S. 1 BGB ist es lediglich die Pflicht eines Verkäufers, dem Käufer das Eigentum zu verschaffen und – im Falle des Sachkaufs oder gemäß § 453 Abs. 3 BGB – die Sache zu übergeben. Ein Verkäufer verpflichtet sich jedoch keineswegs dazu, dass es sich bei dem Kaufgegenstand um einen solchen handelt, der in seinem Eigentum steht.[385] Auf schuldrechtlicher Ebene ist damit allein ausschlaggebend, dass der Verkäufer die Eigentumsverschaffungspflicht und damit eine Hauptpflicht des § 433 Abs. 1 S. 1 BGB übernimmt, um den Vertrag als Kaufvertrag i.S.d. § 433 BGB zu qualifizieren.

Gibt also ein Clearing-Mitglied (KCM) eine Kauforder ein, ist es unschädlich, dass es sich dabei bewusst ist, das Eigentum an dem Wertpapier definitiv nicht aus dem Eigentum seines Vertragspartners (dem als Verkäufer agierenden zentralen Kontrahenten) zu erhalten.[386] Hiermit korrespondierend ist es nicht von

384 Die Ausführungen lassen sich bei Beteiligung von Nicht-Clearing-Mitgliedern auf das Verhältnis zwischen diesen und den ihnen zugeordneten Clearing-Mitgliedern entsprechend übertragen, da Letztere dann ebenso wie der zentrale Kontrahent kein Eigentum erwerben sollen. Sollen auch die Nicht-Clearing-Mitglieder kein Eigentum erwerben, was insbesondere der Fall ist, wenn sie die Geschäfte aufgrund einer Effektenkommission abschließen, gelten alle Ausführungen bezogen auf Verkäufer und Käufer, die keine Eigentümer sind und werden sollen, entsprechend natürlich auch für die Nicht-Clearing-Mitglieder.

385 Staudinger-*Beckmann*, § 433 Rn. 77.

386 So ist beispielsweise auch im Warenhandel bei einem Kauf vom Zwischenhändler den Parteien bewusst, dass regelmäßig nicht der Zwischenhändler, sondern der Großhändler, der die Ware unmittelbar an den Käufer des Zwischenhändlers versendet, Eigentümer ist (vgl. *Flume*, FS E. Wolf, S. 61, 62).

Belang, dass die damit zugleich in Stellvertretung des Verkäufers (der zentrale Kontrahent als Verkäufer gegenüber KCM) im Rahmen des Insichgeschäfts abgegebene Annahmeerklärung in diesem Bewusstsein abgegeben wird.[387]

Eine etwas andere Sachlage stellt sich im Übrigen für das Geschäft zwischen dem veräußernden Clearing-Mitglied (VCM) und dem zentralen Kontrahenten dar, denn hier kommt sogar in Betracht, dass es sich um ein Geschäft handelt, bei dem beide Parteien wissen, dass es sich bei dem Kaufgegenstand gerade um Eigentum des Veräußerers handelt. Denn VCM weiß, ob es sich bei den zu veräußernden Wertpapieren um solche aus eigenen Beständen oder um fremdes Eigentum handelt, wenn es im Wege des Selbstkontrahierens den Vertrag zwischen sich und dem zentralen Kontrahenten abschließt. Und da es nach § 166 Abs. 1 BGB wegen der Vertretung des zentralen Kontrahenten durch VCM auch auf der Seite des zentralen Kontrahenten auf die Kenntnis des VCM ankommt, wissen beide Parteien, ob es sich bei dem Kaufgegenstand um Eigentum des Verkäufers handelt oder nicht. Möglicherweise kommt es hier mithin zu einem Geschäft, bei dem sogar beide Parteien wissen, dass der Kaufgegenstand sich im Eigentum des Veräußerers befindet.[388]

b.) Kein Eigentumserwerb des Käufers

Von Interesse bleibt an dieser Stelle somit, dass die auf Erwerberseite agierenden Beteiligten der Börsengeschäfte nicht immer Eigentümer werden sollen und auch nicht werden. Gibt ein Clearing-Mitglied (VCM) eine Verkaufsorder ein, ist es sich der Tatsache bewusst, dass es das Eigentum an den Wertpapieren nicht an seinen Vertragspartner (den als Käufer agierenden zentralen Kontrahenten) übertragen wird. Auf den ersten Blick scheint es sich deshalb so zu verhalten, dass

---

387 Zum Zustandekommen der Börsengeschäfte im Wege eines Insichgeschäfts siehe oben, S. 96 ff. Legt man das Antizipationsmodell zugrunde, gelten die Ausführungen entsprechend für die antizipiert abgegebenen, auf Annahme aller Kaufangebote der Clearing-Mitglieder (KCM) gerichteten Willenserklärungen des zentralen Kontrahenten.

388 Legt man hier das Antizipationsmodell zugrunde, führt dies dazu, dass bei der antizipierten, auf Annahme aller Verkaufsangebote gerichteten Annahmeerklärung des zentralen Kontrahenten dieser nicht weiß, ob der Offerent später fremdes oder eigenes Eigentum zum Verkauf anbietet. Unter Zugrundelegung dieses Modells liegt insoweit also ein Geschäft vor, bei dem nicht beide Parteien wissen, ob es sich um Eigentum des Veräußerers handelt. Vielmehr besteht hinsichtlich der Geschäfte, die durch die antizipierte Annahme eines Verkaufsangebots zustande kommen, stets Unkenntnis des Erwerbers (zentraler Kontrahent), ob er antizipiert ein Angebot auf Verkauf von fremdem oder von eigenem Eigentum des Offerenten annimmt. Da es jedoch unschädlich ist, dass ein Verkäufer fremdes Eigentum verkauft, sofern er nur die Pflicht eingeht, dem Käufer dieses zu verschaffen, ist es auch unschädlich, dass der Käufer bei Abgabe seiner Willenserklärung nicht sicher weiß, ob es sich bei dem Kaufgegenstand um Eigentum des Verkäufers handelt.

der Verkäufer nicht die Pflicht eingeht, *dem Käufer* – so wie es der Wortlaut des § 433 Abs. 1 S. 1 BGB fordert – Eigentum am Kaufgegenstand zu verschaffen, mithin gerade nicht eine der Hauptpflichten eines Verkäufers aus § 433 Abs. 1 S. 1 BGB vereinbart wird. Da aber die in § 433 BGB normierten Hauptpflichten das Wesen des Kaufvertrags ausmachen und damit für die Einordnung eines Vertrages in diese Typenkategorie maßgeblich sind, würde ein Verzicht auf die Eingehung dieser Verbindlichkeit offenbar dazu führen, dass die Börsengeschäfte nicht als Kaufverträge i.S.d. § 433 BGB zu qualifizieren wären.

Zunächst erinnert diese Sachlage an die bekannte Ausgestaltung von Kaufverträgen im Rahmen von sogenannten Streckengeschäften (Kettenhandel). Ein solches Geschäft liegt vor, wenn der Kaufgegenstand vom Erstkäufer – möglicherweise über mehrere Zwischenkäufer und -verkäufer – bis zu einem Letztkäufer weiterverkauft wird,[389] wie es beispielsweise im internationalen Mineralölhandel üblich ist.[390] Im Unterschied zu den Börsengeschäften erfolgt dort die Übereignung jedoch regelmäßig zwischen den Parteien der einzelnen Kaufverträge durch stillschweigende dingliche Einigung bei Abschluss der Kaufverträge und Besitzübertragung im Wege des Geheißerwerbs durch Anweisung über die jeweiligen vorangehenden Käufer an den Erstverkäufer (Anweisungskette), seinen Besitz auf den Letztkäufer zu übertragen.[391] Es findet mithin ein Durchgangserwerb statt.[392] Bei Abschluss der Kaufverträge sind sich die Beteiligten also des Umstandes bewusst, dass der jeweilige Käufer – und sei es nur für eine juristische Sekunde – Eigentümer der Kaufgegenstände wird.

Diese Sachlage ist jedoch auch beim Kettenhandel keineswegs zwingend, sondern wird aus der hierauf gerichteten Interessenlage der Parteien im Wege der Auslegung gefolgert,[393] weil nämlich den Parteien z.B. daran gelegen ist, dass sie einen in ihren Vertragsklauseln vorgesehen Eigentumsvorbehalt wirksam vereinbaren können.[394] Möglich ist beim Kettenhandel aber auch ein Direkterwerb. Maßgeblich sind allein der Parteiwille, also insbesondere die Kenntnis der Parteien davon, dass der Direktwerb intendiert ist, sowie das wirtschaftliche Interesse.[395] Es ist also auch beim Streckengeschäft, bei welchem die einzelnen Verträge als Kaufverträge eingeordnet werden, nicht ausgeschlossen, dass ein Direkterwerb stattfindet.

---

389 Palandt-*Weidenkaff*, Einf. v. § 433 Rn. 15.

390 *Westermann*, Sachenrecht, § 40 III 3 a) (S. 316).

391 BGH NJW 1982, S. 2371, 2372; Palandt-*Weidenkaff*, Einf. v. § 433 Rn. 15.

392 BGH NJW 1982, S. 2371, 2372; MüKoBGB-*H.P. Westermann*, § 433 Rn. 52; *Martinek*, AcP 188 (1988), S. 573, 615.

393 *Martinek*, AcP 188 (1988), S. 573, 615.

394 BGH NJW 1982, S. 2371.

395 *Martinek*, AcP 188 (1988), S. 573, 615; *Padeck*, Jura 1987, S. 454, 461.

Allerdings unterscheidet sich ein Direkterwerb vom hiesigen Sachverhalt. Beim Streckengeschäft wird die Ware regelmäßig erst im Anschluss an den Abschluss des ersten Kaufvertrages weiterveräußert.[396] Die Vertragsparteien gehen im Zeitpunkt des Vertragsschlusses daher noch davon aus, dass das Eigentum auch gerade dem Käufer verschafft werden soll. Bei den Börsengeschäften liegt es hingegen so, dass die Wertpapiere *zeitgleich* mit dem Kaufvertrag zwischen dem verkaufenden Clearing-Mitglied und dem als Käufer fungierenden zentralen Kontrahenten von Letzterem – dann in seiner Funktion als Verkäufer – an ein kaufendes Clearing-Mitglied weiterverkauft werden. Bereits bei Vertragsschluss wissen daher alle Parteien, dass der zentrale Kontrahent niemals Eigentum verschafft bekommen soll.

Somit ist wesentlich, ob die verkaufenden Vertragsparteien der juristischen Geschäfte die Verpflichtung eingehen, gerade der jeweiligen Gegenpartei das Eigentum zu verschaffen, wie § 433 Abs. 1 S. 1 BGB es durch den Wortlaut „dem Käufer [...] zu verschaffen" vorauszusetzen scheint. Zu fragen ist also, ob und welche Auswirkungen es auf eine Einordnung der Börsengeschäfte als Kaufverträge hat, dass die Parteien wissen, dass die Eigentumsverschaffung stets an einen Dritten erfolgen wird.

Die Parteien der Börsengeschäfte verzichten aber keineswegs darauf, dass der Veräußerer sich seiner Vertragspartei gegenüber dazu verpflichtet, gerade ihr das Eigentum an den Wertpapieren zu verschaffen. Vielmehr haben die Parteien bei der Eingehung der wechselseitigen Verbindlichkeiten lediglich die Vorstellung, dass diese Pflicht später nicht durch eine Übereignung an den Käufer selbst erfüllt werden wird. Gleichwohl soll jeder Käufer gegenüber seinem Verkäufer einen Anspruch auf Verschaffung des Eigentums *an sich selbst* haben.

Dies ergibt sich aus der Interessenlage der Beteiligten. Denn nur wenn der Käufer einen Anspruch gegen den Verkäufer auf Eigentumsverschaffung hat, kann gewährleistet werden, dass in dem jeweiligen Rechtsverhältnis eine Verrechnung wechselseitig bestehender, auf die Verschaffung des Eigentums an gleichartigen Wertpapieren gerichteter Forderungen stattfindet, wie dies eines der wesentlichen Ziele und Vorteile der Einbeziehung eines zentralen Kontrahenten in den Börsenhandel darstellt.[397] Ferner wissen die Parteien bei Vornahme des Geschäfts überhaupt nicht, an wen letztlich die Eigentumsverschaffung erfolgen soll. Denn wenn VCM mit der Ordereingabe das Geschäft im Wege des Insichgeschäfts (gegebenenfalls noch durch das Matching aufschiebend bedingt, sofern noch keine korrespondierende Order im Markt vorliegt) zustande bringt, hat es selbst lediglich Kenntnis davon, dass jedenfalls der zentrale Kontrahent

396 Vgl. MüKoBGB-*H.P. Westermann*, Vor § 433 Rn. 43.

397 Siehe dazu oben, S. 55 ff.

nicht derjenige ist, der letztlich unmittelbar das Eigentum an den Wertpapieren erwerben wird. Da VCM aufgrund der Post-Trade-Anonymity auch später nicht die Identität des Enderwerbers erfährt, kann die Pflicht zur Eigentumsverschaffung, die VCM gegenüber dem zentralen Kontrahenten eingeht, nur den Inhalt haben, dass das Eigentum auch gerade Letzterem zu verschaffen ist. Dem entspricht Kap. I Ziff. 1.5 Abs. 1 CB-Eurex, wo geregelt ist, dass die „Eurex Clearing AG [...] Vertragspartner für alle Lieferungen und Zahlungen bei der Erfüllung von den an den Märkten abgeschlossenen Geschäften" ist.

Anders geartet ist die Kenntnislage gelegentlich im Geschäft zwischen dem als Verkäufer agierenden zentralen Kontrahenten und einem kaufenden Clearing-Mitglied (KCM). Denn wenn KCM im Wege des Insichgeschäfts den Vertrag zwischen sich und dem zentralen Kontrahenten schließt, weiß KCM unter Umständen, ob eine Eigentumsverschaffung an es selbst oder an einen Dritten (beispielsweise einen Kommittenten oder ein dem KCM zugeordnetes Nicht-Clearing-Mitglied (KNCM)) stattfinden wird und kennt möglicherweise auch dessen Identität.[398]

Wollte man für dieses Geschäft jedoch annehmen, der zentrale Kontrahent gehe die Verpflichtung ein, das Eigentum diesem Dritten zu verschaffen, müsste man hinsichtlich der Geschäfte zwischen dem als Verkäufer agierenden zentralen Kontrahenten und KCM einerseits und den Geschäften zwischen dem als Käufer agierenden zentralen Kontrahenten und VCM andererseits unterscheiden. Ferner müsste man differenzieren, ob KCM den Erwerber kennt, denn gegebenenfalls agiert der dem KCM bekannte Erwerber ebenfalls für einen Dritten, beispielsweise als Einkaufskommissionär. Wollte man dann im Einzelfall aber eine Verpflichtung des zentralen Kontrahenten zur Eigentumsverschaffung an den Dritten annehmen, würde es sich um einen unechten Vertrag zugunsten Dritter handeln. Dann aber wäre der zentrale Kontrahent verpflichtet, dem Dritten das Eigentum zu verschaffen, könnte indes nicht mit einem gegen KCM bestehenden Anspruch auf Verschaffung von Wertpapieren der gleichen Gattung gegenüber KCM aufrechnen.[399] Der Parteiwille geht also auch in diesen Fällen dahin, dass der zentrale Kontrahent sich dazu verpflichtet, gerade dem KCM als Käufer das Eigentum zu verschaffen.[400]

---

398 Anders ist dies, wenn man dem Antizipationsmodell folgen wollte. Denn bei Abgabe der antizipierten Annahmeerklärung wusste der zentrale Kontrahent nicht, ob später KCM selbst oder ein Dritter das Eigentum erwerben soll. Diesem Modell zufolge liegt also auch hinsichtlich des Vertrags zwischen dem als Verkäufer agierenden zentralen Kontrahenten und KCM nie die *beiderseitige* Kenntnis davon vor, ob ein Dritter Eigentümer werden soll oder nicht.

399 Vgl. MüKoBGB-*Gottwald*, § 335 Rn. 3; *Raab*, Austauschverträge mit Drittbeteiligung, S. 493 f.; Lange, NJW 1965, S. 657, 662.

400 Im Übrigen würde der Abschluss eines Vertrages zugunsten Dritter wie sogleich gezeigt wird, keinen Einfluss auf die Einordnung dieses Vertrages in einen bestimmten Vertragstyp haben.

Damit verpflichten sich die Verkäufer der Börsengeschäfte gegenüber ihren Vertragspartnern dazu, diesen und nicht einem Dritten das Eigentum an den Wertpapieren zu verschaffen. Sie übernehmen daher eine Pflicht, wie sie in § 433 Abs. 1 S. 1 BGB als Hauptpflicht des Verkäufers normiert ist, um im Gegenzug einen Anspruch auf ein in Geld festgesetztes Entgelt zu erhalten. Folglich liegen die durch die Hauptpflichten aus § 433 BGB zum Ausdruck gebrachten Wesensmerkmale eines Kaufvertrages vor.

Das aber gleichwohl bestehende *Bewusstsein* der Parteien (nicht der *Wille*), dass die Eigentumsverschaffung doch niemals an den Käufer, sondern direkt an einen am Vertrag nicht beteiligten Dritten stattfindet, ist hingegen für die Einordnung der Geschäfte als Kaufverträge nicht schädlich. Denn es handelt sich dabei um eine allein auf die Modalitäten der späteren Erfüllung gerichtete Vorstellung. Für die Qualifikation von Verträgen als Kaufverträge i.S.d. § 433 BGB allein entscheidend ist aber die Vereinbarung des Pflichteninhalts. Es muss unterschieden werden zwischen der Eingehung der Verbindlichkeit zur Eigentumsverschaffung einerseits und dem wirtschaftlichen Interesse der Parteien an den Modalitäten der Erfüllung dieser Verbindlichkeit sowie dem dahingehenden bloßen Vorstellungsbild im Rahmen der Eingehung der Eigentumsverschaffungspflicht andererseits. Mithin ist eine Vermischung der rechtsgeschäftlichen Eingehung der Verbindlichkeiten mit der späteren Erfüllung auch an dieser Stelle zu vermeiden.

Zudem wäre es für die Einordnung der Börsengeschäfte als Kaufverträge auch unschädlich, wenn die Parteien vereinbart hätten, dass der Kaufgegenstand einem Dritten verschafft wird. Um einen Vertrag als Kaufvertrag qualifizieren zu können, ist es nämlich keineswegs zwingend erforderlich, dass sich der Verkäufer dazu verpflichtet, das Eigentum gerade dem Käufer zu verschaffen. Denn der Wendung „dem Käufer“ in § 433 Abs. 1 S. 1 BGB ist keine maßgebliche Bedeutung zuzumessen. Möglich ist ja durchaus, dass die Vertragsparteien einen Vertrag zugunsten Dritter (§ 328 BGB) schließen, wonach sich der Verkäufer dem Käufer gegenüber verpflichtet, das Eigentum einem Dritten zu verschaffen.[401] Der Vertrag zugunsten Dritter stellt dabei keinen eigenen Vertragstypus dar, sondern ist nur eine mögliche atypische Gestaltung von Verträgen jeglicher Art.[402] Auch bei einem Kaufvertrag kann also die Leistungspflicht des Verkäufers auf einen Dritten gerichtet sein, obwohl § 433 Abs. 1 S. 1 BGB die Pflicht zur Eigentumsverschaffung an den Käufer vorsieht. Verpflichtet sich der Verkäufer also von vornherein zur Eigentumsverschaffung an den Dritten, um im

401 Vgl. Jauernig-*Stadler*, § 328 Rn. 1.

402 RGZ 150, S. 129, 133; Bamberger/Roth-*Janoschek*, § 328 Rn. 12; MüKoBGB-*Gottwald*, § 328 Rn. 4; Palandt-*Grüneberg*, § 328 Rn 1; Staudinger-*Jagmann*, § 328 *Rn.* 9.

Gegenzug vom Käufer einen in Geld festgesetzten Betrag zu erlangen, liegt ein Kaufvertrag zugunsten Dritter vor. Die Verpflichtung zur Eigentumsverschaffung an den Dritten hat mithin keine Auswirkungen auf die Einordnung des Vertrages als Kaufvertrag. Lediglich die Richtung der Leistungspflicht ändert sich.[403] Ist es aber für die Einstufung eines Vertrages als Kaufvertrag unschädlich, dass der Verkäufer sich dem Käufer gegenüber *verpflichtet*, das Eigentum einem Dritten zu verschaffen, mithin eine Änderung der Richtung der Leistungspflicht weg vom Vertragspartner hin zu einem Dritten irrelevant ist, kann es erst recht keine Auswirkungen auf eine solche Qualifizierung eines Vertrages haben, wenn der Verkäufer und der Käufer sich lediglich bei Vertragsschluss *bewusst* sind, dass das Eigentum letztlich nicht an den Käufer übertragen wird, aber tatsächlich zunächst wie in § 433 Abs. 1 S. 1 BGB vorgesehen sogar die Pflicht zur Eigentumsverschaffung an den Käufer vereinbart wird.

Der Gesetzgeber hat somit mit der Festlegung, dass „dem Käufer [...] das Eigentum zu verschaffen" ist, in § 433 Abs. 1 S. 1 BGB nur den typischen Fall normiert. Dem entspricht auch die eingangs gemachte Feststellung, dass § 433 BGB mit der Festlegung der aus dem Kaufvertrag entspringenden Pflichten keine randscharfe Definition des Typus „Kaufvertrag" vornimmt. Daher folgt aus der Pflicht zur Eigentumsverschaffung *an den Käufer* nur, dass ein Kaufvertrag idealtypischer Weise darauf gerichtet ist, dass die Parteien die Absicht haben, den Kaufgegenstand endgültig in das Vermögen des Käufers übergehen zu lassen. Begriffsnotwendig ist dies jedoch nicht,[404] wie insbesondere das Beispiel eines Kaufvertrages zugunsten Dritter zeigt.

3.) Zwischenfazit

Weder das Wissen der Beteiligten, dass der maßgebliche Teil aller wechselseitigen Forderungen verrechnet und nicht durch die Verschaffung von Eigentum bzw. durch Geldzahlung erfüllt werden wird, noch das Bewusstsein der Vertragsparteien, dass der Verkäufer nicht Eigentümer der Wertpapiere ist und wird, und dass auch der Käufer kein Eigentum an diesen Papieren erwerben soll und ein entsprechender Eigentumserwerb auch nie erfolgt, können daher eine Qualifizierung der Börsengeschäfte als Kaufverträge i.S.d. § 433 BGB ändern. Denn die Parteien vereinbaren letztlich doch Pflichten, wie sie denjenigen entsprechen, die § 433 BGB für die Parteien eines Kaufvertrages festlegt.

Die hiernach mögliche Einordnung der Börsengschäfte als Kaufverträge kann jedoch nicht darüber hinwegtäuschen, dass es sich dabei um Kaufverträge handelt,

---

403 Jauernig-*Stadler*, § 328 Rn. 1.

404 So auch ausdrücklich Soergel-*Huber*, § 433 Rn. 20.

die erheblich von dem in § 433 BGB ausgedrückten Leitbild eines Umsatzgeschäftes abweichen, welches darauf gerichtet ist, dass der Verkäufer dem Käufer das Eigentum am Kaufgegenstand verschafft, damit dieses im Vermögen des Käufers an die Stelle des Kaufpreises treten kann, den der Käufer an den Verkäufer zahlt, in dessen Vermögen der Kaufpreis den vormals in seinem Eigentum stehenden Kaufgegenstand ersetzt.

III.) Die besondere Stellung des zentralen Kontrahenten

Steht somit fest, dass bei Betrachtung des Inhalts der Pflichten der Parteien hinsichtlich der Eigentumsverschaffung und der Entgeltzahlung für sich genommen die Verträge als Kaufverträge qualifiziert werden können, gilt es nun zu prüfen, ob die besondere Stellung des zentralen Kontrahenten nicht doch zu einer abweichenden Einstufung führt, oder ob zumindest neben die kaufrechtlichen auch noch weitere Elemente anderer Vertragstypen hinzutreten. Dazu sollen zunächst sich aus der Stellung des zentralen Kontrahenten im Börsenhandel ergebende, für die Person eines Käufers bzw. Verkäufers atypische Gegebenheiten aufgezeigt werden. Dabei wird dargelegt werden, dass die in diesem Rahmen gemachten Feststellungen durchaus nahelegen, dass der zentrale Kontrahent nicht nur ein schlichter Käufer bzw. Verkäufer ist, sondern eine an einen Kommissionär erinnernde Stellung einnimmt (1.)). Im Anschluss wird gezeigt, dass der zentrale Kontrahent bei Abschluss der Börsengeschäfte nicht als Kommissionär der Clearing-Mitglieder agiert, sondern dass es sich vielmehr um besondere Ausgestaltungen von Kaufverträgen handelt, die aber wirtschaftlich einer Kommission nahe kommen (2.)). Ferner wird auf mögliche dienstvertragsrechtliche Elemente eingegangen (3.)).

1.) Die für Kaufvertragsparteien atypische Stellung des zentralen Kontrahenten

Aus der besonderen Funktion und der hieraus resultierenden Ausgestaltung der einzelnen Geschäfte mit den Clearing-Mitgliedern ergeben sich einige Besonderheiten hinsichtlich des zentralen Kontrahenten im Vergleich zur Stellung eines dem gesetzlichen Leitbild entsprechenden Käufers oder Verkäufers. Dies beginnt damit, dass der zentrale Kontrahent an den Kaufgegenständen bzw. dem Kaufpreis kein eigenes Interesse hat (a.)) und setzt sich damit fort, dass seine Beteiligung an den Börsengeschäften als Käufer und Verkäufer bei genauerem Hinsehen an ein Handeln für fremde Rechnung erinnert (b.)).

a.) Kein Interesse am Erwerb des Kaufgegenstandes bzw. des Kaufpreises

Wie ausgeführt, entspricht es dem gesetzlichen Leitbild des Kaufs, dass die Parteien eines Kaufvertrages ein solches Rechtsgeschäft eingehen, um sich wechselseitig dahingehend zu verpflichten, dass der Kaufpreis dem Vermögen des Verkäufers und der Kaufgegenstand dem Vermögen des Käufers zugeführt wird. Betrachtet man die Stellung des zentralen Kontrahenten, fällt jedoch auf, dass dieser weder, wenn er (gegenüber einem kaufenden Clearing-Mitglied) als Verkäufer fungiert, Interesse am Kaufpreis hat, noch dass er in seiner Funktion als Käufer (gegenüber einem verkaufenden Clearing-Mitglied) am Erwerb des Kaufgegenstandes interessiert ist. Interesse am jeweiligen Erwerb haben allein die am Ende der Vertragskette stehenden Parteien des wirtschaftlichen Geschäfts. Mit den Verträgen zwischen dem zentralen Kontrahenten und den Clearing-Mitgliedern ist also anders als dem Leitbild des § 433 BGB vom Kaufvertrag entsprechend kein Erwerb der Kaufgegenstände oder des Kaufpreises seitens des zentralen Kontrahenten, sondern je eines am Vertrag gar nicht beteiligten Dritten beabsichtigt. Gerade aufgrund dieser Beobachtung kann man daher bei den Börsengeschäften die einzelnen Vertragsbeziehungen zwischen dem zentralen Kontrahenten und den Clearing-Mitgliedern als die juristischen Geschäfte bezeichnen und das Verhältnis zwischen einem verkaufenden und dem kaufenden Clearing-Mitglied als wirtschaftliches Geschäft beschreiben, auch wenn zwischen diesen keinerlei Rechtsbeziehungen bestehen. Die zwischen dem zentralen Kontrahenten und den Clearing-Mitgliedern zustande gekommenen Verträge lassen sich dabei als wirtschaftlich fremdbezogene Geschäfte charakterisieren.[405] Der zentrale Kontrahent verfolgt beim Abschluss der beiden Verträge wirtschaftlich somit nicht, dass seinem Vermögen eine der Leistungen der Kaufverträge zugeführt wird. Er hat vielmehr allein ein Interesse an den Entgelten, die er für die Vornahme jeder Transaktion seitens der Clearing-Mitglieder erhält.[406]

b.) Handel für fremde Rechnung?

Betrachtet man ferner die Stellung des zentralen Kontrahenten im Rahmen der Börsengeschäfte vor dem Hintergrund der Frage, für wessen Rechnung er handelt, erscheint es bei näherem Hinsehen als gar nicht so abwegig, ein Handeln für fremde Rechnung – wenn auch in atypischer Form – anzunehmen. Käme man an dieser Stelle tatsächlich zu dem Ergebnis, der zentrale Kontrahent handele nicht

---

405 *Kunz*, Ausgewählte Rechtsprobleme des Zentralen Kontrahenten, S. 475.

406 Vgl. die transaktionsbezogenen Entgelte gem. Kap. I Ziff. 5.2 CB-Eurex. Daneben muss jedes Clearing-Mitglied ein jährliches Entgelt für die Clearing-Lizenz entrichten (Kap. I Ziff. 5.1 CB-Eurex).

für eigene, sondern für fremde Rechnung, könnte dies Auswirkungen auf die Einordnung der Geschäfte als Kaufverträge haben. Als Vertragstypus entspricht nämlich nicht der Kaufvertrag, sondern die Geschäftsbesorgung dem Handeln für fremde Rechnung.[407]

Ein „Handeln für fremde Rechnung" liegt vor, wenn die Vor- und Nachteile eines Geschäftsabschlusses nicht die für fremde Rechnung handelnde Vertragspartei (den Mittler) des Geschäfts, sondern seinen Hintermann (in der Regel seinen Auftraggeber)[408] treffen.[409] Jegliche Chancen und Risiken müssen dem Hintermann zugeordnet sein.[410] Dies ist insbesondere dann der Fall, wenn der Mittler Gewinne und Verluste nicht selbst einbehalten darf bzw. tragen muss.[411] Ein weiteres Indiz für ein Handeln für fremde Rechnung ist mangelndes Interesse eines Käufers am Kaufgegenstand, weshalb sich der Käufer nach den Wünschen und Weisungen des Hintermanns richtet.[412] Betrachtet man vor dem Hintergrund dieser Kriterien die Stellung eines zentralen Kontrahenten als Vertragspartner der Clearing-Mitglieder im Rahmen der Börsengeschäfte, ergibt sich ein ambivalentes Bild.

Zunächst hat der zentrale Kontrahent wie vorstehend festgestellt keinerlei Interesse an Kaufpreis und -gegenstand. Er schließt die Geschäfte exakt zu den ihm von den Clearing-Mitgliedern per Ordereingabe vorgegeben Bedingungen ab. Ein erstes Indiz für ein Handeln für deren Rechnung liegt somit vor.

Des Weiteren trägt der zentrale Kontrahent aufgrund des durch die Clearing-Bedingungen etablierten Risikoverteilungsmechanismus faktisch die Ausfallrisiken und damit die Nachteile aus den Börsengeschäften nicht alleine. Als Vertragspartner der einzelnen Clearing-Mitglieder treffen den zentralen Kontrahenten zwar auf der einen Seite zunächst alle Risiken aus den einzelnen Geschäften. Denn fällt er beispielsweise als Käufer bei einem verkaufenden Clearing-Mitglied aus, weil dieses zur Verschaffung des Eigentums an den verkauften Wertpapieren außerstande ist, so bleibt der zentrale Kontrahent als Verkäufer dieser Wertpapiere weiterhin aus dem Geschäft mit dem kaufenden Clearing-Mitglied diesem gegenüber zur Verschaffung der Wertpapiere verpflichtet. In gleicher Weise erfüllt der zentrale Kontrahent gegenüber dem kaufenden Clearing-Mitglied seine Funktion der Reduktion des Kontrahentenrisikos bzw. der Konzentration des

---

407 *Canaris*, NJW 1982, S. 305, 306.

408 Nach § 675 Abs. 1 BGB finden auf die Geschäftsbesorgung (und damit den, dem Handeln für fremde Rechnung entsprechenden Vertragstyp) die wesentlichen Vorschriften des Auftragsrechts entsprechende Anwendung.

409 MüKoHGB-*Häuser*, § 383 Rn. 45.

410 *Canaris,* Handelsrecht 2006, § 30 Rn. 8.

411 *Canaris,* Handelsrecht 2006, § 30 Rn. 8.

412 Vgl. *Canaris*, NJW 1982, S. 305.

Kontrahentenrisikos auf ihn. Die Risiken aus dem Vertrag zwischen dem zentralen Kontrahenten und dem verkaufenden Clearing-Mitglied treffen also hier nicht etwa das kaufende Clearing-Mitglied als einen Hintermann des zentralen Kontrahenten, sondern alleine Letzteren. Auf der anderen Seite gilt es aber auch, die in den Clearing-Bedingungen vorgesehenen Mechanismen zur Sozialisierung der in einem ersten Schritt vom zentralen Kontrahenten übernommenen Ausfallrisiken zu betrachten. Denn obgleich eine streng formale Betrachtung dazu führt, dass alle Risiken aus dem Geschäft mit dem verkaufenden Clearing-Mitglied den zentralen Kontrahenten treffen, trägt er die Risiken faktisch jedoch je nach Ausgestaltung der Clearing-Bedingungen nur in geringem Ausmaß. So können bei der Eurex Clearing AG als zentralem Kontrahenten die von den Clearing-Mitgliedern geleisteten Beiträge zum Clearing-Fonds verwendet werden, um die finanziellen Folgen des Verzuges[413] eines Clearing-Mitglieds zu beheben (Kap. I Ziff. 6.2 Abs. 1 CB-Eurex). Dabei werden zwar vorrangig die von dem sich in Verzug befindlichen Clearing-Mitglied gestellten Sicherheiten und Beiträge zum Clearing-Fonds und sodann Rücklagen der Eurex Clearing AG verwertet. In letzter Instanz aber werden die Fonds-Beiträge aller anderen Clearing-Mitglieder in Anspruch genommen (Kap. I Ziff. 6.2 Abs. 2 CB-Eurex). Damit werden die Nachteile, die den zentralen Kontrahenten aus dem Geschäft mit dem verkaufenden Clearing-Mitglied treffen können, sozialisiert. Nicht er alleine trägt die Risiken, indem seine Rücklagen verwertet werden, sondern im Extremfall alle Clearing-Mitglieder. Von einer vollumfänglichen Risikozuweisung allein an den zentralen Kontrahenten, wie dies bei Handeln für eigene Rechnung gegeben ist, kann daher keine Rede sein.

Ferner erwachsen dem zentralen Kontrahenten auch von vornherein keinerlei Chancen aus den Geschäften, die er einbehalten könnte, wie dies dem Handeln für eigene Rechnung typischerweise entspricht.[414] Denn aufgrund des Matchings schließt der zentrale Kontrahent hinsichtlich der betreffenden Wertpapiere zeitgleich mit dem Einkaufsvertrag einen Verkaufsvertrag über diese Wertpapiere und umgekehrt, je zu den gleichen Konditionen. Und zwar dürfte der zentrale Kontrahent Gewinne, resultierend aus einer für ihn günstigen Preisentwicklung zwischen den Zeitpunkten korrespondierender Geschäftsabschlüsse einbehalten und müsste sie nicht an das verkaufende Clearing-Mitglied abführen. Jedoch ist das Eintreten einer Zeitspanne zwischen zwei korrespondierenden Geschäften durch die rahmenvertragliche Vereinbarung eines Matchings als aufschiebender Bedingung für die einzelnen Börsengeschäfte ausgeschlossen. Dass der Preis,

413 Ein solcher liegt nach Kap. I Ziff. 7.1 Abs. 1 lit. a CB-Eurex u.a. vor, wenn ein Clearing-Mitglied die von ihm dem zentralen Kontrahenten geschuldeten Wertpapiere nicht am Fälligkeitstag liefert.

414 Vgl. *Canaris,* Handelsrecht 2006, § 30 Rn. 8.

den der zentrale Kontrahent beim Verkauf beanspruchen darf, stets also derjenige ist, den er auch beim korrespondierenden Kaufvertrag zahlen muss, erinnert durchaus an einen Kommissionär, der – stets für fremde, nämlich des Kommittenten Rechnung handelnd – den beim Ausführungsgeschäft erzielten Preis ebenfalls 1:1 an den Kommittenten weitergeben muss.[415]

Damit zeigt sich, dass der zentrale Kontrahent juristisch betrachtet die Nachteile, namentlich das Ausfallrisiko, der Geschäfte trägt und die Vorteile aus diesen Geschäften ziehen dürfte, wenn solche realisierbar wären. Die Sozialisierung der Ausfallrisiken, wie sie durch das durch die Clearing-Bedingungen etablierte Risikomanagement des zentralen Kontrahenten bewirkt wird, die nicht gegebene Möglichkeit zur Realisierung von Gewinnchancen für eigene Rechnung und das mangelnde Interesse am Kaufgegenstand und -preis, sowie der Umstand, dass der zentrale Kontrahent die Geschäfte stets nur den Orders der Clearing-Mitglieder entsprechend abschließt, stellen jedoch nach außen hin Merkmale eines Handeln für fremde Rechnung dar.[416]

2.) Kein Handeln des zentralen Kontrahenten als Kommissionär

Wie angesprochen, entspricht der Kaufvertrag als Vertragstypus nicht dem Handeln für fremde Rechnung, woran die besondere Stellung des zentralen Kontrahenten jedoch erinnert. Ein solches Handeln liegt namentlich bei einer Geschäftsbesorgung vor.[417] Dies wirft die Frage auf, ob neben die festgestellten und zur grundsätzlichen Einordnung der Börsengeschäfte als Kaufverträge führenden Elemente auch noch solche einer Geschäftsbesorgung treten. Da es zudem um den Erwerb und die Veräußerung von Wertpapieren geht, die der zentrale Kontrahent gewerbsmäßig betreibt, läge gem. § 383 Abs. 1 HGB als besondere Form einer Geschäftsbesorgung die Kommission i.S.d. §§ 383 ff. HGB vor.[418]

Der Umstand, dass hier allenfalls eine sich aus den beschriebenen Ausgestaltungen des Börsenhandels mit einem zentralen Kontrahenten ergebende Mischform aus Handeln für eigene und fremde Rechnung anzunehmen ist, schließt dabei keineswegs ohne Weiteres aus, dass kommissions- und damit geschäftsbesorgungsrechtliche Elemente Bestandteil der Geschäfte sind. Denkbar sind zum einen durchaus Verbindungen von Handeln für fremde und eigene Rechnung.[419] Zum anderen handelt es sich auch bei dem Kommissionsvertrag ebenso wie beim Kaufvertrag um einen Vertragstypus,[420] sodass auch hier keine klaren Grenzen

415 Vgl. *Oelkers*, WM 2001, S. 340, 342.

416 Ähnlich *Kunz*, Ausgewählte Rechtsprobleme des Zentralen Kontrahenten, S. 458.

417 *Canaris*, NJW 1982, S. 305, 306.

418 Vgl. Baumbach/Hopt-*Hopt*, § 383 Rn. 1.

419 *Canaris*, Handelsrecht 2006, § 30 Rn. 8.

420 Staub-*Koller*, § 383 Rn. 3.

gezogen werden können und die Übergänge zu anderen Vertragstypen fließend sind.[421] Ein Nebeneinander von kommissions- und kaufrechtlichen Elementen ist durch die Kommission mit Selbsteintritt ebenfalls bekannt, welche hier zudem auch gerade die einzig mögliche Ausgestaltung eines Kommissionsverhältnisses zwischen den Clearing-Mitgliedern und dem zentralen Kontrahenten darstellt (dazu sogleich unter a.)). Im Übrigen geht auch der Gesetzgeber ausweislich der Gesetzesmaterialien zu § 1 Abs. 31 KWG davon aus, dass die Tätigkeit des zentralen Kontrahenten Elemente eines Finanzkommissionsgeschäfts einschließt.[422]

a.) Möglichkeit der Einordnung des zentralen Kontrahenten als Kommissionär

Dass der zentrale Kontrahent bei Zustandekommen der Börsengeschäfte zwischen sich und den beteiligten Clearing-Mitgliedern als Kommissionär der Clearing-Mitglieder agiert, lässt sich durchaus konstruieren.

Bei einer Kommission sind zwei[423] Rechtsverhältnisse zu unterscheiden.[424] Dies erinnert durchaus an die beiden Rechtsverhältnisse, die der zentrale Kontrahent bei den Börsengeschäften stets parallel eingeht. Zunächst besteht zwischen dem Kommissionär und dem Kommittenten ein Kommissionsvertrag (das Kommissionsgeschäft), in welchem sich Ersterer verpflichtet, in eigenem Namen, aber für Rechnung des Kommittenten Waren oder Wertpapiere zu kaufen oder zu verkaufen.[425] Dieser Vertrag ist dem Typus nach ein Geschäftsbesorgungsvertrag, wobei im Einzelnen streitig ist, ob er auf eine Dienst- oder Werkleistung gerichtet ist,[426]

---

421 Staub-*Koller*, § 383 Rn. 13; vgl. auch *K. Schmidt*, HandelsR, § 31 III 2 b (S. 870).

422 Begr. zum RegE eines Gesetzes zur Umsetzung der neu gefassten Bankenrichtlinie und der neu gefassten Kapitaladäquanzrichtlinie, BR-Drucks. 153/06, S. 78; so auch Erbs/Kohlhaas-*Häberle* (177. ErgLfg. Oktober 2009), § 1 KWG Rn. 19. Zur Frage, ob der Terminus „Finanzkommissionsgeschäft" i.S.d. Aufsichtsrechts sich mit demjenigen des Handelsrechts deckt, vgl. *Reischauer/Kleinhans*, Tz. 115, ErgLfg. 2/04, § 1 Rn. 83 ff.; *Dreher*, ZIP 2004, S. 2161, 2161 ff., insb. 2166 (bejahend); *Hammen*, WM 2005, S. 813, 814 ff. (bejahend).

423 Manche sprechen von drei Rechtsverhältnissen, wobei das dritte Rechtsverhältnis das Abwicklungsgeschäft zwischen dem Kommissionär und dem Kommittenten ist, womit Ersterer das aus der Geschäftsbesorgung Erlangte an den Kommittenten überträgt und damit seine Pflichten aus dem Kommissionsvertrag erfüllt (vgl. Baumbach/Hopt-*Hopt*, § 383 Rn. 1; *Canaris*, Handelsrecht 2006, § 30 Rn. 4).

424 MüKoHGB-*Häuser*, § 383 Rn. 9 und 19; Schlegelberger-*Hefermehl*, § 383 Rn. 10; Ebenroth/Boujong/Joost/Strohn-*Krüger*, § 383 Rn. 4.

425 Baumbach/Hopt-*Hopt*, § 383 Rn. 1; Ebenroth/Boujong/Joost/Strohn-*Krüger*, § 383 Rn. 4.

426 Für Dienstvertrag z.B. Schlegelberger-*Hefermehl*, § 383 Rn. 37; wohl auch RGZ 110, S. 119, 123; für Werkvertrag z.B. *Knütel*, ZHR 137 (1973), S. 285, 286 f.; *K. Schmidt*, HandelsR, § 31 III 3 (S. 872: Einzelfallbetrachtung, i.d.R. Werkvertrag mit Dienstleistungselementen). Auf den Einzelfall abstellend Staub-*Koller*, § 383 Rn. 59; Ebenroth/Boujong/Joost/Strohn-*Krüger*, § 383 Rn. 15 f.; *Canaris*, Handelsrecht 2006, § 30 Rn. 4.

was aber hier dahingestellt bleiben kann.[427] Das zweite Rechtsverhältnis (das Ausführungsgeschäft) ist ein Kaufvertrag[428], welchen der Kommissionär aufgrund des Kommissionsvertrages mit einem Dritten abschließt.[429] Alternativ dazu kann der Kommissionär aber grundsätzlich[430] auch nach § 400 HGB selbst eintreten und die zu kaufenden oder zu verkaufenden Waren bzw. Wertpapiere selbst an den Kommittenten verkaufen bzw. von diesem kaufen.[431]

Fraglich ist somit zunächst, wie ein Kommissionsvertrag zwischen einem Clearing-Mitglied und dem zentralen Kontrahenten zustande kommen kann. An erster Stelle wäre daran zu denken, dass dies mit dem Abschluss des Börsengeschäfts geschieht. Dann aber würde, da dies der einzige Zeitpunkt ist, in welchem der zentrale Kontrahent auch das Ausführungsgeschäft abschließen kann, welches dann das korrespondierende Geschäft mit einem anderen (dem gematchten) Clearing-Mitglied wäre, der Zeitpunkt des Abschlusses des Kommissions- mit demjenigen des Abschlusses des Ausführungsgeschäfts zusammenfallen. Dies führt dazu, dass diese Konstruktionsmöglichkeit entfallen muss. Denn der Inhalt eines Kommissionsgeschäfts geht dahin, dass der Kommissionär sich um den Abschluss eines Ausführungsgeschäfts bemühen muss,[432] was bei zeitgleichem Abschluss mit dem Kommissionsvertrag schlechthin ausscheidet. Der Kommissionsvertrag muss also zeitlich bereits vor den Börsengeschäften abgeschlossen sein.

Neben den Börsengeschäften und bereits vor deren Abschluss besteht, nämlich begründet durch Abschluss der Clearing-Vereinbarung, durchaus ein weiteres Rechtsverhältnis zwischen den Clearing-Mitgliedern und dem zentralen Kontrahenten.[433] Es ließe sich deshalb denken, dass sich der zentrale Kontrahent durch den Abschluss der Clearing-Vereinbarung vertraglich verpflichtet, im Folgenden fortlaufend für die Clearing-Mitglieder als Kommissionär tätig zu werden, also für deren Rechnung im eigenen Namen Wertpapiere zu verkaufen oder zu kaufen. Der zentrale Kontrahent wäre wegen seiner dann bestehenden vertraglichen Verpflichtung zum ständigen An- und Verkauf der Wertpapiere ein Kommissionsagent.[434]

---

427 Vgl. Soergel-*Huber*, Vor § 433 Rn. 246.

428 § 406 Abs. 1 S. 1 HGB erstreckt den Anwendungsbereich der §§ 383 ff. HGB auf Geschäfte anderer Art für Rechnung eines anderen in eigenem Namen (sog. uneigentliche Kommission) (Koller/Roth/Morck-*Roth*, § 383 Rn. 2).

429 Baumbach/Hopt-*Hopt*, § 383 Rn. 1; Ebenroth/Boujong/Joost/Strohn-*Krüger*, § 383 Rn. 4.

430 Das Recht des Kommissionärs auf Selbsteintritt kann abbedungen werden (Baumbach/Hopt-*Hopt*, § 400 Rn. 3).

431 Baumbach/Hopt-*Hopt*, § 400 Rn. 5.

432 Ebenroth/Boujong/Joost/Strohn-*Krüger*, § 383 Rn. 15.

433 Zu deren Charakter als Rahmenvertrag siehe bereits oben (S. 90), sowie sogleich (S. 142).

434 *Kunz*, Ausgewählte Rechtsprobleme des Zentralen Kontrahenten, S. 454 f. Vgl. zum Kommissionsagenten Baumbach/Hopt-*Hopt*, § 383 Rn. 3; MüKoHGB-*Häuser*, § 400 Rn. 22 ff.; Ebenroth/Boujong/Joost/Strohn-*Löwisch*, § 87 Rn. 97 m.w.N.

Sodann ist zu klären, wie damit umzugehen ist, dass der zentrale Kontrahent zugleich Kommissionär aller Clearing-Mitglieder wäre. Der Abschluss des Kommissionsvertrages mit dem Abschluss der Clearing-Vereinbarung würde nämlich dazu führen, dass der zentrale Kontrahent sowohl Kommissionär eines veräußerungswilligen Clearing-Mitglieds als zugleich auch desjenigen erwerbswilligen Clearing-Mitglieds wäre, welches Ersterem im Wege des Matchings zugeordnet wurde.[435] Nach § 384 Abs. 1 Hs. 2 HGB und aufgrund der Kommissionsverträge ist er aber beiden Clearing-Mitgliedern gleichermaßen zur Wahrung ihrer Interessen verpflichtet.[436] Ihm wäre es daher verwehrt, die Wertpapiere des veräußernden Clearing-Mitglieds für dessen Rechnung an das erwerbswillige Clearing-Mitglied zu verkaufen und umgekehrt.[437] Bei dieser sogenannten Kompensation mehrerer gegenläufiger Kommissionsaufträge muss der zentrale Kontrahent daher zumindest einem der beiden Clearing-Mitglieder gegenüber selbst eintreten.[438] Da der zentrale Kontrahent für beide Clearing-Mitglieder gleichermaßen tätig ist und die Rechtsverhältnisse zu beiden durch dieselben Clearing-Bedingungen geregelt werden, wäre es willkürlich und zudem kaum feststellbar, wem gegenüber er den Selbsteintritt erklärt, sodass davon auszugehen ist, dass er dies beiden gegenüber täte.[439] Der Selbsteintritt gegenüber beiden Kommittenten entspricht dabei auch sonst dem Regelfall der Kompensation gegenläufiger Kommissionen.[440] Die erforderliche Erklärung des Selbsteintritts würde dem oben dargelegten Modell des Vertragsschlusses durch Insichgeschäft entsprechend durch die Ordereingabe der Clearing-Mitglieder in Stellvertretung des zentralen Kontrahenten unter der aufschiebenden Bedingung des Matchings abgegeben werden. Da alle Beteiligten wissen, dass die Ausführung nur durch einen Kaufvertrag mit dem zentralen Kontrahenten selbst, mithin im Wege des Selbsteintritts erfolgt, wäre auch dem Erfordernis der Ausdrücklichkeit der Selbsteintrittserklärung (vgl. § 405 Abs. 1 HGB) Genüge getan.

Die Folge des Selbsteintritts des zentralen Kontrahenten wäre, dass dieser selbst als Käufer gegenüber dem verkaufenden und als Verkäufer gegenüber dem kaufenden Clearing-Mitglied eintritt, sodass jeweils ein Kaufvertrag zustande kommt. Neben den kommissions- und geschäftsbesorgungsrechtlichen Regeln ist

---

435 *Kunz*, Ausgewählte Rechtsprobleme des Zentralen Kontrahenten, S. 455.

436 Vgl. Ebenroth/Boujong/Joost/Strohn-*Krüger*, § 384 Rn. 9; *Canaris,* Handelsrecht 2006, § 30 Rn. 14.

437 Vgl. MüKoHGB-*Häuser*, § 400 Rn. 7 m.w.N.; Staub-*Koller*, § 400 Rn. 4; Schlegelberger-*Hefermehl*, § 400 Rn. 3.

438 Vgl. MüKoHGB-*Häuser*, § 400 Rn. 7.

439 *Kunz*, Ausgewählte Rechtsprobleme des Zentralen Kontrahenten, S. 455.

440 Vgl. Staub-*Koller*, § 400 Rn. 4; Schlegelberger-*Hefermehl*, § 400 Rn. 3.

sodann Kaufrecht anwendbar.[441] Es kommt somit zu einem Nebeneinander der Vertragstypen „Kauf" und „Geschäftsbesorgung",[442] also zu einem typengemischten Vertrag.[443] Die Hauptleistungspflichten bestimmen sich dabei jedoch nach Kaufrecht,[444] was dem bereits gefundenen Zwischenergebnis, dass die Parteien kaufrechtliche Pflichten übernehmen, entspricht.

Geht man von dieser Konstruktion aus, wäre die eingangs aufgeworfene Frage, ob bei den Börsengeschäften mit dem zentralen Kontrahenten neben kauf- auch geschäftsbesorgungsrechtliche Elemente vorliegen, somit zu bejahen. Und gerade durch die Modifikation der kommissions- und geschäftsbesorgungsrechtlichen Rechte und Pflichten durch solche des Kaufrechts entspricht die Kommission mit Selbsteintritt auch dem hier (faktisch) vorgefundenen Mischtypus vom Handeln für eigene und fremde Rechnung,[445] weil beim Selbsteintritt die Ausführung der Kommission für eigene Rechnung des Kommissionärs stattfindet.[446]

b.) Kein Abschluss der Kaufverträge im Wege des Selbsteintritts des als Kommissionär agierenden zentralen Kontrahenten

Untersucht werden muss somit, ob die mit den Börsengeschäften abgeschlossenen Kaufverträge im Wege eines Selbsteintritts des als Kommissionär der Clearing-Mitglieder agierenden zentralen Kontrahenten zustande kommen. Bejahendenfalls träten geschäftsbesorgungsrechtliche Bestandteile neben vorstehend festgestellte, das Wesen der Börsengeschäfte ausmachenden kaufrechtlichen Elemente. Es gilt mithin an dieser Stelle, eine Abgrenzung zwischen einem reinen Kaufvertrag und einem solchen vorzunehmen, der im Rahmen einer Kommission durch Selbsteintritt zustande kommt.

Die ohnehin im Einzelfall nicht leichte Abgrenzung zwischen einem Kommissionsgeschäft und dem Kauf[447] ist beim Selbsteintritt noch schwieriger.[448] Zieht man jedoch die aus dem Wesen der Kommission als Geschäftsbesorgung herrührenden maßgeblichen Abgrenzungskriterien heran, zeigt sich, dass der zentrale Kontrahent nicht als Kommissionär tätig ist und das Rechtsverhältnis

---

441 Heymann-*Hermann*, §§ 400-402 Rn. 5; *Canaris,* Handelsrecht 2006, § 30 Rn. 103.

442 *K. Schmidt*, HandelsR, § 31 VI 1c (S. 909).

443 *Canaris,* Handelsrecht 2006, § 30 Rn. 103; *Köndgen,* FS Canaris 2007, Bd. II, S. 183, 187.

444 Ebenroth/Boujong/Joost/Strohn-*Krüger*, § 400 Rn. 11; Staub-*Koller*, § 400 Rn. 20.

445 Vgl. *Köndgen,* FS Canaris 2007, Bd. II, S. 183, 187.

446 Vgl. MüKoHGB-*Häuser*, § 400 Rn. 2.

447 Vgl. Soergel-*Huber*, Vor § 433 Rn. 249; *K. Schmidt*, HandelsR, § 31 III 2b (S. 866 ff.); *Zerwas/Hanten*, ZBB 2000, S. 44, 48.

448 Vgl. *K. Schmidt*, HandelsR, § 31 III 2b (S. 866).

zwischen ihm und den Clearing-Mitgliedern keine geschäftsbesorgungsrechtlichen Elemente aufweist.

Nicht gegen die Annahme einer Kommission spricht zunächst, dass der zentrale Kontrahent keineswegs allein das Sich-Bemühen um den Abschluss eines Ausführungsgeschäfts schuldet, sondern den Abschluss selbst. Denn die Pflicht zur Ausführung eines Kommissionsgeschäfts, die der Kommissionär nach § 384 Abs. 1 Hs. 1 HGB schuldet, kann durchaus weit zu verstehen sein.[449]

Für die Kommission spräche in Abgrenzung zum Kauf sodann die Vereinbarung einer Provision.[450] Und die transaktionsbezogenen Entgelte, welche die Clearing-Mitglieder an den zentralen Kontrahenten zu zahlen haben, könnten als Provision, also eine nach dem Umfang einzelner Geschäfte bemessene Zahlung als Gegenleistung für erbrachte Dienste,[451] eingeordnet werden. Gleichwohl ist eine Provisionsvereinbarung kein zwingender für die Kommission sprechender Umstand,[452] mithin kein (allein-) taugliches Abgrenzungskriterium.[453]

Maßgebliche Abgrenzungskriterien ergeben sich vielmehr aus dem Wesen der Kommission als Geschäftsbesorgungsvertrag. Der Geschäftsbesorger muss selbstständig tätig werden und dabei verpflichtet sein, seine Tätigkeit auf die Förderung und Wahrung der Interessen seines Geschäftsherrn auszurichten.[454] Die eigenen Interessen müssen dabei hintanstehen, der Geschäftsbesorger handelt folglich fremdnützig. Ein wichtiges Abgrenzungsmerkmal ist daher der Interessenwahrungscharakter der Geschäftsbesorgung.[455] Diese Interessenwahrungspflicht ergibt sich aus dem Treuhandcharakter der Geschäftsbesorgung[456] und besteht auch, wenn eine Kommission durch Selbsteintritt ausgeführt wird.[457] Die Wahrnehmung der Interessen des Geschäftsherrn ist somit eine der Hauptpflichten des Geschäftsführers (vgl. für die Kommission § 384 Abs. 1 Hs. 2 HGB).[458] Zur Konkretisierung dieser Pflichten hat der Geschäftsherr – wie in § 384 Abs. 1 Hs. 2 HGB vorgeschrieben – ein Weisungsrecht gegenüber dem Geschäftsführer,

449 Ebenroth/Boujong/Joost/Strohn-*Krüger*, § 384 Rn. 3.

450 BGH NJW-RR 2002, S. 1344, 1344 f.; MüKoBGB-*H.P. Westermann*, Vor § 433 Rn. 32.

451 Baumbach/Hopt-*Hopt*, § 87 Rn. 2.

452 RGZ 94, S. 65, 66; Baumbach/Hopt-*Hopt*, § 383 Rn. 7.

453 *Zerwas/Hanten*, ZBB 2000, S. 44, 48.

454 Staudinger-*Martinek*, § 675 Rn. A 22.

455 Staudinger-*Martinek*, § 675 Rn. A 22. Nach Hopt ist die Geschäftsbesorgung die Grundform eines Interessenwahrungsvertrages (*Hopt*, ZGR 2004, S. 1, 18).

456 Vgl. MüKoBGB-*Heermann*, § 675 Rn. 18; Ebenroth/Boujong/Joost/Strohn-*Krüger*, § 384 Rn 1.

457 Schlegelberger-*Hefermehl*, § 384 Rn. 14; Ebenroth/Boujong/Joost/Strohn-*Krüger*, § 384 Rn. 9.

458 Staudinger-*Martinek*, § 675 Rn. A 24.

welches mithin ein weiteres maßgeblich für das Vorliegen einer Kommission sprechendes Abgrenzungskriterium ist.[459]

Berücksichtigt man diese Kriterien, zeigt sich deutlich, dass der zentrale Kontrahent nicht als Geschäftsbesorger und damit Kommissionär für die Clearing-Mitglieder tätig wird. Zunächst ist der Umstand, dass der zentrale Kontrahent kein eigenes Interesse an Kaufgegenstand und -preis hat, also die Börsengeschäfte insoweit fremdnützig abschließt, kein zwingendes zur Annahme einer Kommission führendes Kriterium. Auch beim Eigenhandel, wie er in § 1 Abs. 1a S. 2 Nr. 4 KWG definiert ist, schließt nämlich das Finanzdienstleistungsinstitut auf eigene Rechnung Kaufverträge mit dem Kunden und erbringt dabei eine Dienstleistung an diesen.[460] Die Fremdnützigkeit des Handelns mit Wertpapieren muss sich daher nicht zwingend in einem Kommissionsverhältnis äußern.[461] Dies folgt auch schon daraus, dass es sich bei Kaufverträgen um Austauschverträge handelt, bei denen der von den Parteien verfolgte Vertragszweck allein im wechselseitigen Leistungsaustausch besteht. Hierneben bestehende weitere Ziele, die eine der Parteien verfolgt, also ihr Motiv für den Abschluss des auf den Leistungsaustausch gerichteten Vertrages, so wie hier beispielsweise das Provisionsinteresse des zentralen Kontrahenten, sind unerheblich.[462]

Gegen die Annahme einer Geschäftsbesorgung spricht, dass die Tätigkeit des zentralen Kontrahenten keine Selbstständigkeit aufweist.[463] Der zentrale Kontrahent verfügt nicht über den hierfür erforderlichen Handlungs- und Entscheidungsspielraum, weil er im Börsenhandel gänzlich passiv verbleibt und die Geschäfte ohne sein Zutun allein durch die Ordereingabe der Clearing-Mitglieder und das Matching zustande kommen. Er wird aus den Börsengeschäften so verpflichtet und berechtigt, wie es den Ordereingaben der Handelsteilnehmer entspricht, ohne die Möglichkeit zu haben, davon in irgendeiner Form abzuweichen. Dienste, die keinen Entscheidungsspielraum lassen, scheiden jedoch von vornherein als Geschäftsbesorgung aus.[464]

Mangels Selbstständigkeit der Tätigkeit des zentralen Kontrahenten hat dieser auch keinen Spielraum, um treuwidrig gegen die Interessen der Clearing-Mit-

---

459 BGHZ 1, S. 75, 79 f.; BGH NJW 1975, S. 776, 777; Staudinger-*Beckmann*, Vorbem. zu §§ 433 ff. Rn. 173; Ebenroth/Boujong/Joost/Strohn-*Krüger*, § 384 Rn. 13.

460 Begr. zum RegE eines Gesetzes zur Umsetzung von EG-Richtlinien zur Harmonisierung bank- und wertpapieraufsichtsrechtlicher Vorschriften, BR-Drucks. 939/96, S. 66.

461 MüKoHGB-*Ekkenga*, Effektengeschäft, Rn. 105.

462 Soergel-*Huber*, Vor § 433 Rn. 6.

463 Zur Maßgeblichkeit der Selbstständigkeit des Geschäftsbesorgers vgl. MüKoBGB-*Heermann*, § 675 Rn. 6.

464 Vgl. BGH DB 1959, S. 168.

glieder zu verstoßen. Den zentralen Kontrahenten trifft mithin keine Hauptpflicht, die Interessen der Clearing-Mitglieder zu wahren.[465]

Damit existiert auch kein Weisungsrecht der Clearing-Mitglieder gegenüber dem zentralen Kontrahenten. Das kommissionsrechtliche Weisungsrecht bezieht sich auf die Gestaltung des Ausführungsgeschäfts,[466] bei den Börsengeschäften also den Abschluss der Kaufverträge zwischen den Clearing-Mitgliedern und dem zentralen Kontrahenten. Als Weisung käme dabei lediglich die Festsetzung von Kaufpreis und Kaufgegenstand im Rahmen der Ordereingabe in Betracht. Die Eingaben betreffend der Modalitäten der Abwicklung, insbesondere hinsichtlich der Freigabe der Lieferung der Wertpapiere oder der Verrechnung gegenläufiger Forderungen, welche die Clearing-Mitglieder nach Abschluss der Börsengeschäfte im Rahmen des Brutto-Liefermanagements[467] tätigen können,[468] scheiden dafür aus. Denn vom Weisungsrecht erfasst sind lediglich Weisungen hinsichtlich des Ausführungsgeschäfts und nicht hinsichtlich der Durchführung desselbigen.[469] Bei der Bezeichnung der Preise und der Wertpapiere in der Order handelt es sich hingegen nicht um Weisungen an den zentralen Kontrahenten, sondern allein um die Bestimmung von Kaufpreis und Kaufgegenstand. Die Festsetzung des Kaufpreises und -gegenstandes indiziert hingegen gerade – ganz unabhängig vom vorstehend festgestellten Fehlen eines Weisungsrechts – einen (reinen) Kaufvertrag.[470] Aufgrund der fehlenden Möglichkeit und Notwendigkeit von Weisungen seitens der Clearing-Mitglieder fehlt damit ein weiteres der maßgeblichen Qualifikationsmerkmale der Kommission, sodass die Annahme einer solchen ausscheidet.[471]

---

465 Selbstverständlich ist Rücksichtnahme auf die Interessen des Vertragspartners, d.h. hier der Clearing-Mitglieder, nicht nur bei Annahme einer Geschäftsbesorgung eine Pflicht des zentralen Kontrahenten. Auch bei einem reinen Dienstvertrag oder einem reinen Kaufvertrag besteht diese Pflicht (§ 241 Abs. 2 BGB, § 242 BGB; vgl. Jauernig-*Mansel*, § 611 Rn. 23). Der Unterschied liegt darin, dass es sich im Falle der letztgenannten Verträge um eine Nebenpflicht, bei der Geschäftsbesorgung aber um eine Hauptpflicht handelt (Staudinger-*Martinek*, § 675 Rn. A 22 ff.; Palandt-*Sprau*, § 675 Rn. 5).

466 MüKoHGB-*Häuser*, § 384 Rn. 31; Heymann-*Hermann*, § 385 Rn. 3; Ebenroth/Boujong/Joost/Strohn-*Krüger*, § 385 Rn. 2.

467 Vgl. Kap. I Ziff. 1.6 CB-Eurex.

468 Vgl. Kap. I Ziff. 1.6 CB-Eurex und unten, S. 169.

469 Schlegelberger-*Hefermehl*, § 385 Rn. 5; Ebenroth/Boujong/Joost/Strohn-*Krüger*, § 385 Rn. 2; Koller/Roth/Morck-*Roth*, § 385 Rn. 2.

470 RGZ 94, S. 65, 66; vgl. auch BGHZ 8, S. 222, 226 f.; Baumbach/Hopt-*Hopt*, § 383 Rn. 7; MüKoBGB-*H.P. Westermann*, Vor § 433 Rn. 32; *Canaris,* Handelsrecht 2006, § 30 Rn. 8.

471 Vgl. BGH NJW 1951, S. 270, 271; BGH NJW 1975, S. 776, 777; Soergel-*Huber*, Vor § 433 Rn. 250; MüKoBGB-*H.P. Westermann*, Vor § 433 Rn. 32.

Da folglich die wesentlichen geschäftsbesorgungrechtlichen Elemente fehlen, liegt keine Kommission vor und die Kaufverträge zwischen dem zentralen Kontrahenten und den Clearing-Mitgliedern kommen nicht im Wege des Selbsteintrittes nach § 400 Abs. 1 HGB zustande. Es treten somit keine geschäftsbesorgungs- und kommissionsrechtlichen Elemente neben solche des Kaufrechts, sodass auch kein dahingehend typengemischter Vertrag vorliegt.

3.) Keine dienstvertragsrechtlichen Elemente

Zwar fehlen bei der Tätigkeit des zentralen Kontrahenten geschäftsbesorgungsrechtliche Elemente der von ihm abgeschlossenen Kaufverträge. Auch eine Treue*haupt*pflicht trifft ihn nicht. Gleichwohl konnte aber eine besondere, für einen Käufer bzw. Verkäufer atypische Fremdnützigkeit der Vertragsschlüsse und damit eine besondere Stellung und Interessenlage des zentralen Kontrahenten festgestellt werden. Es liegt daher nahe anzunehmen, dass die Börsengeschäfte weitere Elemente aufweisen, die zwar nicht durch eine Treuehauptpflicht geprägt und gekennzeichnet sind, aber fremdnützigen Charakter haben. Da die Treuepflicht als Hauptpflicht eines der wesentlichen Abgrenzungskriterien der Geschäftsbesorgung nicht nur von einem Kaufvertrag, sondern auch von einem (reinen) Dienstvertrag ist,[472] ist daher noch in Erwägung zu ziehen, ob die Börsengeschäfte dienstvertragliche Elemente aufweisen.

Wie ausgeführt schließt der zentrale Kontrahent fortlaufend Kaufverträge mit den Clearing-Mitgliedern, obwohl er selbst an den Kaufgegenständen und an dem Kaufpreis kein eigenes Interesse hat. Er tut dies, weil er sich gegenüber den Clearing-Mitgliedern hierzu mit Abschluss der Clearing-Vereinbarung und mit der Festlegung einer Geltung der Clearing-Bedingungen zwischen den Clearing-Mitgliedern und ihm selbst verpflichtet hat.[473] Er erbringt dabei mit dem Abschluss der einzelnen Kaufverträge eine Dienstleistung an die Clearing-Mitglieder, indem er deren Kontrahentenrisiko übernimmt und über das Risikomanagement in den Clearing-Bedingungen sozialisiert.[474]

---

472 Staudinger-*Martinek*, § 675 Rn. A 24; Palandt-*Sprau*, § 675 Rn. 5; *Hopt*, ZGR 2004, S. 1, 18.

473 Vgl. Kap. I Ziff. 1.2.1 Abs. 1 CB-Eurex.

474 Ähnlich *Kunz*, Ausgewählte Rechtsprobleme des Zentralen Kontrahenten, S. 475 f. Weitere Dienstleistungen erbringt der zentrale Kontrahent zudem, sofern zwischen ihm und der Clearing-Stelle – wie im Regelfall – Identität besteht, im Anschluss an die Börsengeschäfte zum einen in Form des Nettings, welches zu einer Reduktion der nun gegenüber dem zentralen Kontrahenten bestehenden Ausfallrisiken und auch der Transaktionskosten führt. Zum anderen erstellt die Clearing-Stelle sog. Reports, die bei der tatsächlichen Abwicklung (Settlement) der Börsengeschäfte von wesentlicher Bedeutung sind. Zu den Vorteilen des Nettings siehe bereits oben, S. 55 ff. Zum Netting und dem Settlement sogleich unten (Kapitel IV, S. 153 ff. bzw. Kapitel V, S. 175 ff.).

Die Clearing-Bedingungen stellen wie bereits ausgeführt[475] einen Rahmenvertrag zwischen dem zentralen Kontrahenten und den Clearing-Mitgliedern dar. Da sich der zentrale Kontrahent zum zukünftigen permanenten An- bzw. Verkauf von Wertpapieren verpflichtet, liegt eine dem Eigenhändlervertrag (Vertragshändlervertrag) vergleichbare Lage vor, bei dem sich der Vertragshändler verpflichtet, die Vertragswaren in einem bestimmten Gebiet auf eigene Rechnung zu vertreiben und den Absatz zu fördern.[476] Auch bei einem Eigenhändlervertrag liegt zunächst ein Dienstleistungs-(Rahmen-)Vertrag vor, in dessen Rahmen sodann Kaufverträge abgeschlossen werden, wozu sich die Parteien beispielsweise durch Aufnahme einer Mindestabnahmemenge seitens des Vertragshändlers auch bereits innerhalb des Rahmenvertrages verpflichten können.[477] Die Abschlüsse der Kaufverträge erfolgen dann *im Rahmen* des Dienstleistungsverhältnisses.[478] Es kommt mithin zwar zu einer Kombination von Dienstleistungs- und Kaufvertrag.[479] Gleichwohl müssen beide Rechtsverhältnisse streng unterschieden werden.[480]

So liegt es auch hier: Bei den einzelnen Börsengeschäften handelt es sich lediglich um (atypische) Kaufverträge. Sie beinhalten keine dienstvertraglichen Elemente. Vielmehr stellt ihr Abschluss die Erfüllung einer der durch die Clearing-Vereinbarung begründeten Dienstpflichten des zentralen Kontrahenten dar.

4.) Keine Vermittlungstätigkeit des zentralen Kontrahenten

Keine Parallelen hingegen lassen sich im Übrigen zum Recht der Handelsvertreter (§ 84 HGB) feststellen. Denn der zentrale Kontrahent wird nicht für Vertragsabschlüsse zwischen den Clearing-Mitgliedern ursächlich tätig, vermittelt also keine Geschäfte zwischen den Clearing-Mitgliedern, wie dies aber § 84 Abs. 1 S. 1 Var. 1 HGB voraussetzt. Und er schließt auch nicht in deren Namen für die Clearing-Mitglieder die Kaufverträge ab, wie dies alternativ dazu in § 84 Abs. 1 S. 1 Var. 2 HGB vorgesehen ist. Ferner übernimmt der zentrale Kontrahent hier wie dargelegt die Ausfallrisiken. Demgegenüber ist die „Übernahme eines eigenen Risikos in Bezug auf die Durchführung des Geschäfts selbst […] dem Wesensgehalt einer Vermittlertätigkeit fremd",[481] sodass auch deswegen eine Vermittlertätigkeit des zentralen Kontrahenten ausscheidet.

---

475 Siehe dazu bereits oben, S. 90.
476 Vgl. *Ulmer*, Vertragshändler, S. 3 f.; Soergel-*Huber*, Vor § 433 Rn. 63 f.
477 Erman-*Grunewald*, Vor § 433 Rn. 15.
478 Erman-*Grunewald*, Vor § 433 Rn. 15.
479 Erman-*Grunewald*, Vor § 433 Rn. 15.
480 Soergel-*Huber*, Vor § 433 Rn. 63 ff.
481 BGHZ 1, S. 75, 79.

5.) Zwischenfazit: Atypische Kaufverträge, die wirtschaftlich mit einer Kommission vergleichbar sind

Damit lässt sich festhalten, dass es sich bei den Börsengeschäften um Kaufverträge handelt. Der durch die Festlegung des Matchings als aufschiebende Bedingung bewirkte Umstand, dass sich der zentrale Kontrahent nur verpflichtet, die Wertpapiere eines verkaufenden Clearing-Mitglieds abzunehmen und diesem den Kaufpreis zu zahlen, wenn er zugleich diese Wertpapiere weiterveräußern kann, erinnert jedoch durchaus an eine Verkaufskommission. Dementsprechend erinnert es an eine Einkaufskommission, dass sich der zentrale Kontrahent einem Clearing-Mitglied nur zur Verschaffung der Wertpapiere verpflichtet, wenn er diese von einem anderen Clearing-Mitglied beanspruchen kann.

Eine solche Ausgestaltung von Kaufverträgen ist im Bürgerlichen Recht durchaus bekannt. Sie erinnert an das insbesondere im Zeitschriften- und Buchhandel vorkommende sogenannte Konditionsgeschäft, einer Ausgestaltung eines Kaufvertrages, die anerkanntermaßen zu Schwierigkeiten hinsichtlich der Abgrenzung zwischen Kommission und Kauf – mitunter gar zur fälschlichen Bezeichnung von Kaufverträgen als „Kommission“[482] – führt.[483] Bei Konditionsgeschäften handelt es sich um Kaufverträge, bei denen der Käufer ein Rückgaberecht für nicht weiterverkaufte Ware hat.[484] Dabei kommen unterschiedliche Ausgestaltungen der Kaufverträge zwischen dem Erstverkäufer und seinem Käufer in Betracht. Beispielsweise kann eine auflösende Bedingung der Rückgabe der Sache vereinbart sein, insbesondere wird aber vielfach – der aufschiebenden Bedingung des Matchings entsprechend – die aufschiebende Bedingung des Zustandekommens eines Weiterverkaufsgeschäfts aufgenommen.[485] Bei einem solchen Konditionsgeschäft verlagert also der Käufer, genauso wie der als Käufer agierende zentrale Kontrahent, das wirtschaftliche Risiko des Weiterverkaufs auf den Verkäufer, sodass das wirtschaftliche Ergebnis mit demjenigen einer Verkaufskommission vergleichbar ist, gleichwohl der Käufer aber für eigene Rechnung handelt.[486]

Hinsichtlich der Aufnahme der aufschiebenden Bedingung eines Matchings in den Kaufvertrag zwischen dem als Verkäufer agierenden zentralen Kontrahenten und einem kaufenden Clearing-Mitglied gibt es indes in der Rechtspraxis offenbar nichts Vergleichbares. Diese Ausgestaltung erinnert zwar entfernt an sogenannte Selbstbelieferungsvorbehalte.[487] Zwischen einem Selbstbelieferungs-

---

482 Vgl. BGH NJW 1975, S. 776.

483 Vgl. Soergel-*Huber*, Vor § 433 Rn. 249; MüKoBGB-*H.P. Westermann*, Vor § 433 Rn. 32 und 42.

484 MüKoBGB-*H.P. Westermann*, Vor § 433 Rn. 32.

485 Staudinger-*Beckmann*, Vorbem. zu §§ 433 ff. Rn. 174 m.w.N.

486 Erman-*Grunewald*, Vor § 433 Rn. 19; PWW-*D. Schmidt*, Vor §§ 433 ff. Rn. 5.

487 Zu Selbstbelieferungsvorbehalten vgl. *Salger*, Beschaffung und Beschaffenheit, S. 78 ff.

vorbehalt und der vorstehend angeführten Bedingung besteht gleichwohl der wichtige Unterschied, dass hier eine aufschiebende (§ 158 Abs. 1 BGB), dort aber eine auflösende Bedingung (§ 158 Abs. 2 BGB) vereinbart wird. Bei Selbstbelieferungsvorbehalten sind Käufer und Verkäufer ab dem Zeitpunkt des Vertragsschlusses bereits wirksam zur Bewirkung ihrer Leistungen verpflichtet. Durch die Aufnahme der auflösenden Bedingung des Ausfalls im Deckungsgeschäft wird der Verkäufer jedoch nachträglich wieder von seiner Leistungspflicht befreit, wenn er selbst nicht fristgemäß beliefert wird.[488] Er muss sich selbst im Falle von gattungsgemäß bestimmter Ware nicht um anderweitige Eindeckung bemühen.[489] Voraussetzung hierfür ist jedoch, dass der Verkäufer zur Sicherung der Selbstbelieferung bereits vor Abschluss des Kaufvertrages ein kongruentes Deckungsgeschäft abschließt,[490] welches bei „natürlichem reibungslosem Ablauf" die Erfüllung des Kaufvertrages mit der aus dem Deckungsgeschäft erwarteten Ware ermöglicht.[491] Bei Börsengeschäften hingegen kommt der Kaufvertrag erst dann wirksam zustande, wenn ein Deckungsgeschäft des zentralen Kontrahenten abgeschlossen wird. Dann aber wird der zentrale Kontrahent dem kaufenden Clearing-Mitglied gegenüber nicht wieder mittels einer entsprechenden auflösenden Bedingung von seiner Leistungspflicht befreit, wenn er in diesem Deckungsgeschäft ausfällt. Mit einem Selbstbelieferungsvorbehalt schützt sich folglich der Verkäufer beim Gattungskauf vor der Haftung für die anderweitige Eindeckung mit dem Kaufgegenstand.[492] Mit der Aufnahme der aufschiebenden Bedingung eines Matchings hingegen versucht der zentrale Kontrahent im Vorfeld des Vertragsschlusses zu gewährleisten, dass er die dem kaufenden Clearing-Mitglied geschuldete Leistung auch bewirken kann. Vor einem Ausfall beim verkaufenden Clearing-Mitglied und der Haftung für eine anderweitige Eindeckung mit den Wertpapieren zum Zwecke der Belieferung des kaufenden Clearing-Mitglieds schützt ihn die Bedingung gleichwohl nicht. Alles andere würde der Verlagerung der Ausfallrisiken des kaufenden Clearing-Mitglieds weg vom verkaufenden Clearing-Mitglied und hin zum zentralen Kontrahenten und damit einem der maßgeblichen Ziele der Einschaltung eines zentralen Kontrahenten auch diametral zuwiderlaufen. Somit erinnert die aufschiebende Bedingung eines Matchings hinsichtlich des als Verkäufer agierenden zentralen Kontrahenten zwar an einen Selbstbelieferungsvorbehalt. Sie unterscheidet sich aber in der Ausgestaltung (aufschiebende statt auflösende Bedingung) und insbeson-

488 PWW-*D. Schmidt*, § 433 Rn. 32.
489 Staudinger-*Beckmann*, § 433 Rn. 86.
490 Staudinger-*Beckmann*, § 433 Rn. 86.
491 BGH WM 1990, S. 107, 108.
492 Vgl. Soergel-*Huber*, § 433 Anh II Rn. 39.

dere den Folgen (kein nachträglicher Wegfall der Leistungspflicht im Falle des Ausfalls im Deckungsgeschäft) wesentlich von diesem.

Aufgrund der dargelegten, bei den Börsengeschäften mit dem zentralen Kontrahenten gegebenen wirtschaftlichen Annäherung der Kaufverträge an die bei einer Kommission vorzufindende Lage weichen diese Verträge erheblich von dem in § 433 BGB ausgedrückten Leitbild eines Umsatzgeschäftes ab, welches darauf gerichtet ist, dass der Verkäufer dem Käufer das Eigentum am Kaufgegenstand verschafft, damit dieses im Vermögen des Käufers an die Stelle des Kaufpreises treten kann, welchen der Käufer an den Verkäufer zahlt, in dessen Vermögen der Kaufpreis den vormals in seinem Eigentum stehenden Kaufgegenstand ersetzt. Vergleichbar mit einem Kommissionär agiert der zentrale Kontrahent lediglich als Intermediär zwischen dem kaufenden und dem verkaufenden Clearing-Mitglied. Diese Abweichung vom beschriebenen Leitbild eines typischen Kaufvertrages, wie es durch den Pflichteninhalt des § 433 BGB ausgedrückt wird, führt dazu, dass die Börsengeschäfte als *atypische* Kaufverträge zu bezeichnen sind.[493]

IV.) Kein abweichendes Ergebnis aufgrund bankaufsichtsrechtlicher Wertungen

Wie bereits gesagt, schließt der zentrale Kontrahent permanent Kaufverträge mit den Clearing-Mitgliedern und erbringt damit diesen gegenüber zugleich eine Dienstleistung. Bankaufsichtsrechtlich erinnert dies an die Finanzdienstleistung des Eigenhandels, wie sie in § 1 Abs. 1a S. 2 Nr. 4 KWG normiert ist. Ein Eigenhändler in diesem Sinne betreibt nämlich ausweislich der Definition des § 1 Abs. 1a S. 2 Nr. 4 KWG ebenso wie der zentrale Kontrahent die Anschaffung oder Veräußerung[494] von Wertpapieren[495] für eigene Rechnung und erbringt damit eine

---

493 Dass auch Konditionsgeschäfte und die Aufnahme von Selbstbelieferungsvorbehalten je für sich genommen bereits als atypische Ausgestaltungen von Kaufverträgen bezeichnet werden (vgl. Soergel-*Huber*, Vor § 433 Rn. 249; bzgl. des Konditionsgeschäfts auch MüKoBGB-*H.P. Westermann*, Vor § 433 Rn. 42 („Sonderform")), bekräftigt das hier gefundene Ergebnis, da bei Börsengeschäften (vergleichbare) atypische Elemente sogar stets hinsichtlich eines Einkaufsvertrages *und* eines korrespondierenden Verkaufsvertrages des zentralen Kontrahenten und damit kumuliert vorliegen.

494 „Anschaffung oder Veräußerung" setzt nicht voraus, dass der Finanzdienstleister selbst Eigentum an den Wertpapieren erwerben bzw. aufgeben muss. Gemeint sind auch die Rechtsgeschäfte, die auf die Übertragung des Eigentums an den Wertpapieren gerichtet sind (vgl. *du Buisson*, WM 2003, S. 1401, 1407; *Hammen*, WM 2005, S. 813, 814).

495 § 1 Abs. 1a S. 2 Nr. 4 KWG spricht statt von Wertpapieren von Finanzinstrumenten. Solche Instrumente sind jedoch gemäß § 1 Abs. 11 S. 1 KWG u.a. Wertpapiere, was nach § 1 Abs. 11

Dienstleistung für andere. Gleichwohl hat sich der Gesetzgeber veranlasst gesehen, den zentralen Kontrahenten abweichend davon eigens in § 1 Abs. 31 KWG zu definieren und seine Tätigkeit in § 1 Abs. 1 S. 2 Nr. 12 KWG als Bankgeschäft zu qualifizieren. Es liegt daher die Vermutung nahe, der Gesetzgeber sei davon ausgegangen, ein zentraler Kontrahent schließe anders als ein Eigenhändler keine Kaufverträge für eigene Rechnung als Dienstleistung für andere ab.

Zunächst soll daher untersucht werden, ob sich der Abschluss der Börsengeschäfte durch einen zentralen Kontrahenten als Eigenhandel i.S.d. § 1 Abs. 1a S. 2 Nr. 4 KWG einordnen lässt. Sollte dies der Fall sein, bleibt zu klären, ob aus der gleichwohl erfolgten gesonderten Normierung der Tätigkeit eines zentralen Kontrahenten zu folgern ist, dass der Gesetzgeber davon ausgeht, ein zentraler Kontrahent schließe eben doch anders als ein Eigenhändler keine Kaufverträge oder erbringe damit keine Dienstleistung oder gar beides. Dann nämlich könnte eine andere, dem gesetzgeberischen Willen entsprechende Bewertung der Börsengeschäfte geboten sein.

Eigenhandel i.S.d. § 1 Abs. 1a S. 2 Nr. 4 KWG[496] liegt ausweislich der Gesetzesmaterialien vor, wenn ein Unternehmen im eigenen Namen und für eigene Rechnung Kaufverträge über Finanzinstrumente mit dem Kunden abschließt und damit diesem gegenüber eine Dienstleistung erbringt.[497] Zivilrechtlich sind Eigenhändlergeschäften daher Kaufverträge gemäß § 433 BGB, die mit der Besonderheit ausgestattet sind, dass der Finanzdienstleister diese Geschäfte zwar – in Abgrenzung zur auf fremde Rechnung vorgenommenen Finanzkommission[498] – für eigene Rechnung, aber gleichwohl nicht allein für eigene Zwecke abschließt, sondern dabei für seinen Kunden eine Dienstleistung erbringen will,[499] weshalb die Kaufverträge mitunter auch als Kaufverträge sui generis eingeordnet werden.[500] Anhand des Kriteriums, ob das Institut mit dem Abschluss des Kaufvertrages

---

S. 2 Nr. 1 KWG wiederum u.a. Aktien und Zertifikate erfasst. Daher kann im Folgenden auch im Rahmen der Ausführungen zum KWG weiterhin von Wertpapieren gesprochen werden, um eine einheitliche Terminologie innerhalb dieser Arbeit zu gewährleisten.

496 Der Begriff des Eigenhandels i.S.d. § 1 Abs. 1a S. 2 Nr. 4 KWG kann dabei wie derjenige i.S.d. § 2 Abs. 3 Nr. 2 WpHG ausgelegt werden, was sich unter anderem aus der Gesetzesbegründung zum Regierungsentwurf eines Gesetzes zur Umsetzung von EG-Richtlinien zur Harmonisierung bank- und wertpapieraufsichtsrechtlicher Vorschriften (BT-Drucks. 13/7142, S. 102) ergibt (*Oelkers*, WM 2001, S. 340 Fn. 3).

497 Begr. zum RegE eines Gesetzes zur Umsetzung von EG-Richtlinien zur Harmonisierung bank- und wertpapieraufsichtsrechtlicher Vorschriften, BR-Drucks. 939/96, S. 66.

498 KK-WpHG-*Versteegen*, § 2 Rn. 134.

499 Schimansky/Bunte/Lwowski-*Kümpel/Bruski*, § 104. Effektengeschäft (Finanzkommissionsgeschäft), Rn. 5; KK-WpHG-*Versteegen*, § 2 Rn. 134; *Kümpel*, FS T. Raiser, S. 699, 706.

500 Schimansky/Bunte/Lwowski-*Kümpel/Bruski*, § 104. Effektengeschäft (Finanzkommissionsgeschäft), Rn. 7.

zugleich dienstleistend für den Kunden tätig wird, ist auch die Abgrenzung zum sogenannten Eigengeschäft vorzunehmen, bei welchem das Unternehmen für eigene Rechnung und allein für eigene Zwecke Kaufverträge abschließt.[501]

Hinsichtlich der Frage, welche Anforderungen daran zu stellen sind, dass es sich bei dem Abschluss des Kaufvertrages zugleich um eine Dienstleistung für den Kunden handelt, wird von Teilen des Schrifttums gefordert, dass vor Abschluss des Kaufvertrages ein entsprechender Kundenauftrag vorliege[502] oder sich sonst aus der Stellung des Finanzdienstleisters ergebe, dass er nicht allein für eigene Zwecke handele, was zudem nahelege, zu fordern, dass neben dem Kaufvertrag zwischen dem Kunden und dem Finanzdienstleister ein weiterer Vertrag geschlossen werde.[503] Richtigerweise ist der Dienstleistungscharakter zu bejahen, wenn das Unternehmen bei wirtschaftlicher Betrachtung für den Kunden agiert, um die von ihm gewünschte Anschaffung oder Veräußerung der Wertpapiere zu tätigen,[504] was sowohl auf Initiative des Kunden als auch des Unternehmens geschehen kann.[505] Ein weiteres Rechtsgeschäft neben den betreffenden Kaufverträgen ist hierzu nicht erforderlich.[506]

Ein Eigenhändler zeichnet sich mithin dadurch aus, dass er die gegebenen Marktstrukturen nicht nur selbst als Kunde nutzt, um Wertpapiere zu kaufen oder zu verkaufen, sondern dass er durch sein Agieren einen aktiven Bestandteil des Marktes bildet oder diesen gar erst schafft,[507] sodass Eigenhandel stets vorliegt, wenn ein Unternehmen anderen anbietet oder sich bereit hält, permanent oder zumindest mehrfach Wertpapiere zu kaufen oder zu verkaufen.[508]

Legt man diese Kriterien zugrunde, ergibt sich zunächst recht deutlich, dass die Tätigkeit eines zentralen Kontrahenten durchaus Eigenhandel für andere darstellt.

Wie bereits festgestellt, handelt es sich bei den mit dem zentralen Kontrahenten zustande kommenden Börsengeschäften ebenso wie bei denjenigen eines Eigenhändlers um Kaufverträge i.S.d. § 433 BGB. Zudem liegt mit dem Abschluss der Kaufverträge eine Dienstleistung des zentralen Kontrahenten vor. Diese Leistung

---

501 Schwark/Zimmer-*Beck*, § 2 WpHG Rn. 65.

502 Schwark/Zimmer-*Beck*, § 2 WpHG Rn. 65; *Jung/Schleicher,* Finanzdienstleister und Wertpapierhandelsbanken, S. 56 f.; *Reischauer/Kleinhans*, Tz. 115, ErgLfg. 2/04, § 1 Rn. 194; *Zerwas/Hanten*, ZBB 2000, S. 44, 46.

503 Vgl. *Oelkers*, WM 2001, S. 340, 345.

504 Schimansky/Bunte/Lwowski-*Kümpel/Bruski*, § 104. Effektengeschäft (Finanzkommissionsgeschäft), Rn. 6.

505 *Du Buisson*, WM 2003, S. 1401, 1408.

506 Schimansky/Bunte/Lwowski-*Kümpel/Bruski*, § 104. Effektengeschäft (Finanzkommissionsgeschäft), Rn. 6; *Oelkers*, WM 2001, S. 340, 345.

507 *Oelkers*, WM 2001, S. 340, 345.

508 *Du Buisson*, WM 2003, S. 1401, 1408; *Oelkers*, WM 2001, S. 340, 345.

entspricht auch den genannten Kriterien zur Qualifizierung der Tätigkeit eines Eigenhändlers als Dienstleistung. Denn wie dieser nutzt der zentrale Kontrahent nicht allein den Börsenhandel und den damit verbundenen Markt für Wertpapiere. Vielmehr ist er wesentlicher Teil von dessen Infrastruktur, gerade weil er sich den Clearing-Mitgliedern, aber auch dem Börsenbetreiber gegenüber verpflichtet, dass alle Kaufverträge mit ihm zustande kommen.[509] Und auch wenn man ein weiteres Rechtsgeschäft zwischen dem Eigenhändler und seinem Kunden fordern wollte, wäre diese Voraussetzung hier erfüllt, denn zwischen dem zentralen Kontrahenten und den Clearing-Mitgliedern besteht die Clearing-Vereinbarung als Rahmenvertrag. Schließlich ist es einem Eigenhändler auch möglich, ebenso wie der zentrale Kontrahent zur Begrenzung seines durch den Abschluss von Kaufverträgen für eigene Rechnung übernommenen Risikos den Kaufvertrag mit seinem Kunden unter die aufschiebende Bedingung zu stellen, dass der Eigenhändler am Markt die Wertpapiere erwerben bzw. für die Wertpapiere eines verkaufenden Kunden am Markt den gleichen Preis erzielen kann.[510]

Zweifel an einer Einordnung der Tätigkeit des zentralen Kontrahenten als Eigenhandel ließen sich allein dem Wortlaut von § 1 Abs. 1a S. 2 Nr. 4 KWG nach hegen, weil der Begriff „Handel" nahelegen könnte, dass ein Eigenhändler mit dem An- und Verkauf einen wirtschaftlichen Erfolg in Ausnutzung von Kursdifferenzen zwischen den beiden Geschäften verfolgt, mithin der Eigenhandel spekulativen Charakter und eine nur kurzfristige Investition voraussetzt.[511] Dem lässt sich jedoch entgegenhalten, dass „Handel" dem Wortlaut nach nicht zwingend ein spekulatives Element erfordert, dieser Wendung mithin nur geringe Aussagekraft zukommt.[512] Zudem hat die herrschende Meinung,[513] bereits bevor das Market-Making ausdrücklich in § 1 Abs. 1a S. 2 Nr. 4 KWG als Eigenhandel aufgenommen worden war, dieses als Eigenhandel qualifiziert, obgleich ein Market-Maker keine Spekulationsinteressen hat, sondern vielmehr seine Tätigkeit beispielsweise ausübt, weil er dafür Gebühren von Wertpapieremittenten erhält oder Nachlässe der Börse für den Handel in den Wertpapieren, für die er das Market-Making übernimmt, nutzen möchte.[514] Die herrschende Meinung konnte

509 *Kunz*, Ausgewählte Rechtsprobleme des Zentralen Kontrahenten, S. 475 f.

510 *Oelkers*, WM 2001, S. 340, 342; *Kümpel*, WM 1995, S. 137, 140 (zum Festpreisgeschäft).

511 So *Oelkers*, WM 2001, S. 340, 345.

512 *Kunz*, Ausgewählte Rechtsprobleme des Zentralen Kontrahenten, S. 478 m.w.N.; *du Buisson*, WM 2003, S. 1401, 1409.

513 Fuchs-*Fuchs*, WpHG, § 2 Rn. 83; *Kümpel*, FS T. Raiser, S. 699, 708; *du Buisson*, WM 2003, S. 1401, 1407. A.A. KK-WpHG-*Versteegen*, § 2 Rn. 135.

514 *Du Buisson*, WM 2003, S. 1401, 1407 Fn. 60. An der FWB heißen die Market-Maker „Designated Sponsors". Im Gegenzug für deren Übernahme der Verpflichtung, ständig Kauf- und Verkaufsangebote (Quotes) für bestimmte Wertpapiere zu stellen, werden ihnen die Handelsentgelte für die im Rahmen der Tätigkeit als Designated Sponsor abgeschlossenen Geschäfte erlassen (*Deutsche Börse AG*, Xetra Release 10.0, S. 10).

sich dabei sogar auf die Gesetzesmaterialien stützen, die belegen, dass auch der Gesetzgeber nicht davon ausging, ein Eigenhändler müsse spekulativ agieren. In der Regierungsbegründung zum Gesetz zur Umsetzung von EG-Richtlinien zur Harmonisierung bank- und wertpapieraufsichtsrechtlicher Vorschriften wird das Market-Making nämlich explizit als Beispiel für den Eigenhandel aufgeführt.[515] Ferner ist auch das sogenannte Execution-Geschäft als ein Fall des Eigenhandels anerkannt,[516] bei welchem das Institut ebenfalls keine Kursschwankungen ausnutzt, sondern allein mit Provisionserzielungsabsicht tätig wird.

Schließlich lässt sich gegen das Erfordernis eines spekulativen Charakters und der Kurzfristigkeit der Investition einwenden, dass § 1 Abs. 1a S. 2 Nr. 4 KWG bis zum 30.12.2010 noch die Wendung „die Anschaffung *und* die Veräußerung von Finanzinstrumenten für eigene Rechnung als Dienstleistung für andere (Eigenhandel)" enthielt, heute aber „die Anschaffung *oder* Veräußerung von Finanzinstrumenten für eigene Rechnung als Dienstleistung für andere (Eigenhandel)" lautet.[517] Nunmehr wird also nur noch die Anschaffung *oder* Veräußerung, nicht aber die Anschaffung *und* Veräußerung gefordert. Bei alleiniger Anschaffung oder alleiniger Veräußerung scheidet aber das Ausnutzen einer Kursdifferenz zur Erzielung von Spekulationsgewinnen schlechthin aus.

Damit kann die Tätigkeit als zentraler Kontrahent dem Wortlaut des § 1 Abs. 1a S. 2 Nr. 4 KWG nach als Eigenhandel qualifiziert werden.[518]

Auch der Gesetzgeber war, als er die Tätigkeit des zentralen Kontrahenten in § 1 Abs. 1 S. 2 Nr. 12 KWG gesondert als Bankgeschäft normiert hat, keineswegs der Auffassung, der zentrale Kontrahent betreibe keinen Eigenhandel. Ausweislich der Gesetzesmaterialien zum Gesetz zur Umsetzung der neu gefassten Bankenrichtlinie und der neu gefassten Kapitaladäquanzrichtlinie vom 17. November 2006[519] wollte der Gesetzgeber mit der gesonderten Normierung der Tätigkeit eines zentralen Kontrahenten in § 1 Abs. 1 S. 2 Nr. 12 KWG eine Klarstellung erreichen, da die „Einordnung der Tätigkeit als zentraler Kontrahent unter die Normen des Kredit-

---

515 Begr. zum RegE eines Gesetzes zur Umsetzung von EG-Richtlinien zur Harmonisierung bank- und wertpapieraufsichtsrechtlicher Vorschriften, BT-Drucks. 13/7142, S. 101.

516 Boos/Fischer/Schulte-Mattler-*Schäfer*, § 1 Rn. 132; *Zerwas/Hanten*, ZBB 2000, S. 44, 45. Bei einem Execution-Geschäft fragt der Kunde vor dem Abschluss eines Kaufvertrages mit dem Institut bei diesem die Börsenkurse an. Das Institut erteilt dem Kunden Auskunft über die Kurse an verschiedenen Börsen, woraufhin der Kunde ein Angebot an das Institut unter Angabe des Börsenplatzes, der Menge und des Kaufpreises macht, welches das Institut annimmt und damit einen Kaufvertrag mit dem Kunden abschließt. Sodann tätigt das Institut nahezu zeitgleich ein Deckungsgeschäft hinsichtlich der Wertpapiere an der Börse. Ausführlich zum Execution-Geschäft *Zerwas/Hanten*, ZBB 2000, S. 44, 45 f.

517 Jeweilige Hervorhebung durch den Verfasser.

518 So auch *Kunz*, Ausgewählte Rechtsprobleme des Zentralen Kontrahenten, S. 478.

519 BGBl. I S. 2606.

wesengesetzes [...] in der Vergangenheit mit gewissen Zweifeln behaftet [war]."[520] Aus der Gesetzesbegründung ergibt sich zudem, dass der Gesetzgeber hinsichtlich der Tätigkeiten eines zentralen Kontrahenten der Auffassung ist, diese stellten eine Kombination von Bankgeschäften und Finanzdienstleistungen dar, die unter anderen dem Finanzkommissionsgeschäft oder auch dem Eigenhandel für andere „nahe kommen oder diese verwirklichen".[521] Der Gesetzgeber ist folglich mitnichten der Auffassung, der zentrale Kontrahent nehme Tätigkeiten vor, die sich nicht als Eigenhandel qualifizieren ließen. Vielmehr ging er davon aus, dass diesbezüglich zumindest eine Überschneidung, wenn nicht sogar Identität der Tätigkeiten gegeben ist.

Er bezweckte indes wegen der wesentlichen Bedeutung eines zentralen Kontrahenten für die Stabilität des Finanzmarktes eine Klarstellung, um zentrale Kontrahenten zweifelsfrei und damit rechtssicher der Aufsicht durch die Bafin unterstellen zu können.[522] Eine eindeutige gesetzliche Regelung war dabei zudem geboten, weil die Aufnahme einer erlaubnispflichtigen Tätigkeit nach § 54 Abs. 1 Nr. 2 KWG strafbewehrt ist und dem Grundsatz „nulla poene sine lege certa" entsprechend eine klare Einordnung in die die Erlaubnispflicht auslösenden Tatbestände des § 1 Abs. 1 und Abs. 1a KWG notwendig war.[523] Eine Abgrenzung dahingehend, dass der zentrale Kontrahent keine solchen Geschäfte abschließt, wie sie auch bei Tätigwerden eines Einzelhändlers zustande kommen, war aber nicht intendiert.

Somit ist eine andere Bewertung der Börsengeschäfte aufgrund der gesonderten Normierung der Tätigkeiten eines zentralen Kontrahenten in § 1 Abs. 1 S. 2 Nr. 12 KWG nicht in Erwägung zu ziehen.

Dass der Gesetzgeber davon ausgeht, die Tätigkeit eines zentralen Kontrahenten komme unter anderen auch dem Finanzkommissionsgeschäft und dem Eigenhandel nahe, bestätigt vielmehr das hier gefundene Ergebnis, wonach es

---

520 Begr. zum RegE eines Gesetzes zur Umsetzung der neu gefassten Bankenrichtlinie und der neu gefassten Kapitaladäquanzrichtlinie, BT-Drucks. 16/1335, S. 40. Dass die Einordnung der Tätigkeiten eines zentralen Kontrahenten als Bankgeschäft oder Finanzdienstleistung (außerhalb des Tatbestandes des § 1 Abs. 1 S. 2 Nr. 12 KWG) und damit die Frage, ob eine Genehmigung der Tätigkeiten nach § 32 Abs. 1 S. 1 KWG erforderlich und folglich auch das Tätigwerden ohne eine solche gem. § 54 Abs. 1 Nr. 2 KWG strafbewehrt ist, aufgrund des Wortlauts einzelner Tatbestände und auch systematischer, teleologischer und nicht zuletzt europarechtlicher Erwägungen mit enormen Unsicherheiten behaftet ist, hat insbesondere Kunz ausführlich dargelegt (*Kunz*, Ausgewählte Rechtsprobleme des Zentralen Kontrahenten, S. 447 ff.).

521 Begr. zum RegE eines Gesetzes zur Umsetzung der neu gefassten Bankenrichtlinie und der neu gefassten Kapitaladäquanzrichtlinie, BT-Drucks. 16/1335, S. 40.

522 Vgl. Begr. zum RegE eines Gesetzes zur Umsetzung der neu gefassten Bankenrichtlinie und der neu gefassten Kapitaladäquanzrichtlinie, BT-Drucks. 16/1335, S. 40.

523 Vgl. *du Buisson*, WM 2003, S. 1401, 1408; *Oelkers*, WM 2001, S. 340, 341.

sich bei den Börsengeschäften um atypische Kaufverträge handelt, mit deren Abschluss der zentrale Kontrahent zudem eine Dienstleistung an die Clearing-Mitglieder erbringt, die wirtschaftlich mit einer Kommission vergleichbar sind.

D.) Fazit

Zusammenfassend kann festgestellt werden, dass es sich bei den Börsengeschäften um atypische Kaufverträge handelt. Die auf den Abschluss der Börsengeschäfte gerichteten Willenserklärungen beinhalten alle essentialia negotii eines Kaufvertrages und die Parteien vereinbaren auch gerade die für Kaufverträge typischen Pflichten. Das wirtschaftlich mit der atypischen Ausgestaltung der Kaufverträge bewirkte Pflichtengefüge erinnert durchaus an eine Kommission. Es konnte jedoch gezeigt werden, dass eine solche nicht vorliegt. Mit dem Abschluss der Kaufverträge geht im Übrigen zugleich die Erbringung einer Dienstleistung seitens des zentralen Kontrahenten an die Clearing-Mitglieder einher.

Kapitel IV: Die Erfüllung von Börsengeschäften – Teil 1: Das Netting

Auf den in Kapitel II beschriebenen Geschäftsabschluss folgt die Erfüllung der Börsengeschäfte. Bevor der Inhalt dieses Kapitels im Überblick dargelegt wird, soll vorab noch einmal kurz erörtert werden, was der Begriff „Erfüllung von Börsengeschäften" und damit der Inhalt dieses und des nächsten Kapitels umfasst:

Die Erfüllung ist zunächst vom Zustandekommen der Geschäfte, also der Handelsstufe, abzugrenzen. Der Handel findet unter den Handelsteilnehmern statt. Die Erfüllung hingegen erfolgt im Rahmen des Clearings und des Settlements zudem über die am Clearing- und Settlement-Verfahren Beteiligten. Das Clearing selbst untergliedert sich wiederum in das Netting, also die Verrechnung gegenläufiger Forderungen, und die Besicherung der genetteten Verbindlichkeiten.[524]

Vom Clearing wiederum zu unterscheiden ist sodann das Settlement, also die eigentliche Übertragung der zu liefernden Wertpapiere bzw. die Zahlung des geschuldeten Kaufpreises. Netting und Settlement bilden zusammen die Bestandteile der Erfüllung von Börsengeschäften. Beide sind dogmatisch streng zu unterscheiden.[525] Das Netting ist dabei dem Settlement vorgeschaltet.[526] Wie bereits erörtert, werden zunächst im Rahmen des Nettings die Verbindlichkeiten aus den Börsengeschäften auf schuldrechtlicher Ebene miteinander verrechnet.[527] Sodann werden – und das ist Gegenstand des Settlements – (nur) die nicht verrechneten Salden, mithin die nach dem Netting verbleibenden Rechtsansprüche (sogenannte „Spitzen"), durch Übertragung der Wertpapiere oder Zahlung von Geld erfüllt.[528] Die Vorgänge im Rahmen des Settlements bewirken damit die Erfüllung nur noch insoweit, wie dies nicht schon durch das Netting geschehen ist.[529]

Gegenstand dieses Kapitels ist zunächst als erster Teil der Erfüllung der Börsengeschäfte das Netting. Wie dieses im Börsenhandel erfolgt, ist abhängig von den entsprechenden Regelungen am konkreten Börsenplatz und kann deshalb

---

524 Siehe bereits oben, S. 47 und S. 55 ff.
525 *Canaris*, WM 1976, S. 994, 1000.
526 *Ehricke*, FS Lüer, S. 361, 363.
527 Siehe oben, S. 47 und S. 55 ff.
528 *Ehricke*, FS Lüer, S. 361, 363; *Horn*, WM 2002, Sonderbeilage 2, S. 1, 4.
529 Vgl. *Canaris*, WM 1976, S. 994, 1000.

nicht generell beurteilt werden. Denn die exakte dogmatische Ausgestaltung einer vertraglichen Verrechnungsabrede ist nach dem Parteiwillen zu ermitteln und es gibt insoweit keine festen gesetzlichen Regeln.[530] Als Beispiel soll wiederum der Kassahandel an der FWB unter Einbeziehung der Eurex Clearing AG als Clearing-Stelle und zentraler Kontrahent dienen.

Bezüglich der Verrechnung der gegenseitigen Verbindlichkeiten zwischen den Clearing-Mitgliedern und dem zentralen Kontrahenten, sowie den Clearing-Mitgliedern und den ihnen zugeordneten Nicht-Clearing-Mitgliedern finden sich für den Kassahandel an der FWB vertragliche Regelungen in den durch die Clearing- bzw. NCM-CM-Clearing-Vereinbarungen in das jeweilige Rechtsverhältnis einbezogenen CB-Eurex (Kap. I Ziff. 1.4 und deren Unterklauseln).

A.) Kein Novationsnetting

Zunächst kann die Vereinbarung eines sogenannten Novationsnettings für die aus dem Kassahandel an der FWB resultierenden Forderungen und Verbindlichkeiten ausgeschlossen werden.

Beim Novationsnetting handelt es sich um eine Vereinbarung zwischen zwei Parteien, nach der die gegenseitigen Verbindlichkeiten und Forderungen zu einem bestimmten Zeitpunkt dadurch saldiert werden, dass zu diesem Zeitpunkt an die Stelle der vorher selbstständigen, aus den Einzelgeschäften resultierenden Bruttoverbindlichkeiten bzw. -forderungen eine einzelne neue Nettoverbindlichkeit bzw. -forderung tritt.[531] Dogmatisch erfolgt beim Novationsnetting zunächst eine rein buchtechnische Verrechnung der gegenseitigen Verbindlichkeiten aus mehreren Geschäften zu einer Saldoforderung bzw. -verbindlichkeit.[532] Im nächsten Schritt kommt es sodann zur Novation. Novation bezeichnet die vertragliche Begründung eines Schuldverhältnisses an Stelle eines bereits existierenden Schuldverhältnisses, welches dabei aufgehoben wird.[533] Die auch unter den Begriffen der Schuldersetzung oder -umwandlung[534] bekannte Novation ist gesetzlich nicht geregelt, sondern folgt allein aus der Vertragsfreiheit.[535] Dabei kommt es zu einer Kombination von Schuldaufhebung und -neubegründung, wobei letztgenannter

530 BGHZ 6, S. 202, 204.

531 *Berger,* Der Aufrechnungsvertrag, S. 30 f.; Angell-Report, S. 11 f.

532 *Berger,* Der Aufrechnungsvertrag, S. 31 f.

533 Staudinger-*Olzen*, Eckpfeiler des Zivilrechts, G. Das Erlöschen von Schuldverhältnissen, Rn. 71.

534 Kritisch zu der vielfältigen Terminologie *Gernhuber,* Die Erfüllung und ihre Surrogate, S. 402 f.

535 *Gernhuber,* Die Erfüllung und ihre Surrogate, S. 403.

Bestandteil in den §§ 780, 781 BGB geregelt ist.[536] Voraussetzung dafür ist ferner noch, dass die einzelnen Verbindlichkeiten zur gleichen Zeit fällig und die geschuldeten Gegenstände gleichartig sind.[537] Unterschieden wird im Übrigen zwischen der kausalen und der abstrakten Novation. Erstere ist gegeben, wenn der Bestand der zu ersetzenden Forderung Voraussetzung für die Wirksamkeit der Novation ist.[538] Letztgenannte hingegen liegt vor, wenn die Novation auch dann das neue Schuldverhältnis begründet, wenn das alte nicht bestand, wobei die neu geschaffene Forderung jedoch kondizierbar ist.[539] Bei der Novation kommt es somit wie bei einer Aufrechnung nach §§ 387 ff. BGB zu einem Erlöschen des Schuldverhältnisses ohne dass der Gläubiger den Leistungsgegenstand erhält.[540]

Beim Novationsnetting wird folglich im Anschluss an den ersten Schritt der buchtechnischen Verrechnung in einem zweiten Schritt eine neue Forderung begründet, die im Wege der kausalen Novation an Stelle der Forderungen und Verbindlichkeiten aus den in die Nettingvereinbarung eingestellten Einzelgeschäften tritt, die dabei untergehen.[541] Die Parteien saldieren hier somit nur buchtechnisch die einzelnen Forderungen und erreichen faktisch eine aufrechnungsgleiche Wirkung. Rechtlich geschieht dies aber durch eine Schuldersetzung.[542]

Das Netting von Forderungen und Verbindlichkeiten aus Börsengeschäften lässt sich im Ausgangspunkt durchaus in das Modell der Novation einordnen.[543] Sowohl jeweils zeitgleich fällige gegenseitige Ansprüche des zentralen Kontrahenten und der einzelnen Clearing-Mitglieder auf Wertpapiere der gleichen Gattung, als auch die zeitgleich fälligen, gegenseitigen Zahlungsansprüche lassen sich buchtechnisch verrechnen und im Wege der Schuldersetzung je durch eine einzige Forderung zugunsten einer Partei ersetzen. Entsprechendes kann zudem ebenso im Verhältnis zwischen Clearing- und Nicht-Clearing-Mitglied erfolgen.

Erforderlich hierfür ist indes ein entsprechender Wille der Parteien zur Novation (*animus novandi*).[544] Betrachtet man jedoch die CB-Eurex, so wird anhand

---

536 Vgl. Staudinger-*Olzen*, Eckpfeiler des Zivilrechts, G. Das Erlöschen von Schuldverhältnissen, Rn. 72.

537 *Bosch*, WM 1995, S. 365, 368.

538 Staudinger-*Olzen*, Eckpfeiler des Zivilrechts, G. Das Erlöschen von Schuldverhältnissen, Rn. 72.

539 *Gernhuber*, Die Erfüllung und ihre Surrogate, S. 407 f.

540 Staudinger-*Olzen*, Eckpfeiler des Zivilrechts, G. Das Erlöschen von Schuldverhältnissen, Rn. 71.

541 *Ebenroth/Benzler*, ZVglRWiss 95 (1996), S. 351.

542 *Berger*, Der Aufrechnungsvertrag, S. 31 f.

543 Vorgesehen ist ein Novationsnetting z.B. in Ziff. 6 des International Currency Options Market Master Agreements von 1997, in Ziff. 3.3 des International Foreign Exchange Master Agreements von 1997 oder aber auch bei der Eurex Clearing AG als Clearing-Stelle und zentraler Kontrahent bei OTC-Geschäften (vgl. Kap. VIII Ziff. 2.1.6 CB-Eurex).

544 *Berger*, Der Aufrechnungsvertrag, S. 32.

der wiederholten Verwendung des Terminus „Aufrechnung"[545] deutlich, dass die Parteien einer Clearing- oder einer NCM-CM-Clearing-Vereinbarung nicht den Willen haben, die Verrechnung der Bruttoverbindlichkeiten im Wege einer Novation zu bewirken, sondern eine der Aufrechnung vergleichbare Regelung gewählt haben. Dies verdeutlicht ferner ein Vergleich mit den Regelungen in Kap. VIII Ziff. 2.1.6 CB-Eurex für den Einsatz der Eurex Clearing AG als Clearing-Stelle und zentraler Kontrahent bei OTC-Geschäften, welche ausdrücklich die Verrechnung im Wege der Novation vorsehen.

Damit stellt das Netting der Verbindlichkeiten aus Börsengeschäften an der FWB unter Einbeziehung der Eurex Clearing AG keinen Fall des Novationsnettings dar.

B.) Settlement-Netting: Verrechnung durch Aufrechnungsvertrag

Gegebenenfalls handelt es sich bei der Verrechnung der Forderungen und Verbindlichkeiten resultierend aus Börsengeschäften im Kassahandel an der FWB unter Einbeziehung der Eurex Clearing AG als zentralem Kontrahenten um einen Fall des sogenannten Settlement Nettings. Definiert wird das Settlement Netting als Vereinbarung zwischen den Beteiligten, wonach Forderungen zweier oder mehrerer Parteien in regelmäßigen Abständen zu einem neuen Nettosaldo verrechnet werden.[546] Das Settlement Netting stellt somit eine im Voraus getroffene Vereinbarung dar, noch nicht erfüllte Verbindlichkeiten zu einem bestimmten späteren Zeitpunkt aufzurechnen.[547] Dogmatische Grundlage des Settlement Nettings ist damit ein Aufrechnungsvertrag. Dem entspricht zumindest terminologisch auch die Definition von „Netting" in Art. 2 lit. k) der RL 98/26/EG, die in ihrer deutschen Übersetzung „Aufrechnung" und „netting" gleichsetzt.[548]

Ein solcher Aufrechnungsvertrag ist, obgleich er im BGB nicht ausdrücklich geregelt ist, wegen der den Beteiligten zukommenden Vertragsfreiheit zulässig und stellt nach herrschender Meinung eine rechtsgeschäftliche Vereinbarung mit

545 Vgl. Kap. I Ziff. 1.4, Ziff. 1.6 Abs. 1 CB-Eurex; Ziff. 3 der NCM-CM-Clearing-Vereinbarung der Eurex Clearing AG.

546 *Berger,* Der Aufrechnungsvertrag, S. 29; *Bosch*, WM 1995, S. 365, 367.

547 *Berger,* Der Aufrechnungsvertrag, S. 29; *Horn*, ZBB 1994, S. 130, 140.

548 „„Aufrechnung" (netting) [ist] die Verrechnung von Forderungen und Verbindlichkeiten aus Zahlungs- bzw. Übertragungsaufträgen, die ein oder mehrere Teilnehmer an einen oder mehrere Teilnehmer erteilt haben oder von einem oder mehreren Teilnehmern erhalten haben, zu einer einzigen Nettoforderung bzw. -verbindlichkeit pro Teilnehmer mit der Folge, daß nur diese Nettoforderung bzw. -verbindlichkeit besteht.

verfügendem Charakter dar.[549] Durch ihn kann die Möglichkeit aufschiebend bedingter oder befristeter einseitiger Aufrechnungen vereinbart werden.[550] Auch die den Aufrechnungsgegner schützenden Erfordernisse der Fälligkeit der Aktiv-, sowie der Erfüllbarkeit der Passivforderung stehen bei einem Aufrechnungsvertrag zur Disposition der Parteien, da der potentielle Aufrechnungsgegner ja selbst durch den Aufrechnungsvertrag bei der Herbeiführung der Aufrechnung mitwirkt.[551]

Dass es sich beim Netting an der FWB um eine solche Ausgestaltung der Verrechnungen als Aufrechnungsvertrag handelt, liegt insbesondere deshalb nahe, weil die die Verrechnung der Forderungen betreffenden Klauseln der CB-Eurex unter der Überschrift „Aufrechnung“ stehen.

I.) Kein rein deklaratorischer Verweis der CB-Eurex auf die §§ 387 ff. BGB

In Betracht zu ziehen ist indes auch, dass die Regelungen betreffend der Aufrechnung in den CB-Eurex lediglich rein deklaratorischer Natur sind und deshalb lediglich klarstellen, dass die Eurex Clearing AG nach dem Abschluss der Börsengeschäfte von ihrer unter den Voraussetzungen der §§ 387 ff. BGB gesetzlich bestehenden Aufrechnungsbefugnis Gebrauch macht.[552] Aufrechnung im Sinne der §§ 387 ff. BGB ist die „wechselseitige Tilgung gegenseitiger, gleichartiger, einredefreier, fälliger bzw[.] erfüllbarer Forderungen durch empfangsbedürftige Willenserklärung“.[553]

Freilich weicht das unter Kap. I Ziff. 1.4 CB-Eurex beschriebene Aufrechnungsverfahren von der gesetzlichen Regelung der §§ 387 ff. BGB ab:

So kann nach Kap. I Ziff. 1.4.2 CB-Eurex die Aufrechnungserklärung schon einen Tag vor Fälligkeit der Forderungen abgegeben werden.[554] Nach § 387 BGB

---

549 Staudinger-*Gursky*, Vorbemerkungen zu §§ 387 ff. Rn. 61; MüKoBGB-*Schlüter*, § 387 Rn. 51 m.w.N.; *Gernhuber,* Die Erfüllung und ihre Surrogate, S. 327 f.; *Alfes,* Central Counterparty, S. 172 f. Gesetzlich vorausgesetzt wird die Zulässigkeit eines Aufrechnungsvertrages im Übrigen in § 94 Abs. 1 Var. 2 InsO.

550 Staudinger-*Gursky*, § 388 Rn. 29; *Ehricke*, FS Lüer, S. 361, 367.

551 BGH NJW 1970, S. 41, 42; *Berger,* Der Aufrechnungsvertrag, S. 281; Staudinger-*Gursky*, Vorbemerkungen zu §§ 387 ff. Rn. 68.

552 Die vertragliche Vereinbarung der Aufrechnung beim Vorliegen der Voraussetzungen der §§ 387 ff. BGB führt neben den gesetzlich ohnehin in §§ 387 ff. BGB vorgesehenen Rechtsfolgen dazu, dass der Aufrechnende das Vorliegen der Aufrechnungsvoraussetzungen nicht beweisen muss (Staudinger-*Gursky*, Vorbemerkungen zu §§ 387 ff. Rn. 66 m.w.N.).

553 Jauernig-*Stürner*, § 387 Rn. 1.

554 Nach Kap. V Ziff. 2.5 CB-Eurex haben die Clearing-Mitglieder an der FWB sogar die Möglichkeit, zusätzlich zu der in Kap. I Ziff. 1.4 CB-Eurex geregelten Aufrechnung eine taggleiche

muss demgegenüber die Aktivforderung[555] fällig sein. Eine reine Erfüllbarkeit (§ 271 Abs. 2 BGB) reicht nicht aus.[556] Hieraus könnte gefolgert werden, in Kap. I Ziff. 1.4.2 CB-Eurex sei das Erfordernis der Fälligkeit der Aktivforderung abbedungen. Jedoch normiert Kap. I Ziff. 1.4.1 Abs. 1 S. 1 CB-Eurex ausdrücklich, dass nur fällige Forderungen aufgerechnet werden. Zudem ist in Kap. I Ziff. 1.4.3 CB-Eurex festgelegt, dass die Aufrechnung erst mit der Erklärung, frühestens aber zum Zeitpunkt der Fälligkeit der Forderungen wirksam wird. Damit würde zwar dem Erfordernis, dass die Aktivforderung fällig sein muss, Genüge getan und es läge keine Abweichung zu den gesetzlichen Aufrechnungsregelungen vor. Somit wäre denkbar, dass die Bestimmungen der CB-Eurex nur deklaratorisch auf die §§ 387 ff. BGB verweisen. Jedoch handelt es sich bei der gleichwohl vor Fälligkeit erklärten Aufrechnung dann aber um eine solche, die erst zu einem bestimmten späteren Zeitpunkt Wirksamkeit entfalten soll, mithin unter einer aufschiebenden Befristung steht. Die einseitige Erklärung der gesetzlich in den §§ 387 ff. BGB geregelten Aufrechnung ist aber nach § 388 S. 2 BGB als Gestaltungserklärung bedingungs- und befristungsfeindlich.[557] Die vorab erklärte Aufrechnung mit einer noch nicht fälligen Forderung ist nach der gesetzlichen Regellage endgültig unwirksam.[558]

Ferner wird aus der Gesamtschau der Regelungen in Kap. I Ziff. 1.4 CB-Eurex deutlich, dass die Aufrechnung allein seitens der Eurex Clearing AG erfolgen soll, die Clearing-Mitglieder mithin nicht mit ihren Forderungen gegen den zentralen Kontrahenten diesem gegenüber aufrechnen dürfen. Denn die Regelungen sprechen ausschließlich davon, dass „die Eurex Clearing AG gegenüber den Clearing-Mitgliedern Forderungen entsprechend dem nachfolgend beschriebenen Verfahren auf[rechnet]“[559] bzw. dass „[d]ie Eurex Clearing AG [...] die Aufrechnung durch die Übermittlung der Daten der aufgerechneten Forderungen an das Clearing-Mitglied [erklärt]“.[560] Daraus lässt sich entnehmen, dass das Recht der Clearing-Mitglieder zur einseitigen Aufrechnung abbedungen wird.

Verrechnung mit der Eurex Clearing AG zu vereinbaren, welche somit aufgrund des zwei Tage nach Abschluss des Börsengeschäfts liegenden Fälligkeitszeitpunktes der aus dem Börsengeschäft resultierenden Forderungen nicht nur ein, sondern zwei Tage vor Fälligkeit der Forderungen erfolgt.

555 Dabei handelt es sich um die Forderung, mit welcher aufgerechnet wird. Diese wird auch Aufrechnungs- oder Gegenforderung genannt (Jauernig-*Stürner*, § 387 Rn. 1). Die Forderung des Aufrechnungsgegners wird als Haupt- oder Passivforderung bezeichnet. Sie muss lediglich erfüllbar nach § 271 Abs. 2 BGB sein (*Medicus/Lorenz,* Schuldrecht AT, Rn. 310).

556 RGZ 104, S. 186, 188; BGH NJW 1970, S. 41, 42.

557 Staudinger-*Gursky*, § 388 Rn. 25; MüKoBGB-*Schlüter*, § 388 Rn. 3.

558 Staudinger-*Gursky*, § 387 Rn. 137.

559 Kap. I Ziff. 1.4 CB-Eurex.

560 Kap. I Ziff. 1.4.2 S. 1 CB-Eurex.

Mit der Regelung in Kap. I Ziff. 1.4.1 Abs. 1 S. 1 CB-Eurex, dass nur fällige Forderungen aufgerechnet werden, vereinbaren die Parteien des Weiteren, dass die Passivforderung ebenfalls bereits fällig und nicht lediglich erfüllbar sein muss, wie dies für eine Aufrechnung nach § 387 BGB ausreichend wäre.

Da somit die in Kap. I Ziff. 1.4 CB-Eurex vorgesehene Aufrechnung nicht den gesetzlichen Vorschriften der §§ 387 ff. BGB entspricht, kann es sich bei diesen Regelungen nicht um eine bloß deklaratorische Bezugnahme auf die gesetzliche Aufrechnung i.S.d. §§ 387 ff. BGB handeln. Letztere ist mithin ungeeignet, um dem von den Parteien in Kap. I Ziff. 1.4 CB-Eurex vereinbarten Aufrechnungsverfahren Genüge zu tun.[561]

Folglich ist Kap. I Ziff. 1.4 CB-Eurex nicht lediglich klarstellender Natur, sondern stellt eine vertragliche Regelung der Aufrechnung, also einen Aufrechnungsvertrag (im weitesten Sinne), dar.

II.) Verschiedene Ausgestaltungen von Aufrechnungsverträgen

Auch diese Erkenntnis beantwortet jedoch noch nicht endgültig die Frage nach der rechtlichen Funktionsweise des Nettings nach den CB-Eurex. Um exakt zu ermitteln, wie das Netting nach dem in den CB-Eurex zum Ausdruck kommenden Parteiwillen dogmatisch zu qualifizieren ist, muss weiter zwischen den von dem Oberbegriff des Aufrechnungsvertrags, der hier von nun an als „Aufrechnungsvertrag i.w.S." bezeichnet wird, erfassten verschiedenen Formen vertraglicher Vereinbarungen über Aufrechnungen differenziert werden.

Ein Aufrechnungsvertrag i.w.S. ist zunächst jeder Vertrag, der die Tilgung zumindest zweier Forderungen verschiedener Gläubiger durch Verrechnung vorsieht.[562] Eine weitergehende Differenzierung ist erforderlich, da der Begriff des Aufrechnungsvertrages i.w.S. mehrere, in ihren Voraussetzungen und Rechtsfolgen höchst unterschiedliche Gestaltungen erfasst.[563] Die vorliegend aus dem Kreis dieser Gestaltungsmöglichkeiten in Betracht kommenden Formen sollen im Folgenden kurz erörtert werden.[564]

561 *Alfes,* Central Counterparty, S. 172.

562 *Gernhuber,* Die Erfüllung und ihre Surrogate, S. 326.

563 Vgl. *Kunz*, Ausgewählte Rechtsprobleme des Zentralen Kontrahenten, S. 336, 347.

564 Zu den unterschiedlichen Ausgestaltungsmöglichkeiten eines Aufrechnungsvertrages i.w.S. vgl. ausführlich *Berger*, Der Aufrechnungsvertrag, S. 141 ff.; Staudinger-*Gursky*, Vorbemerkungen zu §§ 387 ff. Rn. 64 ff.

1.) Aufrechnungsvertrag im engeren Sinne

Der Aufrechnungsvertrag i.e.S. (auch bezeichnet als *compensatio in praeteritum* oder Aufrechnungsvollzugsvertrag)[565] führt die Wirkungen einer Aufrechnung im Wege eines Vertragsschlusses – und damit nicht durch einseitige Gestaltungserklärung – unmittelbar selbst herbei.[566] Es handelt sich um einen unmittelbar wirksamen Aufrechnungsvertrag über bereits existente Forderungen,[567] die – soweit sie sich decken – getilgt werden.[568] Verfügungstatbestand ist hier die Einigung der Parteien.[569]

Sollten zur Zeit des Abschlusses eines Aufrechnungsvertrages i.e.S. die Voraussetzungen der §§ 387 ff. BGB nicht vorliegen, beinhaltet der Aufrechungsvertrag i.e.S. zugleich eine Abbedingung der fehlenden Voraussetzungen.[570] Zudem können auch zusätzliche Aufrechnungsvoraussetzungen vereinbart werden,[571] wenngleich ein Aufrechnungsvertrag i.e.S. regelmäßig dann vorliegt, wenn die gesetzlichen Erfordernisse der einseitigen Aufrechnung gerade nicht erfüllt sind.[572] Grundvoraussetzung für den Eintritt der Rechtswirkungen einer Aufrechnung ist jedoch auch hier das Bestehen der beiderseitigen, gegeneinander gerichteten Forderungen.[573] Die sonst nach §§ 387, 391 BGB erforderliche Durchsetzbarkeit der Aktivforderung, also ihre Fälligkeit und Einredefreiheit,[574] sowie die Erfüllbarkeit der Passivforderung können hingegen abbedungen werden.[575]

2.) Antizipierter Aufrechnungsvertrag

Die im Rahmen der Ausführungen zum Aufrechnungsvertrag i.e.S. beschriebene Abbedingung der Fälligkeit der Forderungen und die dadurch bewirkte konsensuale Aufrechnung bestehender, aber erst künftig fällig werdender Ansprüche, muss von einem antizipierten Aufrechnungsvertrag unterschieden werden.[576] Bei diesem Vertrag sind im Zeitpunkt des Vertragsschlusses die aufzurechnenden Forderungen (zumindest einer Partei) nicht nur noch nicht fällig, sondern noch

---

565 *Berger,* Der Aufrechnungsvertrag, S. 144.
566 *Alfes,* Central Counterparty, S. 173.
567 *Berger,* Der Aufrechnungsvertrag, S. 144.
568 *Berger,* Der Aufrechnungsvertrag, S. 282.
569 *Berger,* Der Aufrechnungsvertrag, S. 154.
570 *Berger,* Der Aufrechnungsvertrag, S. 144.
571 *Berger,* Der Aufrechnungsvertrag, S. 238.
572 *Berger,* Der Aufrechnungsvertrag, S. 238.
573 BGH NJW-RR 1991, S. 744; Bamberger/Roth-*Dennhardt*, § 387 Rn. 12.
574 PWW-*Pfeiffer*, § 387 Rn. 15; *Medicus/Lorenz,* Schuldrecht AT, Rn. 307 ff.
575 BGH NJW 1970, S. 41, 42; *Berger,* Der Aufrechnungsvertrag, S. 281.
576 *Berger,* Der Aufrechnungsvertrag, S. 144.

gar nicht existent.[577] Gleichwohl ist es möglich, dass die Parteien sich bereits vor Entstehung dieser Forderungen über die Aufrechnungswirkung einigen.[578] Die Einigung über die Aufrechnung erfolgt dabei unter der aufschiebenden Bedingung (§ 158 Abs. 1 BGB) der künftigen Entstehung der in die Aufrechnung einbezogenen Forderungen.[579] Damit hat bereits der Abschluss eines antizipierten Aufrechnungsvertrages verfügende Wirkung,[580] sodass er dogmatisch eine bedingte Vorausverfügung darstellt.[581] Sobald die Forderungen entstehen und damit die Bedingung, unter der die Einigung steht, eintritt, wird der Aufrechnungsvertrag wirksam und die Aufrechnungswirkungen treten zeitgleich mit dem Entstehen der Forderungen, bei nacheinander erfolgendem Entstehen im Zeitpunkt des zeitlich späteren Entstehens,[582] ein.[583] Der Verfügungstatbestand liegt aber beim antizipierten ebenso wie beim „normalen" Aufrechnungsvertrag i.e.S. bereits in der Einigung, nicht erst in der Entstehung der Forderungen.[584]

3.) Vertrag zur Begründung einer Aufrechnungsbefugnis

Der Vertrag zur Begründung einer Aufrechnungsbefugnis (*pactum de nominibus compensandis*) dient dazu, einer Partei unter Erweiterung oder Begrenzung der Voraussetzungen einer Aufrechnung im Vergleich zu den §§ 387 ff. BGB die Befugnis zu einer (späteren) Aufrechnung einzuräumen.[585] Er wird auch als Aufrechnungsvoraussetzungsvertrag,[586] Einräumungsvertrag[587] oder Aufrechnungsvorvertrag[588] bezeichnet.

---

577 *Berger,* Der Aufrechnungsvertrag, S. 152.

578 MüKoBGB-*Schlüter*, § 387 Rn. 51; *Berger,* Der Aufrechnungsvertrag, S. 152.

579 Bamberger/Roth-*Dennhardt*, § 387 Rn. 13.

580 *Berger,* Der Aufrechnungsvertrag, S. 153; Jaeger-*Windel*, § 94 Rn. 200; *Larenz*, Schuldrecht AT, § 34 IV (S. 592); *Canaris*, SAE 1967, S. 210, 211.

581 *Berger,* Der Aufrechnungsvertrag, S. 153.

582 *Gernhuber,* Die Erfüllung und ihre Surrogate, S. 331.

583 *Berger,* Der Aufrechnungsvertrag, S. 152.

584 *Berger,* Der Aufrechnungsvertrag, S. 154.

585 AK-BGB-*Brüggemeier*, §§ 387-389 Rn. 37; Staudinger-*Gursky*, Vorbemerkungen zu §§ 387 ff. Rn. 83; MüKoBGB-*Schlüter*, § 387 Rn. 51.

586 AK-BGB-*Brüggemeier*, §§ 387-389 Rn. 37.

587 *Berger,* Der Aufrechnungsvertrag, S. 166.

588 BGB-RGRK-*Weber*, Vor § 387 Rn. 30. „Aufrechnungsvorvertrag" bezeichnet richtigerweise aber die Vereinbarung des Rechts einer oder mehrerer Vertragsparteien, später durch Vertrag aufzurechnen, wobei in der Regel zugleich die Voraussetzungen der §§ 387 ff. BGB dem Parteiwillen entsprechend abbedungen werden (vgl. *Berger,* Der Aufrechnungsvertrag, S. 160; MüKoBGB-*Schlüter*, § 387 Rn. 52). Dadurch erhalten der Berechtigte oder die Berechtigten einen Anspruch auf Abschluss eines Aufrechnungsvertrages i.e.S. (*Berger*, Der Aufrechnungsvertrag, S. 160).

Beim Vertrag zur Begründung einer Aufrechnungsbefugnis wird anders als beim antizipierten Aufrechnungsvertrag keine Aufrechnung antizipiert vereinbart, die dann automatisch bei Entstehung der Forderungen eintritt.[589] Vielmehr wird den Vertragsparteien oder lediglich einer von ihnen das Recht eingeräumt, zu einem späteren Zeitpunkt durch einseitige Erklärung den Aufrechnungserfolg zu bewirken.[590] Es wird der berechtigten Partei somit eine originäre Aufrechnungsbefugnis verliehen,[591] die dann nicht mehr auf Gesetz, sondern auf der vertraglichen Vereinbarung der Parteien beruht.[592] Sinnvoll ist dies insbesondere, wenn hierdurch die Voraussetzungen für eine einseitige Aufrechnung im Vergleich zu den Voraussetzungen der §§ 387 ff. BGB herabgesetzt werden,[593] beispielsweise dahingehend, dass die Aktivforderung zur Zeit der Aufrechnung nicht fällig sein muss,[594] oder dass auf die sonst gesetzlich erforderliche Gegenseitigkeit der Forderungen verzichtet werden kann.[595]

Ebenso können aber durch einen solchen Vertrag die tatbestandlichen Anforderungen an die einseitige Aufrechnung auch erhöht werden, was so weit gehen kann, dass die Aufrechnung für eine Partei vertraglich ganz ausgeschlossen wird.[596] Möglich ist zudem, dass Bedingungen oder Befristungen für die Ausübung des Rechts zur späteren einseitigen Aufrechnung vereinbart werden.[597] Und auch die vertraglich vereinbarte Aufrechnungserklärung kann später ihrerseits wiederum an eine Bedingung oder Befristung geknüpft werden, wenn dies vorab vereinbart worden ist, weil die vertragliche Einigung der Parteien auf das Recht zur Erklärung einer bedingten oder befristeten Aufrechnung die Schutzvorschrift des § 388 S. 2 BGB derogiert.[598]

Der Vertrag zur Begründung einer Aufrechnungsbefugnis gilt grundsätzlich für alle zwischen den Parteien aktuell bestehenden, sowie auch für erst künftig entstehende Forderungen.[599] Trotz des letztgenannten Umstandes handelt es sich bei einem Vertrag zur Begründung einer Aufrechnungsbefugnis nicht um einen

---

589 Staudinger-*Gursky*, Vorbemerkungen zu §§ 387 ff. Rn. 83.

590 Staudinger-*Gursky*, Vorbemerkungen zu §§ 387 ff. Rn. 83.

591 AK-BGB-*Brüggemeier*, §§ 387-389 Rn. 37.

592 *Berger,* Der Aufrechnungsvertrag, S. 165.

593 Staudinger-*Gursky*, Vorbemerkungen zu §§ 387 ff. Rn. 83.

594 RGZ 104, S. 186, 188.

595 BGHZ 94, S. 132, 134 f.; AK-BGB-*Brüggemeier*, §§ 387-389 Rn. 37; MüKoBGB-*Schlüter*, § 387 Rn. 9.

596 *Berger,* Der Aufrechnungsvertrag, S. 168 f.; AK-BGB-*Brüggemeier*, §§ 387-389 Rn. 37.

597 Staudinger-*Gursky*, § 388 Rn. 29.

598 *Berger*, Der Aufrechnungsvertrag, S. 168; Staudinger-*Gursky*, Vorbemerkungen zu §§ 387 ff. Rn. 83.

599 *Berger*, Der Aufrechnungsvertrag, S. 165; AK-BGB-*Brüggemeier*, §§ 387-389 Rn. 37.

antizipierten Aufrechnungsvertrag, denn er entfaltet keine verfügende Wirkung.[600] Vielmehr legt er nur die Bedingungen für eine spätere Verfügung fest, die dann durch die einseitig erklärte Aufrechnung bewirkt wird.[601] Zur Herbeiführung der Verfügungswirkung bedarf es mithin noch der Aufrechnungserklärung,[602] sodass eine Zweistufigkeit vorliegt: Auf der ersten Stufe steht der schuldrechtliche Vertrag, der die Aufrechnungsbefugnis einräumt. Hierauf baut die einseitige Erklärung der berechtigten Vertragspartei auf, die die Forderungen zum Erlöschen bringt, soweit sie sich decken.[603]

Mangels verfügender Wirkung hat die bloß schuldrechtliche vertragliche Einräumung des Rechts zur Aufrechnung auch keinen Vorrang vor einer späteren Zession oder Pfändung einer der Vereinbarung unterliegenden Forderung.[604]

III.) Die Einordnung der CB-Eurex

1.) Kein Aufrechnungsvertrag i.e.S.

Da die CB-Eurex im Wege der Einbeziehung als AGB in das Vertragsverhältnis zwischen dem Clearing-Mitglied und der Eurex Clearing AG vereinbart werden, bevor gegenseitige Forderungen aus Börsengeschäften resultieren, kann im Abschluss der CB-Eurex keine Aufrechnung dieser Forderungen und damit kein Aufrechnungsvertrag i.e.S. liegen.

2.) CB-Eurex als antizipierter Aufrechnungsvertrag oder Vertrag zur Begründung einer Aufrechnungsbefugnis

In Betracht kommt aber, dass die CB-Eurex entweder einen antizipierten Aufrechnungsvertrag hinsichtlich aller ihr unterfallenden Forderungen und Verbindlichkeiten, die später aus Börsengeschäften zwischen der Eurex Clearing AG als zentralem Kontrahenten und dem entsprechenden Clearing-Mitglied resultieren,

---

600 *Berger*, Der Aufrechnungsvertrag, S. 166; *Brych,* Die Konzernverrechnungsklausel, S. 50; *Westermann*, WM 1986, Sonderbeilage 2, S. 2, 8.

601 AK-BGB-*Brüggemeier*, §§ 387-389 Rn. 37.

602 *Brych*, Die Konzernverrechnungsklausel, S. 50.

603 *Berger*, Der Aufrechnungsvertrag, S. 166.

604 *Berger*, Der Aufrechnungsvertrag, S. 169. A.A. *Bötticher*, FS Schima, S. 95, 101 ff., der im Vertrag zur Begründung einer Aufrechnungsbefugnis die Bestellung eines Pfandrechts an einer eigenen Schuld zugunsten des vertraglich Aufrechnungsbefugten sieht, sodass bereits die Begründung des Aufrechnungsrechts als Belastung der Forderung eine Verfügung darstelle, die zeitliche Priorität vor nachfolgenden Verfügungen genieße.

darstellen (b.)), oder dass es sich um einen Vertrag zur Begründung einer Aufrechnungsbefugnis für die Eurex Clearing AG handelt (c.)).

a.) Bedeutung der Abgrenzung zwischen antizipiertem Aufrechnungsvertrag und Vertrag zur Begründung einer Aufrechnungsbefugnis

Die Unterscheidung zwischen diesen beiden Arten des Aufrechnungsvertrages ist keineswegs unerheblich.

Zunächst ist die Art der Ausgestaltung des Settlement Nettings entscheidend für etwaige Zwangsvollstreckungen in die einbezogenen Forderungen.[605] Denn wird eine Forderung eines Clearing-Mitglieds beschlagnahmt, was auch vor ihrer Fälligkeit und damit zwischen dem Geschäftsabschluss und dem Fälligkeitszeitpunkt zwei Tage danach möglich ist,[606] kann der zentrale Kontrahent mit den ihm gegen dieses Clearing-Mitglied zustehenden, aber erst nach einer Beschlagnahme erworbenen Forderungen nach § 392 BGB nicht mehr gegen die beschlagnahmte Forderung aufrechnen. Daran ändert es auch nichts, dass bei einem Vertrag zur Begründung einer Aufrechnungsbefugnis die Aufrechnung aufgrund der *vertraglich eingeräumten* Befugnis erklärt wird, denn dieser Vertrag ist wie ausgeführt[607] selbst ohne verfügende Wirkung und die erst später erfolgende verfügende Aufrechnungserklärung ist insoweit nicht anders zu behandeln als eine Aufrechnungserklärung nach Maßgabe der §§ 387 ff. BGB.[608]

Anders ist die Lage hingegen beim antizipierten Aufrechnungsvertrag. Da dieser Vertrag bereits im Zeitpunkt seines Abschlusses Verfügungswirkung entfaltet,[609] muss der Pfändungsgläubiger[610] die Forderung, die er pfändet, so hinnehmen, wie sie ist,[611] also belastet mit der Möglichkeit, dass die andere Vertragspartei des antizipierten Aufrechnungsvertrages (der zentrale Kontrahent) später eine korrespondierende Gegenforderung erwirbt und sodann automatisch die Aufrechnung erfolgt.[612] § 392 BGB findet daher beim antizipierten Aufrechnungsvertrag keine Anwendung, weil diese Vorschrift von einer Verfügung durch Aufrechnung *nach* Beschlagnahme ausgeht.[613] Aus dem gleichen Grund greift § 392 BGB

605 *Berger,* Der Aufrechnungsvertrag, S. 142.

606 Vgl. MüKoZPO-*Smid*, § 829 Rn. 12.

607 Siehe oben, S. 162.

608 *Berger,* Der Aufrechnungsvertrag, S. 169. Vgl. auch Staudinger-*Gursky*, Vorbemerkungen zu §§ 387 ff. Rn. 84.

609 Siehe oben, S. 161 f.

610 „Beschlagnahme einer Forderung" i.S.d. § 392 BGB meint insbesondere die Pfändung der Hauptforderung durch einen Dritten (*Medicus/Lorenz,* Schuldrecht AT, Rn. 312).

611 RGZ 138, S. 252, 259; *Berger,* Der Aufrechnungsvertrag, S. 153 m.w.N.

612 Vgl. MüKoBGB-*Schlüter*, § 392 Rn. 6.

613 *Berger*, Der Aufrechnungsvertrag, S. 158.

beim Vertrag zur Begründung einer Aufrechnungsbefugnis vor Erklärung der Aufrechnung ein und lässt nur unter den weiteren Voraussetzungen dieser Norm die Aufrechnung gegen die beschlagnahmte Forderung zu.[614]

Vergleichbare Unterschiede zwischen einem antizipierten Aufrechnungsvertrag und einem Vertrag zur Begründung einer Aufrechnungsbefugnis bestehen aber auch für den Fall einer Abtretung einer Forderung des Clearing-Mitglieds an einen Dritten. So bleiben die Rechtsfolgen eines antizipierten Aufrechnungsvertrags gemäß seiner Rechtsnatur als bedingter Vorausverfügung auch bei nachfolgenden – das heißt nach Abschluss des antizipierten Aufrechnungsvertrages erfolgenden – Verfügungen des Inhabers der Hauptforderung über diese wirksam.[615] Sollte also ein Clearing-Mitglied seine aus Börsengeschäften resultierenden Forderungen gegen den zentralen Kontrahenten (gegebenenfalls vor deren Entstehung, aber) nach Abschluss der Clearing-Bedingungen zedieren, so würde dennoch die Aufrechnung Wirkung entfalten.

Und selbst wenn die Zession vor Abschluss des antizipierten Aufrechnungsvertrages erfolgt sein sollte, geht der nachträglich abgeschlossene antizipierte Aufrechnungsvertrag (Vereinbarung der Clearing Bedingungen) entgegen dem Prioritätsprinzip doch der vorab getätigten Zession nach § 407 Abs. 1 BGB vor, sofern der zentrale Kontrahent zum Zeitpunkt der Vereinbarung der Clearing-Bedingungen (nicht erst der späteren Entstehung der Gegenforderung)[616] mit dem Clearing-Mitglied von der Zession keine Kenntnis hat.[617] Es kann im Rahmen des § 407 Abs. 1 BGB nämlich keinen Unterschied machen, ob ein Aufrechnender oder aber der einen (antizipierten) Aufrechnungsvertrag Abschließende auf die weiter bestehende Verfügungsbefugnis des Zedenten vertraut.[618]

Geht man hingegen von einem Vertrag zur Begründung einer Aufrechnungsbefugnis aus, so wäre einer nach Vereinbarung der Clearing-Bedingungen erfolgenden Abtretung der Forderungen des Clearing-Mitglieds aus Börsengeschäften Priorität einzuräumen, weil über die Forderungen noch nicht vorab anderweitig verfügt worden ist. Die Erklärung der Aufrechnung gegenüber dem zedierenden Clearing-Mitglied würde dann ins Leere gehen. Gleichwohl hat sich aber auch hier die Rechtsposition des zentralen Kontrahenten in gewissem, wenn auch im Vergleich zu einem antizipierten Aufrechnungsvertrag geringerem Maße verfestigt. Denn nach § 406 Var. 1 BGB kann der zentrale Kontrahent die Aufrechnung gegenüber dem Zessionar erklären, wenn er bei Erwerb seiner (Aktiv-) Forderung

---

614 *Berger,* Der Aufrechnungsvertrag, S. 169.

615 BGH NJW 1968, S. 835; Staudinger-*Busche*, § 406 Rn. 10; *Canaris*, SAE 1967, S. 210, 211.

616 Vgl. *Canaris*, SAE 1967, S. 210, 212.

617 Vgl. *Larenz*, Schuldrecht AT, § 34 IV (S. 592); *Canaris*, SAE 1967, S. 210, 212.

618 Vgl. zu diesem Normzweck des § 407 Abs. 1 BGB MüKoBGB-*Roth*, § 407 Rn. 1.

von der Zession keine Kenntnis hatte.[619] Und gleiches gilt nach § 406 Var. 2 BGB in dem, wenn auch praktisch unwahrscheinlichen Fall, dass die Forderung der Eurex Clearing AG gegen das zedierende Clearing-Mitglied erst nach Erlangung der Kenntnis von der Zession und nach Fälligkeit der zedierten Forderung fällig wird. Vor Kenntniserlangung von der Zession kann der zentrale Kontrahent ferner gem. § 407 Abs. 1 BGB weiterhin dem Clearing-Mitglied (Zedenten) gegenüber aufrechnen.[620] Gerade Letzteres würde in der Praxis in Betracht zu ziehen sein, denn die Aufrechnungserklärung erfolgt automatisiert durch das elektronische System durch Bereitstellung des Ist-Lieferreports,[621] der einem Zessionar der Forderungen eines Clearing-Mitglieds nicht zugestellt wird.

Bei Insolvenz eines Clearing-Mitglieds ergeben sich hingegen aus den beiden zur Diskussion stehenden Arten des Aufrechnungsvertrags keine voneinander abweichenden Folgen. Alle offenen Forderungen und Verbindlichkeiten eines Clearing-Mitglieds werden mit Eröffnung des Insolvenzverfahrens ipso iure nach § 104 Abs. 2 S. 3 InsO i.V.m. Abs. 4 S. 2 der Präambel der CB-Eurex fällig gestellt, nach Maßgabe des § 104 Abs. 3 InsO i.V.m. Kap. I Ziff. 2.4 Abs. 2 lit. d CB-Eurex in auf Euro lautende Forderungen umgerechnet, sowie untereinander (rein buchtechnisch) verrechnet, woraus eine einzige, einheitliche Schadensersatzforderung in Euro wegen Nichterfüllung zugunsten derjenigen Partei resultiert, für die sich ein positiver Saldo infolge der Verrechnung ergeben hat (Close-Out-Netting).[622]

b.) Die CB-Eurex als antizipierter Aufrechnungsvertrag

Ausgehend vom Wortlaut als Ausgangspunkt jeder Auslegung vertraglicher Bestimmungen[623] ließe sich für diese Form der Ausgestaltung anführen, dass nach Kap. I Ziff. 1.4.2 CB-Eurex die Aufrechnung durch „eine Übermittlung der Daten der *aufgerechneten* Forderungen“[624] erklärt werden soll. Das legt nahe, dass diese bereits aufgerechnet sind, was nur durch eine automatisch herbeigeführte

---

619 Vgl. *Berger,* Der Aufrechnungsvertrag, S. 169.

620 Vgl. Staudinger-*Busche*, § 406 Rn. 6.

621 Siehe sogleich, S. 174.

622 Zum Close-Out-Netting und insbesondere zur Regelung des § 104 Abs. 2 und 3 InsO vgl. *Obermüller,* in: InsolvenzR Hdb. 2010, § 102; *Obermüller*, Insolvenzrecht in der Bankpraxis, Rn. 8.360 ff.; *Bosch,* in: Kölner Schrift (2000), S. 1009; *Bosch*, WM 1995, S. 365 und 413; *Ebenroth/Benzler*, ZVglRWiss 1996, S. 335; *von Wilmowsky*, WM 2002, S. 2264.

623 BGH NJW-RR 2000, S. 1002, 1003; MüKoBGB-*Busche*, § 133 Rn. 56.

624 Hervorhebung durch den Verfasser. Bei der Erklärung handelt es sich um den auch als „Ist-Lieferreport“ bekannten Report CE270 (Settled Delivery; Abwicklungsstatus der Transaktionen), der bereits abgewickelte Trades/Lieferinstruktionen mit allen notwendigen Details, z.B. die Art der Aufrechnung oder der Zeitpunkt der Abwicklung, enthält (auf Anfrage erteilte Auskunft der Eurex Clearing AG (Abteilung „Clearing Operations“) vom 15.09.2010).

Aufrechnung bewirkt werden könnte. Dies ist lediglich bei einem antizipierten Aufrechnungsvertrag der Fall, nicht hingegen bei einem Vertrag zur Begründung einer Aufrechnungsbefugnis, bei dem die Aufrechnung erst durch die Aufrechnungserklärung der berechtigten Partei erfolgt.

Für einen antizipierten Aufrechungsvertrag spricht ferner, dass die Aufrechnungswirkungen nach Kap. I Ziff. 1.4.3 CB-Eurex „zum Zeitpunkt der Erklärung, frühestens jedoch am Fälligkeitstag der aufgerechneten Forderung" eintreten. Würde es sich um einen Vertrag zur Begründung einer Aufrechnungsbefugnis handeln, wäre es entbehrlich zu vereinbaren, dass die Aufrechnung erst mit der Erklärung wirksam wird, denn nichts anderes als die Aufrechnungserklärung kann bei einem Vertrag zur Begründung einer Aufrechnungsbefugnis die Aufrechnungswirkung herbeiführen. Erforderlich wäre dann lediglich eine Vereinbarung, dass die Aufrechnung erst zum Zeitpunkt der Fälligkeit der aufgerechneten Forderung wirksam wird.

Hinsichtlich des Wortlautarguments lässt sich sodann aber fragen, warum bei einem antizipierten Aufrechnungsvertrag überhaupt eine Erklärung der Aufrechnung erfolgt, da diese Erklärung bei einer solchen Form des Aufrechnungsvertrages i.w.S. entbehrlich ist. Die Erklärung könnte mithin nur die Funktion einer aufschiebenden Bedingung haben. Da bei Abschluss des antizipierten Aufrechnungsvertrages auch das Entstehen künftiger Forderungen noch nicht feststeht, träte diese Bedingung neben diejenige der Entstehung sowie neben diejenige der Fälligkeit der aufzurechnenden Forderungen, sodass der Aufrechnungsvertrag im Ergebnis dreifach aufschiebend bedingt wäre.

aa.) Die Erklärung als aufschiebende Bedingung

Dabei stellt sich die Frage, ob es überhaupt zulässig ist, die „Aufrechnungserklärung" als aufschiebende Bedingung zu vereinbaren. Es wird vertreten, dabei handele es sich um eine unzulässige Rechtsbedingung, weil die Aufrechnungserklärung ein gesetzliches Wirksamkeitserfordernis der Erfüllungswirkung der Aufrechnung sei.[625] Eine solche Form der Bedingung wäre tatsächlich, wie angeführt wird,[626] vom Anwendungsbereich des § 158 Abs. 1 BGB nicht erfasst.[627] Diese Ansicht verkennt aber bereits im Ansatz das Wesen eines antizipierten Aufrechnungsvertrages. Bei diesem Vertrag liegt der Verfügungstatbestand gerade nicht in der Erklärung, sondern bereits im Vertragsschluss. Die Erklärung ist nur noch eine von einer Partei herbeigeführte Tatsache, die lediglich den Bedingungs-

625 *Westermann*, WM 1986, Sonderbeilage 2, S. 2, 8.
626 *Westermann*, WM 1986, Sonderbeilage 2, S. 2, 8.
627 Jauernig-*Jauernig*, § 158 Rn. 6.

eintritt auslöst. Sie ist jedoch keine Aufrechnungserklärung im rechtlichen, verfügenden Sinne[628] und gehört gerade nicht zu den Wirksamkeitsvoraussetzungen der Aufrechnung.[629] Es handelt sich mithin bei der Erklärung um eine zulässige Potestativbedingung. Solche Bedingungen sind aber Regelungsgegenstand des § 158 Abs. 1 BGB.[630] Somit ergibt sich, dass die Vereinbarung der „Aufrechnungserklärung“ als lediglich in der Bedingung vorgesehenes Ereignis, welches der antizipierten Verfügung zur Wirksamkeit verhilft, eine mögliche und zulässige Gestaltung darstellt.

bb.) Bestimmbarkeit der Forderungen

Fraglich ist ferner, ob die der Aufrechnung unterliegenden Forderungen nach den CB-Eurex bereits bei Abschluss der Clearing-Vereinbarung, derart bestimmbar sind, dass sie bei ihrem Entstehen als in die Aufrechnung einbezogene Forderungen individualisiert werden können. Andernfalls kommt die Konstruktion eines antizipierten Aufrechnungsvertrages nicht in Betracht. Denn erforderlich ist, dass die zu verrechnenden Forderungen im Zeitpunkt des Abschlusses des antizipierten Aufrechnungsvertrages bereits wenigstens bestimmbar sind.[631] Der für alle Verfügungsgeschäfte über Forderungen geltende Grundsatz der Bestimmbarkeit der Forderungen[632] gilt bei der Aufrechnung insbesondere auch, weil der Forderungsbestimmung hier zudem die Funktion der Tilgungsbestimmung bei der Erfüllung zukommt.[633] Durch vertraglich herbeigeführte Aufrechnung können daher nur solche Forderungen zum Erlöschen gebracht werden, die das Rechtsgeschäft – und das ist hier bereits der Abschluss des antizipierten Aufrechnungsvertrages, nicht erst die soeben erörterte Erklärung – bereits derart genau benennt, dass die nach dem Willen der Parteien des Aufrechnungsvertrages von dessen Wirkungen erfassten Forderungen innerhalb aller später in Betracht kommenden Forderungen zwischen den Aufrechnungsvertragsparteien genau bestimmt werden können.[634] Eine nachträgliche Bestimmung kann allenfalls eine erneute und erst dann wirksame Aufrechnung darstellen.[635] Somit scheidet die Möglichkeit aus, dass die Eurex Clearing AG die Bestimmung erst mit der Erklärung selbst vornimmt.

---

628 *Brych,* Die Konzernverrechnungsklausel, S. 51.

629 *Berger,* Der Aufrechnungsvertrag, S. 151.

630 MüKoBGB-*H.P. Westermann*, § 158 Rn. 19.

631 *Berger*, Der Aufrechnungsvertrag, S. 151; *Westermann*, WM 1986, Sonderbeilage 2, S. 2, 19.

632 Vgl. zur Zession Staudinger-*Busche*, § 398 Rn. 7 ff.; *Flume*, NJW 1950, S. 841, 845 m.w.N.

633 Staudinger-*Gursky*, § 396 Rn. 4.

634 *Gernhuber*, Die Erfüllung und ihre Surrogate, S. 330; *Pfeiffer/Franken*, NJW 1960, S. 1977, 1980. Zur Vorauszession *Flume*, NJW 1950, S. 841, 845 m.w.N.

635 Staudinger-*Gursky*, § 396 Rn. 4.

Vorliegend ist die erforderliche Bestimmbarkeit der Forderungen bereits zum Zeitpunkt des Abschlusses der Clearing-Vereinbarung gegeben. Nach Kap. I Ziff. 1.4.1 Abs. 2 CB-Eurex haben die Clearing-Mitglieder die Möglichkeit, gegenüber der Eurex Clearing AG zu „erklären, dass Forderungen der Eurex Clearing AG aus einem oder mehreren von den Clearing-Mitgliedern näher bestimmten Geschäft/en nicht aufgerechnet werden sollen“. Dabei können die Clearing-Mitglieder im Rahmen des sogenannten Brutto-Liefermanagements nach Kap. I Ziff. 1.6 lit. b CB-Eurex entweder alle Forderungen aus Geschäften zur Aufrechnung freigeben und lediglich einzelne davon ausnehmen und damit der Brutto-Verarbeitung zuführen, oder umgekehrt alle Forderungen von der Aufrechnung ausnehmen und einzelne zur Einbeziehung kennzeichnen. Hierdurch ergibt sich aus der (fehlenden) Kennzeichnung für die Brutto-Verarbeitung, dass alle Forderungen aus nicht derart gekennzeichneten Geschäften der Aufrechnung unterliegen. Damit ist der Grundsatz der Bestimmbarkeit gewahrt.

cc.) Vereinbarung des Anrechnungsmodus

Eng mit der Frage der Bestimmbarkeit der Forderungen verbunden ist diejenige des Anrechnungsmodus. Dabei geht es darum, welche der vom Aufrechnungsvertrag erfassten Forderungen im Falle einer Forderungsmehrheit auf einer oder beiden Seiten des Vertrages welche der korrespondierenden Forderungen des anderen Vertragsteils zum Erlöschen bringt. Der Anrechnungsmodus bestimmt die Tilgungswirkung des Aufrechnungsvertrages und wird deshalb auch zu dessen essentialia negotii gezählt.[636]

Mit Abschluss der Clearing-Vereinbarung und damit mit der Vereinbarung der CB-Eurex nehmen die Eurex Clearing AG und das Clearing-Mitglied in der Tat eine Bestimmung des Anrechnungsmodus vor. Nach Kap. I Ziff. 1.6 lit. c Unterabs. 1 CB-Eurex erfolgt die Aufrechnung von Forderungen unter Berücksichtigung der Parameter „Wertpapier, Währung, Depotkonto und Abwicklungsstelle“. Hierdurch werden Forderungen zur Aufrechnung gegenübergestellt, die aus Geschäften resultieren, welche über dasselbe Wertpapier abgeschlossen wurden und dieselbe Währung ausweisen sowie demselben Depotkonto und derselben Abwicklungsstelle zugewiesen sind. Ferner erfolgt eine Trennung der Forderungen aus Eigen- und Kundengeschäften, sowie (nach Wahl des Clearing-Mitglieds) eine weitere Trennung zwischen Kundengeschäften und Geschäften eines dem Clearing-Mitglied zugeordneten Nicht-Clearing-Mitglieds, sodass keine Forderungen aus Eigengeschäften gegen Verbindlichkeiten aus Kundengeschäften aufgerechnet werden. Damit steht aufgrund Kap. I Ziff. 1.6 lit. c CB-Eurex fest,

---

636 *Berger*, Der Aufrechnungsvertrag, S. 284.

dass beispielsweise keine Geldforderung aus einem Verkauf von Wertpapier X mit einer Geldschuld aus dem Kauf von Wertpapier Y aufgerechnet wird, sondern nur Forderungen auf den Kaufpreis hinsichtlich des Wertpapieres X mit solchen Kaufpreisschulden aus Käufen von Wertpapier X.

Gleichwohl erfolgt damit jedoch bei genauer Betrachtung nur eine Vorauswahl der für den Anrechnungsmodus maßgeblichen Parameter. Liegen nämlich mehrere Käufe und Verkäufe über Wertpapier X vor, so bestehen auch mehrere Forderungen und Verbindlichkeiten zwischen dem zentralen Kontrahenten und dem Clearing-Mitglied, die alle dieselben der oben genannten Parameter erfüllen. In diesen Fällen ist mithin im Ausgangspunkt unklar, welche der Forderungen mit welcher Schuld aufgerechnet werden.

Über das Fehlen einer Bestimmung des Anrechnungsmodus in den CB-Eurex hilft jedoch §§ 396 Abs. 1 S. 2, 366 Abs. 2 BGB hinweg. Diese Regelung schwächt das Bestimmtheitserfordernis bei der Aufrechnung ab, weil sie die erforderliche Bestimmung selbst leistet.[637] Hiernach wird zunächst die fällige Schuld, unter mehreren fälligen Schulden diejenige, welche dem Gläubiger eine geringere Sicherheit bietet, unter mehreren gleich sicheren die dem Schuldner lästigere, unter mehreren gleich lästigen die ältere Schuld und bei gleichem Alter jede Schuld verhältnismäßig getilgt.

Problematisch erscheint aber, dass § 396 Abs. 1 S. 2 BGB von einer Aufrechnungserklärung des einen und einem Widerspruchsrecht des anderen Teils ausgeht. Bei einem (antizipierten) Aufrechnungsvertrag gibt es indes weder eine einseitige Aufrechnungserklärung, noch ist bei dieser konsensualen Ausgestaltung der Aufrechnung Raum für ein Widerspruchsrecht einer Vertragspartei. In Betracht kommt daher allenfalls eine entsprechende Anwendung des § 396 Abs. 1 S. 2 BGB und damit eine doppelt entsprechende Anwendung des § 366 Abs. 2 BGB. Hiergegen werden im Schrifttum jedoch vielfach Einwände erhoben,[638] während andere Stimmen eine entsprechende Anwendung zulassen wollen.[639]

Richtig erscheint Letzteres. Allein aus der Tatsache, dass § 396 Abs. 1 S. 2 BGB von einer Aufrechnungserklärung spricht, kann nicht hergeleitet werden, die Norm sei auf den Aufrechnungsvertrag unanwendbar. Dieser Vertrag wurde gerade deshalb nicht im BGB geregelt, weil er sich aus der Privatautonomie selbst ergibt und daher – anders als die einseitige Aufrechnung – keiner ausdrücklichen Regelung bedurfte.[640] Somit ist es nur folgerichtig, dass § 396

---

637 Vgl. Bamberger/Roth-*Dennhardt*, § 396 Rn. 4; Palandt-*Grüneberg*, § 396 Rn. 1.

638 RGZ 132, S. 218, 221 (jedoch zum Sonderfall des Kontokorrents und auch nur bzgl. einer direkten Anwendung der Norm); Palandt-*Grüneberg*, § 396 Rn. 1; MüKoBGB-*Schlüter*, § 396 Rn. 3.

639 Staudinger-*Gursky*, § 396 Rn. 3; Erman-*Wagner*, § 396 Rn. 1; *Berger*, Der Aufrechnungsvertrag, S. 288; *Canaris*, WM 1976, S. 994, 1000.

640 Staudinger-*Gursky*, Vorbemerkungen zu §§ 387 ff. Rn. 3; MüKoBGB-*Schlüter*, § 387 Rn. 51.

Abs. 1 S. 2 BGB lediglich auf die einseitige Aufrechnung abstellt. Wenn der Gesetzgeber den Aufrechnungsvertrag aber als zulässig erachtet, so erscheint es sinnwidrig, diesem Vertrag wegen mangelnder Bestimmtheit die Wirkung zu nehmen, nur weil die Parteien keinen Anrechnungsmodus vereinbart haben, während der einseitig Aufrechnende in den Genuss der an Stelle seiner Bestimmung des Tilgungsmodus tretenden Regelung in § 396 Abs. 1 S. 2 BGB kommt. Auch die Normierung eines einseitigen Widerspruchsrechts des anderen Teils, welches bei einem Aufrechnungsvertrag nicht bestehen kann, bedeutet keineswegs die Unanwendbarkeit des § 396 Abs. 1 S. 2 BGB auf einen solchen Vertrag. Denn es geht lediglich um eine entsprechende Heranziehung der Norm, was gerade eine Anpassung an den gesetzlich nicht geregelten Sachverhalt bedeutet. Für das Widerspruchsrecht ist dabei kein Raum.[641] Ferner stellt § 396 Abs. 1 S. 2 BGB eine Regelung dar, welche dem typischen Parteiwillen entspricht.[642] Es ist aber kein Grund ersichtlich, warum §§ 396 Abs. 1 S. 2, 366 Abs. 2 BGB als Ausdruck des Parteiwillens nur bei der einseitigen Aufrechnung, nicht aber beim Aufrechungsvertrag herangezogen werden können. Die besseren Gründe sprechen somit für eine entsprechende Anwendung des § 396 Abs. 1 S. 2 BGB.

Damit ist auch die Bestimmbarkeit der Forderungen in Ansehung des Anrechnungsmodus bereits bei Abschluss der Clearing- bzw. NCM-CM-Clearing-Vereinbarungen gewährleistet. Es erscheint somit im Ergebnis möglich, dass die von den Parteien vereinbarten CB-Eurex einen antizipierten Aufrechnungsvertrag darstellen, welcher unter den aufschiebenden Bedingungen sowohl der Übermittlung der Daten der aufgerechneten Forderungen durch die Eurex Clearing AG als auch deren Fälligkeit steht.

c.) Die CB-Eurex als Vertrag zur Begründung einer Aufrechnungsbefugnis

Es wurde bereits angemerkt, dass der Wortlaut der CB-Eurex auch dahingehend ausgelegt werden kann, dass die in ihnen enthaltenen Vereinbarungen hinsichtlich der Aufrechnung in Kap. I Ziff. 1.4 CB-Eurex vertraglich eine Aufrechnungsbefugnis für die Eurex Clearing AG begründen. Diese Auslegung liegt insbesondere wegen der Wendung nahe, die Eurex Clearing AG rechne „gegenüber den Clearing-Mitgliedern Forderungen entsprechend dem nachfolgend beschriebenen Verfahren auf".[643] Und auch aus Kap. I Ziff. 1.4.2 CB-Eurex lässt sich nicht zwingend auf einen antizipierten Aufrechnungsvertrag schließen, selbst wenn dort die Rede von der „Übermittlung der Daten der aufgerechneten Forderungen" ist. Zum einen

641 Staudinger-*Gursky*, § 396 Rn. 3; Erman-*Wagner*, § 396 Rn. 1.

642 Mot., Bd. II, S. 88; BGH NJW 1969, S. 1846, 1847; *Gernhuber*, Die Erfüllung und ihre Surrogate, S. 303; *Canaris*, DB 1972, S. 421, 425.

643 Kap. I Ziff. 1.4 CB-Eurex.

lautet nämlich die Überschrift von Kap. I Ziff. 1.4.2 CB-Eurex „Aufrechnungserklärung“ und zum anderen spricht diese Klausel auch davon, dass die Eurex Clearing AG mit der Übermittlung der Daten die Aufrechnung *erklärt*. Kap. I Ziff. 1.4.2 CB-Eurex nimmt mithin Bezug auf eine Aufrechnungserklärung, wie sie in § 388 BGB (nur) für die einseitige Aufrechnung geregelt ist. Dies deutet also eher darauf hin, dass Regelungsgegenstand dieser Klausel eine Aufrechnungserklärung mit verfügender Wirkung i.S.d. § 388 BGB ist. Damit spricht der Wortlaut der CB-Eurex letztlich für einen Vertrag zur Begründung einer Aufrechnungsbefugnis und gerade nicht für einen antizipierten Aufrechnungsvertrag.

Zudem ist die Möglichkeit eines antizipierten Aufrechnungsvertrages unter der aufschiebenden Bedingung, dass eine Partei eine die Verfügungswirkung auslösende Erklärung abgibt, diese mithin das den Bedingungseintritt auslösende Ereignis darstellt, auch keineswegs unumstritten. Hiergegen wird eingewendet, eine solche Konstruktion lasse die Unterschiede zwischen einem antizipierten Aufrechnungsvertrag mit Verfügungswirkung (bereits) zur Zeit des Abschlusses des Vertrages und einem Vertrag zur Begründung einer Aufrechnungsbefugnis mit Verfügungswirkung (erst) mit Erklärung der Aufrechnung zu wenig deutlich werden.[644] Die Erklärung sei daher stets als Aufrechnungserklärung zu qualifizieren, sodass es sich bei entsprechenden vertraglichen Gestaltungen um Verträge zur Begründung von Aufrechnungsbefugnissen handele.[645]

Ferner wird angemerkt, dass – gerade, wenn die Forderungen, die aufgerechnet werden sollen, bei Vertragsschluss noch nicht bestanden, es sich also um einen antizipierten Aufrechnungsvertrag handelt – eine Vereinbarung der „Aufrechnungserklärung“ als aufschiebender Bedingung aufgrund der dann gegebenen zweifachen Bedingtheit des Aufrechnungsvertrages i.e.S. eine juristisch komplizierte Gestalt sei.[646] Da sich mit dem Vertrag zur Begründung einer Aufrechnungsbefugnis aber ein Weg anbiete, der zum gleichen Ergebnis führe, aber juristisch einfacher sei, sei anzunehmen, die Parteien würden diesen Weg wählen, sodass entsprechende Vertragsgestaltungen Verträge zur Begründung einer einseitigen Aufrechnungsbefugnis darstellten.[647]

Das letztgenannte Argument ist nicht vollständig zutreffend. Zwar stellt ein Vertrag zur Begründung einer Aufrechnungsbefugnis durchaus die juristisch einfachere Konstruktion dar, jedoch führt er nicht zum gleichen Ergebnis. Denn wegen der unterschiedlichen Zeitpunkte des Eintritts der Verfügungswirkung werden bei der Abtretung und der Pfändung unterschiedliche Folgen bewirkt, je

---

644 Staudinger-*Gursky*, Vorbemerkungen zu §§ 387 ff. Rn. 84.

645 Staudinger-*Gursky*, Vorbemerkungen zu §§ 387 ff. Rn. 84.

646 *Brych,* Die Konzernverrechnungsklausel, S. 51 f.

647 *Brych,* Die Konzernverrechnungsklausel, S. 52.

nachdem, ob man von einem antizipierten Aufrechnungsvertrag oder einem Vertrag zur Begründung einer Aufrechnungsbefugnis ausgeht.[648] Die Konstruktion eines antizipierten Aufrechnungsvertrages unter der aufschiebenden Bedingung der Erklärung einer der Vertragsparteien weckt daher aber auch den Eindruck, als sollten mit ihr lediglich die in dem späten Eintritt der Verfügungswirkung bei einem Vertrag zur Einräumung einer Aufrechnungsbefugnis liegenden Nachteile vermieden und gleichwohl der Vorteil eines einseitigen Bestimmungsrechts genutzt werden.[649] Da dies zu Lasten von Dritten – namentlich Zessionaren und Pfändungsgläubigern – gehen kann, könnte eine solche vertragliche Gestaltung durchaus dem Verdikt der Sittenwidrigkeit gemäß § 138 BGB ausgesetzt sein. Denn zielt ein Rechtsgeschäft auf die Vereitelung oder Beeinträchtigung künftiger Rechtspositionen von Dritten, kann dies einen Sittenverstoß i.S.d. § 138 Abs. 1 BGB darstellen.[650]

Somit stellt der Vertrag zur Begründung einer Aufrechnungsbefugnis zwar keinen Weg dar, der exakt zum gleichen Ergebnis führt. Er ist jedoch zumindest juristisch nicht nur einfacher, sondern – auch in Anbetracht der kritischen Literaturstimmen zum vergleichbar ausgestalteten antizipierten Aufrechnungsvertrag – insbesondere auch weniger angreifbar. Geht man davon aus, dass den Parteien an Rechtssicherheit gelegen ist, wird ihr Wille darauf gerichtet sein, die unangefochten zulässige Möglichkeit eines Vertrages zur Begründung einer Aufrechnungsbefugnis zu wählen. Angesichts der wie erörtert durch §§ 406, 407 BGB bewirkten Verfestigung der Rechtsposition des zentralen Kontrahenten für den Fall der Abtretung einer Forderung des Clearing-Mitglieds an einen Dritten nach Vereinbarung der Clearing-Bedingungen aber vor erklärter Aufrechnung stellt sich diese Einordnung der Netting-Regelungen in den CB-Eurex auch hinsichtlich ihres im Vergleich zum antizipierten Aufrechnungsvertrag späteren Zeitpunkt der verfügenden Wirkung nicht als nachteilig für die Parteien und aus diesem Grund möglicherweise nicht deren Parteiwillen entsprechend dar. Und angesichts der Vielzahl der gegenläufigen Geschäftsabschlüsse zwischen einem Clearing-Mitglied und dem zentralen Kontrahenten, d.h. dem zeitnahen Entstehen von Forderung und Gegenforderung, kommt auch der im Falle eines Vertrags zur Begründung einer Aufrechnungsbefugnis als Nachteil zu erwägenden Regelung in

648 Dazu siehe bereits oben, S. 164 ff.

649 So auch *Brych,* Die Konzernverrechnungsklausel, S. 51 Fn. 159.

650 Vgl. zur Vereitelung von Rechten Dritter als Fallgruppe des § 138 Abs. 1 BGB MüKoBGB-*Armbrüster*, § 138 Rn. 96; Bamberger/Roth-*Wendtland*, § 138 Rn. 76. Zum Spezialfall der Kollision einer Globalzession mit später vereinbarten Vorausabtretungen – namentlich im Fall von verlängerten Eigentumsvorbehalten – und dem dabei erfolgenden Schutz des Sicherungszessionars mittels § 138 Abs. 1 BGB vgl. BGHZ 55, S. 34 = NJW 1971, S. 372; BGH NJW 1991, S. 2144, 2147; Staudinger-*Sack*, § 138 Rn. 340 ff. m.w.N.; *Martens*, AcP 177 (1977), S. 113, 126 f.

§ 392 BGB praktisch keine Relevanz bei. Anzumerken ist dabei auch, dass Voraussetzung für die Teilnahme am Clearing-System der Nachweis von haftendem Eigenkapital in nicht unbeachtlicher Höhe ist und die Einzelzwangsvollstreckung von Gläubigern der Clearing-Mitglieder in deren Forderungen gegen den zentralen Kontrahenten in der Praxis ebenfalls wenig wahrscheinlich erscheint. Sollte dies jedoch gleichwohl der Fall sein und eine Aufrechnung durch den zentralen Kontrahenten infolge dessen nach § 392 BGB scheitern, so bliebe das Clearing-Mitglied zur Leistung verpflichtet, dem zentralen Kontrahenten entstünde mithin allein der Nachteil, dass die mit dem Netting verbundenen Vorteile ausblieben.[651]

Die bei einem Vertrag zur Begründung einer Aufrechnungsbefugnis für die Eurex Clearing AG noch erforderliche Aufrechnungserklärung liegt in der Bereitstellung der Ist-Lieferreports für die Clearing-Mitglieder.[652] Da diese Reports alle notwendigen Details, insbesondere auch die Art der Aufrechnung, enthalten[653] und zudem ausweisen, welche Forderungen nicht aufgerechnet, sondern durch tatsächliche Belieferung erfüllt wurden,[654] ergibt sich unmittelbar aus ihnen auch hinreichend bestimmt, welche Forderungen gegeneinander aufgerechnet und so zum Erlöschen gebracht worden sind.

C.) Ergebnis zur Einordnung der CB-Eurex

Im Ausgangspunkt erscheint es zwar möglich, die Klauseln der CB-Eurex betreffend das Aufrechnungsverfahren als Vereinbarung eines antizipierten Aufrechnungsvertrages unter der aufschiebenden Bedingung der Übermittlung der Daten der aufgerechneten Forderungen durch die Eurex Clearing AG an das Clearing-Mitglied zu qualifizieren. Überzeugender ist es jedoch, aufgrund des Wortlauts der entsprechenden Klauseln und der vergleichsweise konstruktiven Einfachheit, insbesondere aber wegen seiner unumstritten bestehenden Zulässigkeit von einem Vertrag zur Begründung einer einseitigen Aufrechnungsbefugnis für die Eurex Clearing AG auszugehen.

---

651 Außen vor gelassen soll hier die Möglichkeit bleiben, dass die Leistung aufgrund objektiver Unmöglichkeit oder Insolvenz des Clearing-Mitglieds nicht erfüllt wird. Das Zusammentreffen von ersterem Fall mit einer zwischenzeitlichen Pfändung in exakt die entsprechenden Wertpapiere erfassende Forderung wäre eine enorme Zufälligkeit. Außerdem würde dann – wie noch festgestellt werden wird (siehe dazu Kapitel VI, B.), S. 269 ff.) – auch die Gegenleistungspflicht des zentralen Kontrahenten entfallen. In letzterem Fall stellen sich ohnehin ganz andere Fragen und Herausforderungen an das Clearing-System.

652 Auf Anfrage erteilte Auskunft der Eurex Clearing AG (Abteilung „Clearing Operations“) vom 25.08.2010.

653 Auf Anfrage erteilte Auskunft der Eurex Clearing AG (Abteilung „Clearing Operations“) vom 15.09.2010.

654 *Horn*, WM 2002, Sonderbeilage 2, S. 1, 4.

Kapitel V: Erfüllung von Börsengeschäften – Teil 2: Das Settlement – Zugleich eine Konkretisierung des Verfügungsgegenstandes „Wertpapier“

Im Anschluss an das Netting schuldet ein veräußerndes Clearing-Mitglied in Höhe der nicht verrechneten Forderungen weiterhin aus den abgeschlossenen Kaufverträgen die Verschaffung des Kaufgegenstandes, nämlich der Wertpapiere.

In diesem Kapitel wird die Frage behandelt, wie der Kaufgegenstand bei börsengehandelten Wertpapieren dogmatisch einzuordnen ist und auf welche Weise dann dessen Übertragung erfolgt. Denn wegen der Besonderheiten der Verwahrungs- und Verbriefungsform der Wertpapiere im Rahmen des börslichen Handels bestehen im Vergleich zur außerbörslichen Übertragung von Wertpapieren erhebliche Unterschiede hinsichtlich der dogmatisch genauen Einordnung des Kaufgegenstandes „Wertpapier“. Diese Unterschiede machen es zunächst erforderlich darzulegen, wie die Wertpapiere verwahrt und verbrieft sind, um sodann feststellen zu können, was im Rahmen des Settlements übertragen wird. Dies gilt umso mehr, als die genaue Bestimmung der Verwahrungs- und Verbriefungsform der Wertpapiere auch Auswirkungen auf die Form ihrer Übertragung hat.

In der Rechtspraxis erfolgt bei der Wertpapierübertragung zwischen dem Veräußerer und dem Erwerber meist keine physische Übergabe von Wertpapierurkunden. Dies folgt zum einen daraus, dass die Urkunden durchgängig im Tresorraum einer Wertpapiersammelbank liegen, sich mithin niemals im unmittelbaren Besitz des Veräußerers oder Erwerbers befinden. Zum anderen existieren oftmals noch nicht einmal *einzelne* Wertpapiere, sondern nur eine oder wenige Urkunden, die mehrere Rechte verbriefen. Tatsächlich betrachtet erfolgt die Übertragung, indem die Wertpapiere des Veräußerers vom Konto seiner Bank (die „Veräußererbank“) bei der Wertpapiersammelbank abgebucht werden und dem Konto der für sich oder einen ihrer Kunden erwerbenden Bank (die „Erwerberbank“) gutgeschrieben werden. Die Veräußererbank nimmt auf dem Konto ihres Kunden eine entsprechende Abbuchung und die Erwerberbank nimmt auf dem Konto ihres Kunden eine entsprechende Gutschrift vor.

Welche Rechtsstellung ein Inhaber börsengehandelter Wertpapiere im Einelnen innehat, *was* also im Rahmen dieses faktisch durch Buchungen erfolgenden und an den Geldgiroverkehr angelehnten[655] sogenannten Effektengiroverkehrs letztlich dem Erwerber verschafft wird, und *wie* dies erfolgen kann, ergibt sich erst aus der heute gängigen besonderen Art der Verbriefung der Rechte in den Wertpapierurkunden und aus der Art deren Verwahrung. Beidem muss hier daher zunächst genauer nachgegangen werden (A.)). Darauf basierend kann die konkrete Rechtsstellung des Aktionärs ermittelt werden und somit auch der Verfügungsgegenstand „Wertpapier" hinsichtlich der Verfügungen im Effektengiroverkehr dogmatisch konkretisiert werden (B.)). Dies wiederum dient dazu, den Übertragungstatbestand zu ermitteln, sodass im Anschluss daran die Übertragung der Wertpapiere erörtert werden kann (C.)).

Die Darlegungen in diesem Kapitel werden mit einem Ausblick auf dogmatische Neuansätze der Verkörperung, Verwahrung und Übertragung von Wertpapieren bzw. der in ihnen (noch) verbrieften Rechte abgeschlossen (D.)).

A.) Verwahrung und Verbriefung

Ausgangspunkt ist, dass bei börsennotierten Aktiengesellschaften der einzelne Aktionär seine Aktien ebenso wenig bei sich selbst verwahrt, wie es seine Hausbank tut.[656] Vielmehr lagern die Wertpapiere in den Tresorräumen einer Wertpapiersammelbank.[657] Beim Handel an der FWB erfolgt daher die Abwicklung zwingend über die Clearstream Banking AG als einzige deutsche Wertpapiersammelbank (§ 174 Abs. 2 BörsO FWB).

Die Wertpapiersammelbank verwahrt die Wertpapierurkunden für ihre Kunden, sodass zwischen der Wertpapiersammelbank und den mit ihr vertraglich verbundenen (Depot-)Banken[658] ein Verwahrungsverhältnis besteht. Zwischen den Kunden der einzelnen Depotbanken und der Wertpapiersammelbank besteht hingegen kein Verwahrungsverhältnis. Gleiches gilt für Banken und Handelsteilnehmer, die nicht am System der Wertpapiersammelbank teilnehmen. Diese Marktteilnehmer müssen sich einer Bank, die Depots bei der Wertpapiersammelbank unterhält, als Abwicklungsinstitut bedienen. Die Depotbanken verwahren dann die Urkunden als sogenannte Zwischenverwahrer für ihre Kunden, sodass

---

655 Staub-*Canaris*, Bankvertragsrecht (2. Bearb.), Rn. 2088; *Pleyer/Schleiffer*, DB 1972, S. 77.

656 *Einsele*, WM 2001, S. 7; *Kunz*, Ausgewählte Rechtsprobleme des Zentralen Kontrahenten, S. 394, *Modlich*, DB 2002, S. 671, 673.

657 Nach Lenenbach sind 90 % der umlauffähigen Wertpapiere bei CBF girosammelverwahrt, vgl. Albrecht/Karahan/Lenenbach-*Lenenbach*, § 37 Effektengeschäft, Rn. 130.

658 Im Regelfall ist ein Mitglied des Clearing-Systems einer Clearing-Stelle auch Depotbank bei der Wertpapiersammelbank (vgl. Kap. I Ziff. 2.2 Abs. 4 lit. b CB-Eurex), sodass im Folgenden hiervon ausgegangen werden soll.

insofern eine mittelbare Verwahrung[659] vorliegt.[660] Mithin besteht eine Stufenfolge von Verwahrungsverhältnissen.[661] Auf diese Stufen soll im Folgenden zunächst eingegangen werden (I.)), bevor sodann die Art der Verwahrung der Urkunden (II.)) und der Verbriefung der Rechte (III.)) erörtert wird.

I.) Die einzelnen Verwahrungsverhältnisse

1.) Das Verwahrungsverhältnis zwischen der Depotbank und dem Endkunden

An erster Stelle besteht ein Verwahrungsverhältnis zwischen dem Aktionär (Endkunde und Hinterleger in diesem Verwahrungsverhältnis) und seiner Depotbank. Grundlage des Verwahrungsverhältnisses ist ein gesetzlich nicht direkt geregelter Vertrag, ein Depotvertrag.[662] Durch diesen Vertrag verpflichtet sich die Depotbank zur sicheren und getreuen Aufbewahrung der Wertpapiere (Obhutspflicht), sodass der Vertrag zunächst verwahrungsrechtliche Elemente (§§ 688 ff. BGB) aufweist. Die Regelungen des BGB hinsichtlich des Verwahrungsverhältnisses finden jedoch nur insoweit Anwendung, wie das DepotG als speziellerer Normenkomplex für die Verwahrung von Wertpapieren[663] keine Regelung enthält.[664]

Die dogmatische Prägung durch die Verwahrungselemente erscheint zunächst bemerkenswert, da auch die Depotbank selbst die Wertpapiere nicht in unmittelbarem Besitz hat. Kennzeichen einer Verwahrung sind aber gerade die Gewährung des dafür erforderlichen Raumes, sowie die Obhut über die hinterlegte Sache,[665] was im Regelfall eine Einflussnahmemöglichkeit auf diese voraussetzt.[666] In der

659 *Opitz*, Depotgesetz, § 1 Anm. 9 (S. 25).

660 Auch bei dem Kunden kann es sich um eine Bank handeln, nämlich eine solche, die nicht selbst bei der Wertpapiersammelbank Konten unterhält. Auch sie kann selbstverständlich wiederum Kunden haben und ist in diesem Fall dann weiterer (zweiter) Zwischenverwahrer. Auch diese Kunden können Endkunden, oder aber auch Drittbanken sein. Letztere fungieren dann wiederum als (dritter) Zwischenverwahrer für ihre Kunden. Theoretisch lässt sich diese Kette von Verwahrungsverhältnissen unendlich fortsetzen. Der Einfachheit halber soll im Folgenden davon ausgegangen werden, dass die Depotbanken als Zwischenverwahrer der Aktien ihrer Endkunden fungieren.

661 *Einsele*, WM 2001, S. 7, 10.

662 *Mentz/Fröhling*, NZG 2002, S. 201, 203.

663 Der Wertpapierbegriff des DepotG (§ 1 Abs. 1 DepotG) entspricht dem Effektenbegriff von am Kapitalmarkt handelbaren, fungiblen Wertpapieren (vgl. *Pleyer/Schleiffer*, DB 1972, S. 77, 79).

664 MüKoHGB-*Einsele*, Depotgeschäft, Rn. 2.

665 MüKoBGB-*Henssler*, § 688 Rn. 7.

666 MüKoBGB-*Henssler*, § 688 Rn. 50.

Praxis beschränkt sich die Tätigkeit der Depotbank aber auf die Führung der Depotkonten.

Maßgeblich und einen Verwahrungsvertrag prägend ist jedoch *die Übernahme der Pflicht* zur Obhut,[667] weniger deren tatsächliche Ausübung im Wege des unmittelbaren Besitzes.[668] Hinsichtlich der Besitzlage besteht nämlich zwischen der Verwahrung und der Leihe oder Miete kein Unterschied, sodass der Besitz nicht kennzeichnend für die Verwahrung sein kann.[669] Entscheidend ist vielmehr die Interessenlage, die bei der Verwahrung dahin geht, dass der Hinterleger die Sache sicher aufbewahrt wissen will. Diesem Interesse des hinterlegenden Wertpapierinhabers wird aber unabhängig davon entsprochen, ob die Depotbank die Wertpapiere selbst verwahrt oder dies durch die Wertpapiersammelbank geschieht. Dass die Obhutspflicht auch dadurch erfüllt werden kann, dass ein Drittverwahrer (Wertpapiersammelbank) die tatsächliche Obhut übernimmt, zeigt im Übrigen § 691 BGB, der zwar die Drittverwahrung grundsätzlich für unzulässig erklärt, im Falle der Zustimmung des Hinterlegers aber gestattet. Im Depotrecht ist dieses Regel-Ausnahme-Verhältnis in § 3 Abs. 1 DepotG sogar ins Gegenteil umgekehrt. Die Inobhutgabe der zu verwahrenden Gegenstände befreit die Depotbank dabei aber gerade nicht von ihrer Verantwortung für diese (vgl. § 3 Abs. 2 S. 1 DepotG). Das zeigt, dass es gerade die Depotbank ist, die für die sorgfältige Obhut gegenüber dem Endkunden einzustehen hat, sodass mithin eine Obhutspflicht als das die Verwahrungskomponente konstituierende Element gegeben ist, auch wenn diese Pflicht aufgrund der Inobhutgabe der Wertpapiere bei der Wertpapiersammelbank modifiziert ist.[670]

Das Rechtsverhältnis zwischen dem Kunden und seiner Depotbank ist nun aber nicht ausschließlich verwahrungsrechtlich geprägt. Denn der Kunde will sich nicht nur der Schwierigkeiten und Gefahren einer eigenen Verwahrung der Wertpapiere entledigen. Vielmehr hat die Einschaltung der Depotbank auch eine weitere Funktion: Für den Kunden ist es oft schwierig und mitunter auch lästig, alle Rechte, die in den Wertpapieren verbrieft sind, wahrzunehmen.[671] Auch dies soll die Depotbank für ihn übernehmen, sodass das Depotverhältnis neben der *Verwahrungs*- eine weitere, die sogenannte *Verwaltungs*komponente beinhaltet.[672]

---

667 MüKoBGB-*Henssler*, § 688 Rn. 7.

668 Vgl. MüKoBGB-*Henssler*, § 688 Rn. 50 „Nur begrenzte Anhaltspunkte lassen sich der Besitzlage entnehmen."

669 Staudinger-*Reuter*, Vorbemerkungen zu §§ 688 ff. Rn. 26.

670 Vgl. Staub-*Canaris*, Bankvertragsrecht (2. Bearb.), Rn. 2180.

671 Staub-*Canaris*, Bankvertragsrecht (2. Bearb.), Rn. 2087.

672 Das geht auch aus § 1 Abs. 21 S. 2 Nr. 5 KWG hervor, nach dem das Depotgeschäft der Banken die Verwahrung und Verwaltung von Wertpapieren für andere ist. Auch die Depotprüfung erstreckt sich auf Verwaltungstätigkeiten hinsichtlich der verwahrten Wertpapiere (§ 29 Abs. 2 S. 2 KWG).

In deren Rahmen erbringt die Depotbank gegenüber ihrem Kunden Dienstleistungen gegen Entgelt, sodass ein als Geschäftsbesorgung einzuordnendes, dienstvertragliches Element vorliegt.[673] Die Verwaltungspflichten der Depotbank ergeben sich gesetzlich aus §§ 675, 611 ff. BGB, ferner aber auch aus dem DepotG und auch dem AktG (vgl. § 128 Abs. 1 AktG). Zudem erfolgt eine vertragliche Vereinbarung von Verwaltungspflichten durch die SoBedWp (Nr. 13-20), wodurch ein Rückgriff auf die gesetzlichen Regelungen oft entbehrlich ist.[674] Die Verwaltung der Aktien und die Wahrnehmung der in ihr verbrieften Rechte umfasst zum Beispiel[675] eine Inkassotätigkeit, nämlich insbesondere den Einzug von Zinsen oder Dividenden (Nr. 14 Abs. 1 SoBedWp), oder auch die Ausübung von Bezugsrechten (Nr. 15 Abs. 1 SoBedWp). Nach § 14 DepotG ist die Depotbank als Verwahrerin ferner zur Führung eines Verwahrungsbuches verpflichtet,[676] das dem Hinterleger (Kunden) dazu dienen soll, seine Rechte an den hinterlegten Wertpapieren nachzuweisen.[677] Mithin handelt es sich bei dem zwischen dem Kunden und seiner Depotbank abgeschlossenen Vertrag um einen gemischttypischen Vertrag mit verwahrungsrechtlichen und dienstvertraglichen Elementen,[678] auf den neben den §§ 688 ff., §§ 675, 611 ff. BGB und den Regelungen des DepotG auch die SoBedWp Anwendung finden.[679]

2.) Das Verwahrungsverhältnis zwischen der Depotbank und der Wertpapiersammelbank

Wie erörtert befinden sich die Wertpapierurkunden in der Praxis nicht im unmittelbaren Besitz der Depotbank, sondern in den Tresorräumen der Wertpapiersammelbank. Diese verwahrt die Aktien für die mit ihr vertraglich verbundenen Kreditinstitute, die gegebenenfalls die Wertpapiere für eine weitere, nicht vertraglich mit der Wertpapiersammelbank verbundene Bank oder einen Endkunden

673 MüKoHGB-*Einsele*, Depotgeschäft, Rn. 163. Aufgrund der mit der Verwaltungskomponente verbundenen Ermächtigung der Depotbank nach § 185 Abs. 1 BGB zur Geltendmachung der Rechte des Kunden weist der Vertrag ferner Elemente einer Ermächtigungstreuhand auf. Diese ist jedoch ebenfalls als Geschäftsbesorgung gerichtet auf eine Dienstleistung (§§ 675, 611 ff. BGB) zu qualifizieren, sodass damit kein dritter Vertragstyp Eingang in das Depotvertragsverhältnis findet (Staub-*Canaris,* Bankvertragsrecht (2. Bearb.), Rn. 2089).

674 Staub-*Canaris*, Bankvertragsrecht (2. Bearb.), Rn. 2182.

675 Eine umfassende Darstellung der Verwaltung der Wertpapiere durch deren Verwahrer findet sich bei BuB-*Decker*, Depotgeschäft (Stand: 10/2008), Rn. 8/245 ff.

676 Staub-*Canaris*, Bankvertragsrecht (2. Bearb.), Rn. 2198.

677 Ebenroth/Boujong/Joost/Strohn-*Scherer*, § 14 DepotG Rn. VI518.

678 BGH NJW 1991, S. 978; Staub-*Canaris*, Bankvertragsrecht (2. Bearb.), Rn. 2089; MüKoHGB-*Einsele*, Depotgeschäft, Rn. 2.

679 MüKoHGB-*Einsele*, Depotgeschäft, Rn. 2; *Schwintowski*, BankR, § 14 Rn. 2.

verwahren. Hierfür schließt die Depotbank, nunmehr selbst als Hinterleger fungierend, im eigenen Namen (vgl. § 3 Abs. 1 S. 1 DepotG) mit der Wertpapiersammelbank einen Depotvertrag,[680] der im Wesentlichen denselben Inhalt hat, wie derjenige zwischen der Depotbank und ihren Kunden, sodass die Verwahrung auch in diesem Rechtsverhältnis den Regelungen des DepotG und der §§ 688 ff. BGB unterliegt.

Die Wertpapiersammelbank übernimmt in nicht unerheblichem Umfang die Verwaltungstätigkeiten, sodass auch der Depotvertrag mit der Wertpapiersammelbank eine Verwaltungskomponente aufweist, hinsichtlich derer §§ 675, 611 ff. BGB anzuwenden sind. Der Umfang der Verwaltungspflichten der Wertpapiersammelbank und ihrer Befugnisse zur Ausübung der Rechte ergibt sich im Verhältnis zwischen der Depotbank und der Wertpapiersammelbank insbesondere aus den AGB der Letzteren.[681]

II.) Die Art der Verwahrung

Somit steht fest, wo die Wertpapiere verwahrt werden und wer mit wem in (depot-) vertraglichen Beziehungen steht. Für die Konkretisierung des Leistungsgegenstandes der Börsengeschäfte und die Ermittlung des Übertragungstatbestandes ist jedoch auch relevant, wie diese Verwahrung im Einzelnen ausgestaltet ist. Dabei ist zwischen der Sonderverwahrung (1.)) und der Sammelverwahrung (2.)) zu unterscheiden.

1.) Sonderverwahrung

Bei der Sonderverwahrung muss der Verwahrer (Wertpapiersammelbank) die Aktienurkunden unter einer äußerlich erkennbaren Bezeichnung jedes einzelnen Hinterlegers (Depotbank) gesondert von seinen eigenen Beständen und den Beständen Dritter aufbewahren (§ 2 Abs. 1 S. 1 DepotG). Hiermit wird sichergestellt, dass der Hinterleger der Wertpapiere nicht sein Eigentum an diesen durch Vermischung und Vermengung nach §§ 947 f. BGB verliert.[682] Die äußerlich erkennbare Sonderung erfolgt dadurch, dass die Wertpapiere des Hinterlegers in

680 Staub-*Canaris*, Bankvertragsrecht (2. Bearb.), Rn. 2089.

681 Vgl. insbesondere XIV ff. AGB-CBF. Nach XVI Abs. 4 S. 1 AGB-CBF ist CBF z.B. berechtigt, Dritten gegenüber die in der Urkunde verbrieften Rechte, die materiell dem Endkunden zustehen, geltend zu machen. Ein wichtiges Beispiel dafür ist die von CBF übernommene Inkassotätigkeit (XV AGB-CBF). Ausführlich zur Verwaltung der Wertpapiere durch CBF MüKoHGB-*Einsele*, Depotgeschäft, Rn. 162 ff.

682 MüKoHGB-*Einsele*, Depotgeschäft, Rn. 41; *Kunz*, Ausgewählte Rechtsprobleme des Zentralen Kontrahenten, S. 395.

Mappen oder Streifbänder gelegt werden, weshalb sich für die Sonderverwahrung auch die Bezeichnung „Streifbandverwahrung“ etabliert hat.[683] Die Sonderverwahrung hat keine Auswirkungen auf die Rechtsstellung des Aktionärs. Die Eigentumsverhältnisse an den Wertpapieren werden durch die Einlieferung nicht verändert.[684] War der Aktionär Alleineigentümer der Aktien, behält er exakt diese Rechtsstellung auch nach der Begründung der Sonderverwahrung.[685] Bei einer Übereignung der Aktien ist damit Eigentum an den Aktienurkunden der Verfügungsgegenstand.

2.) Sammelverwahrung

Bei der Sammelverwahrung werden alle Wertpapiere derselben Art für alle Hinterleger und auch nicht getrennt vom Eigenbestand in einem einheitlichen Sammelbestand verwahrt (§ 5 Abs. 1 S. 1 DepotG),[686] was diese Verwahrform im Vergleich zur Sonderverwahrung rationeller erscheinen lässt.[687] Sammelverwahrfähig sind ausschließlich vertretbare (§ 91 BGB) und artgleiche Wertpapiere (§ 5 Abs. 1 S. 1 DepotG). Dies sind solche, die im Verkehr nach Stückzahl oder Nennbetrag bestimmt werden können und somit untereinander austauschbar sind.[688] Inhaberaktien innerhalb einer Gattung sind dabei stets (vgl. § 11 AktG), Namensaktien jedoch nur dann vertretbar, wenn sie blankoindossiert sind.[689] Artgleichheit innerhalb derselben Wertpapiergattung ist zu bejahen, wenn die Wertpapiere einen gleichartigen Inhalt, sowie denselben Emittenten haben.[690] Unbeachtlich ist hingegen eine unterschiedliche Stückelung.[691]

Girosammelverwahrung liegt sodann vor, wenn die Sammelverwahrung durch eine Wertpapiersammelbank vorgenommen wird.[692] Das ist der praktische und auch der gesetzliche Regelfall,[693] da § 5 Abs. 1 S. 1 DepotG vorsieht, dass der Verwahrer (Depotbank) vertretbare, von der Wertpapiersammelbank zugelassene[694]

---

683 *Kümpel/Decker*, Depotgeschäft, Rn. 8/46.

684 MüKoHGB-*Einsele*, Depotgeschäft, Rn. 40; Schimansky/Bunte/Lwowski-*Gößmann/Klanten*, § 72. Das Depotgeschäft, Rn. 119; *Nodoushani*, WM 2007, S. 289, 293.

685 BuK-*Will*, Rn. 18.92.

686 MüKoHGB-*Einsele*, Depotgeschäft, Rn. 42; *Kümpel/Decker*, Depotgeschäft, Rn. 8/47.

687 So zur Girosammelverwahrung BuB-*Decker*, Depotgeschäft (Stand: 10/2008), Rn. 8/47.

688 *Schwintowski*, BankR, § 14 Rn. 24; *Mentz/Fröhling*, NZG 2002, S. 201, 203.

689 *Heinsius/Horn/Than*, § 5 Rn. 27. Zu vinkulierten Namensaktien vgl. MüKoHGB-*Einsele*, Depotgeschäft, Rn. 45.

690 *Heinsius/Horn/Than*, § 5 Rn. 27.

691 *Mentz/Fröhling*, NZG 2002, S. 201, 203.

692 *Kunz*, Ausgewählte Rechtsprobleme des Zentralen Kontrahenten, S. 397.

693 BuB-*Decker*, Depotgeschäft (Stand: 10/2008), Rn. 8/47.

694 Über die Zulassung zur Girosammelverwahrung entscheidet CBF (vgl. IX AGB-CBF).

Wertpapiere Letzterer zur Sammelverwahrung anvertrauen darf, sofern nicht der Hinterleger die Sonderverwahrung der Wertpapiere ausdrücklich verlangt hat.[695] Fehlt dieses Verlangen, dann darf der Verwahrer die Wertpapiere nur dann selbst *sammel*verwahren, wenn dahingehend eine ausdrückliche und schriftliche Ermächtigung des Hinterlegers vorliegt (§ 5 Abs. 1 S. 2 DepotG). Andernfalls muss die Depotbank die Wertpapiere bei der Wertpapiersammelbank zur Sammelverwahrung einliefern. Das DepotG normiert daher ein Regel-Ausnahme-Verhältnis, dass sammelverwahrfähige, von einer Wertpapiersammelbank zugelassene Wertpapiere, grundsätzlich bei Letzterer sammelverwahrt werden.[696] Diesem Prinzip entsprechen auch die CB-Eurex, die lediglich für girosammelverwahrte Aktien[697] oder aber Wertpapiere oder Rechte, die in Gutschrift in Wertpapierrechnung „verwahrt" werden,[698] Regelungen enthalten.[699]

Der Terminus „Girosammelverwahrung" bringt im Übrigen zum Ausdruck, dass diese Form der Verwahrung die Grundlage des Effektengiroverkehrs ist,[700] bei dem die Wertpapiere zur Übertragung nicht mehr effektiv bewegt werden müssen, sondern die Lieferung stückelos und faktisch durch Umbuchungen auf den Depotkonten der Depotbanken bei der Wertpapiersammelbank erfolgt, wodurch die Geschäftsabwicklung schneller und rationeller bewerkstelligt werden kann.[701]

III.) Die Art der Verbriefung

Bis hierhin wurde davon ausgegangen, dass die Wertpapiere in einzelnen Stücken sammelverwahrt werden. Möglich und heute der praktische Regelfall[702] ist jedoch nach dem im Jahre 1972 in das DepotG eingefügten[703] § 9a DepotG auch,

---

695 Die Befugnis, die Wertpapiere in Drittverwahrung zu geben, hat die Depotbank im Übrigen bereits allgemein nach § 3 Abs. 1 DepotG.

696 BuB-*Decker*, Depotgeschäft (Stand: 10/2008), Rn. 8/47; MüKoHGB-*Einsele*, Depotgeschäft, Rn. 1.

697 Kap. I Ziff. 1.2.2 Abs. 1, Ziff. 1.5 Abs. 3 und 4 CB-Eurex (für die Abwicklung von an der FWB geschlossenen Geschäften i.V.m. Kap. V Ziff. 2.1 CB-Eurex).

698 Kap. I Ziff. 1.2.2 Abs. 2, Ziff. 1.5 Abs. 5 und 6 CB-Eurex (für die Abwicklung von an der FWB geschlossenen Geschäften i.V.m. Kap. V Ziff. 2.1 CB-Eurex).

699 Da somit andere Verwahrungsformen für den Börsenhandel an der FWB unter Einbeziehung der Eurex Clearing AG als zentraler Kontrahent und Clearing-Stelle irrelevant sind, beziehen sich die folgenden Ausführungen ausschließlich auf girosammelverwahrte Wertpapiere.

700 *Kümpel*, WM 1980, S. 422, 424.

701 MüKoHGB-*Einsele*, Depotgeschäft, Rn. 51.

702 *Schwintowski*, BankR, § 14 Rn. 40.

703 Dies erfolgte mit dem Gesetz zur Änderung des Gesetzes über die Verwahrung und Anschaffung von Wertpapieren vom 24.5.1972 (BGBl. I 1972, S. 801).

dass eine Sammelurkunde (Globalurkunde)[704] vorliegt.[705] Dabei handelt es sich gem. § 9a Abs. 1 S. 1 DepotG um ein Wertpapier, das mehrere Rechte verbrieft, die jedes für sich in vertretbaren Wertpapieren einer und derselben Art verbrieft sein könnten.

Hierdurch verlieren die einzelnen verbrieften Rechte jedoch keineswegs ihre rechtliche Selbstständigkeit.[706] Mithin handelt es sich bei der Globalurkunde lediglich um eine technische Erleichterung bei der Urkundenherstellung und -verwahrung.[707] Insbesondere erfolgt auch bei der Globalurkunde eine Verkörperung der Rechte, lediglich mit der Besonderheit, dass mehrere, oftmals sogar sämtliche Aktien in einer Urkunde zusammengefasst werden.[708] Daher kann der Emittent nach § 9a Abs. 1 S. 2 Nr. 1 DepotG auch jederzeit die Globalurkunde (wieder) durch einzelne Wertpapiere ersetzen, ohne dass es dazu der Zustimmung der Hinterleger bedürfte. Und umgekehrt kann der Hinterleger auch die Ausfertigung und Auslieferung so vieler einzelner Urkunden vom Emittenten verlangen, wie sie seinem Nennbetrag, bei Wertpapieren ohne Nennbetrag der Höhe der Stückzahl der für ihn in Verwahrung genommenen Wertpapiere entsprechen (§ 9a Abs. 3 S. 1 i.V.m. §§ 7 f. DepotG). Der Hinterleger hat hiermit also die Möglichkeit, Besitz an *einzelnen* seine Rechte verbriefenden Urkunden, also einzelne Wertpapiere in effektiven Stücken, zu erlangen.

Auf die Verwahrung von Globalurkunden finden die Vorschriften über die Sammelverwahrung von Einzelurkunden entsprechende Anwendung (§ 9a Abs. 2 DepotG). Globalurkunden können allein, zusammen mit Einzelurkunden, oder aber auch zusammen mit anderen Globalurkunden, die gegebenenfalls einen anderen Teil *derselben Emission* verbriefen, verwahrt werden.[709] Ihre Verwahrung ist jedoch gem. § 5 Abs. 1 DepotG den Wertpapiersammelbanken vorbehalten. Globalurkunden sind mithin weder haus*sammel*verwahrfähig, noch können sie bei einem anderen Drittverwahrer als einer Wertpapiersammelbank *sammel*verwahrt

---

704 Für Sammelurkunden werden diverse Begriffe verwendet, z.B. Sammelzertifikat, Globalurkunde, Globalaktie, Sammelaktie, Sammelschuldverschreibung, Globalschuldverschreibung. Zwar spricht § 9a Abs. 1 DepotG von Sammelurkunden, gleichwohl hat sich der Terminus „Globalurkunde" in der Literatur und Praxis eingebürgert, sodass auch hier im Folgenden eine Sammelurkunde i.S.d. § 9a DepotG als Globalurkunde bezeichnet wird.

705 Als Ursprung der Globalurkunde wird deren Ausstellung bei der III. und IV. Folge der Schatzanweisungen des Deutschen Reiches von 1938 gesehen. Erstmals gesetzlich vorgesehen wurden sie erst in § 9 des Gesetzes zur Bereinigung des Wertpapierwesens (WBG) vom 19.8.1949 (WiGBl. S. 295). Detailliert zur historischen Entwicklung *Than,* FS Heinsius, S. 809, 812 ff.

706 *Kümpel*, Bank- und Kapitalmarktrecht, Rn. 11.231; *Schwintowski*, BankR, § 14 Rn. 40; *Modlich*, DB 2002, S. 671, 673.

707 *Schwintowski*, BankR, § 14 Rn. 41.

708 Staub-*Canaris*, Bankvertragsrecht (2. Bearb.), Rn. 2126; *Habersack/Mayer*, WM 2000, S. 1678.

709 Vgl. MüKoHGB-*Einsele*, Depotgeschäft, Rn. 52.

werden.[710] Davon unberührt ist jedoch die Möglichkeit der eigenen *Sonder*verwahrung von Globalurkunden durch einen anderen als eine Wertpapiersammelbank; diese ist unabhängig von § 9a DepotG und dessen Grenzen zulässig.[711]

Bei Globalurkunden unterscheidet man weiter zwischen den hier schon behandelten girosammelverwahrfähigen, sogenannten technischen[712] und den hier nicht interessierenden interimistischen,[713] sowie ferner den Dauerglobalurkunden.[714]

Bei einer Dauerglobalurkunde handelt es sich um eine Globalurkunde, bei der nach den Emissionsbedingungen der angesprochene sonst bestehende Anspruch auf Ausfertigung und Auslieferung von Einzelurkunden auf Dauer ausgeschlossen oder beschränkt[715] ist (§ 9a Abs. 3 S. 2 DepotG).[716] Auch Aktien können in Form einer Dauerglobalurkunde verbrieft werden, weil nach § 10 Abs. 5 AktG der Anspruch eines Aktionärs auf Verbriefung seines Anteils an der Gesellschaft in der Satzung eingeschränkt oder ausgeschlossen werden kann.[717] § 9a Abs. 3 S. 2 DepotG stellt damit eine erhebliche Modifikation der Regeln über die Girosammelverwahrung dar, da entgegen § 9 Abs. 2 DepotG die §§ 7 f. DepotG nicht mehr anwendbar sind.[718]

---

710 Staub-*Canaris*, Bankvertragsrecht (2. Bearb.), Rn. 2131; MüKoHGB-*Einsele*, Depotgeschäft, Rn. 52.

711 Staub-*Canaris*, Bankvertragsrecht (2. Bearb.), Rn. 2132; *Einsele*, WM 2001, S. 7, 8 („im Regelfall bei der Wertpapiersammelbank"); *Heinsius/Horn/Than*, § 9a Rn. 1; Ebenroth/Boujong/Joost/Strohn-*Scherer*, § 9a DepotG Rn. VI 488. Unzutreffend daher *Nodoushani*, WM 2007, S. 289, 290.

712 BuB-*Decker*, Depotgeschäft (Stand: 10/2008), Rn. 8/93.

713 Vgl. ausführlich zur technischen und interimistischen Globalurkunde MüKoHGB-*Einsele*, Depotgeschäft, Rn. 54 f.; *Than,* FS Schimansky, S. 821, 828 f.; *Than,* FS Heinsius, S. 809, 817-821.

714 *Than,* FS Heinsius, S. 809, 817.

715 Z.B. wenn das Recht auf Einzelverbriefung an eine Beteiligung an den Druckkosten angeknüpft ist (MüKoHGB-*Einsele*, Depotgeschäft, Rn. 57).

716 MüKoHGB-*Einsele*, Depotgeschäft, Rn. 56; *Kümpel*, Bank- und Kapitalmarktrecht, Rn. 11.241; *Schwintowski*, BankR, § 14 Rn. 42.

717 Anzumerken ist jedoch, dass dies keine Regelung dahingehend darstellt, dass das Aktienkapital gar nicht mehr verbrieft werden muss. Stets muss zumindest eine Dauerglobalurkunde emittiert und bei der Wertpapiersammelbank hinterlegt werden (OLG München NZG 2005, S. 756, 757; MüKoHGB-*Einsele*, Depotgeschäft, Rn. 57). Mit § 10 Abs. 5 AktG hat der Gesetzgeber nämlich keineswegs auf die Verbriefung verzichtet, mithin nicht die Einführung unverbriefter Effekten bewirkt, sondern umgekehrt bewusst am Wertpapiercharakter der Aktien festgehalten („nicht der Schritt zum Wertrecht unter Abkehr vom Wertpapier" (Beschlußempfehlung und Bericht des Rechtsausschusses zum RegE des KonTraG, BT-Drucks. 13/10038, S. 25)). Der Aktionär hat daher (nur) einen Anspruch auf Verbriefung aller Mitgliedschaften an der Gesellschaft in einer Dauerglobalurkunde (*Eder*, NZG 2004, S. 107, 112).

718 *Habersack/Mayer*, WM 2000, S. 1678, 1679.

B.) Die Struktur der Rechtsstellung der Wertpapierinhaber

Auf der Grundlage der Art der Verbriefung der Rechte und der Art der Verwahrung der Wertpapierurkunden kann die Struktur der Rechtsstellung der Wertpapierinhaber bei girosammelverwahrten Wertpapieren genauer untersucht und der Gegenstand der Verfügungen im Rahmen des Settlements näher konkretisiert werden.

I.) Miteigentum nach Bruchteilen

Anders als bei der Sonderverwahrung führt die Sammelverwahrung von Wertpapieren zu einer Veränderung der Rechtslage.[719] Während bei Ersterer der Berechtigte Eigentümer der einzelnen Wertpapiere ist, verliert er bei Letzterer mit Einlieferung der Urkunden in die Sammelverwahrung gem. § 6 Abs. 1 S. 1 DepotG seine Rechtsposition an den Wertpapieren bzw. kann eine solche bei bereits sammelverwahrten Wertpapieren erst gar nicht erlangen. Im Gegenzug erwirbt er ex lege Miteigentum nach Bruchteilen an allen zum Sammelbestand gehörenden Wertpapieren derselben Art (§ 6 Abs. 1 S. 1 DepotG).[720] Dabei bezieht sich das Miteigentum, da es sich bei dem Sammelbestand um eine Sachgesamtheit handelt, an der selbst keine Rechte bestehen können, auf jede einzelne Urkunde, sodass dem Berechtigten an *jedem* sich im Sammelbestand befindlichen Wertpapier ein Miteigentumsanteil nach Bruchteilen zusteht (§ 6 Abs. 1 S. 1 DepotG).[721]

Da allen Berechtigten an jedem Wertpapier ein Miteigentumsanteil entsprechend ihrer Anteilsquote zusteht, bilden sie eine Gemeinschaft nach Bruchteilen an jeder einzelnen Urkunde.[722] Bei beispielsweise drei Wertpapierinhabern an neun sammelverwahrten Urkunden hat jeder Wertpapierinhaber an jeder Urkunde einen Miteigentumsanteil von 1/3. Er hat hingegen kein Alleineigentum an drei der neun Wertpapiere. Sollte die Verbriefung in Form einer Globalurkunde erfolgt sein, sind nach § 9a Abs. 2 DepotG die Vorschriften über die Sammelverwahrung von Einzelurkunden anwendbar, sodass sich für die Rechtsstellung des Berechtigten insofern keine Unterschiede hinsichtlich der depotgesetzlichen

719 Staub-*Canaris*, Bankvertragsrecht (2. Bearb.), Rn. 2104.

720 MüKoHGB-*Einsele*, Depotgeschäft, Rn. 1; *Schwintowski*, BankR, § 14 Rn. 31.

721 MüKoHGB-*Einsele*, Depotgeschäft, Rn. 72; *Kümpel*, WM 1980, S. 422, 424; *Mentz/Fröhling*, NZG 2002, S. 201, 205.

722 *Kümpel*, Bank- und Kapitalmarktrecht, Rn. 11.209; *Horn*, WM 2002, Sonderbeilage 2, S. 1, 8. Die Vorschriften des BGB zur Bruchteilsgemeinschaft (§§ 741 ff. BGB) werden jedoch durch §§ 6 ff. DepotG im Interesse der Praktikabilität der Sammelverwahrung erheblich modifiziert oder verdrängt. Ferner verdrängen die genannten Vorschriften die §§ 1008 ff. BGB (vgl. Staub-*Canaris*, Bankvertragsrecht (2. Bearb.), Rn. 2115 f.; *Mentz/Fröhling*, NZG 2002, S. 201, 205 m.w.N.).

Regelungen ergeben.[723] Man kann sich zur Veranschaulichung vorstellen, dass in diesem Fall die Bruchteilsrechte eines jeden Berechtigten in seiner quotalen Höhe an jedem Wertpapier bestehen, das vorliegen würde, wenn die Einzelurkunden nicht in einer Globalurkunde verbrieft wären.

Weil das Bruchteilseigentum eines jeden Wertpapierinhabers an jeder Urkunde in der jeweils gleichen Höhe (im Beispiel 1/3) besteht, kann sich ein Auslieferungsanspruch eines einzelnen Wertpapierinhabers gegenüber dem Zwischenverwahrer oder der Wertpapiersammelbank nicht auf bestimmte Urkunden beziehen, sondern lediglich auf eine bestimmte Anzahl von Wertpapieren der betreffenden Gattung, wie sie der Quote der Beteiligung am Sammelbestand (im Beispiel 1/3 von neun) entsprechen.[724] Dem tragen die besonderen depotgesetzlichen Auslieferungsansprüche aus §§ 7 f. DepotG Rechnung.

Nach § 7 Abs. 1 Hs. 1 DepotG kann der Hinterleger vom Verwahrer die Auslieferung einer seiner Quote entsprechenden Anzahl von Wertpapieren beanspruchen. Er kann jedoch gem. § 7 Abs. 1 Hs. 2 DepotG nicht verlangen, dass ihm die konkreten von ihm eingelieferten Aktien ausgeliefert werden (Grundsatz der gelockerten Identität[725]).[726] Im Ergebnis wird „der Miteigentumsanteil […] im Wege der Fiktion wie eine individualisierbare Anzahl konkreter Papiere behandelt“.[727] Im Beispiel kann ein Hinterleger somit nicht drei konkrete Wertpapiere heraus verlangen. Denn an diesen hat er jeweils nur Miteigentum. Er kann somit nur irgendwelche der neun Wertpapiere in einer seiner Quote entsprechenden Anzahl, also drei der sammelverwahrten neun Wertpapiere verlangen.

Bei dem Anspruch des Hinterlegers aus § 7 Abs. 1 DepotG handelt es sich um einen schuldrechtlichen Anspruch, der aus dem Depotvertrag resultiert und eine Abwandlung des § 695 S. 1 BGB darstellt.[728] Da der Anspruch vertraglichen Ursprungs ist, kann der Hinterleger nur von seinem Depotvertragspartner (und somit ein Endkunde lediglich von der Depotbank, aber nicht von der Wertpapiersammelbank) die Auslieferung verlangen. Nach herrschender Meinung[729] steht dem Endkunden gleichwohl ein schuldrechtlicher Auslieferungsanspruch gegen

723 *Eder*, NZG 2004, S. 107, 111.

724 *Einsele*, WM 2001, S. 7, 11; *Modlich*, DB 2002, S. 671, 673.

725 *Kümpel*, Bank- und Kapitalmarktrecht, Rn. 11.217. Zur Lockerung der Verknüpfung zwischen Recht und Papier vgl. auch *Brink*, Rechtsbeziehungen und Rechtsübertragung, S. 77 ff.; *Dechamps*, Wertrechte im Effektengiroverkehr, S. 82 f.

726 *Einsele*, WM 2001, S. 7, 10.

727 *Gursky*, JZ 1997, S. 1154, 1163.

728 Staub-*Canaris*, Bankvertragsrecht (2. Bearb.), Rn. 2119; Albrecht/Karahan/Lenenbach-*Lenenbach*, § 38 Depotgeschäft, Rn. 103.

729 Staub-*Canaris*, Bankvertragsrecht (2. Bearb.), Rn. 2119; BuB-*Decker*, Depotgeschäft (Stand: 10/2008), Rn. 8/14a; *Kümpel*, Bank- und Kapitalmarktrecht, Rn. 11.200; *Eder*, NZG 2004, S. 107, 110; *Horn*, WM 2002, Sonderbeilage 2, S. 1, 8. A.A. MüKoHGB-*Einsele*, Depotgeschäft, Rn. 84.

die Wertpapiersammelbank zu. Dieser Anspruch ergibt sich wegen der verwahrungsrechtlichen Elemente des Depotvertrages aus einer (doppelt) analogen Anwendung der §§ 546 Abs. 2, 604 Abs. 4 BGB, weil diese Bestimmungen auch bei einem „normalen“ Verwahrungsvertrag analog angewendet werden. Jedoch besteht auch dieser Anspruch nur nach Maßgabe des § 7 Abs. 1 DepotG.[730]

Dem Miteigentümer der Wertpapiere oder einem sonst dinglich Berechtigten steht nach (§ 985 BGB i.V.m.) § 8 DepotG zudem ein dinglicher Auslieferungsanspruch gegen die Wertpapiersammelbank zu.[731] Auch dieser Anspruch besteht inhaltlich aufgrund der Verweisung auf § 7 Abs.1 DepotG nur im beschriebenen Umfang, sodass auch der dinglich Berechtigte nicht die Herausgabe konkreter Wertpapiere verlangen kann.[732]

Bei der Rechtsstellung des Depotkunden handelt es sich somit um Miteigentum nach Bruchteilen, welches aufgrund der hier gegebenen Besonderheiten auch als Bruchteilseigentum sui generis bezeichnet wird.[733] Diese Besonderheiten sind namentlich die Ansprüche auf Auslieferung von irgendwelchen Urkunden in der der Quote am Sammelbestand entsprechenden Anzahl und die damit einhergehende fiktive Behandlung der quotalen Anteile wie individuelle Wertpapiere.

Verfügungsgegenstand müsste daher an sich Bruchteilseigentum an jedem Wertpapier sein, sodass ein Aktionär beispielsweise seinen Miteigentumsanteil an nur einer sich im Sammelbestand befindlichen Aktie veräußern könnte, seine Miteigentumsanteile an den anderen Aktien jedoch behält. Dass dies jedoch bei einer Sammelverwahrung nicht sein kann, ergibt sich schon daraus, dass man nicht feststellen könnte, welcher Miteigentumsanteil an welcher der Urkunden übertragen werden soll. Ferner entspricht ein Miteigentumsanteil an einer einzelnen Urkunde lediglich der Beteiligungsquote des Aktionärs am Sammelbestand, macht aber nicht die Höhe einer ganzen Aktie aus.[734] Im Beispiel könnte ein Wertpapierinhaber über seinen Miteigentumsanteil an Aktie 1 (1/3 der Eigentumsrechte an dieser) verfügen, obwohl dieser Anteil keiner ganzen Aktie entspricht. Es käme zu einer „heillosen Zersplitterung“.[735]

---

730 BuB-*Decker*, Depotgeschäft (Stand: 10/2008), Rn. 8/14a; *Horn*, WM 2002, Sonderbeilage 2, S. 1, 8.

731 Ob § 985 BGB die Anspruchsgrundlage darstellt und dieser durch § 8 DepotG modifiziert wird, oder ob § 8 DepotG eine eigenständige Anspruchsgrundlage darstellt, ist umstritten. Für Ersteres: BuB-*Decker*, Depotgeschäft (Stand: 10/2008), Rn. 8/52a, 8/53; *Kümpel*, Bank- und Kapitalmarktrecht, Rn. 11.215; *Mentz/Fröhling*, NZG 2002, S. 201, 205. Für Letzteres: Staub-*Canaris*, Bankvertragsrecht (2. Bearb.), Rn. 2120. Ganz a.A. MüKoHGB-*Einsele*, Depotgeschäft, Rn. 86 (schuldrechtlicher Anspruch und auch nur gegenüber dem Zwischenverwahrer).

732 *Einsele*, WM 2001, S. 7, 11.

733 BuB-*Decker*, Depotgeschäft (Stand: 10/2008), Rn. 8/50.

734 Eine Ausnahme bestünde nur, wenn der Aktionär sämtliche Anteile halten würde.

735 Staub-*Canaris*, Bankvertragsrecht (2. Bearb.), Rn. 2115.

Daher sind nicht die konkreten Miteigentumsrechte an den einzelnen sammelverwahrten Urkunden, sondern die Summe der je gleich hohen Miteigentumsrechte an allen verwahrten Urkunden, die wirtschaftlich als Wertpapierguthaben beschrieben werden kann,[736] also der Anteil am Sammelbestand[737] der eigentliche Verfügungsgegenstand (sogenannte Girosammeldepotanteile).[738] Die konkreten Miteigentumsrechte an einzelnen Stücken spielen damit rechtlich und auch tatsächlich keine Rolle.[739] Im Beispiel hat jeder der Hinterleger einen Anteil am Sammelbestand von 1/3 an insgesamt neun Urkunden und damit drei Girosammeldepotanteile. Diese werden im Ergebnis „im Wege der Fiktion wie eine individualisierbare Anzahl konkreter Papiere behandelt",[740] im Beispiel also wie drei Wertpapierurkunden, was zu der beschriebenen Lockerung der Identität von Rechtsposition und Verfügungsgegenstand führt. Konkreter Verfügungsgegenstand sind somit Girosammeldepotanteile. Aufgrund deren fiktiver Behandlung wie einzelne Urkunden kann aber weiterhin davon gesprochen werden, dass der Berechtigte über Wertpapiere verfügt.

II.) Mittelbarer Mitbesitz

Fraglich ist, ob die Wertpapierinhaber (Mit-)Besitzer der Wertpapierurkunden sind.

Zweifellos hat die Wertpapiersammelbank unmittelbaren Besitz (§ 854 BGB) an den von ihr verwahrten Wertpapierurkunden,[741] die als Sachen i.S.d. § 90 BGB Besitzobjekte sein können.[742] Den Zwischenverwahrern und den Endkunden fehlt demgegenüber die für den unmittelbaren Besitz erforderliche tatsächliche Sachherrschaft an den Urkunden. Es kommt für deren Besitzposition jedoch mittelbarer Besitz in Betracht.

Wie erörtert verwahrt die Wertpapiersammelbank die Wertpapiere für die Depotbanken und es besteht zwischen ihr und diesen Instituten ein Depotvertrag. Die Depotbanken verwahren wiederum als Zwischenverwahrer (Ausnahme:

---

736 Vgl. *Horn*, WM 2002, Sonderbeilage 2, S. 1, 8.

737 *Einsele*, WM 2001, S. 7.

738 Staub-*Canaris*, Bankvertragsrecht (2. Bearb.), Rn. 2115 f.; BuB-*Decker*, Depotgeschäft (Stand: 10/2008), Rn. 8/50a.

739 Staub-*Canaris*, Bankvertragsrecht (2. Bearb.), Rn. 2117; *Horn*, WM 2002, Sonderbeilage 2, S. 1, 8.

740 *Gursky*, JZ 1997, S. 1154, 1163.

741 *Kunz*, Ausgewählte Rechtsprobleme des Zentralen Kontrahenten, S. 409; *Mentz/Fröhling*, NZG 2002, S. 201, 205.

742 *Habersack/Mayer*, WM 2000, S. 1678, 1679; *Kunz*, Ausgewählte Rechtsprobleme des Zentralen Kontrahenten, S. 410.

Nostrobestände) für ihre Kunden. In Betracht kommt daher ein mehrfach gestuftes Besitzmittlungsverhältnis nach §§ 868, 871 BGB („Besitzpyramide"), bei dem die Wertpapiersammelbank unmittelbare Fremdbesitzerin der Wertpapiere ist, die Depotbanken mittelbare Fremd(mit)besitzer i.S.d. § 871 BGB erster Stufe und die Ersthinterleger mittelbare Eigen(mit)besitzer zweiter Stufe sind.[743]

Diese Stufung erfordert jedoch, dass die Voraussetzungen der §§ 868, 871 BGB erfüllt sind, was zunehmend bestritten wird.[744] Nicht unproblematisch ist insbesondere die Beantwortung der Frage, ob ein Herausgabeanspruch der Hinterleger besteht (1.)) und 2.)) und ob die Verwahrer den erforderlichen Besitzmittlungswillen haben (3.)).

1.) Herausgabeansprüche bei der Sammelverwahrung

§§ 868, 871 BGB setzen voraus, dass auf jeder Stufe eines Besitzmittlungsverhältnisses ein Herausgabeanspruch gegenüber dem jeweiligen Besitzmittler besteht,[745] dass also der Endkunde einen solchen gegen seine Depotbank und diese einen solchen gegen die Wertpapiersammelbank hat.[746]

Als Herausgabeansprüche im Falle der Sammelverwahrung kommen zunächst die Ansprüche aus § 7 Abs. 1 sowie § 8 i.V.m. § 7 Abs. 1 DepotG in Betracht. Diese ersetzen bzw. modifizieren die Rück-[747] bzw. Herausgabeansprüche nach § 695 S. 1 BGB bzw. § 985 BGB dahingehend, dass es sich nicht um Ans-

---

743 So die h.M., vgl. BGH NJW 1997, S. 2110, 2111; BuB-*Decker*, Depotgeschäft (Stand: 10/2008), Rn. 8/14; *Kümpel*, Bank- und Kapitalmarktrecht, Rn. 11.197; *Schwintowski*, BankR, § 14 Rn. 29; *Eder*, NZG 2004, S. 107, 110; *Mentz/Fröhling*, NZG 2002, S. 201, 205. Diese Besitzpyramide ist entsprechend um weitere Stockwerke zu ergänzen, wenn in die Verwahrkette weitere Zwischenverwahrer einbezogen sind.

744 Vgl. insb. *Einsele*, Wertpapierrecht als Schuldrecht, S. 72 ff.; *Habersack/Mayer*, WM 2000, S. 1678, 1680 f. (für den Fall der Dauerglobalurkunde).

745 BGHZ 10, S. 81, 87; MüKoBGB-*Joost*, § 868 Rn. 15 f.; *Hirte/Knof*, WM 2008, S. 7, 10.

746 Ein Anspruch des Endkunden unmittelbar gegenüber der Wertpapiersammelbank ist unbeachtlich, denn zwischen diesen besteht kein Besitzmittlungsverhältnis. Denn die Wertpapiersammelbank kennt den Endkunden nicht und kann ihren Besitzmittlungswillen daher nicht auf ihn richten, sondern hat einen solchen nur bezogen auf die Depotbanken. Abzustellen ist also auf die einzelnen Stufen der Besitzpyramide. Die Unkenntnis der Wertpapiersammelbank, ob die Depotbank den Besitz weiter mittelt und an wen, ist im Übrigen unschädlich, denn ein Besitzmittler muss bei mehrstufigem mittelbarem Besitz seinen Besitzmittlungswillen nicht auf die Frage einer etwaigen weiteren Besitzmittlung und erst recht nicht auf die Personen richten, an die der Besitz weiter gemittelt wird (MüKoBGB-*Joost*, § 868 Rn. 17; *Horn*, WM 2002, Sonderbeilage 2, S. 1, 10).

747 § 695 S. 2 BGB spricht zwar von der „Rückgabe". Dies bezieht sich aber allein auf die konkrete hinterlegte Sache und Früchte, sowie Gebrauchsvorteile (Letzteres str., vgl. MüKoBGB-*Henssler*, § 695 Rn. 6), sodass es sich bei dem Anspruch aus § 695 BGB um einen *Herausgabe*anspruch handelt (vgl. Baumbach/Hopt-*Hopt*, DepotG, § 7 Rn. 1).

prüche *auf Herausgabe* konkreter Sachen handelt, sondern – das bringt schon der Wortlaut zum Ausdruck – um Ansprüche *auf Auslieferung* irgendwelcher Wertpapiere aus dem entsprechenden Sammelbestand. Die Ansprüche des Aktionärs auf Auslieferung irgendwelcher Wertpapiere aus dem Sammelbestand in einer seiner Miteigentumsquote entsprechenden Höhe korrelieren hier also nicht mit seiner Rechtsstellung als Miteigentümer nach Bruchteilen *an jedem* verwahrten Wertpapier.[748]

Daraus wird von Teilen des Schrifttums gefolgert, die Auslieferungsansprüche des Hinterlegers/dinglich Mitberechtigten nach §§ 7 f. DepotG könnten keine Sachherrschaft über diejenigen Wertpapierurkunden begründen, die später auch dem Anspruchsteller ausgeliefert würden. Ein Auslieferungsanspruch auf Einzelurkunden, die bei einer Globalurkunde im Zeitpunkt des Bestehens des Anspruches noch nicht einmal existierten, könne keine Sachherrschaft am Sammelbestand/der Globalurkunde begründen.[749] Der Auslieferungsanspruch aus § 7 Abs. 1 DepotG sei mit dem Anspruch eines Hinterlegers bei unregelmäßiger Verwahrung nach Aneignung des Verwahrers vergleichbar, wonach der Verwahrer lediglich Sachen von gleicher Art, Güte und Menge nach den Regelungen des Darlehensrechts zurückzugewähren habe (§ 700 Abs. 1 BGB). Diese Art Rückerstattungsanspruch könne aber kein Besitzmittlungsverhältnis begründen.[750] Ein Besitzmittlungsverhältnis i.S.d. § 868 BGB und damit der Herausgabeanspruch müssten sich stets auf konkrete Sachen beziehen, denn Besitz sei nur an *bestimmten* Sachen möglich.[751]

Ferner handele es sich bei § 8 DepotG nicht um eine bloße Modifikation der dinglichen Herausgabeansprüche aus § 985 und § 1011 BGB. Denn ersterer wäre im Falle des Miteigentums auf Einräumung von Mitbesitz am gesamten Sammelbestand gerichtet und der Herausgabeanspruch aus § 1011 BGB bezöge sich auf Herausgabe des gesamten Sammelbestandes an alle Miteigentümer.[752] Vielmehr sei § 8 DepotG ein modifizierter, rein schuldrechtlicher Anspruch des Miteigentümers auf Aufhebung der Miteigentumsgemeinschaft. Dieser auf Herausgabe nach Teilung gerichtete Anspruch könne keine Sachherrschaft über die im Miteigentum stehenden Sachen begründen.[753]

---

748 *Hirte/Knof*, WM 2008, S. 7, 11.

749 MüKoHGB-*Einsele*, Depotgeschäft, Rn. 93 „[...] die Aussicht, möglicherweise im Zeitpunkt B eine Sache zu erhalten, die teilweise den ursprünglichen Gegenstand surrogiert, begründet zuvor im Zeitpunkt A noch keine tatsächliche Sachherrschaft an diesem ursprünglichen Gegenstand, der in keinem Fall an den Hinterleger/dinglich Berechtigten ausgeliefert wird.".

750 MüKoHGB-*Einsele*, Depotgeschäft, Rn. 93.

751 *Hirte/Knof*, WM 2008, S. 7, 11.

752 *Einsele*, WM 2001, S. 7, 11.

753 *Einsele*, WM 2001, S. 7, 11.

Diese Argumentation verkennt jedoch die Besonderheiten der Girosammelverwahrung aufgrund der depotgesetzlichen Regelungen, wonach weniger die konkreten Miteigentumsrechte, als vielmehr die diese zusammenfassenden Girosammeldepotanteile maßgeblich sind,[754] die sodann fiktiv wie individualisierbare Wertpapiere behandelt werden.[755] Der Gesetzgeber wollte mit den §§ 5 ff. DepotG die Grundlage für eine effektive Verwahrung und Übertragung von Wertpapieren schaffen. Damit dem Wertpapierinhaber gleichwohl eine gesicherte Rechtsposition eingeräumt und gutgläubiger Erwerb möglich ist, wurde die Rechtsstellung des Berechtigten in § 6 Abs. 1 DepotG als Miteigentum nach Bruchteilen und damit dinglich normiert.[756] Vor dem Hintergrund dieser gesetzgeberischen Intention und des gesetzgeberischen Willens zur sachenrechtlichen Umsetzung geht es aber fehl, die Frage des Besitzes alleine nach den Regelungen des BGB zu beurteilen.[757] Die Frage, ob Besitz vorliegt, darf nicht ausschließlich dahin gestellt werden, ob Besitz nach dem BGB vorliegt, sondern muss lauten, ob Besitz nach deutschem Recht vorliegt. Dieses umfasst jedoch auch das DepotG als einen den Besitz modifizierenden Normenkomplex. Mit dem DepotG hat der Gesetzgeber eine Spezialgesetzesmaterie geschaffen, die eine besondere – wenn auch für das BGB atypische – Form des Besitzes normiert. Als lex specialis sind daher zunächst die Vorschriften des DepotG zu beachten.[758] Festzustellen ist, dass der Hinterleger/dinglich Berechtigte nach §§ 7 f. DepotG zumindest jederzeit verlangen kann, dass ihm eine seiner Miteigentumsquote entsprechende Anzahl von Wertpapieren derselben Art ausgehändigt wird (Grundsatz der gelockerten Identität zwischen Rechtsposition und Auslieferungsanspruch).[759] Und die Tatsache, dass der Gesetzgeber die Herausgabeansprüche nicht gänzlich ausschließt, sondern sie nur inhaltlich verändert, zeigt doch, dass sein Wille dahin geht, dass die Hinterleger die Einräumung von unmittelbarem Besitz an den Wertpapieren verlangen können. Es ist also die gesetzgeberische Intention, dass die Verwahrer auf allen Stufen nur auf Zeit besitzen können,[760] ein – wenn nicht sogar *das* –

---

754 Siehe dazu bereits oben, S. 187 f.

755 *Gursky*, JZ 1997, S. 1154, 1163.

756 So bspw. die Begr. zum RegE eines Gesetzes zur Neuordnung des Schuldbuchrechts des Bundes und der Rechtsgrundlagen der Bundesschuldenverwaltung (Bundeswertpapierverwaltungsgesetz – BWpVerwG) hinsichtlich der Gleichstellungsfiktion von Sammelschuldbuchforderungen mit einem Wertpapiersammelbestand, BT-Drucks. 14/7010, S. 16. Ausführlich zur gesetzgeberischen Intention und mit weiteren Nachweisen aus Gesetzgebungsmaterialien *Kunz*, Ausgewählte Rechtsprobleme des Zentralen Kontrahenten, S. 415 f.

757 Nach Horn ist daher der methodische Ansatz der einen Besitz ablehnenden Autoren falsch (*Horn*, WM 2002, Sonderbeilage 2, S. 1, 13).

758 Vgl. *Kümpel*, WM 1980, S. 422, 433.

759 *Kümpel*, Bank- und Kapitalmarktrecht, Rn. 11.217. Siehe dazu auch bereits oben, S. 186.

760 *Mentz/Fröhling*, NZG 2002, S. 201, 209.

den mittelbaren Besitz kennzeichnendes Merkmal.[761] Der Gesetzesanwender muss damit lediglich respektieren, dass bei der Sammelverwahrung die einzelnen Miteigentumsrechte hinter deren als Girosammeldepotanteile ausgedrückte Quote in ihrer rechtlichen Bedeutung zurücktreten.[762]

Ferner ist anzumerken, dass die Sammelverwahrung mit den ihr eigenen Rechtsfolgen keineswegs ein auf das Wertpapierrecht beschränkter singulärer Fall ist. Vergleichbare Rechtsfolgen finden sich auch in § 469 HGB, bei dem die Besitzposition des Hinterlegers als mittelbarer Besitzer anerkannt ist,[763] obwohl dieser nach § 469 Abs. 3 HGB gleichfalls nur die Auslieferung einer seinem Anteil gebührenden Menge der sammelverwahrten Sachen verlangen kann. Bemerkenswert ist außerdem, dass gerade die Regelung des § 6 Abs. 1 DepotG Anlass für die Sachverständigenkommission zur Reform des Transportrechts war, § 469 Abs. 2 HGB entsprechend auszugestalten.[764]

Sollten sich im Übrigen – beispielsweise in Folge eines squeeze outs[765] – alle Anteilsrechte in der Hand eines Hinterlegers vereinen, kann dieser sogar die *Herausgabe* der Wertpapiere, nämlich alle Wertpapiere, verlangen.[766] Insoweit sind dann die Ansprüche aus § 695 S. 1 BGB und § 985 BGB nicht durch §§ 7 f. DepotG modifiziert, weil keine Bruchteilsgemeinschaft mehr besteht, die eine Modifikation der Herausgabeansprüche erfordern würde. Daher besteht sogar ein *Herausgabe*anspruch hinsichtlich exakt der Wertpapiere, an denen der Hinterleger Eigentum hat. Dann liegt auch keine gelockerte Identität mehr vor. Diese Herausgabeansprüche sind zwar bedingt auf den Fall der Vereinigung aller Anteilsrechte in einer Person. Für ein Besitzmittlungsverhältnis ist ein bedingter Herausgabeanspruch jedoch vollkommen ausreichend.[767]

Dies gilt auch für den Fall, dass eine Globalurkunde emittiert wurde und der Hinterleger exakt diese Urkunde herauszugeben verlangt. Sofern geltend gemacht wird, die Wertpapiersammelbank könne einem Herausgabeverlangen der Depotbank stets entgegenhalten, eine Globalurkunde dürfe nur bei Wertpapiersammel-

---

761 Vgl. BGHZ 10, S. 81, 87 = NJW 1953, S. 1506, 1508; BGHZ 85, S. 263, 265 = NJW 1983, S. 568, 569; Staudinger-*Bund*, § 868 Rn. 23 ("das für die Praxis in den meisten Fällen wichtigste Kriterium des Besitzmittlungsverhältnisses").

762 Ein auf Herausgabe von *alleinigem* Besitz in Höhe der Miteigentumsquote gerichteter Herausgabe(!)-Anspruch ist der Literatur im Übrigen auch außerhalb der (Giro-) Sammelverwahrung nicht fremd (vgl. *von Prittwitz und Gaffron*, NJW 1957, S. 85, 88 zum Grundschuldbrief).

763 MüKoHGB-*Frantzioch*, § 469 Rn. 12; Ebenroth/Boujong/Joost/Strohn-*Heublein*, § 469 Rn. 15; Baumbach/Hopt-*Merkt*, § 469 Rn. 5 („Anspruchs auf Herausgabe").

764 MüKoHGB-*Frantzioch*, § 469 Rn. 23.

765 Auf die hierdurch gesteigerte Bedeutung der Möglichkeit der Vereinigung aller Anteile in der Hand eines Berechtigten weist Modlich hin (*Modlich*, DB 2002, S. 671, 674).

766 Vgl. *Eder*, NZG 2004, S. 107, 113 für die Dauerglobalurkunde.

767 Staudinger-*Bund*, § 868 Rn. 23.

banken verwahrt werden,[768] was einen Besitz nur auf Zeit als Voraussetzung eines Besitzmittlungsverhältnisses ausschließe, ist dies unzutreffend.

Denn dieses Argument beruht auf einem Fehlverständnis des § 9a Abs. 1 S. 1 DepotG.[769] Nach der derzeitigen Fassung lautet diese Vorschrift dahingehend, dass die Depotbank die Globalurkunden einer Wertpapiersammelbank zur Verwahrung zu geben *hat*. Dies stellt jedoch nur eine Regelung im Verhältnis zwischen Depotbank und Endkunde dar, begründet aber keine Einwendung oder gar ein Recht zur Inverwahrnahme der Wertpapiersammelbank gegenüber der Depotbank als Hinterleger. Zum Ausdruck gebracht wird damit lediglich, dass Globalurkunden grundsätzlich nicht in Hausverwahrung zu nehmen sind. Die Hinterlegungspflicht der Depotbank gegenüber ihrem Kunden hat aber keinerlei Auswirkungen auf das Rechtsverhältnis zwischen der Depotbank und der Wertpapiersammelbank. Dies offenbart auch ein Blick auf die Historie der Norm.[770] In der ursprünglichen Fassung lautete § 9a Abs. 1 S. 1 DepotG dahingehend, dass es der Depotbank gestattet war, die Globalurkunde in Girosammelverwahrung zu geben,[771] begründete mithin eine *Befugnis* der Depotbank, aus der die Wertpapiersammelbank natürlich keine Einwendungen herleiten konnte. Die Änderung des Wortlauts dieser Bestimmung folgte im Rahmen der Einführung der Sammelverwahrung als Regelfall in § 5 Abs. 1 S. 1 DepotG.[772] Sie diente allein dazu, „der Änderung des § 5 Abs. 1 DepotG Rechnung"[773] zu tragen, da ja aufgrund der Einführung der Girosammelverwahrung als Regelverwahrung die zuvor nach § 9a Abs. 1 S. 1 DepotG erforderliche Ermächtigung des Endkunden zur Drittsammelverwahrung durch die Wertpapiersammelbank entfiel.

Ohnehin schließt § 9a Abs. 1 S. 1 DepotG alleine die Haus*sammel*verwahrung aus, nicht jedoch die Sonderverwahrung.[774] Unzulässig wäre somit nur eine *Sammel*verwahrung der Globalurkunde durch die Depotbank.

---

768 So *Habersack/Mayer*, WM 2000, S. 1678, 1680.

769 *Berger*, WM 2009, S. 577, 579.

770 *Berger*, WM 2009, S. 577, 579 f.

771 § 9a Abs. 1 S. 1 DepotG lautete in der ursprünglichen Fassung von 1972: „Der Verwahrer darf ein Wertpapier, das mehrere Rechte verbrieft, die jedes für sich in vertretbaren Wertpapieren einer und derselben Art verbrieft sein könnten (Sammelurkunde), einer Wertpapiersammelbank zur Verwahrung übergeben, wenn der Hinterleger der Sammelurkunde eine Ermächtigung nach § 5 erteilt hat."

772 Diese erfolgte ebenso wie die Änderung des Wortlauts des § 9a Abs. 1 S. 1 DepotG durch das Zweite Finanzmarktförderungsgesetz vom 26. Juli 1994 (BGBl. I, S. 1749).

773 Begr. zum RegE eines Gesetzes über den Wertpapierhandel und zur Änderung börsenrechtlicher und wertpapierrechtlicher Vorschriften (Zweites Finanzmarktförderungsgesetz), BT-Drucks. 12/6679, S. 87.

774 Staub-*Canaris*, Bankvertragsrecht (2. Bearb.), Rn. 2132; *Heinsius/Horn/Than*, § 9a Rn. 1; Ebenroth/Boujong/Joost/Strohn-*Scherer*, § 9a DepotG Rn. VI 488; *Mülbert*, FS Nobbe, S. 691,

Ebenso kann auch jeder einzelne Mitbesitzer stets *Herausgabe* aller Wertpapiere verlangen, wenn auch nicht an sich alleine, sondern seiner Besitzposition (Mitbesitz) entsprechend an alle Mitbesitzer oder einen von ihnen gemeinsam benannten neuen Besitzmittler (vgl. § 432 BGB).[775] Der Mitbesitzer verlangt dann exakt den Besitz heraus, der ihm vermittelt wird: Mitbesitz.[776]

Unzutreffend ist auch der Vergleich mit der unregelmäßigen Verwahrung, da es sich bei der Girosammelverwahrung gerade nicht um eine solche Form der Verwahrung handelt.[777] Der Gesetzgeber hat wegen dieses Umstandes den Fall der unregelmäßigen Verwahrung als Sonderfall in § 15 DepotG geregelt und dabei die Unanwendbarkeit des DepotG insgesamt[778] normiert. Ausschließlich in diesem Fall hat er ferner die Rechtsposition des Hinterlegers auf eine rein schuldrechtliche beschränkt[779] und fordert dafür sogar die ausdrückliche und schriftliche Zustimmung des Hinterlegers zu jedem einzelnen Geschäft (§ 15 Abs. 2 S. 1 DepotG).[780]

Anerkennt man also, dass die Girosammelverwahrung nicht der Verwahrung i.S.d. BGB entspricht, sondern einer besonderen, spezielleren gesetzlichen Regelung unterworfen ist, so stellen die Auslieferungsansprüche aus §§ 7 f. DepotG eine zulässige Modifikation des Besitzkonstituts „Herausgabeanspruch" dar.[781] Im Übrigen bestehen wie festgestellt in den jeweiligen Verwahrungsverhältnissen nicht nur Auslieferungs-, sondern daneben auch Herausgabeansprüche.

2.) Herausgabeansprüche bei einer Dauerglobalurkunde

Im Regelfall werden heutzutage Emissionen in Dauerglobalurkunden verbrieft,[782] bei denen nach § 9a Abs. 3 S. 2 DepotG die Auslieferung einzelner Wertpapiere nicht verlangt werden kann. Da somit bei einer Dauerglobalurkunde

---

696. Vgl. auch Begr. zum RegE eines Gesetzes über den Wertpapierhandel und zur Änderung börsenrechtlicher und wertpapierrechtlicher Vorschriften (Zweites Finanzmarktförderungsgesetz), BT-Drucks. 12/6679, S. 87.

775 *Koller*, DB 1972, S. 1857, 1861; *von Prittwitz und Gaffron*, NJW 1957, S. 85, 88 „[...] gemeinsam mit den übrigen Personen oder allein in Höhe ihres quotiellen Anteils [...]".

776 Von einem auf Herausgabe des mittelbaren Mitbesitzes gerichteten Anspruch des Endkunden gegen die Depotbank, auch im Falle einer Dauerglobalurkunde, geht auch der BGH aus (BGHZ 161, S. 189, 192 = NJW 2005, S. 1275).

777 Vgl. Staudinger-*Reuter*, § 700 Rn. 22.

778 Vgl. Baumbach/Hopt-*Hopt*, DepotG, § 9a Rn. 1.

779 *Schwintowski*, BankR, § 14 Rn. 30.

780 *Horn*, WM 2002, Sonderbeilage 2, S. 1, 16.

781 So auch *Kümpel*, Bank- und Kapitalmarktrecht, Rn. 11.369; *Horn*, WM 2002, Sonderbeilage 2, S. 1, 13.

782 MüKoHGB-*Einsele*, Depotgeschäft, Rn. 133.

die Ansprüche aus §§ 7 f. DepotG „per definitionem […] ausgeschlossen"[783] sind, wird zunehmend die Meinung vertreten, mangels Herausgabeanspruchs bestehe kein mittelbarer Besitz der Hinterleger.[784]

Berücksichtigt man jedoch den Wortlaut des § 9a Abs. 3 S. 2 DepotG, so fällt auf, dass dieser nur normiert, es könne keine *Auslieferung* verlangt werden. Die Vorschrift zielt damit eindeutig auf einen Ausschluss der Ansprüche aus §§ 7 f. DepotG. Nicht von § 9a Abs. 3 S. 2 DepotG erfasst sind freilich die vorstehend beschriebenen *Herausgabe*ansprüche aus § 695 S. 1 BGB und § 985 BGB.[785] Ausgeschlossen bzw. modifiziert sind diese Ansprüche aus § 695 S. 1 BGB und § 985 BGB[786] lediglich für die Fälle girosammelverwahrter Einzelurkunden oder auflösbarer Globalurkunden[787] und auch das nur hinsichtlich der Auslieferung *einzelner* Urkunden an *einzelne* Hinterleger/dinglich Berechtigte.[788]

Die Richtigkeit einer Unterscheidung zwischen den Auslieferungsansprüchen aus §§ 7 f. DepotG und den Herausgabeansprüchen aus §§ 695 S. 1, 985 BGB zeigt sich für den Fall, dass sich alle durch die Dauerglobalurkunde verbrieften Anteile in der Hand eines einzigen Hinterlegers vereinigen. Denn dann geht es gerade nicht um die Auslieferung von Wertpapieren, die den Girosammeldepotanteilen entsprechen, sondern um die Herausgabe genau desjenigen Wertpapiers, das die konkrete Rechtsposition des Hinterlegers/dinglich Berechtigten verbrieft.[789] Da der für § 868 BGB erforderliche Herausgabeanspruch zudem bedingt sein kann,[790] liegt ein solcher auch schon dann vor, wenn der Berechtigte (noch) nicht alleiniger Rechtsinhaber ist.[791] Dabei ist im Übrigen nicht einmal erforderlich, dass sich alle Anteile in der Hand *eines* Endkunden vereinen, es genügt, wenn alle Endkunden einer Depotbank zusammen 100% der Anteile halten. Unter dieser Bedingung kann die Depotbank gegen die Wertpapiersammelbank ihren Anspruch auf Herausgabe aus § 695 S. 1 BGB geltend machen. Und einen Anspruch gegen die Depotbank haben die Endkunden aus § 695 S. 1 BGB aufgrund des Depotvertrages ohnehin permanent, nämlich gerichtet auf Herausgabe des (mittelbaren) Mitbesitzes.[792]

---

783 *Mentz/Fröhling*, NZG 2002, S. 201, 210.

784 Staub-*Canaris*, Bankvertragsrecht (2. Bearb.), Rn. 2021a, 2124; MüKoHGB-*Einsele*, Depotgeschäft, Rn. 94; *Habersack/Mayer*, WM 2000, S. 1678, 1680; *Mentz/Fröhling*, NZG 2002, S. 201.

785 BuB-*Decker*, Depotgeschäft (Stand: 10/2008), Rn. 8/100a; *Berger*, WM 2009, S. 577, 579 ff., insb. 582; *Modlich*, DB 2002, S. 671, 674.

786 MüKoBGB-*Baldus*, § 985 Rn. 7.

787 BuB-*Decker*, Depotgeschäft (Stand: 10/2008), Rn. 8/100a.

788 *Berger*, WM 2009, S. 577, 580.

789 Anspruchsgrundlage gegenüber der Wertpapiersammelbank direkt wäre beschriebene (doppelte) Analogie zu §§ 546 Abs. 2, 604 Abs. 4 BGB, sowie § 985 BGB.

790 Staudinger-*Bund*, § 868 Rn. 23.

791 *Modlich*, DB 2002, S. 671, 674.

792 Explizit BGHZ 161, S. 189, 192 = NJW 2005, S. 1275.

Zudem ist auch auf die allen Mitbesitzern und Mitberechtigten gemeinsam zustehenden Ansprüche auf Herausgabe der Dauerglobalurkunde an alle oder einen von diesen gemeinsam benannten Dritten hinzuweisen, der wie auch schon hinsichtlich der Einzelurkunden bzw. einer Globalurkunde ebenso bei einer Dauerglobalurkunde besteht.[793] Auch insoweit sprechen wie bei einem Alleinberechtigten keine Gründe dafür, den Fall einer Dauerglobalurkunde anders zu behandeln.

Ferner ist die Herausgabe der Dauerglobalurkunde zur Sonderverwahrung an den Anspruchsinhaber oder einen von ihm oder im Falle mehrerer Anspruchsinhaber von ihnen gemeinsam benannten Dritten auch mit den Grundgedanken des DepotG vereinbar. § 9a Abs. 3 S. 2 DepotG soll dem Emittenten die Möglichkeit geben, sich der Pflicht zur Ausfertigung von Einzelurkunden dauerhaft zu entledigen.[794] Dies wird jedoch durch die Herausgabe der ganzen Dauerglobalurkunde nicht in Frage gestellt, was auch der Wortlaut des § 9a Abs. 3 S. 2 DepotG zeigt: Nicht verlangt werden kann nämlich nur die Auslieferung einzelner Wertpapiere (Plural!), während § 9a Abs. 3 S. 2 DepotG gerade nicht Bezug nimmt auf die Herausgabe der ganzen Dauerglobalurkunde. Andernfalls käme man auch zu dem seltsamen Ergebnis, dass eine solche überhaupt nicht mehr von der Wertpapiersammelbank herausverlangt werden könnte.[795]

Die Position eines Emittenten oder der Wertpapiersammelbank wird durch eine Haussonderverwahrung der Dauerglobalurkunde durch den Alleinberechtigten oder einen von ihm oder im Falle mehrerer Berechtigter von ihnen gemeinsam benannten Dritten nicht nachteilig berührt.[796] Würde es sich um Einzelverbriefungen oder eine auflösbare Globalurkunde handeln, könnte nach §§ 7 f. DepotG auch die (Ausfertigung[797] und) Auslieferung der gesamten Emission verlangt werden, sodass sich keine der Urkunden mehr bei der Wertpapiersammelbank befände. Ein Grund dafür, dass dies bei einer Globalverbriefung nicht zulässig sein sollte, ist nicht ersichtlich. Somit kann ein „Recht" der Wertpapiersammelbank oder des Emittenten darauf, dass die Dauerglobalurkunde sich ausschließlich bei der Wertpapiersammelbank befindet, nicht festgestellt werden.

Ein auf Herausgabe der Dauerglobalurkunde gerichteter Anspruch geht ferner Hand in Hand mit dem satzungsfesten Recht der Aktionäre, dass ihre Ansprüche stets zumindest in einer Dauerglobalurkunde verbrieft werden müssen.[798] Dabei ist zudem anzumerken, dass auch die Ansprüche auf Einzelverbriefung niemals

793 Dazu siehe bereits oben, S. 194.

794 Vgl. *Habersack/Mayer*, WM 2000, S. 1678.

795 *Mülbert,* FS Nobbe, S. 691, 702 Fn. 51.

796 *Pleyer,* FS Werner, *S.* 639, 650.

797 § 9a Abs. 3 S. 1 Hs. 1 i.V.m. §§ 7 f. DepotG.

798 Vgl. zu diesem Recht: Beschlußempfehlung und Bericht des Rechtsausschusses zum RegE des KonTraG, BT-Drucks. 13/10038, S. 25; *Mülbert,* FS Nobbe, S. 691, 696 f.; *Schürmann*, NJW 1998, S. 3162, 3163 Fn. 14.

unwiderruflich ausgeschlossen sind.[799] Potentiell bestehen diese Ansprüche permanent. Und insbesondere bei einem Mehrheitserwerb an einer AG kann der Mehrheitsaktionär eine Satzungsänderung dahingehend bewirken, dass sodann Einzelverbriefungsansprüche bestehen, woraufhin auch die Ansprüche aus §§ 7 f. DepotG durchsetzbar werden.

Nichts anderes gilt im Übrigen, falls es sich bei dem Emittenten der Dauerglobalurkunde um eine REIT-AG handelt. Eine REIT-AG[800] ist eine Sonderform einer Aktiengesellschaft, die zwingend zum Börsenhandel zugelassen sein muss und deren Unternehmensgegenstand sich darauf beschränkt, unbewegliches Vermögen oder Anteile an anderen immobilienbezogenen Gesellschaften zu erwerben, zu halten, zu verwalten und zu veräußern (§ 1 REITG). Ihr Vermögen muss zu mindestens 75 % der Aktiva aus unbeweglichem Vermögen bestehen (§ 12 REITG). Als ihr Kerngeschäft ist zwingend das *Halten* von Immobilien und deren passive Bewirtschaftung vorgesehen, da ihr der Handel mit Immobilien nach § 14 REITG untersagt ist. Weitere Wesensmerkmale[801] sind u.a. eine Mindestausschüttung von 90 % des Jahresüberschusses (§ 13 REITG), eine gewisse Mindeststreuung der Anteile (§ 11 REITG) und das Verbot der Unterschreitung der Mindesteigenkapitalquote von 45 % (§ 14 REITG). Ferner ist die REIT-AG nicht einkommens- und gewerbesteuerpflichtig (§§ 16 ff. REITG). Hier von Relevanz ist, dass der Aktionär einer REIT-AG nach § 5 Abs. 2 REITG keinen Anspruch auf Verbriefung seines Anteils hat. § 5 Abs. 2 REITG kehrt jedoch lediglich das Regel-Ausnahmeverhältnis des § 10 Abs. 5 AktG hinsichtlich des Anspruches des Aktionärs gegen die Gesellschaft um.[802] Ob aber der Verbriefungsanspruch im Verhältnis zwischen Aktionär und Gesellschaft durch Gesetz oder Satzung ausgeschlossen ist, ändert nichts daran, dass § 9a Abs. 3 S. 2 DepotG nur die Auslieferung von Einzelurkunden, nicht aber die Herausgabe der Dauerglobalurkunde ausschließt.[803] Auch bei einer REIT-AG kann ein Aktionär alle Anteile erwerben und damit die *Herausgabe* der Dauerglobalurkunde ebenso verlangen, wie dies alle Mitberechtigten gemeinsam tun können. Des Weiteren schließt § 5 Abs. 2 REITG auch nicht aus, dass die Satzung dem Aktionär (irgendwann)

---

799 Vgl. zum umgekehrten Fall des nachträglichen Ausschlusses bzw. der nachträglichen Beschränkung des Anspruchs auf Einzelverbriefung durch Satzungsänderung Spindler/Stilz-*Vatter*, § 10 Rn. 80; K. Schmidt/Lutter-*Ziemons*, § 10 Rn. 34.

800 REIT ist die Kurzform für Real Estate Investment Trust.

801 Ausführlich zu den zentralen Wesensmerkmalen einer REIT-AG vgl. *Frey/Harbarth*, ZIP 2007, 1177.

802 *Bron*, BB-Sonderbeilage 7/2007, S. 2, 4.

803 Vgl. Seibt/Conradi-*Voigt*, Rn. 361, der zwar im Gegensatz zu der hier vertretenen Ansicht von einer zwingenden Globalverbriefung spricht, hinsichtlich der Übertragung im Effektengiroverkehr aber auf § 929 S. 1 BGB und die Umstellung der Besitzmittlungsverhältnisse verweist.

einen Anspruch auf Verbriefung seiner einzelnen Anteile einräumt.[804] Zwar sieht das REITG diese Möglichkeit nicht explizit vor,[805] untersagt sie jedoch auch nicht. Die Gesellschaft kann an der Einzelverbriefung durchaus selbst ein nicht geringes Interesse haben, wenn sie nämlich eine Zweitzulassung an Börsen anstrebt, deren Börsenordnung einen Anspruch des Aktionärs auf Lieferung einzelner Urkunden voraussetzt.[806] Da also die Möglichkeit besteht, dass die Gesellschaft einen Anspruch auf Verbriefung durch eine entsprechende Regelung in der Satzung begründet, bestehen sogar die Auslieferungsansprüche aus §§ 9a Abs. 2, Abs. 3 S. 2, 7 f. DepotG potentiell fort.

Mithin bestehen auch bei Ausschluss der Einzelverbriefung und dem folglich nach § 9a Abs. 3 S. 2 DepotG bestehenden (momentanen) Ausschluss der Auslieferungsansprüche nach §§ 7 f. DepotG gleichwohl Herausgabeansprüche der Hinterleger/dinglich Berechtigten. Ferner existieren auch die Auslieferungsansprüche aus §§ 9a Abs. 2, Abs. 3 S. 2, 7 f. DepotG potentiell fort. Es liegt somit in diesem Fall die gleiche sachenrechtliche Struktur vor, wie bei sammelverwahrten Einzelurkunden oder bei Globalurkunden i.S.d. § 5 Abs. 1 S. 1 DepotG.[807]

3.) Besitzmittlungswille

Des Weiteren müssen alle (Zwischen-)Verwahrer hinsichtlich der Wertpapiere Besitzmittlungswillen (Fremdbesitzwillen) gerichtet auf den jeweiligen Hinterleger haben, damit im jeweiligen Verhältnis zwischen Hinterleger und Verwahrer ein Besitzmittlungsverhältnis i.S.d. § 868 BGB vorliegt.[808]

a.) Der Verwahrer ist nicht Miteigentümer am Sammelbestand

Ist der Verwahrer nicht selbst auch Miteigentümer am Sammelbestand, ist der erforderliche Besitzmittlungswille unproblematisch vorhanden. Denn sowohl die Wertpapiersammelbank als auch die Depotbanken wollen die Wertpapiere nicht für sich, sondern für ihre jeweiligen Kunden (zwischen-) verwahren (vgl. z.B. IX Abs. 4 S. 2 AGB-CBF („verwahrt CBF für den Kunden“)). Sie haben das Bewusstsein, nicht als Eigentümer zu besitzen, was für die Annahme eines Besitz-

---

804 Striegel-*Münchow*, § 5 Rn. 24. A.A. wohl Helios/Wewel/Wiesbrock-*Wiesbrock*, § 5 Rn. 11; Seibt/Conradi-*Voigt*, Rn. 361.

805 Helios/Wewel/Wiesbrock-*Wiesbrock*, § 5 Rn. 11; *Bron*, BB-Sonderbeilage 7/2007, S. 2, 4.

806 Vgl. *Ziemons*, BB 2007, S. 449, 450, die diese Rechtslage zwar kritisiert, aber wohl davon ausgeht, dass sie zwingend sei.

807 So auch *Kümpel*, Bank- und Kapitalmarktrecht, Rn. 11.222; *Horn*, WM 2002, Sonderbeilage 2, S. 1, 8.

808 Vgl. MüKoBGB-*Joost*, § 868 Rn. 17 m.w.N.

mittlungswillens vollständig ausreichend ist.[809] Es besteht damit auf Bankenseite die erforderliche Bereitschaft, unter bestimmten Voraussetzungen die Sache herauszugeben oder Weisungen des Berechtigten Folge zu leisten.[810] Und jede der (zwischen)verwahrenden Banken wird einem berechtigten Herausgabe- oder Auslieferungsverlangen stets nachkommen und ist sich dieser Möglichkeit bewusst. Nicht erforderlich ist dabei die Kenntnis von der Person des mittelbaren Besitzers.[811]

Damit besteht grundsätzlich auch der jeweils erforderliche Besitzmittlungswille.

b.) Der Verwahrer als Miteigentümer am Sammelbestand

Problematisch erscheint jedoch der Fall, dass die Wertpapiersammelbank oder die Depotbank selbst Aktionärin der betreffenden Gesellschaft ist. Denn hinsichtlich dieser Konstellation wird kritisch angemerkt, der (Zwischen-)Verwahrer sei dann selbst Miteigentümer nach Bruchteilen am Sammelbestand bzw. der Globalurkunde und habe insoweit Eigenbesitzwillen.[812] Dann stehe aber der Annahme von mittelbarem Besitz des jeweiligen Hinterlegers ein Urteil des BGH[813] entgegen, wonach eine Beschränkung der Besitzmittlung auf einen ideellen Teil einer Sache ebenso wenig möglich sei, wie – als alternativ vom BGH in Betracht gezogene Lösung – ein Nebeneinander von Eigen- und Fremdbesitz bezüglich dieser (ganzen) Sache. Dies gelte sowohl im Verhältnis zwischen unmittelbarem und mittelbarem Besitzer (Wertpapiersammelbank und Depotbank), als auch im Verhältnis zwischen mittelbaren Besitzern verschiedener Stufen (Depotbank und Endkunde).[814]

Diese Rechtsprechung kann indes auf die Girosammelverwahrung nicht übertragen werden. Zunächst ist in der Literatur keineswegs ausgemacht, dass – jedenfalls im Verhältnis zwischen mittelbaren Besitzern verschiedener Stufen – Besitz an ideellen Teilen einer Sache[815] oder ein Nebeneinander von Eigen- und

809 *Wieling*, AcP 184 (1984), S. 439, 452 f.
810 Vgl. *Wieling*, AcP 184 (1984), S. 439, 454.
811 MüKoBGB-*Joost*, § 868 Rn. 17.
812 *Habersack/Mayer*, WM 2000, S. 1678, 1681.
813 BGHZ 85, S. 263 = NJW 1983, S. 568.
814 *Habersack/Mayer*, WM 2000, S. 1678, 1681.
815 Diese Möglichkeit bejahend *Kress*, Besitz und Recht, S. 285 f.; *Berger*, WM 2009, S. 577, 580 f.; *Horn*, WM 2002, Sonderbeilage 2, S. 1, 14 m.w.N.; *von Prittwitz und Gaffron*, NJW 1957, S. 85, 88 (sogar für das Verhältnis zwischen unmittelbarem und mittelbarem Mitbesitzer). Verneinend: PWW-*Prütting*, § 866 Rn. 2; *Abel*, NJW 1966, S. 2044, 2046.

Fremdmitbesitz[816] nicht möglich sind. Das vorstehend angeführte Urteil des BGH behandelt zudem eine im Rahmen der Girosammelverwahrung nicht interessierende Fallgestaltung, nämlich den *unmittelbaren* Besitz des Eigenbesitzers, welcher zugleich den Besitz am Besitzobjekt mitteln und daher zugleich als Besitzmittler fungieren soll.[817] Dies entspräche dem Fall, dass die Wertpapiersammelbank selbst Aktionärin der Gesellschaft wird, deren Wertpapiere sie verwahrt. Von praktischem Interesse ist aber nur die Konstellation, dass eine Depotbank Aktionärin ist, dass es also um *mittelbaren* Eigenbesitz der Besitzmittlerin geht. Zwischen mittelbaren Besitzern verschiedener Stufen ist jedoch ein Nebeneinander von Eigen- und Fremdbesitz anerkanntermaßen möglich.[818]

Ferner ist der Besitzmittlungswille bei der Girosammelverwahrung dahin zu verstehen, dass der Verwahrer den Willen und das Bewusstsein hat, Wertpapiere der sammelverwahrten Art in einer der Miteigentumsquote des Hinterlegers entsprechenden Zahl an diesen herausgeben zu müssen. Die fiktive Gleichstellung der Girosammeldepotanteile mit individualisierbaren Wertpapieren (Grundsatz der gelockerten Identität) erstreckt sich konsequenterweise nicht nur auf den Auslieferungsanspruch, sondern bedingt auch, dass der Fremdbesitzwille sich zunächst lediglich auf bestimmbare Wertpapiere beziehen muss. Es ist daher gar nicht auf bestimmte ideelle Besitzbruchteile, sondern einzelne, bestimmbare (ganze) Sachen abzustellen. Zur Bestimmung der Wertpapiere, hinsichtlich derer der Verwahrer und Mitberechtigte Fremd- bzw. Eigenbesitzwillen hat, ist auf die Depotbuchungen abzustellen, die ja auch für die Anzahl der Girosammeldepotanteile maßgebend sind. Der jeweilige Verwahrer hat hinsichtlich des buchungsmäßig erfassten Eigenbestandes Eigen- und bezüglich des verbuchten Fremdbestandes Fremdbesitzwille.[819] Hinsichtlich der Anzahl an Wertpapieren, die den Girosammeldepotanteilen der Hinterleger entsprechen, hat jeder Verwahrer in der Verwahrkette somit Fremdbesitzwillen, indem er anerkennt, dass er

---

816 Diese Möglichkeit bejahend: Staudinger-*Bund*, § 866 Rn. 21; *Kress*, Besitz und Recht, S. 285 f.; *Baur*, NJW 1967, S. 22 f.; *von Prittwitz und Gaffron*, NJW 1957, S. 85, 88. Verneinend: Palandt-*Bassenge*, § 1154 Rn. 12; MüKoBGB-*Eickmann*, § 1154 Rn. 20; Erman-*Lorenz*, § 866 Rn. 1; *Abel*, NJW 1966, S. 2044, 2046 (zumindest für das Verhältnis zwischen unmittelbarem und mittelbarem Mitbesitzer); *Hummel*, NJW 1965, S. 2376, 2379.

817 „[…] konnte daher nicht gleichzeitig unmittelbaren Eigenbesitz an dem Grundschuldbrief haben und gleichzeitig als Fremdbesitzerin der Bekl. den Besitz vermitteln." (BGH NJW 1983, S. 568, 569).

818 Anerkannt ist bspw., dass ein Schuldner im Rahmen der Pfändung beweglicher Sachen, die in seinem Gewahrsam verbleiben, mittelbarer Eigenbesitzer und unmittelbarer Fremdbesitzer ist (MüKoZPO-*Gruber*, § 808 Rn. 44 m.w.N.). Dabei ist irrelevant, dass der Schuldner in diesem Fall nur mittelbarer Eigenbesitzer ist, denn es geht allein um die Frage, wie sein Wille ausgerichtet ist bzw. sein kann (*Berger*, WM 2009, S. 577, 580).

819 *Dechamps*, Wertrechte im Effektengiroverkehr, S. 83; *Eder*, NZG 2004, S. 107, 114.

diese Wertpapiere im Falle der Geltendmachung der Auslieferungsansprüche aushändigen muss.

Die Anknüpfung hinsichtlich des Fremdbesitzwillens an die Depotbuchungen vermag freilich den Fremdbesitzwillen der verwahrenden Banken, insbesondere der Depotbanken,[820] nicht zu begründen, wenn eine Dauerglobalurkunde hinterlegt ist und die betreffende Bank Mitberechtigte an dieser Urkunde ist. Bei Dauerglobalurkunden können die Anleger nämlich gerade keine Auslieferungsansprüche entsprechend ihrer durch die Depotgutschriften ausgedrückten Girosammeldepotanteile geltend machen. Es scheidet mithin scheinbar aus, einen Fremdbesitzwillen deshalb anzunehmen, weil die verwahrende Bank bereit ist, im Falle der Geltendmachung eines Auslieferungsanspruches in Höhe der Miteigentumsquote Wertpapierurkunden herauszugeben.

Gleichwohl besteht ein Fremdbesitzwille hinsichtlich der Dauerglobalurkunde. Die Banken betreiben ein Depotgeschäft i.S.d. § 1 Abs. 1 S. 2 Ziff. 5 KWG,[821] welches dort legaldefiniert ist als die Verwahrung und Verwaltung von Wertpapieren *für andere*. Auch das Selbstverständnis der Banken geht dahin, dass eine reine Verwahrung *für andere* erfolgt.[822] Die Banken wollen daher auch im Falle einer Mitberechtigung an der Dauerglobalurkunde diese in ihrer Gesamtheit dauerhaft (mittelbar) besitzen. So sind sie insbesondere unter der Bedingung, dass ein Verwahrer alleiniger Rechtsinhaber wird, bereit, den (mittelbaren) Besitz auf sein Verlangen hin, auf ihn zu übertragen. Sie haben damit das Bewusstsein, gegebenenfalls nur auf Zeit zu besitzen und verfügen zudem über die erforderliche Bereitschaft, unter bestimmten Voraussetzungen die Sache herauszugeben oder Weisungen des Berechtigten Folge zu leisten, was für einen Fremdbesitzwillen ausreichend ist.[823]

Auch die für eine Globalurkunde ohne Ausschluss der Einzelverbriefung dargelegte Begründung eines (gelockerten) Fremdbesitzwillens in Höhe der Girosammeldepotgutschriften lässt sich auf eine Dauerglobalurkunde übertragen. Denn falls der Ausschluss der Einzelverbriefung aufgehoben wird, werden die jeweils (zwischen-)verwahrenden Banken einem Auslieferungsverlangen auch nachkommen, sodass sie auch in Ansehung einzelner durch die Gutschriften

---

820 Dass die Wertpapiersammelbank Mitberechtigte an den von ihr verwahrten Wertpapierurkunden hat, ist wie erwähnt praktisch nicht der Fall (siehe oben, S. 200).

821 Schimansky/Bunte/Lwowski-*Gößmann/Klanten*, § 72. Das Depotgeschäft, Rn. 28; *Than*, in: Geld-, Bank- und Börsenwesen, S. 843.

822 Vgl. beispielsweise die Selbstauskunft der Clearstream Banking AG („About us“) auf der Website unter Home > About us: „[...] manages, safekeeps and administers the securities that it holds on behalf of its customers.“ (http://www.clearstream.com/ci/dispatch/en/kir/ci_nav/about_us (Stand: 15.05.2011)).

823 Vgl. *Wieling*, AcP 184 (1984), S. 439, 454.

repräsentierter Girosammeldepotanteile den (gelockerten) Fremdbesitzwillen haben. Damit besteht auch bei einer Dauerglobalurkunde und der Mitberechtigung des Verwahrers an dieser der erforderliche Fremdbesitzwillen.

4.) Zwischenfazit

Damit besteht in jedem der Verwahrungsverhältnisse ein für die Begründung der vorstehend beschriebenen Besitzpyramide erforderliches Besitzmittlungsverhältnis, sodass die Endkunden besitzrechtlich mittelbare Eigen(mit)besitzer sind.

III.) Ergebnis

Folglich sind die Zwischenverwahrer (namentlich die Depotbanken) und auch die Endkunden mittelbare Fremd- bzw. Eigenbesitzer der Wertpapierurkunden. Die Endkunden haben an diesen Urkunden Miteigentum nach Bruchteilen. Aufgrund der besonderen Regelung der §§ 7, 8 DepotG liegt jedoch eine gelockerte Identität von Rechtsposition (Miteigentum nach Bruchteilen an jeder Urkunde) und Verfügungsgegenstand (Girosammeldepotanteile als Ausdruck des Anteils am Sammelbestand, die fiktiv wie einzelne Wertpapiere behandelt werden) vor.

C.) Die Übertragung der Girosammeldepotanteile im Effektengiroverkehr

Im Folgenden soll die Übertragung der Girosammeldepotanteile im Effektengiroverkehr von bei CBF sammelverwahrten und an der FWB unter Einbeziehung der Eurex Clearing AG als zentralem Kontrahenten und Clearing-Stelle gehandelten Aktien erörtert werden.

In rechtstatsächlicher Hinsicht ist vorab zu vermerken, dass weder die Depotbank des Veräußerers (Veräußererbank), noch diejenige des Erwerbers (Erwerberbank) im Rahmen der Übereignung (Durchgangs-)Eigentum an den Wertpapieren erwerben wollen.[824] Dies gilt auch im Falle einer Effektenkommission, bei der die Veräußererbank für ihren Kunden Wertpapiere als Verkaufskommissionärin verkauft und die Erwerberbank diese für den Erwerber als Einkaufskommissionärin erwirbt.[825] Ebenfalls soll seitens der Eurex Clearing AG als zentralem

824 *Bröcker/Ekkenga,* in: Claussen, Bank- und Börsenrecht, § 6 Rn. 259; *Ingelmann*, WM 1997, S. 745, 748.

825 Zur Effektenkommission vgl. z.B. Schimansky/Bunte/Lwowski-*Kümpel/Bruski*, § 104. Effektengeschäft (Finanzkommissionsgeschäft).

Kontrahenten kein Eigentumserwerb erfolgen (Kap. I Ziff. 1.5 Abs. 3 S. 5 CB-Eurex), auch wenn sie die aus den Kaufverträgen Berechtigte und Verpflichtete ist.

Mithin ist eine Übertragung der Girosammeldepotanteile unmittelbar vom Veräußerer an den Erwerber zu konstruieren.[826] Damit kann auch dem Umstand Rechnung getragen werden, dass die Clearing-Mitglieder dem zentralen Kontrahenten nur in Höhe der „Spitzen" und damit nur netto die Übereignung und Übergabe schulden bzw. von diesem beanspruchen können. Gegenüber ihren Endkunden sind sie hingegen im vollen Umfang (brutto) zur Übereignung und Übergabe verpflichtet bzw. können diese beanspruchen,[827] sofern in diesem Verhältnis nicht ebenfalls eine Aufrechnung erfolgte, und zwar in einem Umfang, der im Regelfall nicht mit dem Umfang identisch ist, wie er sich aus dem Saldo nach dem Netting zwischen dem zentralen Kontrahenten und dem Clearing-Mitglied ergibt.[828] Durch den Direkterwerb zwischen Veräußerer und Erwerber können die von Ersterem verkauften Wertpapiere in vollem Bruttoumfang an den Erwerber übertragen werden, so wie es dieser – vorbehaltlich einer Aufrechnung im Verhältnis zur Erwerberbank – von Letzterer beanspruchen kann.

Dazu ein **Beispiel**, auf das auch im Folgenden zurückzukommen sein wird:

Der veräußernde Kunde V ist Eigentümer von 50 Aktien der X AG (die „X-Aktien"). Diese will er verkaufen und erteilt dazu seiner Haus- und Depotbank („VBank" – Veräußererbank) einen entsprechenden Auftrag. Die Depotbank ist Handelsteilnehmer an der FWB, Mitglied im Clearing-System der Eurex Clearing AG und verfügt über ein Depotkonto bei der Wertpapiersammelbank (WSB), auf dem die von ihr für ihre Kunden verwahrten Wertpapiere gutgeschrieben sind. Da die VBank auch für weitere Kunden X-Aktien verwahrt, weist dieses Konto einen Kundenbestand von 100 X-Aktien auf.

Im Börsenhandel kommt sodann ein Geschäft mit der KBank (Erwerberbank) zustande. Diese ist die Haus- und Depotbank des K, der 50 X-Aktien erwerben will und hierzu die KBank mit dem Kauf beauftragt hat. Hinsichtlich der KBank gilt bzgl. der Clearing-Mitgliedschaft und der Unterhaltung eines Depotkontos bei der WSB das zur VBank Gesagte entsprechend. Die KBank verwahrt zu diesem Zeitpunkt bereits 200 X-Aktien für andere Kunden und ihr Konto bei der WSB weist ein entsprechendes Guthaben auf.

---

826 *Jobst*, ZBB 2010, S. 384, 396.

827 Vgl. BuB-*Decker*, Depotgeschäft (Stand: 10/2008), Rn. 8/337b; *Horn*, WM 2002, Sonderbeilage 2, S. 1, 7.

828 Eine solche Aufrechnung ist insbesondere denkbar, wenn der Endkunde zwar ein Handelsteilnehmer, aber kein Mitglied des Clearing-Systems der Eurex Clearing AG ist und daher sich auch zum Abschluss des schuldrechtlichen Geschäfts des Clearing-Mitglieds bediente, sodass auch in diesem Verhältnis gemäß der NCM-CM-Clearing-Vereinbarung eine Aufrechnung erfolgt. Gleichwohl fällt der Umfang der zwischen dem Clearing-Mitglied und dem Nicht-Clearing-Mitglied geschuldeten Wertpapiere bzw. Geldzahlungen in der Regel anders aus, als zwischen Clearing-Mitglied und zentralem Kontrahenten, da in letzterem Verhältnis im Regelfall weitaus mehr Geschäfte in die Aufrechnung einbezogen sind.

Ferner will taggleich ein anderer Kunde (K2) der KBank 20 X-Aktien verkaufen und ein zweiter Kunde (V2) der VBank 20 X-Aktien kaufen.

Nach Abschluss aller erforderlichen Börsengeschäfte durch die genannten Banken zur Erfüllung ihrer Kundenaufträge trifft die VBank gegenüber dem zentralen Kontrahenten infolge des Nettings eine Verbindlichkeit auf Übereignung von 30 X-Aktien. Spiegelbildlich hat die KBank gegenüber dem zentralen Kontrahenten einen Anspruch auf Übereignung von 30 X-Aktien. Da im Verhältnis zu den Kunden keine Aufrechnung erfolgt ist, hat aber K gegenüber der KBank einen Anspruch auf Übergabe und Übereignung von 50 X-Aktien.

Indem die Übereignung von 50 X-Aktien unmittelbar von V an K und die Übereignung von 20 X-Aktien unmittelbar von K2 an V2 erfolgt, wird sichergestellt, dass die Erfüllung der jeweiligen Ansprüche der Kunden gegenüber ihren Banken vom Netting unberührt bleibt.

I.) Übertragungstatbestand

Fraglich ist zunächst, wie über die Girosammeldepotanteile verfügt werden kann. Wie erwähnt, werden die Wertpapiere im Effektengiroverkehr nicht mehr effektiv bewegt, sondern eine Verfügung erfolgt maßgeblich durch Umbuchungen. Dies legt zunächst den Schluss nahe, über die Girosammeldepotanteile werde in der gleichen Art und Weise wie im Geldgiroverkehr verfügt. Jedoch handelt es sich bei dieser Beschreibung lediglich um eine rein tatsächliche Betrachtung. Im Unterschied zum Geldgiroverkehr liegen hier Wertpapiere und Miteigentumsrechte an diesen vor. Da somit anders als im Geldgiroverkehr nicht über Forderungen, sondern über (eine besonders ausgestaltete Art des) Miteigentum(s) nach Bruchteilen verfügt wird, worauf ebenso wie bei Verfügungen über Volleigentum die §§ 929 ff. BGB anzuwenden sind,[829] folgt auch hier der Übertragungstatbestand aus diesen Vorschriften.[830] Der Effektengiroverkehr entspricht damit nur faktisch dem Geldgiroverkehr, seine Grundlagen sind aber sachenrechtlicher Natur.[831]

Soweit neben den §§ 929 ff. BGB eine wertpapierrechtliche Übertragung nach §§ 413, 398 BGB in Betracht kommt, kann dies vorliegend vernachlässigt werden.[832] Bei einer solchen Übertragung wäre mangels Rechtsscheinträgers ein

829 Bamberger/Roth-*Fritzsche*, § 1008 Rn. 4 m.w.N.; MüKoBGB-*K. Schmidt*, § 1008 Rn. 16.

830 BuB-*Decker*, Depotgeschäft (Stand: 10/2008), Rn. 8/67; *Kümpel*, Bank- und Kapitalmarktrecht, Rn. 11.346.

831 *Kümpel*, Bank- und Kapitalmarktrecht, Rn. 11.344 f.; *Keller*, WM 2000, S. 1269, 1277; *Pleyer/Schleiffer*, DB 1972, S. 77.

832 Ohnehin ist diese Möglichkeit bei der Inhaberaktie und allgemein bei Inhaberpapieren umstritten, vgl. *Modlich*, DB 2002, S. 671, 672 m.w.N. zum Streitstand. Und selbst wenn man sie anerkennt, ist wiederum streitig, ob gleichwohl eine Übergabe der Urkunde erforderlich ist, sodass mit der Übertragung der verbrieften Rechte nach §§ 398, 413 BGB gegenüber der Übertragung der Urkunden nach §§ 929 ff. BGB im praktischen Ergebnis nichts gewonnen wäre (vgl. *Hirte/Knof*, WM 2008, S. 7, 13).

gutgläubiger Erwerb nicht möglich,[833] der jedoch für die Funktionsfähigkeit des Börsenverkehrs unerlässlich ist. Die CB-Eurex verweisen ausdrücklich auf eine Übertragung durch Einigung und Übergabe nach den sachenrechtlichen Regeln des BGB[834] und auch die AGB-CBF gehen ausschließlich hiervon aus.[835]

Ebenfalls außer Acht bleiben kann der gesetzliche Erwerb der Miteigentumsanteile im Falle der Abwicklung eines Effektenkommissionsgeschäfts nach § 24 Abs. 2 DepotG. Denn auch diese Vorschrift ermöglicht keinen gutgläubigen Erwerb, da es sich um einen gesetzlichen und nicht um einen rechtsgeschäftlichen Erwerbstatbestand handelt[836] und weil zudem die Verfügungsbefugnis der als Einkaufskommissionärin tätigen Bank zwingend vorausgesetzt ist.[837] Deshalb will sich die Praxis eines rechtsgeschäftlichen Erwerbstatbestandes nach §§ 929 ff. BGB bedienen.[838] Bei Anwendung dieser Vorschriften tritt aber der Eigentumserwerb ein, bevor oder spätestens zeitgleich[839] mit dem Zeitpunkt, in welchem die Voraussetzungen des § 24 Abs. 2 DepotG erfüllt sind, sodass dieser Tatbestand aufgrund seiner ausdrücklichen Subsidiarität zu einem bürgerlich-rechtlichen Erwerbstatbestand, der den Rechtserwerb vorher bewirkt, regelmäßig nicht einschlägig ist (§ 24 Abs. 2 S. 1 DepotG).[840] Ohnehin ist die Effektenkommission nur einer von mehreren Anlässen, weshalb ein Börsengeschäft zustande kommt und abgewickelt wird,[841] weshalb ein Rechtserwerb auch anderweitig möglich sein muss.[842]

Im Rahmen der in Frage kommenden Übertragungstatbestände der §§ 929 ff. BGB vollzieht sich die Übertragung der Girosammeldepotanteile nach herrschender Meinung gemäß § 929 S. 1 BGB,[843] da eine Übertragung nach § 931 BGB

833 *Hirte/Knof*, WM 2008, S. 7, 9.
834 Kap. I Ziff. 1.2.2 Abs. 1 CB-Eurex.
835 Vgl. insbesondere XXI Abs. 1 AGB-CBF.
836 *Einsele*, WM 2001, S. 7, 12.
837 Staub-*Canaris*, Bankvertragsrecht (2. Bearb.), Rn. 1993 f.; *Habersack/Mayer*, WM 2000, S. 1678, 1682.
838 *Einsele*, WM 2003, S. 2349, 2352 f.; *Habersack/Mayer*, WM 2000, S. 1678, 1682.
839 § 24 Abs. 2 DepotG tritt nach zutreffender Ansicht nicht nur, wie es der Wortlaut besagt, zurück, wenn nach den Bestimmungen des bürgerlichen Rechts der Rechtserwerb bereits *früher*, sondern auch wenn dies *zeitgleich* mit der Erfüllung der Voraussetzungen des § 24 Abs. 2 DepotG erfolgt (vgl. *Wolter,* Effektenkommission und Eigentumserwerb, S. 330).
840 Staub-*Canaris*, Bankvertragsrecht (2. Bearb.), Rn. 1995; BuB-*Decker*, Depotgeschäft (Stand: 10/2008), Rn. 8/345.
841 Zwar ist gängigster Ausführungsweg für Wertpapiergeschäfte das Kommissionsgeschäft, da jedenfalls ein Retailkunde (aber auch manche Banken) nicht über einen intermediationsfreien Börsenzugang verfügt (*Köndgen, S.* 183, 185. Vgl. auch *Canaris,* Handelsrecht 2006, § 30 Rn. 10). Denkbar sind aber auch Eigen- oder Festpreisgeschäfte der zum Handel zugelassenen Kreditinstitute.
842 Vgl. *Habersack/Mayer*, WM 2000, S. 1678, 1681 f.
843 Staub-*Canaris*, Bankvertragsrecht (2. Bearb.), Rn. 2020; *Heinsius/Horn/Than*, § 6 Rn. 35; *Opitz*, Depotgesetz, § 6-8 Anm. 29 (S. 169); BuK-*Will*, Rn. 18.193; *Kümpel*, Bank- und Kapitalmarktrecht, Rn. 11.347; *Brink*, Rechtsbeziehungen und Rechtsübertragung, S. 93; *Horn*, WM

durch Abtretung der Herausgabeansprüche oder nach § 930 BGB durch Vereinbarung eines Besitzmittlungsverhältnisses im Effektengiroverkehr unpraktikabel wäre und zudem keine zufriedenstellenden Ergebnisse hinsichtlich der Möglichkeit eines gutgläubigen Erwerbs mit sich brächte.[844]

Die nach § 929 S. 1 BGB neben der Einigung erforderliche Übergabe soll nach der herrschenden Meinung dadurch erfolgen, dass die Wertpapiersammelbank zum Zwecke dieser Übergabe auf Anweisung der Veräußererbank, welche ihrerseits von ihrem Kunden hierzu angewiesen wurde, ihr Besitzmittlungsverhältnis von der Veräußerer- auf die Erwerberbank umstellt. Denn für die Übergabe i.S.d. § 929 S. 1 BGB ist ausreichend, dass der Eigentümer seinen Besitzmittler anweist, ein neues Besitzmittlungsverhältnis mit dem Erwerber zu begründen und der Besitzmittler dieser Anweisung nachkommt.[845] Diese Form der Besitzübergabe ist in XXI Abs. 1 AGB-CBF auch ausdrücklich vorgesehen.

Wie dies tatsächlich erfolgt (III.)) und wie die dingliche Einigung zustande kommt (II.)), wird im Folgenden am Beispiel der Übertragung von bei CBF sammelverwahrten Wertpapiere erörtert, die an der FWB unter Einbeziehung der Eurex Clearing AG als Clearing-Stelle und zentralem Kontrahenten gehandelt werden.

II.) Dingliche Einigung

Da die Übereignung direkt zwischen den Endkunden erfolgen soll, ist erforderlich, dass die dingliche Einigung zwischen diesen beiden zustande kommt. Ferner muss sie sich auf den Bruttoumfang des abzuwickelnden Geschäftes beziehen, weil wie ausgeführt das Netting zwischen den Clearing-Mitgliedern[846] und dem zentralen Kontrahenten für die Ansprüche und Verpflichtungen der Endkunden irrelevant ist.

2002, Sonderbeilage 2, S. 1, 9. A.A: *Habersack/Mayer*, WM 2000, S. 1678, 1682 (Übereignung nach §§ 398, 413 BGB für den Fall girosammelverwahrter Globalurkunden); *Zöllner,* FS L. Raiser, S. 249, 263 ff. Nach Kunz tritt die Umbuchung an Stelle der Übergabe (*Kunz*, Ausgewählte Rechtsprobleme des Zentralen Kontrahenten, S. 417 ff.). Nach Einsele, die den mittelbaren Besitz an den Wertpapieren ablehnt, erfolgt die Übereignung durch bloße dingliche Einigung i.S.d. § 929 S. 1 BGB (MüKoHGB-*Einsele*, Depotgeschäft, Rn. 106. Ebenso Staub-*Canaris*, Bankvertragsrecht (2. Bearb.), Rn. 2021a für den Fall der Dauerglobalurkunde). Für § 929 S. 2 BGB in Fällen, in denen der Erwerber bereits zuvor Inhaber eines Girosammeldepotanteils am betreffenden Sammelbestand war BuB-*Decker*, Depotgeschäft (Stand: 10/2008), Rn. 8/68; MüKoHGB-*Einsele*, Depotgeschäft, Rn. 109; *Pleyer,* FS Werner, S. 639, 644.

844 Ausführlich zu den Nachteilen *Kümpel*, Bank- und Kapitalmarktrecht, Rn. 11.357 ff.

845 BGHZ 92, S. 280, 288 = NJW 1985, S. 376; MüKoHGB-*Einsele*, Depotgeschäft, Rn. 109; BuK-*Will*, Rn. 18.113; *Modlich*, DB 2002, S. 671, 675. A.A. *Martinek*, AcP 188 (1988), S. 573, 587 f. (Umgehung der §§ 930, 931 BGB).

846 Es wird von dem Regelfall ausgegangen, dass die Clearing-Mitglieder auch Depotbanken bei der Wertpapiersammelbank sind.

1.) Exkurs: Dingliche Einigung ohne Einschaltung eines zentralen Kontrahenten

Früher einmal wurde das Angebot auf Übereignung im Handelssystem der FWB ohne Einbeziehung eines zentralen Kontrahenten durch die Depotbank im eigenen Namen abgegeben. Hierzu war die Bank vom Veräußerer konkludent mit der Erteilung des Verkaufsauftrages nach § 185 Abs. 1 BGB ermächtigt,[847] sodass das Angebot für und gegen Letzteren wirkte, auch wenn mangels Offenkundigkeit keine Stellvertretung des Veräußerers durch die Depotbank erfolgte.[848] Die Abgabe des Angebots auf Übereignung wurde darin gesehen, dass die Veräußererbank bei der Wertpapiersammelbank eine Liste mit den zu beliefernden Geschäften einreichte, die sie zuvor zur Kontrolle von dieser erhalten hatte („Lieferlistensystem“).[849] Dieses Angebot ging der Erwerberbank zu, indem die Wertpapiersammelbank als deren Empfangsvertreterin agierte (§ 164 Abs. 3 BGB).[850]

Die Annahme erfolgte konkludent, indem die Wertpapiersammelbank als Aktivvertreterin der Erwerberbank die Umbuchungen der Wertpapiere auf den Depotkonten vornahm.[851] Aufgrund der Gepflogenheiten des Settlements wurde der Zugang der Annahme nach § 151 S. 1 BGB als entbehrlich angesehen.[852]

---

847 Sollte der Veräußerer nicht unmittelbarer Kunde der Depotbank sein, sondern weitere Banken zwischengeschaltet sein, wird die Ermächtigung durch die Beauftragung dieser Banken zur Abwicklung der Wertpapiergeschäfte bis zur Depotbank weitergereicht (Staub-*Canaris*, Bankvertragsrecht (2. Bearb.), Rn. 2018).

848 Schimansky/Bunte/Lwowski-*Gößmann/Klanten*, § 72. Depotgeschäft, Rn. 102; *Heinsius/Horn/Than*, § 6 Rn. 84; *Kümpel*, Bank- und Kapitalmarktrecht, Rn. 11.371; *Bröcker/Ekkenga,* in: Claussen, Bank- und Börsenrecht, § 6 Rn. 260; *Kunz*, Ausgewählte Rechtsprobleme des Zentralen Kontrahenten, S. 400; *Eder*, NZG 2004, S. 107, 111.

849 BuB-*Decker*, Depotgeschäft (Stand: 10/2008), Rn. 8/338; *Heinsius/Horn/Than*, § 6 Rn. 84; *Wolter,* Effektenkommission und Eigentumserwerb, S. 191.

850 Für eine Empfangsvertretung Staub-*Canaris*, Bankvertragsrecht (2. Bearb.), Rn. 2025; *Heinsius/Horn/Than*, § 6 Rn. 86; *Kümpel*, Bank- und Kapitalmarktrecht, Rn. 11.373 f.; *Kunz*, Ausgewählte Rechtsprobleme des Zentralen Kontrahenten, S. 404 ff.; *Lütticke*, Elektronische Verbriefung von Effektenrechten, S. 149; *Eder*, NZG 2004, S. 107, 111; *Mentz/Fröhling*, NZG 2002, S. 201, 206. Für Empfangsbotenschaft: BuB-*Decker*, Depotgeschäft (Stand: 10/2008), Rn. 8/338; *Bröcker/Ekkenga,* in: Claussen, Bank- und Börsenrecht, § 6 Rn. 260; BuK-*Will*, Rn. 18.201; *Horn*, WM 2002, Sonderbeilage 2, S. 1, 11.

851 Staub-*Canaris*, Bankvertragsrecht (2. Bearb.), Rn. 2019; MüKoHGB-*Einsele*, Depotgeschäft, Rn. 104; Lenenbach-*Lenenbach*, § 38 Depotgeschäft, Rn. 194; *Kunz*, Ausgewählte Rechtsprobleme des Zentralen Kontrahenten, S. 405 m.w.N. A.A. und für eine konkludente Annahme der Erwerberbank durch Einräumenlassen des mittelbaren Besitzes BuB-*Decker*, Depotgeschäft (Stand: 10/2008), Rn. 8/338 f.; *Horn*, WM 2002, Sonderbeilage 2, S. 1, 11.

852 *Kümpel*, Bank- und Kapitalmarktrecht, Rn. 11.375; *Kunz*, Ausgewählte Rechtsprobleme des Zentralen Kontrahenten, S. 406 m.w.N.; *Mentz/Fröhling*, NZG 2002, S. 201, 206.

2.) Folgen der Einbeziehung eines zentralen Kontrahenten

Eine mit dem alten Lieferlistensystem vergleichbare Lösung scheidet im Falle der Beteiligung eines zentralen Kontrahenten am Settlementprozess aus. Denn die Depotbanken reichen anders als früher keine Lieferlisten bei der Wertpapiersammelbank ein. Stattdessen übermittelt die Eurex Clearing AG der Wertpapiersammelbank die Daten der zu beliefernden Geschäfte, damit diese auf den bei ihr geführten Konten der Depotbanken die entsprechenden Umbuchungen vornehmen kann. Diese Mitteilung könnte zwar im Grundsatz durchaus eine in Stellvertretung für die Veräußererbank abgegebene Angebotserklärung darstellen, welche dann der Erwerberbank zuginge, indem die Wertpapiersammelbank als deren Passivvertreterin handelte. Jedoch beinhalten die der Wertpapiersammelbank übermittelten Daten nur den Nettoumfang, weil nach erfolgtem Netting nur die Spitzen auf den Depotkonten der Wertpapiersammelbank umgebucht werden müssen.[853] Soll die dingliche Einigung jedoch im Bruttoumfang erfolgen, kann sie – da dieser Umfang der Wertpapiersammelbank unbekannt bleibt – nicht wie früher durch Einbeziehung der Wertpapiersammelbank erfolgen.[854]

Kenntnis vom Brutto-Umfang der Geschäfte hat jedoch die Eurex Clearing AG als Clearing-Stelle.[855] Ihr kommt somit anstelle der Wertpapiersammelbank eine entscheidende Rolle im Einigungsprozess zu.[856] Hinzuweisen ist dabei auf die sogenannten Reports, welche die Eurex Clearing AG erstellt und an ihre Clearing-Mitglieder elektronisch versendet. Von Bedeutung sind dabei im Rahmen der Übereignung der Soll-Lieferreport (Soll-LR)[857] und der Ist-Lieferreport (Ist-LR).[858] Ersterer enthält die Daten noch schwebender Geschäfte im Brutto-Umfang und damit unabhängig von etwaigen Aufrechnungen sowie die diesbezüglichen Lieferinstruktionen. Letzterer beinhaltet die Daten aller bereits belieferten Geschäfte, inklusive der zugrunde liegenden Verpflichtungen im Brutto-Umfang. Des Weiteren übermittelt die Eurex Clearing AG wie ausgeführt die Buchungsinformationen im Nettoumfang an die Wertpapiersammelbank.

---

853 *Alfes,* Central Counterparty, S. 179 f.; *Kunz*, Ausgewählte Rechtsprobleme des Zentralen Kontrahenten, S. 425.

854 Vgl. *Horn*, WM 2002, Sonderbeilage 2, S. 1, 19.

855 *Alfes,* Central Counterparty, S. 180; BuB-*Decker*, Depotgeschäft (Stand: 10/2008), Rn. 8/339a.

856 Vgl. BuB-*Decker*, Depotgeschäft (Stand: 10/2008), Rn. 8/339a; BuK-*Will*, Rn. 18.203; *Alfes,* Central Counterparty, S. 180.

857 Dieser Report heißt im System der Eurex Clearing AG „CE260". Er wird einen Tag nach Abschluss des Börsengeschäfts zur Verfügung gestellt (*Horn*, WM 2002, Sonderbeilage 2, S. 1, 6).

858 Dieser Report heißt im System der Eurex Clearing AG „CE270". Er wird zwei Tage nach Abschluss des Börsengeschäfts und damit am Erfüllungstag zur Verfügung gestellt (*Horn*, WM 2002, Sonderbeilage 2, S. 1, 6).

3.) Dingliche Einigung durch Mehrfachvertretung durch die Eurex Clearing AG

Auf dieser Sachlage basierend kann nun untersucht werden, wie die dingliche Einigung zustande kommt. Dabei kann zunächst festgestellt werden, dass die veräußernden Clearing-Mitglieder keine eigenen Angebotserklärungen abgeben (a.)). Vielmehr liegt eine Aktivvertretung durch die Eurex Clearing AG vor (b.)). Da diese zugleich wie dargelegt werden wird Passivvertreterin der Erwerberbank ist, handelt es sich um eine Mehrfachvertretung i.S.d. § 181 Var. 2 BGB (c.)). Sodann wird zu klären sein, wie der Zugang bei einem erwerbenden Endkunden der Erwerberbank erfolgt (d.)) und worin der Erklärungstatbestand liegt, der die erforderliche Publizität des Insichgeschäfts gewährleistet (e.)).

a.) Keine eigene Angebotserklärung des veräußernden Clearing-Mitglieds

Nicht möglich ist es zunächst, ein von den Clearing-Mitgliedern selbst abgegebenes Angebot zu ermitteln, zu dessen Abgabe das Clearing-Mitglied bei von für Kunden vorgenommenen Geschäften nach § 185 Abs. 1 BGB von diesen entsprechend dem alten Lieferlistensystem ermächtigt wäre. Ein solches Angebot könnte zwar grundsätzlich darin erblickt werden, dass die Clearing-Mitglieder nach Erhalt des Soll-LR von der dann bestehenden Möglichkeit Gebrauch machen, auf diesen Report zu reagieren und einzelne Geschäfte zur Belieferung freizugeben oder zu sperren. Das Angebot könnte somit in den seitens des Clearing-Mitglieds eingegebenen Anweisungen nach Kontrolle des Soll-LR liegen.[859] Dies wäre vergleichbar mit dem früher praktizierten System der Lieferlisten, die von den Depotbanken nach Erhalt von der Wertpapiersammelbank geprüft und sodann wieder eingereicht wurden.

Diese Lösung scheidet aber aus, wenn die Clearing-Mitglieder das sogenannte Negativ-Verfahren[860] gewählt haben und damit grundsätzlich alle Geschäfte zur Belieferung freigeben. Dann reagieren sie nämlich nicht auf den Soll-LR, wenn sie eine Belieferung wollen, sondern vielmehr nur, wenn sie dies nicht wollen. In diesem Fall tätigen die Clearing-Mitglieder also keine die Belieferung der Geschäfte freigebenden Eingaben und geben deshalb keine auf die Übertragung von Wertpapieren gerichteten Erklärungen ab.[861] Wählt ein Clearing-Mitglied somit

859 *Kunz*, Ausgewählte Rechtsprobleme des Zentralen Kontrahenten, S. 426. Wohl auch BuK-*Will*, Rn. 18.203 („[…] in der Übermittlung der Wertpapier-Bruttoumsätze zu verstehende Einigungsofferte […]") und *Horn*, WM 2002, Sonderbeilage 2, S. 1, 19 („[…] Einigungsofferte, die in der Buchungsinformation eines […] veräußernden CMs liegt […]").

860 Vgl. zum Positiv- und Negativverfahren Kap. I Ziff. 1.6 Abs. 1 lit. a Spiegelstrich CB-Eurex.

861 Zum ähnlichen Positiv- und Negativverfahren im alten Lieferlistensystem vgl. *Einsele*, Wertpapierrecht als Schuldrecht, S. 38 f.

das Negativverfahren, müsste also in jedem Fall die dingliche Einigung anders konstruiert werden, als im umgekehrten Falle des Positivverfahrens.[862] Eine solche uneinheitliche Lösung ist untunlich.

b.) Eurex Clearing AG als Aktivvertreterin des veräußernden Clearing-Mitglieds

Das Angebot auf Übertragung der Wertpapiere wird im Settlement unter Einbeziehung der Eurex Clearing AG als Clearing-Stelle von dieser in Stellvertretung des veräußernden Clearing-Mitglieds abgegeben.[863] Die Clearing-Mitglieder wiederum sind entsprechend dem alten System seitens ihrer Kunden nach § 185 Abs. 1 BGB zur Verfügung ermächtigt.

Hinsichtlich der für die in Stellvertretung der Clearing-Mitglieder zur Abgabe der auf die dingliche Einigung gerichteten Willenserklärungen erforderlichen Vollmacht der Eurex Clearing AG ist eine explizite Verpflichtung der Clearing-Mitglieder zu deren Erteilung in Kap. I Ziff. 1.5 Abs. 7 S. 2 CB-Eurex vorgesehen, die lautet: „Die Clearing-Mitglieder verpflichten sich, die Eurex Clearing AG durch Erteilung einer entsprechenden Vollmacht gegenüber der Wertpapiersammelbank [...] zu ermächtigen, im Namen des Clearing-Mitgliedes und mit Wirkung für sowie gegen dieses Clearing-Mitgliedes alle Lieferinstruktionen zu erteilen, freizugeben, zu übermitteln und Lieferinstruktionen zu ergänzen, zu ändern oder zu stornieren, die zur fristgemäßen bzw. zur korrekten Erfüllung ihrer gegenüber der Eurex Clearing AG bestehenden Liefer- und Zahlungsverpflichtungen [...] erforderlich sind. [..]".

Zwar erscheint zunächst problematisch, dass Kap. I Ziff. 1.5 Abs. 7 S. 2 CB-Eurex lediglich eine Pflicht der Clearing-Mitglieder vorsieht, die Eurex Clearing AG gegenüber der Wertpapiersammelbank zur Abgabe der Lieferinstruktionen mit Wirkung für und gegen die Clearing-Mitglieder zu bevollmächtigen. Die Klausel stellt somit nicht ausdrücklich auf eine Bevollmächtigungspflicht zur Abgabe anderer Erklärungen wie des dinglichen Angebots mit Wirkung für und gegen die Clearing-Mitglieder ab. Allerdings lässt sich aufgrund dieser Klausel auch argumentieren, dass gemäß dem aus den CB-Eurex deutlich werdenden Willen der Clearing-Mitglieder die Eurex Clearing AG als Vertreterin agieren soll, folglich im Abschluss der Clearing-Vereinbarungen konkludent eine umfassende Vollmacht liegt, dass die Eurex Clearing AG alle für die Erfüllung im Rahmen des Settlements erforderlichen Erklärungen mit Wirkung für und gegen die Clearing-Mitglieder abgeben kann,[864] zumal dies auch die einzige Möglich-

---

862 Bei diesem muss das Clearing-Mitglied die einzelnen Geschäfte zur Belieferung freigeben.

863 MüKoHGB-*Einsele*, Depotgeschäft, Rn. 105; *Alfes*, Central Counterparty, S. 181; *Tiedemann*, Stellung des zentralen Kontrahenten, S. 102 f.; *Jobst*, ZBB 2010, S. 384, 396.

864 So auch *Tiedemann*, Stellung des zentralen Kontrahenten, S. 103 und wohl auch *Alfes*, Central Counterparty, S. 181 Fn. 592 und *Jobst*, ZBB 2010, S. 384, 396. Ähnlich im Rahmen seiner

keit ist, um die dingliche Einigung im Settlement unter Einbeziehung der Eurex Clearing AG als Clearing-Stelle herbeizuführen.

c.) Zugang des Angebots: Eurex Clearing AG als Empfangsvertreterin des kaufenden Clearing-Mitglieds

Fraglich ist, wie das Angebot der Eurex Clearing AG der Erwerberbank zugeht. Hierzu kommt in Betracht, dass die heute an Stelle der Wertpapiersammelbank maßgeblich in den Einigungsprozess eingeschaltete Eurex Clearing AG als Passivvertreterin der Erwerberbank oder aber in Abgrenzung dazu als Empfangsbotin agiert.

Bereits im Lieferlistensystem war umstritten, ob die Wertpapiersammelbank die Lieferlisten als Empfangsbotin oder Empfangsvertreterin der Erwerberbanken entgegennahm.[865] Die herrschende Meinung begründete eine Empfangsvertretung mit dem Argument, auf diese Weise könne der Eigentumsübergang frühzeitig herbeigeführt und zeitlich exakt bestimmt werden. Wäre die Wertpapiersammelbank lediglich Empfangsbotin, müsste hingegen – so wurde gesagt – für den Zugang noch die Zeitspanne hinzugerechnet werden, welche die Wertpapiersammelbank normalerweise brauche, um der Erwerberbank die Kenntnisnahme der Offerte zu ermöglichen.[866] Außerdem weise die Tätigkeit der Wertpapiersammelbank im Rahmen der Umbuchungen selbstständige Züge auf, was für eine Empfangsvertreterstellung spräche.[867]

Diese Argumentation kann freilich nicht ohne weiteres auf die Eurex Clearing AG in ihrer Funktion als zentraler Kontrahent übertragen werden. Denn die Tätigkeit der Eurex Clearing AG beschränkt sich weit mehr als diejenige der Wertpapiersammelbank auf reine Buchungsvorgänge, während die Wertpapiersammelbank (auch im heutigen System) vor den Umbuchungen zumindest noch die Depotkontodeckung der Veräußererbank und den Eingang des Gegenwertes

---

Ausführungen zur Stellung der Eurex Clearing AG als Empfangsvertreterin der Clearing-Mitglieder auch *Kunz*, Ausgewählte Rechtsprobleme des Zentralen Kontrahenten, S. 428.

865 Für eine Empfangsvertretung die h.M.: Staub-*Canaris*, Bankvertragsrecht (2. Bearb.), Rn. 2025; *Heinsius/Horn/Than*, § 6 Rn. 86; *Kümpel*, Bank- und Kapitalmarktrecht, Rn. 11.373 f.; *Kunz*, Ausgewählte Rechtsprobleme des Zentralen Kontrahenten, S. 404 ff.; *Lütticke*, Elektronische Verbriefung von Effektenrechten, S. 149; *Eder*, NZG 2004, S. 107, 111; *Mentz/Fröhling*, NZG 2002, S. 201, 206. Für Empfangsbotenschaft: BuB-*Decker*, Depotgeschäft (Stand: 10/2008), Rn. 8/338; *Bröcker/Ekkenga,* in: Claussen, Bank- und Börsenrecht, § 6 Rn. 260; BuK-*Will*, Rn. 18.201; *Horn*, WM 2002, Sonderbeilage 2, S. 1, 11.

866 *Kümpel*, Bank- und Kapitalmarktrecht, Rn. 11.374; *Kunz*, Ausgewählte Rechtsprobleme des Zentralen Kontrahenten, S. 404.

867 *Einsele*, Wertpapierrecht als Schuldrecht, S. 62 f.; *Wolter,* Effektenkommission und Eigentumserwerb, S. 231 f.

überprüft sowie selbstständig über die Umbuchung entscheidet.[868] Die Eurex Clearing AG nimmt somit im Rahmen der Übereignung eine weniger selbstständige Stellung ein, als es früher die Wertpapiersammelbank tat.

Gleichwohl ist die Eurex Clearing AG als Empfangsvertreterin zu qualifizieren.[869] Für die Banken nimmt sie nämlich hinsichtlich der dinglichen Einigung eine maßgebliche Rolle ein, so wie sie in vergleichbarer Weise früher die Wertpapiersammelbank innehatte. Ferner spielen die Tätigkeiten der Eurex Clearing AG, insbesondere mit Blick auf die Erstellung der Reports, bei der Übereignung eine wesentliche Rolle.[870] Diese Reports werden zwar technisch automatisiert erstellt, gleichwohl liegt es allein in der Hand der Eurex Clearing AG, auf ihre Erstellung einzuwirken. Des Weiteren muss man im Falle eines gutgläubigen Erwerbs – sofern man diesen überhaupt für möglich hält[871] – auf die Eurex Clearing AG abstellen. Denn nur sie ist zu einem Zeitpunkt an der Übereignung beteiligt, zu dem der gute Glauben überhaupt in relevanter Weise entfaltet werden kann, nämlich bei und nicht erst im Anschluss an die dingliche Einigung.[872] Ferner kennt alleine die Eurex Clearing AG aufgrund der Pre- und Post-Trade-Anonymity die Veräußererbank und kann somit in Ansehung deren Verfügungsbefugnis gutgläubig sein. Der gute Glaube kann aber nur bei einer Stellvertretung nach § 166 Abs. 1 BGB dem Vertretenen zugerechnet werden. Bei einer Botenschaft müsste man hierfür eine analoge Anwendung bemühen, die jedoch von der ganz herrschenden Meinung abgelehnt wird.[873] Ferner spricht für eine Vertreterstellung der Eurex Clearing AG auch die bereits erwähnte Regelung in Kap. I Ziff. 1.5 Abs. 7 CB-Eurex. Aus dieser Regelung wird ersichtlich, dass die Eurex Clearing AG eine selbstständige Rolle einnehmen soll, was ebenfalls eher für eine Vertretung als für eine bloße Botenschaft spricht.[874]

Schließlich und ganz entscheidend ergibt sich die Stellung der Eurex Clearing AG als Passivvertreterin aus dem Umstand, dass sie alleine – also nicht die Wertpapiersammelbank oder das erwerbende Clearing-Mitglied (die Erwerberbank) –

---

868 *Einsele*, Wertpapierrecht als Schuldrecht, S. 61 f.; *Kunz*, Ausgewählte Rechtsprobleme des Zentralen Kontrahenten, S. 427 f.

869 So auch MüKoHGB-*Einsele*, Depotgeschäft, Rn. 105; Lenenbach-*Lenenbach*, § 38 Depotgeschäft, Rn. 240 ff.; *Alfes,* Central Counterparty, S. 180; *Kunz*, Ausgewählte Rechtsprobleme des Zentralen Kontrahenten, S. 427 ff.; *Tiedemann*, Stellung des zentralen Kontrahenten, S. 99 f. A.A. und für Stellung als Empfangsbote BuB-*Decker*, Depotgeschäft (Stand: 10/2008), Rn. 8/339a; BuK-*Will*, Rn. 18.203; Schimansky/Bunte/Lwowski-*Gößmann/Klanten*, § 72. Depotgeschäft, Rn. 107; *Horn*, WM 2002, Sonderbeilage 2, S. 1, 19.

870 *Kunz*, Ausgewählte Rechtsprobleme des Zentralen Kontrahenten, S. 428.

871 Zum gutgläubigen Erwerb siehe unten, S. 224 ff.

872 MüKoHGB-*Einsele*, Depotgeschäft, Rn. 105.

873 Staudinger-*Schilken*, § 166 Rn. 4; MüKoBGB-*Schramm*, § 164 Rn. 40 m.w.N.

874 *Tiedemann*, Stellung des zentralen Kontrahenten, S. 100.

Kenntnis von dem tatsächlichen Volumen des dinglichen Angebots hat. Denn der Erwerberbank werden zwar die Reports zugestellt, welche die Geschäftsdaten auch im Brutto-Umfang beinhalten. Jedoch bezieht sich dieser Bruttoumfang auf die Geschäfte zwischen der Eurex Clearing AG als zentralem Kontrahenten und der Erwerberbank. In den Reports wird nicht ersichtlich, aus wie vielen Einzelgeschäften der zentrale Kontrahent seinerseits die Wertpapiere beanspruchen kann. Verkaufen beispielsweise zwei Banken je fünf Wertpapiere an den zentralen Kontrahenten und kauft eine Bank alle diese zehn Wertpapiere, kommt es zu entsprechend drei juristischen Geschäften. Die Erwerberbank erhält Reports, die ein Bruttovolumen hinsichtlich dieses Wertpapiers in der Höhe von zehn ausweisen. Sie kann somit nicht erkennen, dass von den Veräußerern zwei dingliche Angebote je in der Höhe von fünf Wertpapieren abgegeben worden sind. Somit muss auf die Eurex Clearing AG abgestellt werden, was nach § 166 Abs. 1 BGB (nur) bei einer Vertretung der Erwerberbank durch die Eurex Clearing AG gelingen kann. Wäre die Eurex Clearing AG nur Empfangsbotin, würde sie hingegen der Erwerberbank gar nicht das betreffende Angebot (welches sie wohlgemerkt ohnehin selbst abgibt) zustellen, sondern dieser lediglich einen Report zustellen, der das Angebot überhaupt nicht enthält.

Als Folge der Einbeziehung der Eurex Clearing AG auch in die Prozesse bei der Übertragung der Wertpapiere ist diese daher als Passivvertreterin der erwerbenden Clearing-Mitglieder zu qualifizieren.

Da die Eurex Clearing AG somit als Aktivvertreterin der Veräußererbank das Angebot abgibt und zugleich als Empfangsvertreterin der Erwerberbank auftritt, liegt ein Fall der Mehrfachvertretung i.S.d. § 181 Var. 2 BGB vor.[875] Dies haben die Clearing-Mitglieder jedoch der Eurex Clearing AG konkludent im Rahmen der Erteilung der bereits angesprochenen Vollmacht genehmigt.[876]

d.) Zugang des Angebots beim erwerbenden Endkunden

Vorstehend wurde dargelegt, dass das Angebot durch die Eurex Clearing AG als Stellvertreterin der Veräußererbank abgegeben wird und durch eine Empfangsvertretung für die Erwerberbank dieser zugeht. Um eine dingliche Einigung zwischen dem erwerbenden Endkunden und dem Veräußerer zustande zu bringen, muss das Angebot aber auch dem Endkunden und nicht nur seiner Bank zugehen. Hierfür ist eine doppelte Passivvertretung (§ 164 Abs. 3 BGB) in Betracht zu

---

875 Vgl. Bamberger/Roth-*Habermeier*, § 181 Rn. 1; MüKoBGB-*Schramm*, § 181 Rn. 14.

876 So auch *Alfes*, Central Counterparty, S. 181 Fn. 592; *Tiedemann*, Stellung des zentralen Kontrahenten, S. 102; *Jobst*, ZBB 2010, S. 384, 396. Allgemein zur konkludenten Gestattung eines Insichgeschäfts im Rahmen der Erteilung einer Vollmacht: Staudinger-*Schilken*, § 181 Rn. 50 ff.; *Hübner*, BGB AT, Rn. 1331.

ziehen, nämlich für die Erwerberbank durch die Eurex Clearing AG sowie sodann durch die Erwerberbank für den erwerbenden Endkunden.[877] Die Erwerberbank ist zur Inempfangnahme der an den Endkunden gerichteten Willenserklärungen konkludent durch die depotvertragliche Beziehung ermächtigt.[878]

Problematisch erscheint dabei aber, dass die Eurex Clearing AG als Stellvertreterin der Veräußererbank die Offerte an sich selbst als Empfangsvertreterin der Erwerberbank und nicht an deren Kunden richtet, der jedoch – sofern kein Nostrogeschäft der Erwerberbank vorliegt – der direkte Erwerber der Wertpapiere sein soll. Es fehlt an der – bei einer passiven Stellvertretung durch den Erklärenden herzustellenden[879] – Offenkundigkeit der Stellvertretung.

Dies ist hier jedoch unschädlich, da die Voraussetzungen eines Geschäfts für den, den es angeht, in jedem der beiden Empfangsvertretungsverhältnisse erfüllt sind.[880] Insbesondere das erforderliche Desinteresse des Veräußerers[881] und der Eurex Clearing AG als dessen Vertreterin an der Person des Erwerbers und der Wille der beteiligten Empfangsvertreter (Eurex Clearing AG und Erwerberbank), je für den Geschäftsherrn zu erwerben,[882] sind im Börsenhandel gegeben. Der für die Veräußererbank als Aktivvertreterin agierenden Eurex Clearing AG ist ebenso wie der Veräußererbank die Person des Erwerbers und damit des eigentlichen Adressaten ihrer Offerte angesichts der Anonymität des Börsenhandels gleichgültig.[883] Ferner hat die Eurex Clearing AG als Empfangsvertreterin wiederum keinen Willen zum eigenen Eigentumserwerb,[884] sondern gerichtet auf einen solchen Erwerb seitens der Erwerberbank oder deren Kunden.[885] Die Erwerberbank hat

---

877 So zum Lieferlistensystem für die Wertpapiersammelbank und die Erwerberbank *Heinsius/Horn/Than*, § 24 Rn. 36.

878 So zum Lieferlistensystem *Eder*, NZG 2004, S. 107, 111; *Mentz/Fröhling*, NZG 2002, S. 201, 206.

879 Erman-*Palm*, § 164 Rn. 24; MüKoBGB-*Schramm*, § 164 Rn. 133 m.w.N.

880 So auch die h.M. zum Lieferlistensystem für das Verhältnis zwischen Erwerberbank und Erwerber (vgl. BGH NJW-RR 2003, S. 921, 922; *Kümpel*, Bank- und Kapitalmarktrecht, Rn. 11.395 m.w.N.; *Einsele*, WM 2001, S. 7, 12 m.w.N.).

881 Da die Veräußererbank in Ermächtigung durch ihren Kunden handelt, ist sie die Veräußerin in diesem Sinne (vgl. *Bröcker/Ekkenga,* in: Claussen, Bank- und Börsenrecht, § 6 Rn. 260. Ausführlich *Wolter,* Effektenkommission und Eigentumserwerb, S. 184 ff. (insb. S. 188)).

882 Zu diesen Voraussetzungen vgl. MüKoBGB-*Schramm*, § 164 Rn. 51, 58 m.w.N.

883 *Einsele*, Wertpapierrecht als Schuldrecht, S. 54 f.; *Bröcker/Ekkenga,* in: Claussen, Bank- und Börsenrecht, § 6 Rn. 259.

884 Vgl. Kap. I Ziff. 1.5 Abs. 3 S. 5 CB-Eurex.

885 Dass auch seitens der Eurex Clearing AG wiederum keine Konkretisierung hinsichtlich des Fremderwerbswillens auf die Erwerberbank oder aber deren Kunden vorliegt, folgt aus dem Umstand, dass sie noch nicht einmal weiß, ob es sich um ein zu belieferndes Kunden- oder ein Nostrogeschäft der Erwerberbank handelt (vgl. Staub-*Canaris*, Bankvertragsrecht (2. Bearb.), Rn. 2025).

ebenfalls keinen Eigenerwerbswillen, sondern will zur Wahrnehmung der Kundeninteressen und mangels Interesses am Zwischenerwerb dem Kunden möglichst früh das Eigentum verschaffen, sodass auch sie den erforderlichen Fremderwerbswillen hat.[886]

Damit sind die Voraussetzungen eines Geschäfts für den, den es angeht, gegeben[887] und die Offerte geht dem Erwerber im Wege der beschriebenen doppelten Passivvertretung zu.

e.) Erklärungstatbestand

Die Abgabe der Angebotserklärung ist darin zu sehen, dass die Eurex Clearing AG die Ist-LRs für die beteiligten Clearing-Mitglieder erstellt. Die *Er*stellung muss unterschieden werden von der späteren, wenn auch kurz darauf folgenden, *Bereit*stellung der Ist-LRs.[888] Denn damit wird den Clearing-Mitgliedern im Anschluss an die erfolgten Transaktionen deren Vornahme nur noch bestätigt, sodass die *Bereit*stellung der Ist-LRs für die Clearing-Mitglieder lediglich die Funktion einer Ausführungsbestätigung einnimmt.[889] Als Angebotserklärung nicht herangezogen werden kann die Erstellung des Soll-LRs, denn dieser beinhaltet die noch schwebenden Geschäfte, deren Belieferung noch unter dem Vorbehalt der Freigabe oder Sperrung durch die Clearing-Mitglieder steht, und daher im Vorfeld der dinglichen Einigung erfolgt.

Mit der Erstellung der Reports ist zudem das bei der Mehrfachvertretung als Unterfall eines Insichgeschäfts bestehende Publizitätserfordernis gewahrt, welches bei Verfügungsgeschäften noch bedeutender ist, als bei Verpflichtungsgeschäften,[890] wie den bereits in Kapitel II erörterten Börsengeschäftsabschlüssen im Wege des Selbstkontrahierens.[891] Ausreichend zur Wahrung der erforderlichen Publizität ist jede Art der Manifestation, welche die Vornahme des Geschäfts nach außen zum Ausdruck bringt, sodass es beispielweise hinreicht, wenn Dritten eine Nachricht über das Geschäft erteilt wird.[892]

Aufgrund des besonderen Publizitätserfordernisses bei Verfügungsgeschäften kann aber auch nicht auf die Übermittlung der Buchungsinformationen an die Wertpapiersammelbank als Erklärungstatbestand abgestellt werden, weil diese

886 Staub-*Canaris*, Bankvertragsrecht (2. Bearb.), Rn. 1979.

887 Vgl. allgemein zu diesen Voraussetzungen MüKoHGB-*Häuser*, § 383 Rn. 79.

888 *Tiedemann*, Stellung des zentralen Kontrahenten, S. 102 f. und wohl auch *Alfes,* Central Counterparty, S. 181 („[…] die Einigungsofferte […] in der Erstellung der Ist-Lieferliste“).

889 *Tiedemann*, Stellung des zentralen Kontrahenten, S. 102 m.w.N.

890 Vgl. Jauernig-*Jauernig*, § 181 Rn. 12 m.w.N.; Staudinger-*Schilken*, § 181 Rn. 65 ff.

891 Dazu S. 96 ff.

892 Staudinger-*Schilken*, § 181 Rn. 64; MüKoBGB-*Schramm*, § 181 Rn. 61.

Informationen nur den Nettoumfang der Transaktionen enthalten, deshalb nicht vollumfänglich über das zustande gekommene dingliche Geschäft Auskunft geben und folglich nicht publik machen können, in welchem Umfang die Wertpapiere übertragen werden.

4.) Annahme

Die Annahme erfolgt spiegelbildlich zum Angebot im Wege der Aktivvertretung seitens der Eurex Clearing AG, nunmehr für die Erwerberbank, die ihrerseits Aktivvertreterin des Erwerbers ist, konkludent mit Erstellung der Ist-LRs und damit zeitgleich mit der Abgabe und dem Zugang des Angebots.[893] Ob die Eurex Clearing AG dabei auch als Empfangsvertreterin der Veräußererbank auftritt, oder ob der Zugang der Annahmeerklärung aufgrund der Gepflogenheiten des Effektengiroverkehrs als entbehrlich angesehen werden kann (§ 151 S. 1 BGB), wie dies im Lieferlistensystem angenommen worden ist,[894] kann dahingestellt bleiben.

5.) Bestimmtheit

Eine hiernach erfolgte dingliche Einigung ist jedoch nur wirksam, wenn sie inhaltlich bestimmt ist.[895] Man könnte annehmen, dies sei problematisch, weil es sich bei der Sammelverwahrung um die Verwahrung einer Sachgesamtheit handelt. Bei der Übereignung von einzelnen Bestandteilen einer Sachgesamtheit müssen die der Übereignung unterworfenen Gegenstände hinreichend bezeichnet werden, damit dem Bestimmtheitserfordernis genügt wird.[896] Welche der Wertpapiere bzw. Girosammeldepotanteile hier aber übereignet werden sollen, ergeht aus den Ist-LRs nicht.

Jedoch darf man diesen Fall nicht damit verwechseln, dass über einzelne Stücke aus einer Sachgesamtheit verfügt werden soll. Dann wären diese Stücke in der Tat exakt zu bezeichnen.[897] Hier jedoch besteht Miteigentum an jedem sammelverwahrten Wertpapier und verfügt werden soll über die in Girosammeldepotanteilen ausgedrückte und aus den Buchungen auf den Konten der Wertpapiersammelbank bzw. der Depotbanken ersichtliche Summe von Miteigentumsrechten an

---

893 So auch *Tiedemann*, Stellung des zentralen Kontrahenten, S. 103.

894 Vgl. *Kümpel*, Bank- und Kapitalmarktrecht, Rn. 11.375; *Kunz*, Ausgewählte Rechtsprobleme des Zentralen Kontrahenten, S. 406 m.w.N.; *Mentz/Fröhling*, NZG 2002, S. 201, 206.

895 Schimansky/Bunte/Lwowski-*Göβmann/Klanten*, § 72. Depotgeschäft, Rn. 103; *Kümpel*, WM 1980, S. 422, 423.

896 Staudinger-*Wiegand*, § 929 Rn. 112.

897 Schimansky/Bunte/Lwowski-*Göβmann/Klanten*, § 72. Depotgeschäft, Rn. 103.

allen Wertpapieren und nicht nur an einzelnen davon.[898] Damit betrifft eine Verfügung notwendigerweise *jede* Urkunde. Es liegt keine rein quantitative und damit für die Übereignung nach § 929 S. 1 BGB nicht ausreichende Bezeichnung eines *Teils* des Sammelbestandes vor.[899]

Der Sammelbestand in seiner Gesamtheit und die Art der Wertpapiere, über die verfügt werden soll, können exakt bestimmt werden.[900] Zusammen mit der Miteigentumsquote des Verfügenden am Sammelbestand ergibt sich sodann exakt dessen Rechtsposition und damit auch die Rechtsposition, die auf den Erwerber übertragen wird.

Damit ist auch der Verfügungsgegenstand exakt bestimmt.[901]

6.) Sonderfall: Hausgeschäft

Soll die Übertragung der Girosammeldepotanteile zwischen zwei Kunden derselben Bank erfolgen (Hausgeschäft), wird vertreten, die Einschaltung des zentralen Kontrahenten als Aktiv- und Passivvertreter sei im Rahmen der dinglichen Einigung entbehrlich.[902] In diesem Fall erfolge die Einigung im Wege eines konkludent gestatteten Insichgeschäfts der Depotbank als Aktiv- und Passivvertreterin je des Veräußerers und des Erwerbers ohne Beteiligung des zentralen Kontrahenten, also sozusagen „im Haus“.[903]

Diese Ansicht ist jedoch unzutreffend. Dies ergibt sich allein schon aus Kap. I Ziff. 1.5 Abs. 1 CB Eurex, wonach die Eurex Clearing AG Vertragspartner für *alle* Lieferungen und Zahlungen ist. Ferner entspricht diese Ansicht nicht den tatsächlichen Gegebenheiten. Auch im Falle eines Hausgeschäfts kommt es wie im Anschluss an alle anderen Börsengeschäfte zur Erstellung der Ist-LRs und damit zur Abgabe und dem Zugang der auf die dingliche Einigung gerichteten Willenserklärungen. Es besteht mithin kein Unterschied *im tatsächlichen Geschehen* im

---

898 Siehe oben, S. 187 f.

899 *Modlich*, DB 2002, S. 671, 676.

900 Schimansky/Bunte/Lwowski-*Gößmann/Klanten*, § 72. Depotgeschäft, Rn. 103.

901 BuB-*Decker*, Depotgeschäft (Stand: 10/2008), Rn. 8/344; MüKoHGB-*Einsele*, Depotgeschäft, Rn. 98; Schimansky/Bunte/Lwowski-*Gößmann/Klanten*, § 72. Depotgeschäft, Rn. 103. Ausführlich zur Wahrung des Bestimmtheitsgrundsatzes bei Verfügungen im Effektengiroverkehr *Kümpel*, WM 1980, S. 422. Nach Canaris ist der Bestimmtheitsgrundsatz allenfalls stark modifiziert anwenbar und dürfte „in Wahrheit praktisch durch den Bestimm*barkeits*grundsatz [...] verdrängt sein [...]“, vgl. Staub-*Canaris*, Bankvertragsrecht (2. Bearb.), Rn. 2022. Nach *Hirte/Knof*, WM 2008, S. 7, 13 ist die Bestimmbarkeit im Rahmen der Verfügungen ausreichend.

902 *Kunz*, Ausgewählte Rechtsprobleme des Zentralen Kontrahenten, S. 430 f.; Albrecht/Karahan/Lenenbach-*Lenenbach*, § 38 Depotgeschäft, Rn. 243.

903 *Kunz*, Ausgewählte Rechtsprobleme des Zentralen Kontrahenten, S. 431.

Vergleich zur Übertragung von Wertpapieren zwischen Kunden verschiedener Depotbanken.

Damit erfolgt auch beim Hausgeschäft die dingliche Einigung in dem beschriebenen Verfahren unter Einbeziehung der Eurex Clearing AG. Gleichwohl liegt, da die Depotbank sowohl als Ermächtigte (§ 185 Abs. 1 BGB) auf Veräußerer-, wie auch als Empfangsvertreterin im Rahmen der Vertretungskette auf Erwerberseite tätig ist, ein Insichgeschäft vor. Da die Kunden jedoch mit Erteilung des Verkaufsauftrags auch eine sich an den Verkauf anschließende wirksame Übertragung wünschen, ist in der Tat eine konkludente Einwilligung in die Vornahme dieses Insichgeschäfts anzunehmen.

III.) Übergabe i.S.d. § 929 S. 1 BGB

Wie angesprochen kommt als Form der Übergabe nach § 929 S. 1 BGB die dafür ausreichende Gestaltung in Betracht, dass der Eigentümer seinen Besitzmittler anweist, ein neues Besitzmittlungsverhältnis mit dem Erwerber zu begründen und der Besitzmittler dieser Anweisung nachkommt. Im Settlement unter Einbeziehung eines zentralen Kontrahenten vollzieht sich dies wie folgt:

1.) Umstellungen des jeweiligen Besitzmittlungswillens

Die Eurex Clearing AG erteilt als Aktivvertreterin der Veräußererbank der Wertpapiersammelbank durch Übermittlung der Geschäftsdaten den Auftrag, eine Abbuchung von dem bei der Wertpapiersammelbank für die Veräußererbank geführten Depotkonto in dem sich durch das Netting ergebenden Nettoumfang zu tätigen.[904] Indem die Wertpapiersammelbank dem nachkommt, gibt sie ihren Besitzmittlungswillen gegenüber der Veräußererbank auf und diese verliert jeglichen Besitz an den Wertpapieren.[905] Sodann erfolgt eine der Abbuchung korrespondierende Gutschrift auf einem bei der Wertpapiersammelbank geführten Konto der Eurex Clearing AG,[906] womit die Wertpapiersammelbank manifestiert, dass sie die Wertpapiere nunmehr für die Eurex Clearing AG besitzt. Infolge dieser Gutschrift begründet die Eurex Clearing AG einen Besitzmittlungswillen gegenüber der Veräußererbank,[907] sodass nun die Wertpapiersammelbank unmittelbare Fremdbesitzerin, die Eurex Clearing AG mittelbare Fremdbesitzerin erster Stufe,

---

904 Die Clearing-Mitglieder sind nach Kap. I Ziff. 1.5 Abs. 7 S. 2 CB-Eurex zur Erteilung einer entsprechenden Vollmacht verpflichtet.

905 *Kümpel*, Bank- und Kapitalmarktrecht, Rn. 11.348.

906 Albrecht/Karahan/Lenenbach-*Lenenbach*, § 38 Depotgeschäft, Rn. 228.

907 Vgl. Kap. I Ziff. 1.5 Abs. 3 S. 3 CB-Eurex.

die Veräußererbank mittelbare Fremdbesitzerin (nur noch) zweiter Stufe und ihr veräußernder Kunde mittelbarer Eigenbesitzer (nur noch) dritter Stufe ist. Sodann tätigt die Wertpapiersammelbank eine Umbuchung vom Konto der Eurex Clearing AG auf das Konto der Erwerberbank in einem sich aus dem Netting der Geschäfte der Erwerberbank entsprechenden Umfang. Zu diesem Zeitpunkt stellt die Wertpapiersammelbank ihren Fremdbesitzwillen von der Eurex Clearing AG auf die Erwerberbank um.

Diese Buchungsvorgänge erfolgen am Erfüllungstag (T+2).[908] Damit erwirbt die Erwerberbank am Tag T+2 mittelbaren Besitz an den Wertpapieren, wobei dahingestellt bleiben kann, ob die Wertpapiersammelbank zugleich mit der Umbuchung im Wege eines gestatteten Insichgeschäfts ein Besitzmittlungsverhältnis i.S.d. § 868 BGB mit der Erwerberbank vereinbart,[909] oder ob sich ein Besitzmittlungsverhältnis auch hinsichtlich der zusätzlich gutgeschriebenen Wertpapiere bereits aus der schon bestehenden depotvertraglichen Beziehung ergibt.[910]

Infolge der Gutschrift auf ihrem Depotkonto begründet die Erwerberbank Fremdbesitzwillen zugunsten ihres erwerbenden Kunden.[911] Dies hat sie bereits vorab, nämlich regelmäßig schon am Tag des Abschlusses des Börsengeschäfts oder am folgenden Geschäftstag, in Gestalt der Erteilung der entsprechenden Gutschrift auf dessen bei ihr unterhaltenem Depotkonto kenntlich gemacht.[912] Das zur Erlangung des mittelbaren Eigenbesitzes durch den Erwerber noch erforderliche Besitzmittlungsverhältnis mit seiner Depotbank besteht aufgrund des Depotvertragsverhältnisses zwischen diesen.[913]

---

908 Vgl. die Grafik bei *Horn*, WM 2002, Sonderbeilage 2, S. 1, 6.

909 So *Kümpel*, Bank- und Kapitalmarktrecht, Rn. 11.349; *Alfes,* Central Counterparty, S. 178; *Eder*, NZG 2004, S. 107, 112; *Koller*, DB 1972, S. 1905, 1907.

910 Staub-*Canaris*, Bankvertragsrecht (2. Bearb.), Rn. 2020.

911 A.A. *Horn*, WM 2002, Sonderbeilage 2, S. 1, 21: Begründung des Fremdbesitzwillens infolge der Bereitstellung des Ist-LRs.

912 BuB-Decker, Depotgeschäft (Stand: 10/2008), Rn. 8/337a; *Kümpel*, Bank- und Kapitalmarktrecht, Rn. 11.404.

913 *Kümpel*, Bank- und Kapitalmarktrecht, Rn. 11.404. A.A. *Einsele*, Wertpapierrecht als Schuldrecht, S. 117 (Besitzmittlungsverhältnis aufgrund des Kommissionsverhältnisses zwischen Bank und ihrem Kunden). Einseles Annahme ist jedoch problematisch, da das Kommissionsverhältnis mit der Verschaffung des (Mit-)Eigentums endet, gleichwohl aber ein Herausgabeanspruch bestehen muss, damit der Kunde weiterhin mittelbaren Besitz an den Wertpapieren hat. Aus Sicht von Einsele ist diese Problematik aber unschädlich, da sie einen Besitz der Depotbank und des Endkunden ohnehin verneint.

2.) Unterschiedlicher Umfang der Umstellung des Besitzmittlungswillens auf Ebene der Wertpapiersammelbank und der Depotbanken

Die Wertpapiersammelbank stellt bei diesem Geschehen ihren Besitzmittlungswillen regelmäßig in einem anderen, nämlich geringeren Umfang gegenüber den Depotbanken um, als diese es gegenüber ihren Kunden tun.[914]

Zur Veranschaulichung soll auf das bereits geschilderte **Beispiel** zurückgegriffen werden:

K will und soll Eigentum an 50 X-Aktien erwerben. Die KBank muss daher zu seinen Gunsten ihren Besitzmittlungswillen in dieser Höhe herstellen. Infolge des Nettings erfolgt auf ihrem Konto bei der WSB aber nur eine Gutschrift von 30 X-Aktien. Die WSB stellt daher nur in dieser Höhe den Besitzmittlungswillen von der VBank auf die KBank um.

Das Beispiel verdeutlicht, dass es infolge des Nettings regelmäßig zu einer Disparität des Besitzmittlungs*änderungs*willens kommt. Diese geht aber nicht einher mit einer Disparität im Besitzmittlungswillen.[915] Die Wertpapiersammelbank mittelt der KBank zunächst den Besitz an 200, sodann infolge der Gutschrift an 230 X-Aktien. Damit hat die KBank mittelbaren Besitz an 230 X-Aktien. Indem sie nun K eine Gutschrift über 50 X-Aktien erteilt, begründet sie diesem gegenüber den Besitzmittlungswillen in dieser Höhe. Dabei korrelieren 3/5 dieses Besitzmittlungswillens mit dem nun neu durch die Wertpapiersammelbank vermittelten Besitz und in Höhe von 20 X-Aktien stellt die KBank ihren Besitzmittlungswillen von K2, der im Beispiel 20 X-Aktien veräußert, auf K um. Damit ändert die KBank ihren Besitzmittlungswillen hinsichtlich 20 X-Aktien und begründet ihn neu für 30 X-Aktien. Die Wertpapiersammelbank stellt ihren Besitzmittlungswillen in Höhe von 30 X-Aktien um.[916]

Somit erfolgt auf Ebene der Wertpapiersammelbank die Umstellung des Besitzmittlungswillens nur im Netto-Umfang, die Banken stellen hingegen den Besitzmittlungswillen gegenüber ihren Kunden (sofern nicht ebenfalls eine Aufrechnung erfolgt) im Bruttoumfang her bzw. um.[917] Bei einer Übertragung der Wertpapiere unmittelbar zwischen zwei Kunden ein und derselben Depotbank (im Beispiel zwischen V und V2 oder zwischen K und K2) muss daher auch nur

914 *Horn*, WM 2002, Sonderbeilage 2, S. 1, 10 f.

915 *Horn*, WM 2002, Sonderbeilage 2, S. 1, 18.

916 Selbstverständlich entsprechen die 30 X-Aktien, an denen die Wertpapiersammelbank nun den Besitz umstellt, nicht exakt den 30 X-Aktien, an denen die KBank den Besitz neu begründet. Man muss sich auch hier vergegenwärtigen, dass letztlich nicht einzelne Aktien, sondern Miteigentumsrechte am Sammelbestand bzw. deren Summe, ausgedrückt in Girosammelanteilen, übertragen werden, die fiktiv wie einzelne Wertpapiere behandelt werden.

917 BuB-*Decker*, Depotgeschäft (Stand: 10/2008), Rn. 8/337b; *Horn*, WM 2002, Sonderbeilage 2, S. 1, 10 f.

die Depotbank ihren Besitzmittlungswillen umstellen, während die Wertpapiersammelbank weiterhin unverändert der Depotbank den Besitz an den Wertpapieren vermittelt.[918]

Diese Disparität ist besitzrechtlich unschädlich.[919] Die Banken, die ihren Kunden nicht mehr Besitz mitteln können, als ihnen seitens der Wertpapiersammelbank gemittelt wird, verfügen durch den Besitzmittlungswillen der Wertpapiersammelbank hinsichtlich des unverändert bleibenden Depotbestandes (im Beispiel in Höhe von 200 X-Aktien zugunsten der KBank) und den dann neu begründeten mittelbaren Besitz infolge der Besitzumstellung der Wertpapiersammelbank (30 X-Aktien) über den zur Weitermittlung erforderlichen Umfang an mittelbarem Besitz.[920] Der Umfang des Besitzmittlungswillens der Wertpapiersammelbank entspricht daher stets dem Umfang des Besitzmittlungswillens der Depotbank[921].[922] Dass die Wertpapiersammelbank dabei nicht weiß, ob und in welchem Umfang oder gar an wen die Banken den Besitz weitervermitteln, ist ebenfalls nicht von Belang. Denn der Besitzmittlungswillen muss sich stets nur auf die nächste Ebene der Besitzpyramide beziehen, sodass die Wertpapiersammelbank den erforderlichen Besitzmittlungswillen unabhängig von einer Weitervermittlung alleine gerichtet auf die Depotbanken haben muss.[923]

Von besonderer Bedeutung ist an dieser Stelle, dass die Übergabe in der genetteten Höhe nun „an der Wertpapiersammelbank vorbei" erfolgt und der Besitz sich in diesem Umfang „im Haus" übertragen wird. Dies hat Konsequenzen für die Frage nach einem geeigneten Rechtsscheinträger für einen redlichen Erwerb vom Nichtberechtigten, wie noch dargelegt werden wird.[924]

3.) Zwischenbuchung auf Depotkonto der Eurex Clearing AG bei der Wertpapiersammelbank für Eigentumsübertragung unbeachtlich

Im Übrigen wird trotz der Zwischenbuchung auf dem Konto der Eurex Clearing AG und ihrem damit verbundenen Besitzerwerb diese niemals Eigentümerin der Wertpapiere. Zum einen fehlt es nämlich hierfür an dem für eine Übergabe i.S.d. § 929 S. 1 BGB erforderlichen Willen zum Erwerb von *Eigen*besitz.[925] Zum

918 *Horn*, WM 2002, Sonderbeilage 2, S. 1, 9.
919 Zu den sich daraus jedoch ergebenden Konsequenzen für die Möglichkeit eines gutgläubigen Erwerbs siehe sogleich unten, S. 238 f.
920 *Horn*, WM 2002, Sonderbeilage 2, S. 1, 18.
921 Von der Ausnahme von Nostrobeständen abgesehen. Bei diesen haben die Depotbanken selbstverständlich keinen Besitzmittlungs-, sondern Eigenbesitzwillen.
922 *Horn*, WM 2002, Sonderbeilage 2, S. 1, 10.
923 Vgl. BGH NJW 1964, S. 398, 399; Staudinger-*Bund*, § 871 Rn. 2; MüKoBGB-*Joost*, § 871 Rn. 2.
924 Siehe unten, S. 238 f.
925 Vgl. zu diesem Erfordernis MüKoBGB-*Oechsler*, § 929 Rn. 48 m.w.N.

anderen liegt keine auf Eigentumserwerb gerichtete dingliche Einigung mit dem Veräußerer vor.[926] Der fehlende Wille der Eurex Clearing AG zum Eigentumserwerb folgt allein schon aus Kap. I Ziff. 1.5 Abs. 3 S. 5 CB-Eurex, wonach der Eigentumsübergang unmittelbar zwischen den beteiligten Clearing-Mitgliedern stattfindet. Zweck dieser Zwischenbuchung ist lediglich, dass die beteiligten Banken den Umbuchungen nur den zentralen Kontrahenten als Übertragenden entnehmen können, nicht aber ihren wirtschaftlichen Geschäftspartner. Auf diese Weise wird die Post-Trade-Anonymity hergestellt.[927]

Infolge des Abschlusses der beschriebenen Buchungsvorgänge hat der Veräußerer auf seine Veranlassung hin jeglichen Besitz an den Wertpapieren verloren und der Erwerber mittelbaren Eigenbesitz an den Wertpapieren erlangt, sodass die Voraussetzungen des § 929 S. 1 BGB an eine Übergabe erfüllt sind.[928]

IV.) Eintritt der aufschiebenden Bedingungen der CB-Eurex

Nach Kap. I Ziff. 1.5 Abs. 4 CB-Eurex steht die dingliche Einigung zwischen Veräußerer und Erwerber unter drei aufschiebenden Bedingungen. Diese Bedingungen gelten nicht nur zwischen den Clearing-Mitgliedern und der Eurex Clearing AG durch Einbeziehung der CB-Eurex als AGB in ihre rechtlichen Abmachungen, sondern aufgrund der NCM-CM-Clearing-Vereinbarung[929] auch zwischen den Clearing-Mitgliedern und den Nicht-Clearing-Mitgliedern sowie schließlich im Rahmen einer Effektenkommission gem. Nr. 3 Abs. 1 Hs. 2 SoBedWp im Verhältnis der Depotbanken zu ihren Endkunden.

Die erste vorgesehene aufschiebende Bedingung ist, dass die Wertpapiersammelbank alle erforderlichen Buchungen vom Depotkonto der Eurex Clearing AG auf dasjenige der Erwerberbank vorgenommen hat. Damit wird gewährleistet, dass der Endkunde nicht zu einem Zeitpunkt Eigentum erwerben kann, in dem die Erwerberbank selbst noch nicht über die entsprechende Deckung auf ihrem Konto bei der Wertpapiersammelbank verfügt.[930] Dies ist insbesondere vor dem Hintergrund zu sehen, dass die Banken ihren Kunden nicht erst am Erfüllungstag

---

926 *Alfes,* Central Counterparty, S. 178; *Horn*, WM 2002, Sonderbeilage 2, S. 1, 19.

927 *Alfes,* Central Counterparty, S. 178; *Horn*, WM 2002, Sonderbeilage 2, S. 1, 19.

928 Vgl. Jauernig-*Jauernig*, § 929 Rn. 8; Schulze-*Schulte-Nölke*, § 929 Rn. 11 ff.

929 Vgl. Ziff. 1 Abs. 2 der Standard NCM-CM-Clearing-Vereinbarung der Eurex Clearing AG.

930 *Horn*, WM 2002, Sonderbeilage 2, S. 1, 20; *Kunz*, Ausgewählte Rechtsprobleme des Zentralen Kontrahenten, S. 432. Somit kommt die dingliche Einigung auch nicht vor der Übergabe zustande. Bis zu diesem Zeitpunkt wäre sie nach h.M. auch einseitig widerruflich (vgl. BGHZ 14, S. 114, 120; *Baur/Stürner*, Sachenrecht, § 5 Rn. 11; Palandt-*Bassenge*, § 929 Rn. 9 m.w.N.; a.A. *Lipp*, FS Schapp, S. 363 ff. m.w.N. in Fn. 65).

T+2, sondern bereits vorab die entsprechenden Gutschriften erteilen bzw. die Belastungen vornehmen.[931]

Zweite Bedingung für die Wirksamkeit der dinglichen Einigung ist, dass seitens der Wertpapiersammelbank der Geldverrechnungszyklus durchgeführt worden ist.[932] Das ist auch in XXI Abs. 2 AGB-CBF so vorgesehen und soll gewährleisten, dass die aus den Börsengeschäften resultierenden Verbindlichkeiten nur Zug um Zug erfüllt werden.[933] Deshalb erfolgt die Umbuchung auf den Depotkonten der Depotbanken bei der Wertpapiersammelbank erst, wenn der entsprechende Geldverrechnungszyklus abgeschlossen ist.[934] Damit einher geht, dass die Wertpapiersammelbank auch erst zu diesem Zeitpunkt ihren Besitzmittlungswillen hinsichtlich der Wertpapiere auf die erwerbende Depotbank umstellt. Da aber auch frühestens mit diesem zur Übergabe erforderlichen Akt die Übereignung vorliegen kann, erscheint die genannte Bedingung auf den ersten Blick entbehrlich und rein deklaratorischer Natur. Jedoch ist eine Umbuchung bei der Wertpapiersammelbank wie dargelegt aufgrund des Nettings nicht zwingend erforderlich, sodass eine Umstellung des Besitzmittlungswillens der Wertpapiersammelbank dann nicht erfolgen würde, weshalb die Durchführung des Geldverrechnungszyklus in dem Umfang, in welchem auf Ebene der Wertpapiersammelbank keine Umbuchung vorgenommen wird, keine Auswirkung auf die Vollendung der Übergabe hat. Diese träte ein, sobald die Erwerberbank die Wertpapiere dem Konto des Erwerbers gutschreiben würde, da sie schon zuvor mittelbare Besitzerin am Sammelbestand war und im Umfang des Nettings bleibt und ihren Besitzmittlungswillen nur von einem, auf einen anderen Kunden (den Erwerber) umstellen muss.[935]

Die letzte Bedingung ist die Bereitstellung des Ist-LR durch die Eurex Clearing AG für die in das Geschäft involvierten Clearing-Mitglieder.[936] Da die Bereitstellung der Ist-LRs in dem beschriebenen Vorgang der zuletzt erfolgende und

931 Auch außerhalb des Anwendungsbereichs der CB-Eurex wird die vorab getätigte Gutschrift bzw. Lastschrift auf dem Konto des Erwerbers bzw. Veräußerers erst zeitversetzt mit der Durchführung der Abwicklung bei der Wertpapiersammelbank am Tag T+2 wirksam. Dies geschieht dadurch, dass von einer implizierten aufschiebenden Bedingung dahingehend, dass die Erwerber- bzw. Depotbank ihrerseits von der Wertpapiersammelbank eine entsprechende Gutschrift erhalten hat bzw. belastet worden ist, ausgegangen wird (vgl. *Kronke*, WM 2010, S. 1625, 1628).

932 Ausführlich zum sog. Geldclearing der Wertpapiersammelbank BuK-*Will*, Rn. 18.197; *Mentz/ Fröhling*, NZG 2002, S. 201, 207.

933 *Horn*, WM 2002, Sonderbeilage 2, S. 1, 20 f.

934 BuB-*Decker*, Depotgeschäft (Stand: 10/2008), Rn. 8/337c.

935 Siehe das Beispiel oben, S. 220 f.

936 Zur Unterscheidung zwischen der Erstellung der Lieferreports und deren Bedeutung für die dingliche Einigung und der Bereitstellung, welche allein von Kap. I Ziff. 1.5 Abs. 4 CB-Eurex erfasst ist, siehe oben, S. 215.

als aufschiebende Bedingung zur Wirksamkeit der Übertragung der Girosammeldepotanteile erforderliche Bestandteil ist, ist die Übertragung mit der Bereitstellung der Ist-LRs vollendet. Die Bereitstellung erfolgt seitens der Eurex Clearing AG drei Mal täglich, unmittelbar im Anschluss an die Settlementzyklen von CBF ca. um 10 Uhr, um 13:15 Uhr und um 19 Uhr,[937] also unmittelbar nachdem CBF die beschriebenen Umbuchungen auf den Konten der Depotbanken und der Eurex Clearing AG vorgenommen hat.

V.) Gutgläubiger Erwerb

Da Wertpapiere verbrieft sind und ihre Übertragung nach § 929 S. 1 BGB erfolgt, ist ein gutgläubiger Erwerb von Girosammeldepotanteilen vom Nichtberechtigten nach §§ 929 S. 1, 932 BGB denkbar. Die herrschende Auffassung im Schrifttum bejaht dies hinsichtlich des Systems ohne Einbeziehung der Eurex Clearing AG in den Settlementprozess. Im Folgenden soll zunächst die bislang vertretene Konstruktion der Möglichkeit eines gutgläubigen Erwerbs dargelegt werden (1.)). Sodann soll diese Ansicht auf ihre Tragfähigkeit überprüft (2.)) und schließlich auf die Frage eingegangen werden, welche Folgen die Einbeziehung eines zentralen Kontrahenten in den Settlementprozess auf die Möglichkeit eines gutgläubigen Erwerbs hat (3.)).

1.) Der gutgläubige Erwerb nach §§ 929 S. 1, 932 BGB

Der gutgläubige Erwerb nach §§ 929 S. 1, 932 BGB beruht auf der durch die Übergabe nach § 929 S. 1 BGB vorausgesetzten besitzrechtlichen Stellung des Veräußerers.[938] Wie erörtert hat der einzelne Aktionär auch bei der Girosammelverwahrung mittelbaren Besitz an den Wertpapierurkunden, sodass Besitz als Rechtsscheinträger grundsätzlich vorzuliegen scheint. Allerdings handelt es sich bei dieser besitzrechtlichen Position um Mitbesitz. Ein solcher Mitbesitz ist jedoch nach ganz herrschender Meinung kein hinreichender Rechtsscheinträger für einen gutgläubigen Erwerb nach §§ 929 S. 1, 932 BGB, weil er hinsichtlich der Höhe der Quote des (vermeintlichen) Miteigentümers keine Vermutung begründet.[939] Mit dem Verzicht auf die gegenständliche Individualisierung der Wertpapiere bei

937 Auskunft der Eurex Clearing AG (Abteilung „Clearing Operations“) vom 15.09.2010.

938 *Schapp/Schur*, Sachenrecht, Rn. 204 ff.; *Wilhelm*, Sachenrecht, Rn. 923.

939 Staub-*Canaris*, Bankvertragsrecht (2. Bearb.), Rn. 2026; *Kümpel*, Bank- und Kapitalmarktrecht, Rn. 11.410; *Eder*, NZG 2004, S. 107, 112; *Koller*, DB 1972, S. 1905.

der Girosammelverwahrung geht also auch die Rechtsscheinfunktion des Besitzes verloren.[940]

Nun wird aber einhellig der Möglichkeit gutgläubigen Erwerbs im Effektengiroverkehr ein unabweisbares Bedürfnis zugesprochen[941] und sie als unverzichtbar für die Funktionsfähigkeit des Effektengiroverkehrs bezeichnet.[942] Diese Einschätzung ist deshalb gerechtfertigt, weil der Erwerber der Wertpapiere sich darauf verlassen können muss, seine Rechtsstellung wirksam erworben zu haben. Dies gilt umso mehr, als er regelmäßig die Lieferung effektiver Stücke nicht verlangen kann.[943] Eine Unsicherheit hinsichtlich des Wertpapiererwerbs vermag potentielle Käufer vom Erwerb abhalten, müssten sie doch im Falle des Erwerbs von einem Nichtberechtigten damit rechnen, der Geltendmachung von Herausgabeansprüchen ausgesetzt zu sein. Ferner wäre angesichts der enormen Vielzahl von Wertpapierübertragungen und den vielfach enorm kurzzeitigen Haltedauern zwischen Erwerb und Weiterveräußerung die Geltendmachung etwaiger Herausgabeansprüche durch den Berechtigten tatsächlich nahezu unmöglich, was unter Berücksichtigung der Pre- und Post-Trade-Anonymity besonders deutlich wird. Man muss sich an dieser Stelle zudem vergegenwärtigen, dass die Marktteilnehmer angesichts der Anonymität im Börsenhandel gar nicht die Möglichkeit haben, die Berechtigung des Veräußerers zu prüfen. Und selbst wenn diese Möglichkeit bestünde, lebt ein funktionsfähiger Börsenhandel auch davon, dass für die Marktteilnehmer eine solche rechtliche Prüfung nicht erforderlich ist, sondern sie vielmehr allein aufgrund ihres wirtschaftlichen Anlageziels Börsengeschäfte abschließen können. Um diesem Bedürfnis an der Möglichkeit eines gutgläubigen Erwerbs im Rahmen des Börsenhandels nachkommen zu können, behilft sich die herrschende Meinung mit einer Rechtsfortbildung.[944] Sie rechtfertigt den Gutglaubensschutz beim Erwerb der Wertpapiere dadurch, dass in Form der Depotbuchungen auf den Konten der Banken bei der Wertpapiersammelbank ein weiteres Vertrauenselement neben den Mitbesitz[945] oder sogar an dessen Stelle[946] tritt.[947]

---

940 *Koller*, DB 1972, S. 1905.

941 Vgl. Staub-*Canaris*, Bankvertragsrecht (2. Bearb.), Rn. 2026; MüKoHGB-*Einsele*, Depotgeschäft, Rn. 198 m.w.N.

942 *Kümpel*, Bank- und Kapitalmarktrecht, Rn. 11.411.

943 *Brink*, Rechtsbeziehungen und Rechtsübertragung, S. 101 f.

944 Staub-*Canaris*, Bankvertragsrecht (2. Bearb.), Rn. 2026; *Koller*, DB 1972, S. 1905; *Kümpel*, WM 1980, S. 422, 437.

945 *Eder*, NZG 2004, S. 107, 112; *Horn*, WM 2002, Sonderbeilage 2, S. 1, 14; *Koller*, DB 1972, S. 1905.

946 Staub-*Canaris*, Bankvertragsrecht (2. Bearb.), Rn. 2027; BuB-*Decker*, Depotgeschäft (Stand: 10/2008), Rn. 8/76; *Dechamps*, Wertrechte im Effektengiroverkehr, S. 119 f.; *Kunz*, Ausgewählte Rechtsprobleme des Zentralen Kontrahenten, S. 440; *Fabricius*, AcP 162 (1963), S. 456, 482; *Kümpel*, WM 1980, S. 422, 437.

947 Vgl. *Brink*, Rechtsbeziehungen und Rechtsübertragung, S. 103; *Koller*, DB 1972, S. 1905.

Gutgläubiger Erwerb ist danach im Effektengiroverkehr ohne Einbeziehung eines zentralen Kontrahenten in den Settlementprozess möglich, wenn der Veräußerer zwar Nichtberechtigter ist, die Veräußererbank auf ihrem Konto bei der Wertpapiersammelbank aber über eine hinreichend hohe Deckung an den zu übertragenden Girosammeldepotanteilen verfügt.[948] Er scheidet hingegen bei einer Unterdeckung aus, da die Wertpapiersammelbank als Empfangsvertreterin der Erwerberbank (im alten Lieferlistensystem) die Kenntnisnahmemöglichkeit vom Kontostand der Veräußererbank hat und es nach § 166 Abs. 1 BGB auf ihre Kenntnis bzw. grob fahrlässige Unkenntnis (vgl. § 932 Abs. 2 BGB) ankommt.[949]

Daneben ist nach § 166 Abs. 2 BGB auch der gute Glaube der Erwerberbank maßgeblich, da sie als Passivvertreterin in der Empfangsvertretungskette die Wertpapiersammelbank als Untervertreterin bevollmächtigt und eine Weisung i.S.d. § 166 Abs. 2 BGB erteilt. Für eine solche Weisung ist nämlich nicht erforderlich, dass sie sich auf ein bestimmtes Geschäft bezieht.[950] Vielmehr ist es ausreichend, wenn der Vertreter ein Geschäft abschließt, zu dass ihn der Vertretene und Vollmachtgeber veranlasst hat,[951] was auch im Rahmen einer Generalvollmacht möglich ist.[952] Da die Erwerberbank wiederum auf Veranlassung des Erwerbers als Empfangsvertreterin im Rahmen der Übertragung agiert, sind auch hinsichtlich des Erwerbers die Voraussetzungen des § 166 Abs. 2 BGB erfüllt,[953] was im Falle bindender Weisungen des Hauptvertreters (Erwerberbank) an den Untervertreter (Wertpapiersammelbank) aber ohnehin aufgrund des Repräsentationsprinzips der Fall ist.[954] Letztlich kommt es also auf die Kenntnis oder grob fahrlässige Unkenntnis der Wertpapiersammelbank, der Erwerberbank *oder*[955] des Erwerbers an.[956]

Gegenstand des guten Glaubens ist dabei nicht das (Mit-)Eigentum des Veräußerers. Denn zum einen sind allein die Depotbuchungen auf den bei der Wertpapiersammelbank geführten Konten der Veräußererbank für die (im alten Lieferlistensystem maßgebliche, da als Empfangsvertreterin agierende) Wertpapiersammelbank einsehbar und können einen Rechtsschein begründen, nicht aber die Konten

---

948 BuB-*Decker*, Depotgeschäft (Stand: 10/2008), Rn. 8/77.

949 BuB-*Decker*, Depotgeschäft (Stand: 10/2008), Rn. 8/78; *Heinsius/Horn/Than*, § 6 Rn. 91; *Horn*, WM 2002, Sonderbeilage 2, S. 1, 12; *Koller*, DB 1972, S. 1857, 1860 Fn. 50; *Modlich*, DB 2002, S. 671, 675.

950 BGH NJW 1962, S. 2251 f.; BAG NJW 1997, S. 1940, 1941; MüKoBGB-*Schramm*, § 166 Rn. 58.

951 Soergel-*Leptien*, § 166 Rn. 29; MüKoBGB-*Schramm*, § 166 Rn. 58; *Flume*, AT II, § 52 6 (S. 875).

952 MüKoBGB-*Schramm*, § 166 Rn. 58.

953 *Horn*, WM 2002, Sonderbeilage 2, S. 1, 12.

954 Vgl. Staudinger-*Schilken*, § 167 Rn. 72; MüKoBGB-*Schramm*, § 167 Rn. 100.

955 Im Falle des § 166 Abs. 2 BGB wird § 166 Abs. 1 BGB nicht verdrängt. Vielmehr tritt die Kenntnis bzw. grob fahrlässige Unkenntnis des Vertreters neben die des Vertretenen (Jauernig-*Jauernig*, § 166 Rn. 4).

956 BuB-*Decker*, Depotgeschäft (Stand: 10/2008), Rn. 8/76; *Horn*, WM 2002, Sonderbeilage 2, S. 1, 19.

des Veräußerers bei der Veräußererbank. Zum anderen ist die Veräußererbank selbst und nicht der Veräußerer die Verfügende, nämlich hierzu von Letzterem nach § 185 Abs. 1 BGB ermächtigt.[957] Die Veräußererbank verfügt aber nicht wie im Grundfall des gutgläubigen Erwerbs nach §§ 929 S. 1, 932 BGB über ihr angeblich eigenes Eigentum, sondern im eigenen Namen über fremdes Eigentum ihrer Kunden. Die Girosammeldepotanteile ihrer Kunden sind nämlich im Fremddepot B der Veräußererbank bei der Wertpapiersammelbank verbucht, sodass die Veräußererbank nicht gutgläubig als Eigentümerin angesehen werden kann.[958] Damit kommt nur ein guter Glaube an die Verfügungsbefugnis der Veräußererbank nach § 366 Abs. 1 HGB i.V.m. § 932 BGB in Betracht.[959] Weist deren Fremddepotkonto eine entsprechende Deckung auf, ist die insoweit maßgebliche Wertpapiersammelbank gutgläubig hinsichtlich der Verfügungsbefugnis der Veräußererbank und es kommt zu einem gutgläubigen Erwerb.

Die korrespondierenden Verluste treffen sodann nur die Girosammeldepotbestände der Veräußererbank, zu Lasten derer die Wertpapiersammelbank die Umbuchung vornahm. Sofern die Veräußererbank ihrerseits bei ihrem Kunden (Veräußerer) eine Abbuchung vorgenommen hatte, trägt dieser nach h.M. den Verlust alleine.[960] Dies wird jedoch von einer Mindermeinung für den Fall bestritten, dass der Betroffene die Verfügung gar nicht veranlasst hat und die Depotbank gleichwohl eine Abbuchung bei ihm vorgenommen hat. Dann solle – so die Mindermeinung – eine verhältnismäßige Verlustverteilung auf alle Depotkunden der Veräußererbank erfolgen, da sich der Miteigentumsanteil auf den gesamten Sammelbestand beziehe und daher alle Teilhaber betroffen seien.[961] Dem ist jedoch zu entgegnen, dass es hier nicht um die Verfügung von Anteilen am Sammelbestand geht, sondern wie bereits erörtert um die rechtlich verselbstständigten wertmäßig fixierten Bruchteile, die Girosammeldepotanteile, als Summe der Bruchteilseigentumsquote am gesamten Sammelbestand.[962] Im Falle der belastenden Buchung ist daher das Objekt der nicht veranlassten Verfügung

957 BuB-*Decker*, Depotgeschäft (Stand: 10/2008), Rn. 8/77.

958 MüKoHGB-*Einsele*, Depotgeschäft, Rn. 111.

959 BuB-*Decker*, Depotgeschäft (Stand: 10/2008), Rn. 8/77; MüKoHGB-*Einsele*, Depotgeschäft, Rn. 111; *Zöllner,* FS L. Raiser, S. 249, 263.

960 Staub-*Canaris*, Bankvertragsrecht (2. Bearb.), Rn. 2030; BuB-*Decker*, Depotgeschäft (Stand: 10/2008), Rn. 8/77; *Koller*, DB 1972, S. 1905, 1907.

961 *Opitz*, Depotgesetz, §§ 6-8 Anm. 37 (S. 178 f.).

962 *Einsele*, Wertpapierrecht als Schuldrecht, S. 185 f.; *Koller*, DB 1972, S. 1905, 1907. Ähnlich Staub-*Canaris*, Bankvertragsrecht (2. Bearb.), Rn. 2030 („kein Anlaß, hier anders zu entscheiden, als wäre z.B. eine unberechtigte Verfügung über individualisierte, im Streifband verwahrte Effekten erfolgt;").

identifizierbar, nämlich die Girosammeldepotanteile allein des betroffenen Kunden der Veräußererbank.[963] Damit ist der herrschenden Meinung zu folgen.

Anders verhält es sich mit solchen Fällen, in denen die Abbuchung seitens der Veräußererbank unterblieben ist oder diese über einen größeren Anteil verfügt hat, als dem Kunden, der einen Verkaufsauftrag gegeben hat, im Verhältnis zu ihr zusteht. Auch dann muss eine der Gutschrift beim gutgläubigen Erwerber entsprechende Abbuchung auf den Kundenkonten der Veräußererbank vorgenommen werden. Denn andernfalls käme es in solchen Fällen zu einer Vermehrung von Girosammeldepotanteilen durch gutgläubigen Erwerb. In diesen Fällen ist, jedoch erst nachdem das Eigenguthaben der Veräußererbank vollumfänglich reduziert wurde (vgl. § 7 Abs. 2 S. 2 DepotG),[964] eine anteilsmäßige Verteilung des darüber hinaus noch bestehenden Verlustes vorzunehmen, was nach h.M. mittels entsprechender Anwendung von § 7 Abs. 2 S. 1 DepotG möglich ist.[965] Nach dieser Regelung hat der (zwischenverwahrende)[966] Sammelverwahrer ein Recht auf Verweigerung der Auslieferung der Wertpapiere, soweit sich infolge eines Verlusts am Sammelbestand die dem Hinterleger nach § 6 DepotG gebührende Menge verringert hat, d.h. entsprechend der seinem Anteil am Sammelbestand entsprechenden Reduktion seines Miteigentums. Die entsprechende Anwendung von § 7 Abs. 2 S. 1 DepotG und die damit verbundene anteilsmäßige Verlustumlage für Fälle der fehlenden Gegenbuchung lässt sich damit begründen, dass § 7 Abs. 2 S. 1 DepotG davon ausgeht, dass die am Sammelbestand Beteiligten eine Gefahrengemeinschaft bilden.[967] Wendet man aber § 7 Abs. 2 S. 1 DepotG auf Fälle der nun behandelten Art an, würde das zunächst dazu führen, dass der Verlust allen Miteigentümern am Sammelbestand, d.h. nicht nur den Kunden der betreffenden Veräußererbank, aufzuerlegen wäre, sondern auch den Kunden anderer Banken.[968] Diesen kann jedoch die Verfügung durch die Veräußererbank in keinem Fall zugerechnet werden. Und zwar haben die Kunden der Veräußererbank hier die Verfügung ebenfalls nicht veranlasst, sind für eine solche mithin auch nicht verantwortlich. Jedoch stellt die nach Reduktion des Eigenbestandes der Veräußererbank auf Null noch erforderliche anteilsmäßige Verlustverteilung

963 *Einsele*, Wertpapierrecht als Schuldrecht, S. 185 f.; *Koller*, DB 1972, S. 1905, 1907.

964 BuB-*Decker*, Depotgeschäft (Stand: 10/2008), Rn. 8/77; *Einsele*, Wertpapierrecht als Schuldrecht, S. 188.

965 Staub-*Canaris*, Bankvertragsrecht (2. Bearb.), Rn. 2030; BuB-*Decker*, Depotgeschäft (Stand: 10/2008), Rn. 8/77; *Koller*, DB 1972, S. 1905, 1907.

966 § 7 Abs. 2 S. 1 DepotG findet auch auf Zwischenverwahrer, die über ein Sammeldepotguthaben beim Sammelverwahrer verfügen, Anwendung, *Einsele*, Wertpapierrecht als Schuldrecht, S. 187; *Opitz*, Depotgesetz, §§ 6-8 Anm. 37 (S. 179).

967 *Heinsius/Horn/Than*, § 7 Rn. 16; *Koller*, DB 1972, S. 1905, 1907.

968 Vgl. *Einsele*, Wertpapierrecht als Schuldrecht, S. 187 f.; *Koller*, DB 1972, S. 1905, 1910.

unter diesen Kunden die noch am ehesten gerechte Lösung zur zwingenden Vermeidung der Vervielfältigung von Girosammeldepotanteilen durch gutgläubigen Erwerb dar. Denn die Kunden der entsprechenden Veräußererbank sind mit dieser vertraglich verbunden und können ihr gegenüber jedenfalls vertragliche Schadensersatzansprüche geltend machen. Außerdem sind sie es alleine, die der Bank Vertrauen geschenkt und die Möglichkeit der Überprüfung der Vertrauenswürdigkeit der Bank gehabt haben.[969] Ferner lässt sich anführen, dass eine Zuordnung zu den Depotkunden anderer Banken ausscheiden muss, weil die seitens der Eurex Clearing AG als Aktivvertreterin der Veräußererbank abgegebene Willenserklärung sich allein auf den von dieser Bank gehaltenen Girosammelbestand bezogen hat, an welchem die Depotkunden der anderen Banken aber gar nicht beteiligt sind.[970] Daher ist mit der h.M. die Anwendung des § 7 Abs. 2 S. 1 DepotG in diesen Fällen dahingehend zu modifizieren, dass die anteilsmäßige Verlustumlage nur die Kunden der betreffenden Veräußererbank erfasst.

2.) Depotbuchungen als Rechtsscheinträger: Unzulässige Rechtsfortbildung?

Fraglich ist, ob ein gutgläubiger Erwerb nach §§ 929 S. 1, 932 BGB i.V.m. § 366 Abs. 1 HGB (lediglich) anknüpfend an eine Depotbuchung mit dem Sachenrecht vereinbar ist, oder ob es sich um eine unzulässige Rechtsfortbildung contra legem handelt.

a.) Argumente gegen die Zulässigkeit der Depotbuchungen als Rechtsscheinträger

Gegen die Anknüpfung an die Depotbuchungen als Rechtscheinträger werden in der Literatur vermehrt Argumente vorgebracht, die es möglich erscheinen lassen, dass es sich um eine mit dem Gesetz unvereinbare und daher unzulässige Rechtsfortbildung handelt. So wird angeführt, aus § 24 Abs. 2 S. 1 DepotG gehe hervor, der Gesetzgeber wolle der Depotgutschrift alleine keine verkehrsschützende Funktion zukommen lassen.[971] Ferner könne ein Berechtigter seine Rechtsposition auch nach § 931 BGB durch Abtretung des Herausgabeanspruches gegen die Wertpapiersammelbank übertragen. Für das Wirksamwerden einer solchen Übertragung müsse keine Umbuchung erfolgen, was deutlich mache, dass die Buchungen keine zuverlässigen Rechtsscheinträger sein könnten.[972] Zudem müsse man bei außerbörslichen Geschäften innerhalb eines Kreditinstituts auf die Bu-

969 Staub-*Canaris*, Bankvertragsrecht (2. Bearb.), Rn. 2030.
970 Vgl. BuB-*Decker*, Depotgeschäft (Stand: 10/2008), Rn. 8/77.
971 MüKoHGB-*Einsele*, Depotgeschäft, Rn. 114.
972 MüKoHGB-*Einsele*, Depotgeschäft, Rn. 115.

chungen auf den Depotkonten der Endkunden bei der Depotbank abstellen, bei der aber aufgrund des Umstandes, dass sie auch Eigenbestände verwahre, die Gefahr von Interessenkonflikten bestehe.[973] Ferner handele es sich bei der Depotbuchung bei der Wertpapiersammelbank um einen von dieser selbst gesetzten Rechtsschein, auf den sie selbst als Passivvertreterin der Erwerberbank (jedenfalls im Rahmen des Lieferlisten-Systems) dann wiederum vertrauen können soll, was zumindest atypisch für einen gutgläubigen Erwerb sei,[974] wenn nicht sogar damit das Rechtsinstitut eines Vertrauensschutzes „ad absurdum geführt“ werde.[975] Des Weiteren weise die Buchung nicht die für Tatbestände eines gutgläubigen Erwerbs aber erforderliche Publizität auf, da sie schon aufgrund des Bankgeheimnisses für den Rechtsverkehr nicht allgemein erkennbar und offenkundig ist.[976]

Mit der Depotbuchung als Rechtsscheinträger lasse sich schließlich der Verkehrsschutz ohnehin nicht vollumfänglich erreichen. Soweit es nicht zu einer Abbuchung vom Konto des Veräußerers komme, sei mangels vollständigen Wegfalls des Rechtsscheinstatbestandes auf Veräußererseite ein gutgläubiger Erwerb nicht zu begründen. Zwar erhalte der Erwerber eine Gutschrift, materiell habe er dann aber nichts erworben. Die Gutschrift gebe lediglich die Rechtslage falsch wieder. Daher sei die von der herrschenden Meinung in diesen Fällen vorgenommene verhältnismäßige Verlustverteilung unter allen Kunden der Veräußererbank mit Girosammeldepotanteilen an dem entsprechenden Sammelbestand dann auch gar nicht erforderlich.[977]

b.) Depotbuchungen als Rechtsscheinträger im Wege einer zulässigen Rechtsfortbildung

Eine Auseinandersetzung mit diesen Argumenten zeigt jedoch, dass keines davon geeignet ist, derart gegen die Möglichkeit der Depotbuchung als Rechtsscheinträger zu sprechen, dass sich diese als eine Rechtsfortbildung extra legem darstellt.

Zunächst trägt der Einwand nicht, bei *außerbörslichen* Geschäften zwischen Kunden einer Depotbank müsse für den gutgläubigen Erwerb auf das von der Depotbank geführte Depotkonto des Veräußerers abgestellt werden. Denn dann handelt es sich gerade nicht um die Abwicklung von Börsengeschäften im Rahmen des Effektengiroverkehrs, um deren Schutz es hier aber alleine geht. Und auch wenn die Wertpapiersammelbank den Rechtsschein durch die Gutschrift

973 MüKoHGB-*Einsele*, Depotgeschäft, Rn. 116.
974 MüKoHGB-*Einsele*, Depotgeschäft, Rn. 117.
975 *Dechamps*, Wertrechte im Effektengiroverkehr, S. 142.
976 *Einsele*, WM 2001, S. 7, 13; *Habersack/Mayer*, WM 2000, S. 1678, 1682 f.
977 *Einsele*, RIW 1997, S. 269, 270.

ursprünglich selbst gesetzt hatte, bedeutet dies keineswegs, dass ein guter Glaube daran von vornherein ausgeschlossen ist.[978] Auch trägt der Hinweis auf eine angeblich mangelnde Publizität der Depotbuchungen aufgrund des Bankgeheimnisses nicht, weil die Wertpapiersammelbank Kenntnis von den Depotgutschriften der Veräußererbank hat. Und da die Wertpapiersammelbank im alten System als Empfangsvertreterin der Erwerberbank agierte, war die Kenntnis allein der Wertpapiersammelbank und nicht diejenige der Erwerberbank vom Rechtsscheintatbestand „Depotgutschrift" relevant (§ 166 Abs. 1 BGB).[979]

Ferner kann der Möglichkeit, in der Buchung einen Rechtsscheinträger zu sehen, nicht entgegengehalten werden, dass eine Übertragung nach § 931 BGB möglich sei, wodurch die Buchungen unrichtig werden könnten. Es entspricht dem Gedanken der Risikoverteilung, wie er beispielsweise auch in §§ 407, 409 BGB für die Forderungsabtretung niedergelegt ist, dass, wenn der Erwerber nicht auf eine Umbuchung besteht, der Veräußerer an einen gutgläubigen Dritterwerber nach §§ 929 S. 1, 932 BGB i.V.m. § 366 Abs. 1 HGB erneut mit der Legitimation aus der weiter auf ihn lautenden Gutschrift mit Wirkung zu Lasten des Ersterwerbers verfügen kann. Auch aus diesem Grund findet im Effektengiroverkehr die Übertragung gerade nicht nach § 931 BGB statt.[980] Der Erwerber wird zudem natürlich auf eine Umbuchung hinwirken, da andernfalls die von der Depotbank oder der Wertpapiersammelbank im Rahmen der Inkassotätigkeit eingezogenen Dividenden nicht ihm, sondern weiterhin dem Veräußerer gutgeschrieben werden.[981]

Außerdem zeigt § 935 Abs. 2 BGB, dass nach dem Willen des Gesetzgebers bei Wertpapieren das private Integritätsinteresse hinter das Interesse des Rechtsverkehrs zurücktritt, indem bei Wertpapieren der Besitz auch dann einen hinreichenden Rechtsschein begründet, wenn er nicht mit dem Willen des Berechtigten überlassen worden ist.[982]

---

978 *Koller*, DB 1972, S. 1905, 1907 f. Dies wird zum Teil auch von Vertretern des Schrifttums, welche die Depotbuchungen nicht für zulässige Rechtsscheintatbestände anerkennen, eingeräumt, vgl. MüKoHGB-*Einsele*, Depotgeschäft, Rn. 117.

979 *Dechamps*, Wertrechte im Effektengiroverkehr, S. 141. Nicht verwechselt werden darf die Möglichkeit der Kenntnisnahme des Rechtsscheinträgers mit der einen gutgläubigen Erwerb ausschließenden mangelnden Redlichkeit i.S.d. § 932 Abs. 2 BGB. Für Erstere ist aufgrund des Repräsentationsprinzips ausreichend, wenn die Wertpapiersammelbank als Empfangsvertreterin der Erwerberbank (so im alten Lieferlistensystem) die Möglichkeit der Kenntnisnahme hat. Die Redlichkeit ist nach § 166 Abs. 2 BGB jedoch auch ausgeschlossen, wenn nur einer der anderen Beteiligten in der Vertretungskette auf der Erwerberseite bösgläubig ist (vgl. § 166 Abs. 2 BGB). Der Erwerber muss sich dies zurechnen lassen (Repräsentationsprinzip).

980 Vgl. *Kümpel*, Bank- und Kapitalmarktrecht, Rn. 11.359 f.

981 Vgl. *Peters*, WM 1976, S. 890, 895.

982 MüKoBGB-*Oechsler*, § 935 Rn. 14.

Ferner handelt es sich zwar in der Tat um abstraktes Vertrauen in die Richtigkeit der Depotbuchungen,[983] aber die Tatsache, dass die Wertpapiersammelbank nur Wertpapiere Dritter verwahrt und zudem regelmäßigen Depotprüfungen unterliegt,[984] rechtfertigt ein gesteigertes Vertrauen in die von ihr vorgenommenen Buchungen,[985] wie dies auch bei öffentlich geführten Registern der Fall ist.[986] Der Umstand, dass die Wertpapiersammelbank keine öffentliche Stelle ist, bewirkt keinen Verstoß gegen die Grundsätze des geltenden Privatrechts, denn wie die §§ 172, 405 BGB zeigen, können auch private Urkunden einen Rechtsschein begründen.[987]

Des Weiteren ist der auf Grundlage der Depotbuchung als Rechtsscheinträger ermöglichte gutgläubige Erwerb nicht lückenhaft. Selbst wenn zwar das Konto des Veräußerers bei der Veräußererbank nicht belastet wird und eine Verlustumlage auf alle Kunden der Veräußererbank erfolgt, kann ein gutgläubiger Erwerb gerechtfertigt werden. Denn auch in diesem Fall erfolgt eine Abbuchung vom Konto der Veräußererbank bei der Wertpapiersammelbank und damit entfällt der Rechtsscheintatbestand (Depotbuchung der Veräußererbank bei der Wertpapiersammelbank) – im Übrigen auch auf Veranlassung – der verfügenden Veräußererbank. Denn der gute Glaube ist hier ja auf die Verfügungsbefugnis der Veräußererbank gerichtet (§ 366 Abs. 1 HGB) und knüpft daher allein an die Gutschrift zugunsten der Veräußererbank bei der Wertpapiersammelbank, nicht aber an die Gutschrift auf dem Konto des Veräußerers bei der Veräußererbank an.[988] Da dem Konto der Veräußererbank dann entsprechend weniger gutgeschrieben ist, ist zudem ausgeschlossen, dass eine zweite Verfügung über die gutgläubig erworbenen Wertpapiere durch einen Kunden der Veräußererbank erfolgen kann.[989]

Schließlich geht auch der Verweis auf § 24 Abs. 2 DepotG fehl. Diese Bestimmung regelt zwar, dass die Depotbuchungen seitens des Einkaufskommissionärs *für sich* keinen gutgläubigen Erwerb ermöglichen. Jedoch bringt der Gesetzgeber mit § 24 Abs. 2 DepotG gerade auch zum Ausdruck, dass eine Depotbuchung durchaus sachenrechtliche Wirkung entfalten kann.[990] Dass § 24 Abs. 2 DepotG

---

983 Vgl. *Zöllner,* FS L. Raiser, S. 249, 267.

984 *Koller*, DB 1972, S. 1905; Albrecht/Karahan/Lenenbach-*Lenenbach*, § 38 Depotgeschäft, Rn. 268 m.w.N.

985 So auch *Einsele*, Wertpapierrecht als Schuldrecht, S. 173 f.; Albrecht/Karahan/Lenenbach-*Lenenbach*, § 38 Depotgeschäft, Rn. 268.

986 Ausführlich zur Rechtfertigung eines in die Depotbuchung zu setzenden Vertrauens *Dechamps*, Wertrechte im Effektengiroverkehr, S. 121 ff., insb. S. 136 f.

987 Staub-*Canaris*, Bankvertragsrecht (2. Bearb.), Rn. 2027.

988 Vgl. *Einsele*, WM 2003, S. 2349, 2353.

989 Vgl. BuB-*Decker*, Depotgeschäft (Stand: 10/2008), Rn. 8/77.

990 *Heinsius/Horn/Than*, § 6 Rn. 91; *Kunz*, Ausgewählte Rechtsprobleme des Zentralen Kontrahenten, S. 438; *Horn*, WM 2002, Sonderbeilage 2, S. 1, 15.

für den Rechtserwerb zudem noch die Verfügungsbefugnis des Kommissionärs erfordert, ist allein schon deshalb berechtigt, weil es sich bei § 24 Abs. 2 DepotG um einen gesetzlichen Erwerbstatbestand handelt, der grundsätzlich keinen gutgläubigen Erwerb ermöglicht.[991] Im vorliegenden Kontext hingegen geht es um einen rechtsgeschäftlichen Erwerb, sodass neben die bloße Depotgutschrift noch die dingliche Einigung tritt, die Gutschrift alleine mithin auch hier keinen gutgläubigen Erwerb rechtfertigen soll. Aus den engen Voraussetzungen des *gesetzlichen* Erwerbstatbestandes des § 24 Abs. 2 DepotG kann nicht gefolgert werden kann, dass auch bei einem *rechtsgeschäftlichen* Erwerb die Depotbuchung unbeachtlich sei.

Können schon die gegen die Zulässigkeit eines Abstellens auf die Depotgutschriften angeführten Argumente nicht überzeugen, können vielmehr positiv zugunsten der Zulässigkeit streitende Argumente vorgebracht werden. Ausgangspunkt dabei ist, dass durch den gesetzgeberischen Verzicht auf den Alleinbesitz infolge der Girosammelverwahrung der Besitz als tauglicher alleiniger Rechtsträger entfallen ist.[992] Mit den §§ 5 ff. DepotG hat der Gesetzgeber zur Erreichung seines Willens zur Vereinfachung der Wertpapierübertragung im Effektengiroverkehr auf die Individualisierbarkeit der Wertpapiere verzichtet und an deren Stelle die Girosammeldepotanteile treten lassen. Damit ging zwar zwangsläufig auch der Besitz als alleiniger Rechtsscheinträger verloren. Der Wille des Gesetzgebers und die Folge der zur Erreichung des intendierten Zieles vorgenommene Gesetzgebung (Verlust des Besitzes als alleinigen Rechtsscheinträgers) harmonieren aber nur auf den ersten Blick nicht miteinander. Es muss nämlich beachtet werden, dass der Gesetzgeber in den §§ 5 ff. DepotG wie beschrieben einen Regelungskomplex geschaffen hat, der bewirkt, dass nicht über konkrete Miteigentumsrechte, sondern über die Quote am Sammelbestand, ausgedrückt in Girosammeldepotanteilen, verfügt wird. Diese im Vergleich zum Alleineigentum an einer einzelnen Sache unterschiedliche Anknüpfung rechtfertigt auch eine unterschiedliche Anknüpfung an den Rechtsscheinträger. Über den Umfang der Girosammeldepotanteile, über die der Verfügende verfügungsberechtigt ist, gibt nämlich allein die Depotgutschrift Auskunft.[993] Damit kann auch nur die Depotgutschrift als Anknüpfungspunkt dafür dienen, ob die Verfügungsberechtigung gegeben ist, so wie sonst der Besitz die Vermutung dafür begründet, dass der Besitzer Eigentümer bzw. Verfügungsberechtigter ist. Die Depotgutschrift stellt also den spezialgesetzlich vorgesehenen besitzrechtlichen Verlautbarungstatbestand dar.[994]

991 *Einsele*, WM 2001, S. 7, 12.

992 *Koller*, DB 1972, S. 1905.

993 Vgl. *Horn*, WM 2002, Sonderbeilage 2, S. 1, 14.

994 *Horn*, WM 2002, Sonderbeilage 2, S. 1, 14 f.

Ferner ist vorzubringen, dass § 932 BGB nichts Weiteres voraussetzt, als Einigung und Übergabe, also den normalen Erwerbstatbestand des § 929 S. 1 BGB sowie zusätzlich dazu die fehlende Bösgläubigkeit des Erwerbers. Dies bedeutet, dass die Rechtsscheinfunktion der Übergabe im Rahmen des § 932 BGB nur an die normalen Funktionen der Übergabe bei § 929 S. 1 BGB anknüpft, also an die Funktion der Verlautbarung der Übereignung und an die Verschaffungsfunktion.[995] Da die Buchung nun aber direkte Auswirkungen auf die Möglichkeit, die Übergabe zu bewirken (Verschaffungsfunktion) und auf die Verlautbarung der Übereignung, also auf die maßgeblichen Funktionen der Übergabe, hat, kommt ihr im vorliegenden Kontext zwar keine direkte sachenrechtliche Wirkung, jedoch eine direkte *Aus*wirkung auf die §§ 929 S. 1, 932 BGB zu. Dass die durch die Buchung vermittelte Möglichkeit, die Übergabe zu bewirken, auch im Rahmen des redlichen Erwerbs nicht unbeachtlich ist, zeigt zudem ein Vergleich mit dem gutgläubigen Erwerb von einem nichtberechtigten Nichtbesitzer, der jedoch die Möglichkeit hat, eine Geheißperson zur Übergabe an den redlichen Erwerber zu bewegen.[996] In diesen Fällen ist der gutgläubige Erwerb aufgrund der bloßen Besitzverschaffungsmacht des Veräußerers weitestgehend anerkannt, obwohl der Nichtberechtigte dabei im Gegensatz zum Veräußerer im Effektengiroverkehr noch nicht einmal in irgendeiner sachenrechtlichen Beziehung zum Erwerbsobjekt steht. Dies zeigt, dass die Möglichkeit der Bewirkung einer Übergabe anerkanntermaßen selbst dann Rechtsscheinsgrundlage darstellen kann, wenn der Akt der tatsächlichen Besitzverschaffung nicht vom Veräußerer selbst an den Erwerber, sondern von einem Dritten (Geheißperson) an den Erwerber erfolgt. Dann muss dies aber erst recht gelten, wenn der Veräußerer hier durch die Buchung vermittelt die Möglichkeit hat, die Übergabe nach § 929 S. 1 BGB selbst[997] vorzunehmen, mithin die Disposition über seinen Besitz zu bewirken.[998] Und gerade die Möglichkeit der Disposition über den Besitz wird vielfach auch als wahrer

---

995 *Martinek*, AcP 188 (1988), S. 573, 579.

996 Vgl. zum gutgläubigen Geheißerwerb BGHZ 36, S. 56, insb. 60 f. = NJW 1962, S. 299, 300; BGH NJW 1974, S. 1132, 1133 f.; *Martinek*, AcP 188 (1988), S. 573, 621 ff. m.w.N. aus der Literatur.

997 Dass es sich bei der im Effektengiroverkehr erfolgten Übergabe i.S.d. § 929 S. 1 BGB entgegen der stellenweise in der Literatur anzutreffenden Formulierung (vgl. *Kümpel*, Bank- und Kapitalmarktrecht, Rn. 11.347; Albrecht/Karahan/Lenenbach-*Lenenbach*, § 38 Depotgeschäft, Rn. 201) gerade nicht um einen Geheißerwerb im eigentlichen Sinne handelt, stellen Mentz/Fröhling zutreffend dar (*Mentz/Fröhling*, NZG 2002, S. 201, 206 Fn. 59).

998 Eine Parallele zwischen dem Geheißerwerb bei einem sog. Streckengeschäft zum auf Buchungen aufbauenden Effektengiroverkehr hinsichtlich der Lockerung der Publizität stellt Westermann explizit fest (*Westermann*, Sachenrecht, §§ 40 III 3 b) (S. 317)).

Rechtsscheinträger im Gegensatz zum Besitz selbst angesehen.[999] Die Buchung hat daher zwar de lege scripta keine Rechtsscheinfunktion, ist aber eine tatsächliche Voraussetzung dafür, die mit Rechtsscheinfunktion ausgestattete Übergabe zu bewirken.

Die genannten Auswirkungen der Depotbuchungen berücksichtigend, greifen auch die sonst gegen die Rechtsscheinkraft des (mittelbaren) Mitbesitzes sprechenden Gründe hier nicht. Mittelbarem Besitz wird Rechtsscheinkraft zugemessen, weil der unmittelbare Besitzer die Oberherrschaft des mittelbaren Besitzers anerkennt und ihm zur Erfüllung des Herausgabeanspruches den unmittelbaren Besitz einräumen wird.[1000] Beim mittelbaren Mitbesitz jedoch besteht diese Anerkennung nicht, denn der unmittelbare Besitzer muss hier grundsätzlich nur an alle gemeinsam herausgeben, an der Quote des zugrundeliegenden Miteigentums ist er nicht interessiert.[1001] Anders ist das bei der Girosammelverwahrung. Hier anerkennt die Wertpapiersammelbank in Höhe der Depotbuchung, dass sie die Wertpapiere für die Depotbanken besitzt und sie diese Papiere gegebenenfalls in der betreffenden Höhe ausliefern muss.[1002] Vom Ausgangspunkt des Verfügungsgegenstandes „Girosammeldepotanteile", die fiktiv wie einzelne Wertpapiere behandelt werden, ergibt sich also, dass hier die Wertpapiersammelbank in Höhe der Depotbuchung die Oberherrschaft der Depotbanken anerkennt, was die Rechtsscheinkraft dieses mittelbaren gelockerten Mitbesitzes begründet.

c.) Fazit

Aus dem Gesetz ergibt sich mithin gerade nicht, dass die Depotbuchung nicht als Rechtsscheinträger dienen kann. Daher stellt es keine unzulässige Rechtsfortbildung dar, auf die Depotbuchungen bei der Wertpapiersammelbank – zumindest in Verbindung mit dem mittelbaren Mitbesitz – als Rechtsscheinträger abzustellen.

3.) Kein gutgläubiger Erwerb bei Einbeziehung eines zentralen Kontrahenten

Aus der Geeignetheit der Depotbuchung als (zusätzlicher) Rechtsscheinträger ergibt sich keinesfalls automatisch, dass auch ein gutgläubiger Erwerb möglich

---

999 Zur Rechtsscheinfunktion der Disposition über den Besitz in Abgrenzung zum bloßen Besitz vgl. *Einsele*, Wertpapierrecht als Schuldrecht, S. 103 f.; *Martinek*, AcP 188 (1988), S. 629 f.; *Wadle*, JZ 1974, S. 689, 695.

1000 *Koller*, DB 1972, S. 1905.

1001 *Koller*, DB 1972, S. 1905.

1002 *Koller*, DB 1972, S. 1905.

sei. Hierzu müssen vielmehr dessen Voraussetzungen tatsächlich erfüllt sein. Bereits zum alten Lieferlistensystem wurde kritisch angemerkt, die Depotbuchungen verfügten nicht über die erforderliche Publizität. Begründet wurde dies mit dem Bankgeheimnis, weswegen – selbst wenn man die Depotbuchung als Rechtsscheinträger akzeptiere – die erforderliche Offenkundigkeit und Publizität der Gutschriften nicht gegeben sei.[1003] Im Lieferlistensystem ließ sich dieses Argument jedoch leicht entkräften. Denn die Wertpapiersammelbank war in diesem System Empfangsvertreterin der Erwerberbank und damit kam es nach § 166 Abs. 1 BGB auf die Kenntnisnahmemöglichkeit der Wertpapiersammelbank an. Diese jedoch konnte selbstverständlich die bei ihr geführten Depotkonten ohne weiteres einsehen. Die erforderliche Publizität war somit gewahrt.[1004]

Anders liegen die Dinge indes beim Settlementprozess unter Einbeziehung eines zentralen Kontrahenten. Wie erörtert ist dieser und nicht mehr die Wertpapiersammelbank der Empfangsvertreter der Erwerberbank und letztlich des Erwerbers, sodass auf dessen Möglichkeit der Kenntnisnahme vom Publizitätstatbestand abzustellen ist.[1005] Jedoch werden die Depotkonten der Depotbanken weiterhin bei der Wertpapiersammelbank geführt und der zentrale Kontrahent hat keine Möglichkeit der Einsichtnahme in diese Konten. Somit fehlt die erforderliche Erkennbarkeit des Rechtsscheinträgers.[1006] Selbst wenn man also von der Möglichkeit eines abstrakten Vertrauens auf die Richtigkeit der Depotbuchungen bei der Wertpapiersammelbank ausgeht, so ist doch erforderlich, dass zumindest die Möglichkeit besteht, Einsicht in die Depotkonten zu nehmen, wie dies beispielsweise beim öffentlich geführten Handelsregister oder Grundbuch der Fall ist.[1007] Voraussetzung für den Vertrauensschutz ist ein Tatbestand, der den Vertrauenden zu dem Schluss lassen kommen kann, dass eine bestimmte Rechtslage vorliegt.[1008] Kann eine Disposition des Erwerbers gar nicht durch Vertrauen auf einen Rechtsschein ausgelöst sein, sondern liegen ihr lediglich andere Umstände zugrunde, so ist sein Schutz nicht geboten und gutgläubiger Erwerb muss ausscheiden.[1009]

1003 *Einsele*, WM 2001, S. 7, 13; *Habersack/Mayer*, WM 2000, S. 1678, 1682 f.

1004 *Horn*, WM 2002, Sonderbeilage 2, S. 1, 15; *Kunz*, Ausgewählte Rechtsprobleme des Zentralen Kontrahenten, S. 439.

1005 BuB-*Decker*, Depotgeschäft (Stand: 10/2008), Rn. 8/76a.

1006 Zu diesem Erfordernis vgl. *Einsele*, Wertpapierrecht als Schuldrecht, S. 176 m.w.N. Die Voraussetzung, dass der zentrale Kontrahent Kenntnis vom Vertrauenstatbestand „Depotguthaben" haben muss, anerkennt auch BuB-*Decker*, Depotgeschäft (Stand: 10/2008), Rn. 8/76a.

1007 *Einsele*, Wertpapierrecht als Schuldrecht, S. 176.

1008 *Parodi*, AcP 185 (1985), S. 362, 366 f.

1009 *Wiegand*, in: Recht und Verhalten, S. 183, 195.

Dem kann auch nicht entgegengehalten werden, dass der Gesetzgeber das Institut des zentralen Kontrahenten anerkannt habe und dieser zu einer Verbesserung des Wertpapierhandels führen sollte, was dahingehend zu berücksichtigen sei, dass durch die Einschaltung eines zentralen Kontrahenten der gutgläubige Erwerb gerade nicht ausgeschlossen werde, um dem gesetzgeberischen Willen gerecht zu werden, da dies andernfalls fraglos zu einer Erschwerung des Wertpapierhandels führen würde. Auch tragen Überlegungen dahingehend nicht, dass ein gutgläubiger Erwerb bei Einschaltung des zentralen Kontrahenten ebenso im Wege einer Rechtsfortbildung möglich sei, wie ja auch die Depotbuchungen neben dem Besitz als Rechtsscheinträger im Wege einer Rechtsfortbildung gerade deshalb anzuerkennen sind, weil der Gesetzgeber mit dem DepotG und den Girosammeldepotanteilen ebenfalls den Besonderheiten und Bedürfnissen des Wertpapierhandels Rechnung tragen wollte. Denn die letztgenannten Überlegungen können nicht auf die Funktion des zentralen Kontrahenten übertragen werden. Mittels des Depotgesetzes und der damit bewirkten Schaffung von Girosammeldepotanteilen hat der Gesetzgeber einen neuen Verfügungsgegenstand geschaffen, dessen Existenz und Zuordnung gerade erst unter Hinzuziehung der Depotbuchung bestimmt werden kann, bei welchem also die Depotbuchungen nicht allein zur Verlautbarung der Rechtsstellung des Berechtigten, sondern bereits zur Bestimmung der einzelnen Verfügungsgegenstände erforderlich ist. Die tatsächliche Ausgestaltung der Verwahrung und Verbriefung (sammelverwahrte Wertpapiere und Depotbuchungen) folgt hier also dem gesetzgeberischen Willen und setzt diesen gerade in die Realität um. Umgekehrt liegen indes die Dinge hinsichtlich der Einschaltung des zentralen Kontrahenten in den Abwicklungsprozess. Zunächst ist zu berücksichtigen, dass der Gesetzgeber seinerzeit bei der Ausgestaltung der Girosammeldepotanteile daran festgehalten hat, dass es weiterhin eines Anknüpfungspunktes für den guten Glauben in Form eines Verlautbarungstatbestandes bedarf. Die gesetzlichen Anforderungen an einen gutgläubigen Erwerb, wie sie nach den §§ 929, 932 BGB und den Spezialregelungen des DepotG bestehen, gelten also ungemindert fort. Jedoch genügt der zentrale Kontrahent, so wie er an der FWB installiert ist, den gesetzlichen Voraussetzungen eines gutgläubigen Erwerbs nicht. Allein der Umstand, dass die gesetzlichen Anforderungen an einen gutgläubigen Erwerb aufgrund der Art und Weise der faktischen Implementierung des zentralen Kontrahenten in den Börsenhandel nicht erfüllt werden, kann aber nicht Anlass dazu geben, abseits jeglicher dahingehender Anhaltspunkte einen gesetzgeberischen Willen hinsichtlicher einer Abkehr vom Erfordernis eines Gutglaubenstatbestandes für den Fall eines wirksamen Erwerbs vom Nichtberechtigten zu suchen. Vielmehr ist die tatsächliche Umsetzung den gesetzlichen Erfordernissen, d.h. hier der Erforderlichkeit der Möglichkeit der Kenntnisnahme des Rechtsscheinstatbestandes, anzupassen.

Nun wird versucht, die Möglichkeit der Kenntnisnahme damit zu begründen, dass die Wertpapiersammelbank der Eurex Clearing AG eine Lieferliste über die übertragenen Girosammeldepotanteile zusendet und dass diese Lieferliste nur erstellt wird, wenn das Depotkonto der Veräußererbank einen entsprechenden Bestand aufwies und die Umbuchungen von der Wertpapiersammelbank vorgenommen wurden. Mittelbar sei damit – wohlgemerkt erst nachträglich – die Kenntnis der Eurex Clearing AG vom Rechtsscheinstatbestand des hinreichenden Depotguthabens der Veräußererbank gewährleistet.[1010]

Dem kann indes nicht gefolgt werden. Es konnte dargelegt werden, dass es gerade die Buchungen sind, aus denen sich die Legitimation hinsichtlich des Verfügungsgegenstandes „Girosammeldepotanteile" ergibt, was deren Berechtigung als Rechtsscheinträger begründet. Die Lieferliste der Wertpapiersammelbank erzeugt aber gerade nicht eine solche die Legitimation herstellende Wirkung. Sie zeigt lediglich, *dass* eine Umbuchung erfolgte, jedoch nicht, welchen Wertpapierbestand das Konto der Veräußererbank bei der Wertpapiersammelbank auswies, in welchem Umfang also die Buchung als Rechtsscheinträger vorlag und die Veräußererbank (scheinbar) verfügungsberechtigt war. Dies ließe sich nur mit einem mehrfach gestuften abstrakten Vertrauen darauf herleiten, dass erstens die Wertpapiersammelbank keine Fehlbuchung vornimmt und zweitens ein Bericht an den zentralen Kontrahenten nur gesendet wird, wenn tatsächlich eine Umbuchung vorgenommen worden ist und dies drittens nur erfolgt, wenn die Veräußererbank über hinreichend Deckung verfügt.

Und selbst, wenn man dies akzeptieren wollte, bietet die Lieferliste keinen Anhaltspunkt für den vollen Umfang der Verfügung des Veräußerers (Endkunde) über die Wertpapiere, in welchem die Verfügungsbefugnis der Veräußererbank erforderlich ist. Die Lieferliste dokumentiert alle von der Wertpapiersammelbank vorgenommenen Umbuchungen auf den bei ihr geführten Konten der Depotbanken.[1011] Die Umbuchungen werden von der Wertpapiersammelbank aber lediglich im Nettoumfang getätigt.[1012] Die Lieferliste kann also nur darauf hinweisen, dass die Veräußererbank im Nettoumfang über die notwendige Depotgutschrift verfügte. Da jedoch wie erörtert der Rechtserwerb im Bruttoumfang erfolgt, muss auch der gute Glauben daran bestehen, dass die Veräußererbank in diesem Umfang verfügungsbefugt ist, mithin in diesem Umfang über die erforderliche Deckung verfügte. Aus der sich allein auf die Nettoumbuchung beziehenden Lieferliste

---

1010 BuB-*Decker*, Depotgeschäft (Stand: 10/2008), Rn. 8/76a; *Horn*, WM 2002, Sonderbeilage 2, S. 1, 19; *Kunz*, Ausgewählte Rechtsprobleme des Zentralen Kontrahenten, S. 441.

1011 *Horn*, WM 2002, Sonderbeilage 2, S. 1, 19.

1012 *Horn*, WM 2002, Sonderbeilage 2, S. 1, 19.

ergibt sich nicht, wie viele einzelne Bruttogeschäfte zugrunde liegen und erfüllt werden sollen und ob die Veräußererbank dahingehend verfügungsbefugt ist.

*Im obigen **Beispiel** ergibt sich aus einer von der WSB erstellten Lieferliste lediglich, dass bei der WSB eine Umbuchung in Höhe von 30 X-Aktien vom Konto der VBank auf dasjenige der KBank erfolgte. Daraus folgt jedoch nicht, dass die VBank auch in Höhe der 50 X-Aktien verfügungsbefugt war, die K erwerben will.*

Damit stellt die Lieferliste keinen hinreichenden Rechtsscheinträger dar. Selbst wenn man also wie dargelegt die Möglichkeiten eines gutgläubigen Erwerbs durch Anerkennung der Depotbuchungen bei der Wertpapiersammelbank als Rechtsscheinträger bejaht, so scheidet ein solcher aus, wenn die Eurex Clearing AG als zentraler Kontrahent in den Settlementprozess einbezogen ist.

Selbst wenn man über diese Hindernisse hinweggehen wollte, ist ein gutgläubiger Erwerb jedenfalls (und zwar schon im alten Lieferlistensystem) ausgeschlossen, wenn es zu einer Hausübertragung kommt. Eine Hausübertragung liegt beispielsweise in all den Fällen vor, in denen zwei Handelsteilnehmer selbst keine Konten bei der Wertpapiersammelbank haben und sich daher einer Drittbank als Abwicklungsinstitut bedienen müssen. Erfolgt dies über ein und dasselbe Abwicklungsinstitut, sind die beteiligten Handelsteilnehmer, die sich gegenseitig die Übereignung bzw. Kaufpreiszahlung schulden, Kunden ein und derselben (Depot-)Bank (nämlich des Abwicklungsinstituts) und es kommt zu einer Hausübertragung.[1013]

Da es – insoweit kann entsprechend auf die vorstehenden Ausführungen zum gutgläubigen Erwerb im Effektengiroverkehr in der Zeit vor Einbeziehung eines zentralen Kontrahenten in das Settlement[1014] Bezug genommen werden – auf den guten Glauben nicht nur des zentralen Kontrahenten (früher der Wertpapiersammelbank) als Empfangsvertreter(in) der Depotbank, sondern nach § 166 Abs. 2 BGB auch auf die Redlichkeit der Depotbank als Empfangsvertreterin des erwerbenden Endkunden ankommt, scheidet ein guter Glaube der Depotbank nämlich aus.[1015] Die Depotbank hat nämlich zum einen Einsicht in die Depotkonten des Veräußerers (K2 bzw. V), sodass sie eine Unterdeckung kennt bzw. kennen muss (vgl. § 932 Abs. 2 BGB). Zum anderen kann sie sich selbst gegenüber nicht gutgläubig hinsichtlich einer vermeintlich erteilten Verfügungsbefugnis sein (vgl. § 366 Abs. 1 HGB), sodass ein gutgläubiger Erwerb auch ausscheidet, wenn der veräußernde Kunde zwar über eine entsprechende Deckung auf seinem

---

1013 Vgl. *Kunz*, Ausgewählte Rechtsprobleme des Zentralen Kontrahenten, S. 407.

1014 Siehe oben, S. 226.

1015 Für die Ansicht, die im Rahmen einer Hausübertragung von einer dinglichen Einigung im Wege des Insichgeschäfts der Depotbank ohne Beteiligung des zentralen Kontrahenten ausgeht, ergibt sich das gleiche Ergebnis unmittelbar aus § 166 Abs. 1 BGB. Siehe zu dieser Frage bereits oben, S. 217.

Depotkonto verfügt, die Veräußerungsermächtigung aber beispielsweise aufgrund Geschäftsunfähigkeit unwirksam ist.

Verfügte in einem ***Beispiel*** *der veräußernde Kunde V der Depot- und Hausbank B über keine oder nur unzureichende Kontodeckung, konnte der erwerbende Kunde K derselben Bank aufgrund der Kenntnis der B von der Unterdeckung und ihrer damit fehlenden Gutgläubigkeit an ihre eigene Verfügungsbefugnis somit nicht gutgläubig erwerben.*

4.) Fazit zum gutgläubigen Erwerb

Hiernach kann das neue System einer Einbeziehung eines zentralen Kontrahenten in den Settlementprozess einen gutgläubigen Erwerb nicht mehr gewährleisten. Als Rechtsscheinträger käme allenfalls die von der Wertpapiersammelbank an den zentralen Kontrahenten übermittelte Lieferliste in Betracht. Diese gibt jedoch nur Auskunft über die getätigten Umbuchungen im Nettoumfang, nicht aber darüber, in welcher Höhe die Veräußererbank tatsächlich verfügungsbefugt ist. Sie kann daher keinen hinreichenden Rechtsschein für die Verfügungsbefugnis der Veräußererbank darstellen.

D.) Reformbestrebungen: Ein allein auf Buchungen basierendes Effektenwesen

Wie gezeigt, sind die Rechtsstellung des Wertpapierinhabers und die Übertragung von Wertpapieren in Deutschland sachenrechtlich ausgestaltet. Der Wertpapierinhaber ist (Mit-)Eigentümer der sammelverwahrten Wertpapierurkunden und hat mittelbaren (Mit-)Besitz an diesen. Die Verfügung über die verbrieften Rechte erfolgt nach § 929 S. 1 BGB durch Einigung und Übergabe. Das deutsche Depotrecht und der deutsche Effektengiroverkehr knüpfen daher am Eigentum an Wertpapieren bzw. an (gelockertem) Miteigentum an einer (Dauer)Globalurkunde an.[1016] Diese sachenrechtliche Lösung dient insbesondere dazu, dem Anleger eine Rechtsposition (Eigentum) einzuräumen, die ihm im Falle der Insolvenz eines Wertpapierverwahrers oder einer Zwangsvollstreckung in dessen Vermögen ein Aussonderungsrecht (§ 47 InsO) gewährt bzw. die Erhebung der Drittwiderspruchklage (§ 771 ZPO) ermöglicht.[1017] Ferner soll dem Anleger Verkehrsschutz gewährleistet werden, indem ein gutgläubiger Erwerb ermöglicht wird, wie dies grundsätzlich nur im Sachenrecht der Fall ist.[1018]

1016 *Mülbert,* Arbeitspapier 2009/1 rev, S. 2.

1017 Vgl. *Einsele*, WM 2001, S. 7, 12.

1018 Vgl. Staub-*Canaris*, Bankvertragsrecht (2. Bearb.), Rn. 2126; *Einsele*, WM 2005, S. 1109, 1110.

Der Umstand, dass die Übertragung von Wertpapieren dogmatisch nach § 929 S. 1 BGB ausgestaltet ist und die dingliche Rechtsposition des Anlegers als Bruchteilseigentum sui generis zu qualifizieren ist, kann aber nicht darüber hinwegtäuschen, dass es sich dabei um eine hochgradig künstliche Konstruktion handelt,[1019] die der tatsächlichen Ausgestaltung des Effektengiroverkehrs und der faktischen Übertragung durch Einigung und Umbuchung ohne effektive Bewegung der Wertpapierurkunden (Immobilisierung der Wertpapierurkunden) nicht mehr entspricht.[1020] Allein dem gesetzgeberischen Willen ist es geschuldet, dass de lege lata an der sachenrechtlichen Übertragung festgehalten wird bzw. werden muss.[1021]

Die Abweichung der sachenrechtlichen Vorschriften von den faktischen Gegebenheiten des Effektengiroverkehrs führt aber zu erheblichen Unsicherheiten. Zunächst ist es nicht nur für Laien kaum verständlich, wie ihre Rechtsposition juristisch zu qualifizieren ist und wie die Übertragung der „Wertpapiere" erfolgt.[1022] Bereits der Ausgangspunkt, die Möglichkeit einer Übertragung der Miteigentumsanteile nach § 929 S. 1 BGB durch Einigung und Übergabe, ist nicht unbestritten.[1023] Daher kann nicht als hinreichend geklärt angesehen werden, wie in Deutschland eine Verfügung über Wertpapiere erfolgt,[1024] was angesichts des enormen finanziellen Volumens der täglichen Wertpapierübertragungen ein kaum akzeptabler Zustand ist. Noch bedeutsamer erscheint jedoch, dass der Gutglaubensschutz als eines der wesentlichen Ziele der sachenrechtlichen Ausgestaltung der Übertragung wie dargelegt nicht mehr gewährleistet werden kann. Dem Bedürfnis nach Gutglaubensschutz kann daher auch die Übertragung von Wertpapieren nach den Vorschriften über die Übereignung beweglicher Sachen heute nicht mehr genügen.

Erhebliche rechtliche Unsicherheiten bestehen insbesondere im internationalen Effektengiroverkehr.[1025] Schon vor Jahrzehnten wurde darauf hingewiesen, dass die Miteigentumslösung der deutschen Sammelverwahrung ein Hindernis für den

---

1019 Vgl. Staub-*Canaris*, Bankvertragsrecht (2. Bearb.), Rn. 2022; *Dechamps*, Wertrechte im Effektengiroverkehr, S. 75.

1020 Vgl. BuK-*Will*, Rn. 18.231; *Grathwohl*, Die eigentumsrechtliche Organisation der Girosammelverwahrung, S. 163; *Lütticke*, Elektronische Verbriefung von Effektenrechten, S. 143.

1021 Vgl. Staub-*Canaris*, Bankvertragsrecht (2. Bearb.), Rn. 2022.

1022 Vgl. *Lehmann,* Finanzinstrumente, S. 390; *Mülbert,* Arbeitspapier 2009/1 rev, S. 3 f.

1023 Vgl. *Habersack/Mayer*, WM 2000, S. 1678, 1682; *Zöllner,* FS L. Raiser, S. 249, 263 ff.; *Kunz*, Ausgewählte Rechtsprobleme des Zentralen Kontrahenten, S. 417 ff. (Umbuchung an Stelle der Übergabe); MüKoHGB-*Einsele*, Depotgeschäft, Rn. 106 (bloße Einigung ausreichend); Staub-*Canaris*, Bankvertragsrecht (2. Bearb.), Rn. 2021a (bloße Einigung ausreichend für den Fall der Dauerglobalurkunde).

1024 So auch *Lehmann,* Finanzinstrumente, S. 390.

1025 *Keijser/Parmentier*, BKR 2010, S. 151, 152; *EU Kommission*, Legislation in legal certainty of securities holding and dispositions – Consultation Document, S. 4.

grenzüberschreitenden Effektengiroverkehr bildet.[1026] Eines der Hemmnisse für den internationalen Effektengiroverkehr besteht darin, dass bei im Ausland verwahrten Wertpapieren die am Belegenheitsort geltende lex rei sitae beachtet werden muss.[1027] Diese sich aufgrund der unterschiedlichen Sachrechte ergebenden Unsicherheiten müssen heute durch aufwändige Vertragsgestaltungen und operative Sicherungen ausgeglichen werden, was selbstverständlich nachteilige Auswirkungen auf die Effizienz und die Transaktionskosten hat.[1028] Die mangelnde Harmonisierung des rechtlichen Rahmens wird auch auf Ebene der EU als Haupthindernis für die Errichtung eines einheitlichen Wertpapiermarktes gesehen,[1029] das durch internationalprivatrechtliche Unterschiede sogar noch verstärkt wird.[1030] Dieser Mangel, so die Meinung der EU-Kommission, habe konkrete Auswirkungen auf grenzüberschreitende Investitionen innerhalb Europas.[1031]

Rechtssicherheit kann nur hergestellt werden, indem das materielle Recht den tatsächlichen Entwicklungen angepasst wird. Aufgrund der zunehmenden Bedeutung des internationalen Wertpapierverkehrs und grenzüberschreitender Investitionen auf dem Kapitalmarkt ist davon auszugehen, dass nur eine international harmonisierte Anpassung des materiellen Rechts bezüglich der Verwahrung und Übertragung von Effekten an die tatsächlichen Entwicklungen Erfolg haben kann. Im internationalen Vergleich zeigt sich dabei, dass die Verwahrung von Wertpapieren bzw. die Verwaltung von Wertrechten[1032] durchweg mehrstufig unter Einschal-

---

1026 Vgl. *Pleyer/Schleiffer*, DB 1972, S. 77, 80 Fn. 31; *Ziganke*, WM 1971, S. 983.

1027 *Einsele*, RIW 1997, S. 269, 274.

1028 *Paech*, WM 2005, S. 1101.

1029 Vgl. *EU Kommission*, Legislation in legal certainty of securities holding and dispositions – Consultation Document, S. 1; *EFMLG*, Harmonisation of the legal framework for rights evidenced by book-entries (Juni 2003), S. 7.

1030 Vgl. *EFMLG*, Harmonisation of the legal framework for rights evidenced by book-entries (Juni 2003), S. 15.

1031 *EU Kommission*, Legislation in legal certainty of securities holding and dispositions – Consultation Document, S. 1.

1032 Wertrechte sind Forderungs- und/oder Mitgliedschaftsrechte, bei denen an Stelle der Verbriefung die Eintragung in ein dafür vorgesehenes Register oder Buch getreten ist (vgl. Schimansky/Bunte/Lwowski-*Gößmann/Klanten*, § 72. Depotgeschäft Rn. 66 m.w.N.; *Habersack/Mayer*, WM 2000, S. 1678 Fn. 11). Oft werden diese Rechte auch als Bucheffekten bezeichnet (vgl. MüKoHGB-*Ekkenga*, Effektengeschäft, Rn. 36; *Kümpel*, WM 1982, S. 730), eine Terminologie, die hier jedoch in Ansehung der Tatsache, dass der Begriff durch das Schweizer Bucheffektengesetz besetzt ist, vermieden werden soll. Im weiteren Fortgang dieses Kapitels soll angesichts dessen, dass in vielen Rechtsordnungen eine Verbriefung heute nicht mehr erforderlich ist, sondern den Kontobuchungen Wertrechte, Vermögensobjekte sui generis, Treuhandforderungen oder ähnliches zugrunde liegen, statt wie bisher von Wertpapieren, allgemein von Effekten gesprochen werden. Effekten sind am Kapitalmarkt handelbare, fungible Wertpapiere bzw. -rechte (*Kronke*, WM 2010, S. 1625 m.w.N.), sodass alle angesprochenen Fälle davon terminologisch erfasst werden (vgl. auch *Kümpel*, WM 1982, S. 730, 734).

tung mehrere Intermediäre ausgestaltet ist und über Kontobuchungen gehandhabt wird, sodass die tatsächlichen Gegebenheiten in den Staaten weitgehend vergleichbar sind.[1033] Daher ist bei einer Harmonisierung des Rechts der Effekten auch rechtlich an die tatsächlich maßgeblichen Buchungsvorgänge anzuknüpfen.[1034] Dem entspricht die am 09.10.2009 verabschiedete „UNIDROIT Convention on Substantive Rules for Intermediated Securities“ (UNIDROIT-Konvention), die auf internationaler Ebene das derzeit wohl erfolgversprechendste Reformprojekt ist.[1035] Auf diesem Konzept bauen auch die Harmonisierungsbemühungen auf EU-Ebene[1036] und das Schweizer Bucheffektengesetz (BEG)[1037] auf. Und auch in Deutschland gibt es seitens des Bundesministeriums für Justiz Bemühungen, das deutsche Depotrecht unter Berücksichtigung dieser internationalen Entwicklungen und Rahmengesetzgebungsmaßnahmen zu modernisieren. Dabei orientiert sich das Ministerium ausweislich eines Eckpunktepapiers[1038] an einer an das BEG angelehnten Abkehr vom Sachenrecht mit entsprechenden eigenständigen Übertragungstatbeständen.

Weil die Regelungen des BEG, die den deutschen Reformideen zur Orientierung dienen, den Vorgaben der UNIDROIT-Konvention entsprechen und auch die europäischen Harmonisierungsentscheidungen hieran anknüpfen, die letztlich dem deutschen Gesetzgeber den Weg weisen werden, soll die UNIDROIT-

---

1033 Vgl. *Keijser/Parmentier*, BKR 2010, S. 151, 152. Je nach EU-Mitgliedstaat und Art der Finanzinstrumente beträgt der Anteil verbuchter Finanzinstrumente in der EU heute zwischen 85% und 100%, ein Phänomen, das sich aber auch außerhalb der EU findet (vgl. *EU Kommission*, Legislation in legal certainty of securities holding and dispositions – Consultation Document, S. 3 f.).

1034 Vgl. *EFMLG*, Harmonisation of the legal framework for rights evidenced by book-entries (Juni 2003), S. 4.

1035 Die Konvention tritt mit Ablauf von sechs Monaten ab der Hinterlegung der dritten Ratifizierung, Annahme, Genehmigung oder Beitrittserklärung durch einen Vertragsstaat zum folgenden Monatsersten in Kraft (Art. 42 Abs. 1). Der derzeitige Stand der Beitrittsländer kann auf der Homepage von Unidroit unter http://www.unidroit.org/english/implement/i-2009-intermediatedsecurities.pdf (Stand: 15.05.2011) abgerufen werden.

1036 Mülbert geht davon aus, dass bereits ein erarbeiteter Entwurf einer entsprechenden EU-Richtlinie existiert (vgl. *Mülbert,* Arbeitspapier 2009/1 rev, S. 21). Eine EU-Rechtssetzung soll aber mit der UNIDROIT-Konvention kompatibel sein (*EU Kommission*, Legislation in legal certainty of securities holding and dispositions – Consultation Document, S. 9). Das exakte Verhältnis zur UNIDROIT-Konvention ist derzeit auch Beratungsgegenstand auf EU-Ebene (*Kronke*, WM 2010, S. 1625, 1635).

1037 Bundesgesetz über Bucheffekten (Bucheffektengesetz BEG) vom 3. Oktober 2008, SR 957.1, in Kraft getreten am 01.01.2010, AS 2009, 3577. Dieses entspricht den Anforderungen der UNIDROIT-Konvention (vgl. Botschaft zum Bucheffektengesetz sowie zum Haager Wertpapierübereinkommen vom 15. November 2006, BBl. 2006, S. 9315, 9335, wenn auch noch zu einer Vorabfassung der UNIDROIT-Konvention).

1038 Das Eckpunktepapier selbst ist nicht frei zugänglich, jedoch ergeben sich die Eckpunkte aus einer Stellungnahme des DAI (vgl. *DAI*, Stellungnahme zur Reform des Depotrechts (2008)).

Konvention hier kurz vorgestellt werden (II.)). Sodann sollen durch eine entsprechende Reform bewirkte Probleme und offene Fragen erörtert werden (III.)). Da aber jede Reform nur Erfolg haben kann, wenn sie den Anforderungen der Praxis auch entspricht, werden diese hier vorab kurz dargelegt (I.)).

I.) Anforderungen an ein auf Buchungen abstellendes System

Zunächst wird gefordert, dass (und zwar grundsätzlich ausschließlich)[1039] der am Ende einer Buchungskette stehende tatsächliche Effekteninhaber (Endkunde) auch berechtigt ist, die durch die Urkunde/Registereintragung repräsentierten Rechte geltend zu machen.[1040] Diese Rechte müssen zudem ohne zusätzliche Erfordernisse in einem Akt mit der Effektenübertragung auf den Erwerber übergehen, was dem deutschen Ansatz vom Recht aus dem Papier entspricht, das dem Recht am Papier folgt.[1041] Um hinreichenden Verkehrsschutz zu gewährleisten, ist ferner der Schutz des gutgläubigen Erwerbs[1042] und der Rechtstellung des Effekteninhabers in der Insolvenz eines in der Verwahrkette eingeschalteten Verwahrers erforderlich.[1043] Vergleichbare Schutzgedanken liegen auch dem Bedürfnis zugrunde, dass ein Anleger gegen eine Pfändung seiner Effekten aufgrund einer Zwangsvollstreckung der Gläubiger eines (Zwischen-)Verwahrers vorgehen kann,[1044] oder die Gläubiger schon gar nicht berechtigt sein dürfen, in die Effekten zu vollstrecken.[1045] Sollte durch Gläubiger des Rechteinhabers in die sich aus den Bucheinträgen resultierenden Rechte vollstreckt werden, so ist zu regeln, dass dies allein auf der Ebene des nächsthöheren Intermediärs (Depotbank) erfolgt (Vermeidung des sogenannten upper-tier-attachments).[1046] Mit dem Verkehrsschutz und dem damit einherge-

---

1039 *DAI*, Stellungnahme zum zweiten Diskussionspapier der EU-Kommission (2010), S. 4.

1040 *Kronke*, WM 2010, S. 1625, 1628; *Paech*, WM 2005, S. 1101, 1103.

1041 *Than*, FS Schimansky, S. 821, 822 f.

1042 Vgl. statt vieler MüKoHGB-*Einsele*, Depotgeschäft, Rn. 113 m.w.N.; *Keijser/Parmentier*, BKR 2010, S. 151, 153; *Zöllner*, FS L. Raiser, S. 249, 259.

1043 *Kronke*, WM 2010, S. 1625, 1635 („Grundelemente einer akzeptablen transnationalen Regelung"); *Paech*, WM 2005, S. 1101, 1103; *Zöllner*, FS L. Raiser, S. 249, 259.

1044 *Zöllner*, FS L. Raiser, S. 249, 259.

1045 *EU Kommission*, Legislation in legal certainty of securities holding and dispositions – Consultation Document, S. 22; *EFMLG*, Harmonisation of the legal framework for rights evidenced by book-entries (Juni 2003), S. 24.

1046 *EU Kommission*, Legislation in legal certainty of securities holding and dispositions – Consultation Document, S. 21; *EFMLG*, Harmonisation of the legal framework for rights evidenced by book-entries (Juni 2003), S. 25. Zu den dahingehend im Rahmen des deutschen Verwahrsystems bestehenden Unsicherheiten vgl. MüKoHGB-*Einsele*, Depotgeschäft, Rn. 130, 133.

henden Vertrauen in den Effektenverkehr eng verbunden ist auch das Erfordernis, dass das Prinzip des delivery-versus-payment gewährleistet ist.[1047]

Ferner ist erforderlich, dass es nicht zu einer Inflationierung einer Emission kommen kann, dass also nicht mehr die Rechte aus den Effekten vermittelnde Buchungen auf den Konten vorgenommen werden, als Effekten emittiert worden sind.[1048] Dies ist insbesondere dann von Bedeutung, wenn die Buchungen wie in der UNIDROIT-Konvention vorgesehen konstitutive Bedeutung für das Erlöschen und Entstehen der Rechte haben.[1049] Dies bedeutet auch, dass jeder Intermediär selbst bei einem „über ihm“ stehenden Intermediär über so viel Effektenbestände verfügen muss, diese also zu seinen Gunsten gutgeschrieben sind, wie er selbst nostro und für seine Kunden gutschreibt.[1050] Umgekehrt darf es aber auch keine „herrenlosen“ Effekten geben, es darf also nicht zu einer Abbuchung von Effektenbeständen ohne eine entsprechende Gutschrift auf einem anderen Konto kommen.[1051]

Nicht unbedeutend ist ferner, dass die Möglichkeit bestehen muss, an den Effekten Sicherungsrechte, beispielsweise Pfandrechte einzuräumen, da am Kapitalmarkt gehandelte Effekten auch eine sehr gute Kreditsicherheit darstellen.[1052] Weil der Sicherheitsgeber regelmäßig ein berechtigtes Interesse daran hat, dass die Bestellung einer Sicherheit nicht nach außen erkennbar wird, dürfte eine Lösung vorzugswürdig erscheinen, die eine verdeckte Bestellung ermöglicht, die für den Rechtsverkehr nicht erkennbar ist. Dies setzt zum Schutz des Rechtsverkehrs jedoch wiederum voraus, dass die Möglichkeit eines gutgläubig lastenfreien Erwerbs bestehen bleibt.

II.) Die UNIDROIT-Konvention

Das Ziel der UNIDROIT-Konvention ist es, einen gemeinsamen Rechtsrahmen für das Halten kontenverbuchter[1053] Effekten und die Verfügung über solche

---

1047 *EFMLG*, Harmonisation of the legal framework for rights evidenced by book-entries (Juni 2003), S. 20.

1048 Vgl. *Paech*, WM 2005, S. 1101, 1103; *DAI*, Stellungnahme zur Reform des Depotrechts (2008), S. 2 f.

1049 Vgl. *DAI*, Stellungnahme zum zweiten Diskussionspapier der EU-Kommission (2010), S. 4.

1050 Vgl. *EU Kommission*, Legislation in legal certainty of securities holding and dispositions – Consultation Document, S. 11; *DAI*, Stellungnahme zur Reform des Depotrechts (2008), S. 3; *ESSF*, Consultation document, Antwort auf Frage 11.

1051 Vgl. *Kronke*, WM 2010, S. 1625, 1630 f.

1052 Vgl. *Than,* FS Schimansky, S. 821, 832 f.

1053 „Intermediated Securities“ würde richtigerweise wohl mit intermediär-verwahrten Effekten übersetzt werden. Da eine solche Terminologie jedoch eng an den englisch- bzw. französischsprachigen Wortlaut angelehnt ist, erscheint der von Mülbert und Kronke gewählte Be-

Effekten herzustellen. Hierdurch sollen die diesbezüglichen rechtlichen und systemimmanenten Risiken sowie die Kosten reduziert und die Effekteninhaber und -erwerber geschützt werden.[1054]

Vier Kernelemente der UNIDROIT-Konvention sollen hier kurz erörtert werden. An ihnen kann die Zukunft des internationalen Effektenwesens wohl am besten ausgemacht werden.

1.) Rechtsbündelzuweisung

Art. 9 der Konvention regelt, welche Rechte ein Kontoinhaber aufgrund einer Gutschrift über kontenverbuchte Effekten innehat. Dabei unterscheidet die Vorschrift danach, ob es sich um einen als Intermediär fungierenden Kontoinhaber innerhalb oder aber um einen am Ende der Buchungskette stehenden Endkunden[1055] handelt. Letzterer erwirbt mit der Gutschrift umfassende Rechte gegenüber dem Emittenten (Art. 9 Abs. 1 lit. a), insbesondere das Stimmrecht aus Aktien, das Recht auf Dividendenbezug und sonstige dieser Rechtskategorie zuzuordnende Rechte, die das nationale Recht ihm gewährt. In Anlehnung an die anschauliche Terminologie Mülberts[1056] lässt sich dies als Rechtsbündel I bezeichnen. Es entspricht der deutschen Vorstellung des Anlegers als allein aus dem Wertpapier gegenüber dem Emittenten Berechtigten.[1057]

Daneben erhält der Kontoinhaber verschiedene Rechte (nur) gegenüber dem ihm übergeordneten Intermediär (Art. 9 Abs. 1 lit. b, c sowie ggf. d),[1058] insbesondere diesen als für ihn maßgeblichen Kontoführer anzuweisen, Verfügungen nach Art. 11 vorzunehmen. Diese Rechte stellen das Rechtsbündel II dar. Nur die Rechte des Rechtsbündels II kommen auch einem nicht Eigengeschäfte tätigenden Intermediär, also einem Nicht-Endkunden zu.[1059]

---

griff „kontoverbucht" vorzugswürdig, weil konzeptionsneutral (vgl. *Kronke*, WM 2010, S. 1625; *Mülbert,* Arbeitspapier 2009/1 rev, S. 8).

1054 *Mülbert,* Arbeitspapier 2009/1 rev, S. 8.

1055 Ein solcher ist auch ein Eigengeschäfte tätigender Intermediär (*Mülbert,* Arbeitspapier 2009/1 rev, S. 11).

1056 *Mülbert,* Arbeitspapier 2009/1 rev, S. 11.

1057 In auf einem Trust-System aufbauenden Ausgestaltungen der Effektenverwahrung und -übertragung sind die Depotinhaber hingegen oftmals nur gegenüber ihrem nächsthöheren Depotführer berechtigt (vgl. *Kronke*, WM 2010, S. 1625, 1628).

1058 *Kronke*, WM 2010, S. 1625, 1626.

1059 Dies ergibt sich aus einem Umkehrschluss aus Art. 9 Abs. 1 lit. a.

2.) Verfügung über kontenverbuchte Effekten und Separationsprinzip

Art. 11 regelt die Verfügung über die kontenverbuchten Effekten. Hiernach werden solche Effekten durch Gutschrift erworben und erlöschen durch Abbuchung vom Konto. Während im derzeitig geübten deutschen Effektengiroverkehr ein derivativer unmittelbarer Erwerb stattfindet, normiert die UNIDROIT-Konvention einen originären Rechtserwerb durch Gutschrift, der unabhängig davon eintritt, ob eine korrespondierende Abbuchung vom Konto des Veräußerers erfolgt. Gutschrift wie auch Abbuchung wirken konstitutiv und sind getrennt voneinander zu betrachten (Separationsprinzip). Eine Übertragung ist mithin zum wirksamen Erwerb oder zur wirksamen Veräußerung nicht erforderlich.[1060] Dieser Rechtserwerb bzw. -verlust steht jedoch unter dem Vorbehalt des Art. 16, nach dem die nationale Rechtsordnung oder – soweit zulässig – ein Kontenvertrag oder das Regelwerk eines Abwicklungssystems ungültige, rückgängig zu machende oder bedingte Buchungen vorsehen können. Denkbar ist daher beispielsweise eine Bestimmung, welche die Wirksamkeit einer Gutschrift von der Vornahme einer Abbuchung abhängig macht und umgekehrt.[1061] Ferner steht die Wirksamkeit einer Gutschrift unter dem Vorbehalt der Bösgläubigkeit des Erwerbers (Art. 18).

3.) Dogmatikneutralität

Um eine Implementierung in unterschiedliche Rechtsordnungen zu ermöglichen, ohne in diesen Ordnungen Fremdkörper zu schaffen, muss die Harmonisierung ergebnisbezogen erfolgen, ohne den dogmatischen Weg zum Ziel der Rechtsharmonisierung vorzuschreiben. Entsprechend dem Ansatz der Mindestharmonisierung ist die Konvention daher system- und dogmatikneutral ausgestaltet (sogenannter functional approach).[1062] Es bleibt den nationalen Rechtsordnungen überlassen, wie die durch eine Kontobuchung vermittelte Rechtsposition dogmatisch zu qualifizieren ist.[1063]

Daher ist es auch mit der Konvention kompatibel, am sachenrechtlichen Ansatz basierend auf Eigentum an sich in einem (Giro-)Sammelbestand befindli-

---

1060 *Paech*, WM 2005, S. 1101, 1105.

1061 Dass diese Wirksamkeitsverknüpfung von Zu- und Abbuchung gerade nicht dem Separationsprinzip entspricht, liegt auf der Hand. Zutreffend wurde in der Literatur darauf hingewiesen, dass die Möglichkeit einer aufschiebenden Bedingung dem Prinzip konstitutiv wirkender Gutschriften widerspricht (vgl. *Mülbert,* Arbeitspapier 2009/1 rev, S. 14).

1062 Vgl. Präambel der UNIDROIT-Konvention; *Paech*, WM 2005, S. 1101, 1103; *Pöch,* Gedächtnisschrift für Michael Gruson, S. 303, 306.

1063 Vgl. Draft Official Commentary, 9-2 (S. 39); *Kronke*, WM 2010, S. 1625, 1626; *Paech*, WM 2005, S. 1101, 1103 f.

chen Wertpapierurkunden festzuhalten. Ebenso mit der Konvention vereinbar ist aber auch die Lösung, welche das BEG vergleichbar mit dem Konzept Lehmanns[1064] verfolgt, der für die Einführung eines Rechts unverkörperter Vermögensgegenstände plädiert. Durch das BEG wurden mit den sogenannten Bucheffekten Vermögensobjekte sui generis eingeführt, die eine Stellung zwischen Forderungen und Sachen einnehmen, an denen Eigentum besteht[1065] und die in der Insolvenz des Kontoführers abgesondert[1066] werden (Art. 17 BEG). Übertragen werden die Bucheffekten durch konstitutive Gutschrift auf dem Erwerberkonto und Anweisung des Veräußerers an den für ihn maßgeblichen Intermediär zur Vornahme einer Abbuchung (Art. 24 Abs. 1 BEG).

4.) Kein zwingender Verzicht auf eine Verbriefung

Das allein auf Buchungen basierende Modell der UNIDROIT-Konvention legt den Verzicht auf jegliche Verbriefung der verbuchten Effekten natürlich nahe. Gleichwohl setzt die Konvention dies nicht voraus,[1067] was ihren dogmatikneutralen Ansatz unterstreicht. Denkbar ist also weiterhin, dass ein Emittent Wertpapiere ausgibt und auch, dass ein Endkunde Besitz an diesen erlangt. Jedoch ist der Besitz an den Wertpapieren für die Übertragung von oder die Bestellung von Rechten an verbuchten Effekten ebenso irrelevant, wie für die Ausübung der durch die Effekten repräsentierten Rechte.

III.) Noch offene Fragen und Probleme

Abschließend soll der Frage nachgegangen werden, wie eine der UNIDROIT-Konvention entsprechende Ausgestaltung der Effektenverwahrung bzw. -verwaltung und der Effektenübertragung den unter I.) angesprochenen Anforderungen genügt (1.)). Ferner wird auch auf sich durch die Einführung eines solchen Systems ergebende neue Probleme eingegangen (2.)).

1064 Vgl. *Lehmann,* Finanzinstrumente, S. 228 ff. und 250 ff.

1065 Botschaft zum Bucheffektengesetz sowie zum Haager Wertpapierübereinkommen vom 15. November 2006, BBl. 2006, S. 9315, 9339 f.

1066 Absonderung bedeutet nach schweizerischer Terminologie die Ausscheidung von Vermögenswerten aus der Konkursmasse von Amts wegen (Botschaft zum Bucheffektengesetz sowie zum Haager Wertpapierübereinkommen vom 15. November 2006, BBl. 2006, S. 9315, 9329). Der Begriff ist somit nicht mit dem Absonderungsrecht des deutschen Insolvenzrechts zu verwechseln.

1067 *Kronke*, WM 2010, S. 1625, 1627.

1.) Erfüllung der unter I.) genannten Anforderungen

Eine dem Konzept der UNIDROIT-Konvention folgende Ausgestaltung des Effektenwesens kann der Forderung, dass mit dem Erwerb der Effekten durch Gutschrift auch die Rechte gegenüber dem Emittenten auf den Endkunden übergehen und dieser sodann der gegenüber dem Emittenten Berechtigte ist, Genüge tun. Dies geschieht in der UNIDROIT-Konvention durch die zwingende Wirkung, dass der Endkunde Inhaber des Rechtsbündels I wird.[1068] Ein derartiges Effektenwesen kann also gewährleisten, dass das Rechtsverhältnis zwischen Emittent und Endkunde von einer Neugestaltung des Depotrechts und des Effektenverkehrs unberührt bleibt.

Den Schutz der Rechtsposition eines Kontoinhabers in der Insolvenz eines Kontoführers und den Schutz vor dem Zugriff der Gläubiger des Kontoführers auch außerhalb eines Insolvenzverfahrens müssen entsprechende nationale Regelungen ebenso sicherstellen wie das geforderte Verbot des upper-tier-attachments.[1069]

Indem die Gutschrift auf einem Depotkonto für den Rechtserwerb konstitutiv ist,[1070] ist zudem gewährleistet, dass ein redlicher Erwerber geschützt ist. Dabei handelt es sich nicht um die Normierung eines gutgläubigen Erwerbs im eigentlichen Sinne. Vielmehr wird das in Deutschland derzeit geltende Konzept des Gutglaubensschutzes umgekehrt. Während nach §§ 932 ff. BGB Gutgläubigkeit erforderlich ist, um von einem Nichtberechtigten erwerben zu können, ist nach Art. 11 Abs. 1, Abs. 2 UNIDROIT-Konvention der Rechtserwerb mit Gutschrift grundsätzlich wirksam, steht aber unter dem Vorbehalt der Bösgläubigkeit.[1071]

Was die Möglichkeit angeht, die verbuchten Effekten als Sicherheit zu stellen, findet sich in der UNIDROIT-Konvention die wichtigste Regelung in Art. 12. Hier-

---

1068 Darüber hinaus ist es einzelnen Staaten überlassen, der Gutschrift weitere Wirkungen zuzuweisen, Art. 9 Abs. 1 lit. d UNIDROIT-Konvention.

1069 Art. 21 UNIDROIT-Konvention setzt voraus, dass die Rechtsposition des Buchungsberechtigten in der Insolvenz des Intermediärs geschützt ist. Nach Art. 25 Abs. 2 UNIDROIT-Konvention sind die verbuchten Rechte auch außerhalb eines Insolvenzverfahrens für Gläubiger des Intermediärs nicht zugänglich (was jedoch unter dem Vorbehalt steht, dass die Sicherungsrechte dieser Gläubiger an den Effekten aufgrund mangelnder Bösgläubigkeit der Sicherungsnehmer nach Art. 20 UNIDROIT-Konvention Vorrang haben). Das Verbot des upper-tier-attachments findet sich schließlich in Art. 22 UNIDROIT-Konvention.

1070 Nach Art. 11 Abs. 2 UNIDROIT-Konvention dürfen für die konstitutive Wirkung auch keine weiteren Voraussetzungen gesetzt werden. Ausweislich des Draft Official Commentary (11-11, S. 49) sind damit aber nur formale Zusatzerfordernisse gemeint, sodass gem. Art. 16 UNIDROIT-Konvention eine nationale Rechtsordnung die Wirksamkeit einer Gutschrift unter eine materiell-rechtliche Bedingung stellen kann.

1071 Art. 18 Abs. 1, Abs. 2 UNIDROIT-Konvention. Nach Art. 18 Abs. 4 UNIDROIT-Konvention ist es an der nationalen Rechtsordnung, die Konsequenzen für einen aufgrund seiner Bösgläubigkeit nicht geschützten Erwerber zu normieren.

nach ist grundsätzlich zur Bestellung einer Sicherheit eine Einigung zwischen Kontoinhaber und Sicherungsnehmer (Art. 12 Abs. 1 lit. a), sowie die Erfüllung einer der in Art. 12 Abs. 3 genannten Bedingungen vorausgesetzt. Nach Art. 12 Abs. 3 lit. a genügt dabei im Falle der Bestellung einer Sicherheit des Kontoinhabers an den Kontoführer die bloße Einigung.[1072] Dadurch wird die Bestellung eines AGB-Pfandrechts zugunsten der kontoführenden Bank, wie dies derzeit schon nach Ziff. 14 AGB-Banken zugunsten der Depotbanken erfolgt,[1073] durch bloße Einigung (vgl. § 1205 Abs. 1 S. 2 BGB) ermöglicht.[1074]

Hier zeigt sich ein Vorteil des Konzepts konstitutiver Buchungen im Vergleich zu einer als Alternative in Betracht kommenden Übertragung der verbrieften oder verwalteten einzelnen Forderungen und Rechte nach §§ 398, 413 BGB. Denn eine Rechts- oder Forderungsverpfändung setzt nach § 1280 BGB die Anzeige an den Schuldner, mithin insbesondere bei Schuldverschreibungen an den Emittenten, voraus.[1075] Damit würde aber ein AGB-Pfandrecht, obgleich es für die Banken ein wichtiges Sicherungsmittel für ihre Forderungen gegenüber ihren Kunden darstellt, faktisch unmöglich.

Ist der Sicherungsnehmer nicht der kontoführende Intermediär, so kann eine nationale Regelung die Publizität einer Sicherheitenbestellung insbesondere durch einen entsprechenden Kontovermerk vorsehen.[1076] Selbstverständlich ist diese Publizität eine äußerst eingeschränkte, weil die Konten für den Rechtsverkehr nicht einsehbar sind. Der derzeitigen Publizität in Folge der in der Praxis üblichen Verpfändung von Aktien nach § 1205 Abs. 2 BGB durch Abtretung des Herausgabeanspruchs des Pfandgebers an den Pfandnehmer steht sie aber in nichts nach.[1077]

Es stellt sich aber bereits an dieser Stelle die Frage, wie der Sicherungsnehmer vor einer Veräußerung der als Sicherheit dienenden Effekten durch den Kontoinhaber zu schützen ist. Dies könnte durch eine Neuregelung geschehen, wonach der Kontoführer bei Vorliegen eines Kontovermerks nicht mehr ohne Zustimmung des Sicherungsnehmers über die Effekten verfügen kann oder Letzterer der alleinige Verfügungsberechtigte ist. Dabei könnte als weitere Bedingung für die Wirksamkeit einer Sicherheitenbestellung normiert werden, dass der kontoführende Intermediär diese Änderungen der Verfügungsberechtigung (schriftlich) anerkennt.

1072 Eine solche Regelung sieht auch Art. 26 Abs. 1 BEG vor.

1073 *Einsele*, Wertpapierrecht als Schuldrecht, S. 123 m.w.N.

1074 Vgl. Botschaft zum Bucheffektengesetz sowie zum Haager Wertpapierübereinkommen vom 15. November 2006, BBl. 2006, S. 9315, 9371.

1075 *Hoffmann*, WM 2007, S. 1547.

1076 Vgl. Art. 12 Abs. 3 lit. b UNIDROIT-Konvention. Als weitere Möglichkeit sieht die Konvention den Abschluss eines control agreements vor, Art. 12 Abs. 3 lit. c.

1077 Vgl. zur Verpfändung von Aktien *Berger*, WM 2009, S. 577; *Hoffmann*, WM 2007, S. 1547; *Nodoushani*, WM 2007, S. 289.

Gleichwohl wäre auch dieser Schutzmechanismus lückenhaft. Denn sollte ein Dritter bei einer Veräußerung der als Sicherheiten bestellten Effekten durch den Sicherungsgeber eine entsprechende Gutschrift erhalten, dürfte Letzterer die Effekten mangels Bösgläubigkeit regelmäßig mit konstitutiver Wirkung lastenfrei erwerben.

Schließlich gewährleistet die Dogmatikneutralität der UNIDROIT-Konvention auch, dass die Rechtsstellung eines Effekteninhabers auch weiterhin sachenrechtlich vermittelt werden kann. Dies vermeidet Aufwand und Unsicherheit bei einer etwaigen Systemumstellung.

2.) Bedingte Buchungen, Inflationierung einer Emission und herrenlose Effekten

Nicht eingegangen wurde bisher darauf, inwiefern das Regelungskonzept der Konvention erstens die Gewährleistung des delivery-versus-payment-Prinzips, zweitens die Aufrechterhaltung der Marktpraxis, nach welcher dem Endkunden die erworbenen Effekten bereits am Tag der Ausführung des Kaufauftrages oder am Tag danach (T bzw. T+1) gutgeschrieben werden, obwohl das Settlement auf Bankenebene erst am Erfüllungstag (T+2) stattfindet, und drittens die Vermeidung der Inflationierung einer Emission ermöglicht. Da diese drei Punkte bedingt durch das Separationsprinzip weniger leicht als die unter 1.) genannten Anforderungen bewältigt werden können, sollen sie an dieser Stelle gesondert erörtert werden. Hierbei zeigt sich, dass sie enger miteinander verknüpft sind, als dies zunächst den Anschein haben mag. Darüber hinaus muss vermieden werden, dass es durch ein neues Übertragungssystem zu einer Verkomplizierung der Effektenübertragung kommt.

a.) Aufschiebend bedingte Gutschriften in einem System konstitutiver Buchungen

Wie oben ausgeführt, ist es gängige Bankpraxis, dass eine als Einkaufs- oder Verkaufskommissionärin handelnde Bank ihrem Kunden die erworbenen bzw. veräußerten Wertpapiere und korrespondierend den Kaufpreis bereits am Tag der Ausführung des Kauf-/Verkaufsauftrages oder einen Tag später gutschreibt bzw. das Konto entsprechend belastet, obwohl das Settlement erst am zweiten Tag nach Auftragsausführung erfolgt. Die vorab erteilte Gutschrift bzw. die vorab vorgenommene Belastung steht aber unter der aufschiebenden Bedingung, dass auch auf Ebene der Wertpapiersammelbank die den Auftrag ausführenden Banken die entsprechenden Gutschriften erhalten bzw. ihre Konten belastet werden.[1078] Da sich dies korrespondierend auch auf den Kaufpreis bezieht und weil die Wertpapiersam-

1078 Draft Official Commentary, Example 16-3 (S. 72 f.); *Kronke*, WM 2010, S. 1625, 1628.

melbank die Depotumbuchungen erst mit Abschluss des Geldverrechnungszyklus vornimmt, gewährleistet dieses Vorgehen auch das delivery-versus-payment.

Es stellt sich die Frage, inwiefern ein solches Vorgehen in einem auf konstitutive Buchungen aufbauenden System beibehalten werden kann. Die UNIDROIT-Konvention räumt den nationalen Rechtsordnungen nach Art. 16 die Möglichkeit ein, die Wirksamkeit einer Gutschrift unter eine aufschiebende Bedingung zu stellen, was ausweislich des Draft Official Commentary[1079] insbesondere auch auf das Vorliegen der entsprechenden Kaufpreiszahlung bezogen werden kann.[1080] Eine solche Lösung begründet jedoch die Gefahr, dass am Tag T+1 ein nicht-bösgläubiger Dritter die Effekten vom Ersterwerber erwirbt, dann aber am Folgetag T+2 die geschilderte Bedingung ausbleibt. Selbst wenn die Neuregelung dahin geht, dass die (vorab erteilte) Gutschrift auf dem Konto des Ersterwerbers wegen des Nichteintritts der Bedingung zu stornieren ist, so muss doch auch die beim Erstveräußerer, der ja seinen Kaufpreis nicht erhalten hat, vorgenommene Lastschrift storniert werden, sodass es durch Gutschriften auf den Konten des Erstveräußerers und des Dritterwerbers zu einer Vermehrung des Effektenbestandes, mithin der unerwünschten Inflationierung einer Emission kommt.

b.) Verhinderung der Inflationierung einer Emission

In einem auf konstitutive Buchungen aufbauenden System ist es leicht möglich, dass es zu einer Vermehrung der verbuchten Effekten kommt, sodass deren Zahl nicht mehr derjenigen der emittierten Rechte entspricht.[1081] Hingegen scheidet dies bei derivativem Erwerb wie im bisherig praktizierten Effektengiroverkehr aus, weil entweder ein Gutgläubiger wirksam erwirbt und damit ein Rechtsverlust auf Veräußererseite einhergeht, oder aber der Erwerb mangels Gutgläubigkeit scheitert und die Rechtszuordnung die alte bleibt. Eine Inflationierung ist nicht nur in den unter a.) genannten Fällen, sondern zum Beispiel auch dann denkbar, wenn es – und sei es durch einen technischen Fehler – anlasslos zu einer Gutschrift kommt und ein nicht bösgläubiger Dritter von dem aufgrund dieser Fehlgutschrift zwischenzeitlich Berechtigten Effekten erwirbt.[1082] Denkbar

1079 Zur Rolle des Draft Official Commentary vgl. *Keijser/Parmentier*, BKR 2010, S. 151, 153.

1080 Draft Official Commentary, Example 16-3 (S. 72 f.).

1081 Nach Mülbert ist dieses Rechtsvermehrungspotential in einem System, das auf konstitutiven Rechtserwerb durch Buchungen aufbaut, angelegt und stellt ein noch nicht gelöstes Problem dar (*Mülbert,* Arbeitspapier 2009/1 rev, S. 26). Die Endfassung des offiziellen Kommentars zur UNIDROIT-Konvention soll Klarheit zur Lösung dieses Problems schaffen (*Keijser/Parmentier*, BKR 2010, S. 151, 153 f.).

1082 Der durch die Fehlgutschrift Berechtigte hingegen dürfte kaum als nicht bösgläubig zu bezeichnen sein. Er erhält eine unerwartete Rechtsposition, sodass er sich nicht in einer schützenswerten Position befindet. Dementsprechend stellt der Draft Official Commentary (18-

ist ferner, dass die einer Gutschrift beim Erwerber korrespondierende Lastschrift beim Veräußerer unterblieben oder nachträglich storniert worden ist.[1083]

Zwar ließe sich die Wirksamkeit einer Gutschrift unter die aufschiebende Bedingung einer erfolgten korrespondierenden Lastschrift stellen,[1084] gleichwohl wäre der Erwerber im Vertrauen auf die zu seinen Gunsten erfolgte Gutschrift mangels Bösgläubigkeit zu schützen, sodass seine Gutschrift nicht revidiert werden darf, auch wenn eine Lastschrift nicht erfolgt.[1085] Als Alternative käme nur in Betracht, die Gutgläubigkeit auszuschließen, indem man die Gutschrift in erkennbarer Weise[1086] (!) bedingt erteilt, was allerdings kaum praktikabel sein dürfte. Eine ex ante anknüpfende Bedingung der Vornahme einer entsprechenden Lastschrift für die Wirksamkeit einer Gutschrift scheidet mithin als Lösung aus.[1087]

Dies lenkt den Blick auf eine ex post ansetzende Lösung. Da in allen angesprochenen Fällen prinzipiell weder eine Stornierung der Gutschrift noch eine Belastung auf Veräußererseite in Betracht kommt, bleibt die Frage, zu wessen Lasten gleichwohl die Kongruenz zwischen Emissionsvolumen und gutgeschriebenen Effekten wieder hergestellt wird. Zu berücksichtigen ist dabei, dass es infolge der nicht dem Emissionsvolumen entsprechenden Gutschriften an irgendeiner Stelle in den Buchungsketten der Beteiligten zu der Situation kommt, dass ein Intermediär – und sei es ein an der Spitze der Mittlungskette stehender Zentralverwahrer bzw. -verwalter im Verhältnis zur Gesamtzahl der emittierten Effekten – mehr Effekten auf den Konten seiner Kunden gutgeschrieben hat, als ihm auf nächsthöherer Ebene gutgeschrieben sind. Es liegt somit ein Unterbestand vor. An diesen Sachverhalt ist im Rahmen einer ex post ansetzenden Lösung anzuknüpfen. Dies ist in der UNIDROIT-Konvention dadurch geschehen, dass die Intermediäre zum Halten eines ausreichenden Deckungsbestandes verpflichtet sind.[1088] Hiernach sind zunächst alle dem betreffenden Intermediär gutgeschriebenen Effekten dazu zu verwenden, den Bedarf zur Deckung der Kundenkonten zu stillen. Folglich dienen Effekten, die der Intermediär nostro hält, im

---

13, S. 85) klar, dass es sich in einem solchen Fall um einen nicht geschützten unentgeltlichen („gratuitous“, vgl. Art. 18 Abs. 3 UNIDROIT-Konvention) Erwerb handelt. Seine Gutschrift könnte also – eine entsprechende gesetzliche Regelung vorausgesetzt – storniert werden. Gleichwohl ändert dies nichts an dem möglichen zwischenzeitlich erfolgten wirksamen Erwerb eines nicht bösgläubigen Dritten.

1083 Vgl. *Pöch,* Gedächtnisschrift für Michael Gruson, S. 303, 314.

1084 Vgl. Draft Official Commentary, 11-10 (S. 48); *Kronke*, WM 2010, S. 1625, 1629 f.

1085 Vgl. *EU Kommission*, Legislation in legal certainty of securities holding and dispositions – Consultation Document, S. 12.

1086 Vgl. *EU Kommission*, Legislation in legal certainty of securities holding and dispositions – Consultation Document, S. 13.

1087 A A. *Kronke*, WM 2010, S. 1625, 1630 f.

1088 Art. 24 Abs. 1 UNIDROIT-Konvention. Diese Verpflichtung sieht auch Art. 11 Abs. 1 BEG vor.

Falle eines Unterbestandes allein zur Deckung der gutgeschriebenen Kundenbestände.[1089] Liegt dann immer noch ein Unterbestand vor, so ist der Intermediär verpflichtet, diesen auszugleichen.[1090] Dazu kommen zwei Alternativen in Betracht: Zum einen der Zukauf oder eine Leihe entsprechender Effekten, zum anderen eine Verlustumlage auf der Ebene der Kunden des Intermediärs.[1091] Aus Kundensicht erscheint die erste Alternative als die allein gerechte Lösung, denn schon der Inhaber der die Inflationierung auslösenden Gutschrift ist schützenswert,[1092] was erst recht für die anderen (an der Inflationierung unbeteiligten) Kunden des Intermediärs gilt. Mithin ist zunächst eine Eindeckungspflicht vorzusehen, womit der Intermediär das wirtschaftliche Risiko trägt.[1093] Lediglich falls ein Ausgleich durch Zuerwerb nicht möglich sein sollte, sollte eine Verlustumlage gesetzlich vorgesehen werden.[1094] Dann kommen je nach Verschulden des Intermediärs Schadensersatzansprüche seiner Kunden gegen ihn in Betracht.[1095] Die Wiederherstellung des Deckungsbestandes muss dabei schnellstmöglich nach dem Eintritt der Unterdeckung erfolgen, da die Integrität der Emission für den Emittenten insbesondere im zeitlichen Rahmen um Dividendenausschüttungen oder Hauptversammlungen bedeutsam ist.

c.) Verhinderung herrenloser Effekten

Vergleichsweise leicht lässt sich hingegen vermeiden, dass es zu herrenlosen Effekten kommt. Dies sind Effekten, die keinem Rechtssubjekt zuzuordnen sind. Hierzu

---

1089 Art. 25 Abs. 1 UNIDROIT-Konvention.

1090 Vgl. Art. 24 Abs. 3 UNIDROIT-Konvention. Dabei darf ein die Ausgleichspflicht auslösender Unterbestand nicht bereits dann angenommen werden, wenn der Intermediär seinen Kunden der Bankpraxis entsprechend vor dem usancemäßigen Abwicklungstag und damit, bevor er über entsprechende Deckung verfügt, die Effekten gutschreibt. Vielmehr müssen Effekten während der Frist, die auf dem betreffenden Markt für die Abwicklung vorgesehen ist, auch schon dem Bestand zugerechnet werden, wenn der Intermediär einen Anspruch auf Lieferung derselben hat. Nach Art. 12 Abs. 3 lit. c BEG gelten daher Bucheffekten als verfügbar, um eine entsprechende Deckung der gutgeschriebenen Effekten zu gewährleisten, wenn der Intermediär „frei verfügbare Ansprüche auf Lieferung von Bucheffekten" hat, jedoch nur „während der Frist, die auf dem betreffenden Markt für eine ordentliche Abwicklung vorgeschrieben oder üblich ist, längstens jedoch während acht Tagen".

1091 Ersteres sieht Art. 11 Abs. 2 BEG vor, Letzteres sehen Art. 26 Abs. 2 UNIDROIT-Konvention und Art. 19 Abs. 2 BEG vor, wenn auch lediglich im Falle der Insolvenz.

1092 Andernfalls wäre seine Gutschrift nach einer entsprechenden gesetzlichen Regelung zu stornieren.

1093 Vgl. *Einsele*, Wertpapierrecht als Schuldrecht, S. 566.

1094 Der Fall scheint – außerhalb einer Insolvenz des Intermediärs – eher theoretischer Natur, da es sich um vertretbare, am Kapitalmarkt gehandelte Effekten handelt, deren Erwerb zeitnah möglich sein sollte (vgl. *Einsele*, Wertpapierrecht als Schuldrecht, S. 566).

1095 *Einsele*, Wertpapierrecht als Schuldrecht, S. 566.

könnte es beispielsweise kommen, wenn eine Belastungsbuchung erfolgt und auf Erwerberseite die entsprechende Gutschrift erst mit einiger Zeit Verzögerung vorgenommen wird. Eine Lösung findet sich de lege lata bereits in der Schweiz. Nach Art. 24 Abs. 1 BEG hat allein die auf Anweisung erfolgte Gutschrift konstitutive Wirkung, nicht jedoch die angewiesene Abbuchung, welche somit gar keine Verfügung darstellt.[1096] Bis zur Erteilung der Gutschrift bleibt damit der Veräußerer der materielle Rechtsinhaber.[1097]

d.) Vermeidung einer Verkomplizierung der Effektenübertragung

Schließlich stellt sich als nicht unproblematisch dar, dass die UNIDROIT-Konvention in ihrem Regelungsgehalt auf kontenverbuchte Effekten beschränkt ist, zugleich aber aufgrund ihrer Dogmatikneutralität keine Aussage dazu trifft, wie die den verbuchten Effekten zugrunde liegende Rechtsposition dogmatisch zu qualifizieren ist. Denn wenn die den Buchungen zugrunde liegende Rechtsposition auch weiterhin dem deutschen sachenrechtlichen Ansatz folgend auf Eigentum und Besitz an (girosammelverwahrten) Wertpapieren basieren kann, stellt sich die Frage, welches sachenrechtliche Regime insoweit gilt. Der Draft Official Commentary sieht dazu vor, dass das sogenannte „non-Convention law", d.h. die jeweilige nationale Rechtsordnung die Antwort auf diese Frage gibt. In Deutschland würden also die den kontenverbuchten Effekten zugrunde liegenden Wertpapiere weiterhin den sachenrechtlichen Regelungen des BGB und des DepotG unterliegen.

Daran anknüpfend stellt sich jedoch die weitere Frage, was hinsichtlich der Rechte gilt, welche außerhalb der UNIDROIT-Konvention weiterhin durch das sachenrechtliche Regime vermittelt werden. Insbesondere muss gewährleistet sein, dass nicht mehrere unterschiedliche Übertragungsformen möglich sind. So muss eine wirksame Rechtsübertragung nach §§ 929 ff. BGB außerhalb der Buchungen ausgeschlossen sein.

Dieser Problematik begegnet die UNIDROIT-Konvention nur im Ansatz dadurch, dass sie ausschließlich vorsieht, dass mittels Umbuchungen die – wie auch immer vermittelte – Rechtsposition des Effekteninhabers wirksam übertragen werden kann. Allerdings schließt die UNIDROIT-Konvention nicht ausdrücklich die Möglichkeit einer anderweitigen Übertragung aus. Sie beinhaltet zwar nur den Übertragungstatbestand der Umbuchungen, trifft jedoch keine Aussage dazu, was hinsichtlich anderer gesetzlich vorgesehener Übertragungsmöglichkeiten gilt. Im Falle einer Umsetzung der Konvention erscheint eine dahingehende Klarstellung

1096 Botschaft zum Bucheffektengesetz sowie zum Haager Wertpapierübereinkommen vom 15. November 2006, BBl. 2006, S. 9315, 9368.

1097 Botschaft zum Bucheffektengesetz sowie zum Haager Wertpapierübereinkommen vom 15. November 2006, BBl. 2006, S. 9315, 9368.

durch den nationalen Gesetzgeber daher geboten. Ist sodann im Rahmen der Einführung eines auf Buchungen basierenden Effektensystems normiert, dass allein nach dessen Regelungen und damit allein durch Buchungen über die Effekten verfügt werden kann, ist also zu trennen zwischen der Vermittlung der Rechtsposition des Effekteninhabers einerseits und der Effektenübertragung andererseits. Erstere kann sachenrechtlich ausgestaltet sein, sodass insofern weiterhin das sachenrechtliche Regime des BGB und des DepotG gelten würde. Auch würde durch das hiernach bestehende Eigentum und den Besitz an Wertpapieren weiterhin ein Aussonderungsrecht (§ 47 InsO) in der Insolvenz des Verwahrers bestehen oder wäre eine Drittwiderspruchsklage (§ 771 ZPO) im Falle einer Zwangsvollstreckung gegen diesen möglich, ohne dass es insofern irgendwelcher Sonderregelungen bedürfte. Die Effektenübertragung hingegen könnte allein durch Umbuchungen erfolgen, sodass anders als durch diese nicht wirksam über die Effekten verfügt werden könnte. Zu einer Vermehrung möglicher Übertragungstatbestände und damit einer Verkomplizierung des Rechts der Übertragung käme es somit bei der beschriebenen gesetzlichen Ausgestaltung nicht.

Einen vergleichbaren Lösungsansatz findet man im BEG der Schweiz. Auch dieses lässt die Zugrundelegung von Wertpapieren zu, schließt also zunächst eine sachenrechtliche Grundlage nicht aus. Sobald die emittierten Wertpapiere jedoch bei der Wertpapiersammelbank hinterlegt werden und eine Gutschrift zugunsten des Berechtigten erteilt wird, entstehen die Bucheffekten (Art. 6 Abs. 1 BEG) und die sachenrechtliche Beziehung des Effekteninhabers wird für die Zeit der Hinterlegung suspendiert.[1098] Nur mittels Gutschrift kann im Folgenden über die Bucheffekten verfügt werden (Art. 24 BEG). Auch dadurch wird vermieden, dass die Effekten anders als nach Maßgabe des BEG übertragen werden können.

E.) Zusammenfassung

Die Übertragung der Wertpapiere erfolgt bereits heute faktisch durch Belastungen und Gutschriften auf Wertpapierkonten. Dabei beruht aber der derzeitig praktizierte Effektengiroverkehr auf sachenrechtlichen Grundsätzen. Die Rechtsposition, die ein Inhaber girosammelverwahrter Wertpapiere innehat, lässt sich als Miteigentum nach Bruchteilen besonderer Art bezeichnen. Ein solcher Miteigentumsteil besteht dabei an jedem einzelnen aller sammelverwahrten Wertpapiere einer Art. Jedoch kann der einzelne Berechtigte nicht über einzelne Miteigentumsanteile an einzelnen Wertpapieren verfügen. Vielmehr sind nicht die konkreten Miteigentumsrechte an den einzelnen sammelverwahrten Urkunden, son-

1098 *Kronke*, WM 2010, S. 1625, 1634.

dern die Summe der Miteigentumsrechte an allen verwahrten Urkunden, also der Anteil am Sammelbestand (Quote) der Verfügungsgegenstand. Dieser Anteil wird fiktiv wie eine der Quote entsprechende Anzahl individualisierbarer Wertpapiere behandelt. Es liegt somit eine Lockerung der Identität von Rechtsposition und Verfügungsgegenstand vor. Diese fiktiven Verfügungsgegenstände lassen sich als Girosammeldepotanteile bezeichnen. Die konkreten Miteigentumsrechte an einzelnen Stücken spielen hingegen keine Rolle.

Ferner konnte dargelegt werden, dass die Wertpapierinhaber – auch im Falle von Dauerglobalurkunden – mittelbare (Mit-)Besitzer der sammelverwahrten Wertpapierurkunden sind. Eine Verfügung über die Girosammeldepotanteile im Effektengiroverkehr erfolgt nach der Vorschrift in § 929 S. 1 BGB. Die hierfür erforderliche Übergabe wird dadurch vorgenommen, dass die Wertpapiersammelbank auf Anweisung der Veräußererbank ihr Besitzmittlungsverhältnis von der Veräußerer- auf die Erwerberbank umstellt. Dabei belastet die Wertpapiersammelbank das Depotkonto der Veräußererbank und schreibt die entsprechenden Girosammeldepotanteile dem Konto der Erwerberbank gut, womit sie die Änderung ihres Besitzmittlungswillens erkennbar manifestiert. Die dingliche Einigung erfolgt im Falle einer Einbeziehung der Eurex Clearing AG in den Settlementprozess im Wege einer gestatteten Mehrfachvertretung der beteiligten Banken durch die Eurex Clearing AG.

Obwohl aufgrund der sachenrechtlichen Ausgestaltung der Wertpapierübertragung grundsätzlich ein gutgläubiger Erwerb nach §§ 929 S. 1, 932 BGB in Betracht kommt, scheidet dies aufgrund der Einbeziehung eines zentralen Kontrahenten in die dingliche Einigung aus. Zwar lässt sich die mangelnde Publizität des Mitbesitzes dadurch überwinden, dass im Wege der Rechtsfortbildung die Depotbuchungen auf Ebene der Wertpapiersammelbank als zusätzlicher Publizitätstatbestand herangezogen werden. Jedoch hat der zentrale Kontrahent keine Einsicht in diese Buchungen. Er erhält lediglich Lieferlisten seitens der Wertpapiersammelbank, welche die getätigten Umbuchungen aufführen. Diese können jedoch nicht als (mittelbarer) Publizitätstatbestand herangezogen werden, denn sie geben keine Auskunft über den vollen Umfang der vermeintlichen Verfügungsbefugnis der Veräußererbank, da infolge des Nettings auf Ebene der Wertpapiersammelbank Umbuchungen in geringerem Umfang vorgenommen werden, als Wertpapiere übertragen werden sollen.

Aufgrund der erheblichen Schwierigkeiten, den Effektengiroverkehr in einer den praktischen Bedürfnissen entsprechenden Ausgestaltung dogmatisch einzuordnen, und wegen der sich daraus ergebenden Unsicherheiten, werden vermehrt Reformvorhaben vorangetrieben. Von besonderer Bedeutung sind dabei die UNIDROIT-Konvention und das Schweizer Bucheffektengesetz. Dabei wird ein Effektenwesen angestrebt, das auch rechtlich an die bereits faktisch maßgeblichen Depotbuchungen anknüpft. Es konnte jedoch gezeigt werden, dass auch ein solches Effektenwesen rechtliche Schwierigkeiten mit sich bringt. Gleichwohl erscheint es als Grundlage für eine internationale Harmonisierung der Effektenübertragung und -verwahrung/-verwaltung geeignet, da es an die faktischen Gegebenheiten und an die Bedürfnisse des Rechtsverkehrs anzuknüpfen versucht.

Kapitel VI: Leistungsstörungen bei Börsengeschäften

In diesem Kapitel soll dargelegt werden, welche Rechtsfolgen im Falle von Leistungsstörungen bei Börsengeschäften eintreten, was also gilt, wenn die Parteien hinter ihrem aus dem Abschluss der atypischen Kaufverträge resultierenden Pflichtenprogramm zurückbleiben. Dabei kommt es bei Börsengeschäften zu einem Nebeneinander mehrerer Regelungsregime bezüglich der Rechtsfolgen von Leistungsstörungen.[1099] Die Ermittlung der Rechtsfolgen fällt in den Anwendungsbereich sowohl des allgemeinen Leistungsstörungsrechts des BGB als auch der Börsenusancen und zudem im Handel unter Einbeziehung der Eurex Clearing AG als zentralem Kontrahenten in den Anwendungsbereich der CB-Eurex als AGB. Maßgeblich dafür, welches Leistungsstörungsregime an einem bestimmten Börsenplatz Anwendung findet, ist wegen der Dispositivität des allgemeinen Leistungsstörungsrechts[1100] jeweils, ob die konkreten Regelwerke vorrangige Bestimmungen enthalten. Mithin muss das Verhältnis der einzelnen Regelungskomplexe zueinander geklärt werden.

Von den beiden Grundtypen der Leistungsstörungen, der Nicht- und der Schlechterfüllung,[1101] kommt im Börsenhandel nur derjenige der Nichterfüllung in Betracht. Eine Schlechterfüllung der Pflicht zur Übereignung und Übergabe von Wertpapieren ist ebenso wenig denkbar wie eine mangelhafte Erfüllung der Kaufpreiszahlungspflicht. Als ein Unterfall der Nichterfüllung lässt sich ferner unterscheiden der Verzug der Leistung, der an den Eintritt weiterer Voraussetzungen im Vergleich zur schlichten Nichtleistung geknüpft ist (dazu A.)), und die Unmöglichkeit der Leistung als Ursache der Nichterfüllung (dazu B.)).[1102]

1099 Vgl. *Fleckner*, WM 2009, S. 2064.

1100 *Schwarze*, Leistungsstörungen, § 1 D. (Rn. 8).

1101 Vgl. Palandt-*Grüneberg*, Vorb v § 275 Rn. 2, der zudem als dritten Typus die Verletzung von Nebenpflichten als weiteren Störungsfall in Erwägung zieht.

1102 Vgl. zu dieser Einordnung des Verzuges und der Unmöglichkeit in den Regelungsgegenstand der Nichtleistung Palandt-*Grüneberg*, Vorb v § 275 Rn. 2.

A.) Verzug des Schuldners

Zunächst soll der Fall des Verzuges der Leistung untersucht werden. Regelungen über den Schuldnerverzug finden sich in den §§ 286 ff. BGB sowie für den im Folgenden beispielhaft herangezogenen Kassahandel an der FWB in den §§ 9 ff. GB-FWB und bei Einbeziehung der Eurex Clearing AG als zentraler Kontrahent zudem in den CB-Eurex.[1103]

I.) Gesetzliche Lage nach dem BGB

Nach § 286 BGB setzt der Schuldnerverzug zusätzlich zur Nichtleistung des Schuldners die Fälligkeit der Forderung, eine Mahnung oder eine Ausnahme hiervon nach § 286 Abs. 2 BGB und das fehlende Vertretenmüssen der Nichtleistung seitens des Schuldners (§ 286 Abs. 4 BGB) voraus. Eine ungeschriebene Voraussetzung ist zudem noch die Wirksamkeit der Forderung.[1104] Ferner wird regelmäßig – zur Abgrenzung von der Unmöglichkeit i.S.d. § 275 BGB – als weiteres Tatbestandsmerkmal des Schuldnerverzuges die Möglichkeit der Leistung gefordert.[1105] Dieses Merkmal hat indes keine eigenständige Bedeutung, da im Falle der Unmöglichkeit die Leistung nach § 275 BGB nicht mehr geschuldet wird, sodass den Schuldner dann auch keine Leistungspflicht mehr trifft, mithin er mit der Erfüllung auch nicht mehr in Verzug geraten kann.[1106]

Verzug im Börsenhandel tritt ein, sobald ein Verkäufer die von ihm geschuldeten Wertpapiere am Fälligkeitstag, an der FWB also T+2, nicht liefert. Einer Mahnung bedarf es nicht, weil somit mittelbar ein Kalendertag bezeichnet, folglich die Leistungszeit i.S.d. § 286 Abs. 2 Nr. 1 BGB kalendarisch bestimmt ist.[1107] Ferner liegt auch das nach § 286 Abs. 4 BGB erforderliche Vertretenmüssen des Verkäufers vor, da es sich bei der Pflicht zur Übertragung der Wertpapiere um eine Gattungsschuld handelt, bei welcher der Schuldner das Risiko der Beschaffung nach § 276 Abs. 1 S. 1 BGB übernommen hat.[1108] Entsprechendes gilt für die Pflicht des Käufers zur Zahlung des Kaufpreises.[1109]

1103 Kap. I Abschnitt 7, Kap. I Ziff. 9.5 und für die Börsengeschäfte an der FWB zudem Kap. V Ziff. 2.2 CB-Eurex.

1104 MüKoBGB-*Ernst*, § 286 Rn. 18; Jauernig-*Stadler*, § 286 Rn. 13.

1105 Vgl. Schulze-*Schulze*, § 286 Rn. 5; Bamberger/Roth-*Unberath*, § 286 Rn. 20.

1106 MüKoBGB-*Ernst*, § 286 Rn. 33.

1107 MüKoBGB-*Ernst*, § 286 Rn. 56; Albrecht/Karahan/Lenenbach-*Lenenbach*, § 37 Effektengeschäft, Rn. 186.

1108 Vgl. Schulze-*Schulze*, § 286 Rn. 26; *Canaris*, JZ 2001, S. 499, 518.

1109 Für die Geldschuld kommt es auf ein etwaiges Vertretenmüssen ebenfalls nicht an, da jeder für seine finanzielle Leistungsfähigkeit stets einstehen muss, wenn er eine Geldleistungs-

Wesentliche gesetzlich vorgesehene Folgen des Verzuges sind die Pflicht zum Ersatz des Verzögerungsschadens (§§ 280 Abs. 1, Abs. 2, 286 BGB) sowie gegebenenfalls des Schadens statt der Leistung (§§ 280 Abs. 1, Abs. 3, 281 BGB). Ferner wird dem Gläubiger nach § 323 BGB die Möglichkeit gegeben, unter den dort genannten Voraussetzungen vom Vertrag zurückzutreten, was die Geltendmachung des Verzögerungsschadens aber auch des Schadensersatzes statt der Leistung nicht ausschließt (§ 325 BGB).[1110]

II.) Regelung des Verzuges in den CB-Eurex für den Kassahandel an der FWB

Während für den Börsenhandel an der FWB ohne zentralen Kontrahenten in §§ 9-11 GB-FWB eine Zwangsregulierung bei Leistungsstörungen (mit Ausnahme des Falles der objektiven Unmöglichkeit)[1111] angeordnet ist, gelten diese Bestimmungen im Börsenhandel an der FWB unter Einbeziehung der Eurex Clearing AG als zentralem Kontrahenten nicht (§ 8 Abs. 1 GB-FWB). Nach § 8 Abs. 3 GB-FWB kommen vielmehr ausschließlich die CB-Eurex zur Anwendung, deren Regelungen hier kurz wiedergegeben werden sollen. Dass diese Regelungen vielfach von den Vorschriften des BGB abweichen, schadet – vorbehaltlich einer AGB-Kontrolle nach §§ 305 ff. BGB[1112] – nicht, da die §§ 286 ff. BGB ebenso wie das allgemeine Leistungsstörungsrecht insgesamt generell parteiautonomen Regelungen zugänglich und damit grundsätzlich dispositiv sind.[1113]

Hierbei ist zu unterscheiden zwischen den Folgen eines Verzugs zum einen eines Clearing-Mitglieds gegenüber dem zentralen Kontrahenten (1.)) und zum anderen des zentralen Kontrahenten gegenüber einem Clearing-Mitglied (2.)).

1.) Verzug eines Clearing-Mitglieds gegenüber dem zentralen Kontrahenten

Verzug eines Clearing-Mitglieds liegt nach Kap. I Ziff. 7.1 Abs. 1 lit. a CB-Eurex vor, wenn es „die von ihm geschuldeten Wertpapiere nicht am Liefertag liefert bzw. die hierfür geschuldeten Zahlungen nicht leistet“. Die Regelungen der CB-Eurex

---

pflicht eingeht („Geld muss man haben“) (vgl. Staudinger-*Löwisch/Caspers*, § 275 Rn. 72 m.w.N.; *Emmerich,* Leistungsstörungen, § 3 Rn. 69 (S. 43)).

1110 Vgl. zu Einzelheiten hinsichtlich der gesetzlichen Rechtsfolgen des Schuldnerverzuges Bamberger/Roth-*Unberath*, § 286 Rn. 65 ff., 81.

1111 *Fleckner*, WM 2009, S. 2064, 2069 f.; *Hadding*, FS Schwark, S. 697, 702.

1112 Vgl. Schulze-*Schulze*, § 286 Rn. 3; Jauernig-*Stadler*, § 286 Rn. 9.

1113 MüKoBGB-*Ernst*, § 286 Rn. 15; Jauernig-*Stadler*, § 286 Rn. 9.

und des § 286 BGB führen somit auf der Tatbestandsebene beide zu dem Ergebnis, dass bei Ausbleiben der Leistung seitens eines Clearing-Mitglieds am zweiten Geschäftstag nach Abschluss des Börsengeschäfts dieses in (Schuldner-) Verzug gerät.[1114] Hinsichtlich des in den CB-Eurex für den Verzug normierten Rechtsfolgenprogramms ist zu differenzieren zwischen dem Verzug eines verkaufenden Clearing-Mitglieds (VCM) hinsichtlich seiner Pflicht zur Übereignung und Übergabe der Wertpapiere aus § 433 Abs. 1 S. 1 BGB (dazu a.)) und dem Verzug eines kaufenden Clearing-Mitglieds (KCM) bezüglich seiner Pflicht zur Kaufpreiszahlung aus § 433 Abs. 2 BGB (dazu b.)).

a.) Verzug eines verkaufenden Clearing-Mitglieds hinsichtlich seiner Pflicht zur Übereignung und Übergabe der Wertpapiere

Kommt ein verkaufendes Clearing-Mitglied (VCM) in Verzug und liefert es die Wertpapiere darüber hinaus auch spätestens am 5. Geschäftstag nach dem Liefertag nicht, so wird die Eurex Clearing AG versuchen, sich mit den Wertpapieren einzudecken.[1115] Gelingt ihr das nicht oder nicht vollständig, erhält VCM erneut die Gelegenheit, binnen fünf Geschäftstagen die Wertpapiere zu liefern.[1116] Sollte VCM dem binnen zehn Geschäftstagen nicht nachkommen, so wird die Eurex Clearing AG einen abermaligen Eindeckungsversuch vornehmen.[1117] Sollte auch dieser Versuch scheitern, wird beschriebene Eindeckung noch einmal am 27. Geschäftstag nach dem Liefertag versucht.[1118]

Hat VCM auch spätestens am 30. Geschäftstag noch nicht geliefert, kann die Eurex Clearing AG vom 30. bis zum 36. Geschäftstag nach dem Liefertag einen Barausgleich festlegen.[1119] Hierdurch erlöschen die Erfüllungspflichten des

1114 Kap. I Ziff. 7.2 CB-Eurex regelt darüber hinaus noch den sog. technischen Verzug. Kann das säumige Clearing-Mitglied nachweisen, dass das Ausbleiben der Leistung nicht auf Zahlungsunfähigkeit beruht, kann die Eurex Clearing AG von den sonst für den Verzug vorgesehenen Regelungen Abstand nehmen und das betreffende Clearing-Mitglied in technischen Verzug setzen. Davon unberührt bleibt aber das Recht der Eurex Clearing AG, bei dem sich im technischen Verzug befindlichen Clearing-Mitglied Rückgriff für Schäden zu nehmen, die ihr oder einem anderen Clearing-Mitglied entstanden sind. Zudem hat das Clearing-Mitglied eine Vertragsstrafe zu zahlen.

1115 Kap. V Ziff. 2.2 Abs. 1 lit. a CB-Eurex.

1116 Kap. V Ziff. 2.2 Abs. 1 lit. b CB-Eurex.

1117 Kap. V Ziff. 2.2 Abs. 1 lit. b CB-Eurex.

1118 Kap. V Ziff. 2.2 Abs. 1 lit. b Unterabs. 2 CB-Eurex.

1119 Kap. V Ziff. 2.2 Abs. 1 lit. d CB-Eurex, der zudem Bestimmungen zur Berechnung enthält. Unter besonderen Umständen, namentlich einem erhöhten Risiko, kann die Eurex Clearing AG einen Barausgleich auch bereits ab dem ersten Geschäftstag nach dem Liefertag vornehmen (Kap. V Ziff. 2.2 Abs. 3 CB-Eurex).

VCM gegenüber der Eurex Clearing AG aus dem nichterfüllten Geschäft. VCM ist nunmehr zur Zahlung des Barausgleichs verpflichtet.[1120] Da die Eurex Clearing AG als zentraler Kontrahent agiert, kann sie nun aber gegenüber dem kaufenden Clearing-Mitglied (KCM) keineswegs weiterhin zur Übertragung der Wertpapiere verpflichtet sein. Denn der zentrale Kontrahent soll nur insoweit lieferpflichtig sein, wie er selbst aus einem korrespondierenden Deckungsgeschäft Erfüllung verlangen kann.[1121] Um dem zu genügen, ordnet Kap. V Ziff. 2.2 Abs. 2 lit. d Unterabs. 2 CB-Eurex an, dass der Barausgleich auch im Verhältnis des zentralen Kontrahenten zum KCM zur Anwendung kommt. Folglich werden sodann in allen juristischen Verhältnissen keine Wertpapierlieferungen mehr, sondern nur noch Geldzahlungen geschuldet, die gegeneinander verrechnet werden können.[1122] Den infolge des Barausgleichs erlangten Betrag wird die Eurex Clearing AG sodann an KCM auskehren.[1123] Sollte auch der Barausgleich scheitern, kommt es am 37. Geschäftstag nach dem Liefertag zu einem erneuten Eindeckungsversuch.[1124] Kann die Eurex Clearing AG auch dann noch nicht alle Wertpapiere erwerben, wiederholen sich im 10-tägigen Rhythmus weitere Eindeckungs- und Barausgleichsversuche.[1125]

All diese Maßnahmen muss auch KCM sich gegenüber gelten lassen,[1126] sodass KCM nicht gegenüber dem zentralen Kontrahenten als seinem Verkäufer Rechte aus dem Verzug des zentralen Kontrahenten als Verkäufer geltend machen kann. KCM hat somit nicht die Möglichkeit, von dem Börsengeschäft Abstand zu nehmen. Insbesondere kann sich KCM nicht im Wege des Rücktritts nach § 323 Abs. 1 BGB von dem Börsengeschäft lösen. Dies sieht Kap. I Ziff. 1.2.1 Abs. 6 CB-Eurex ausdrücklich vor, indem diese Bestimmung die Geltendmachung von auf Aufhebung der Börsengeschäfte gerichteten Ansprüchen ausschließt.[1127] Es kommt mithin zu einem Schwebezustand. Denn solange KCM seinerseits nicht beliefert wird, muss es gemäß § 320 BGB auch nicht den Kaufpreis zahlen. Im Rahmen des Settlements wird dies seitens der Clearstream Banking AG als Wertpapiersammelbank auch technisch gewährleistet, indem

---

1120 Kap. V Ziff. 2.2 Abs. 1 lit. d CB-Eurex.

1121 Siehe oben, S. 85 f.

1122 Vgl. Kap. V Ziff. 2.2 Abs. 1 lit. d Unterabs. 4 CB-Eurex.

1123 Kap. V Ziff. 2.2 Abs. 1 lit. d Unterabs. 5 CB-Eurex.

1124 Kap. V Ziff. 2.2 Abs. 1 lit. e CB-Eurex.

1125 Vgl. im Einzelnen Kap. V Ziff. 2.2 Abs. 1 lit. f, lit. g CB-Eurex.

1126 Kap. V Ziff. 2.2 Abs. 4 CB-Eurex.

1127 Zwar ist das Recht zum Rücktritt kein „Anspruch", jedoch wird genannte Regelung auch dahingehend zu verstehen sein, dass auf Aufhebung der Geschäfte gerichtete Rechte ebenfalls erfasst sind.

diese das Delivery-versus-Payment-Prinzip sicherstellt und die Überweisung des Kaufpreises nur Zug-um-Zug zur Wertpapierübertragung vornimmt.[1128]

Die Kosten des geschilderten Verfahrens einschließlich eines gesonderten Verzugsentgeltes hat VCM zu tragen, wobei das Recht der Eurex Clearing AG zur Geltendmachung weiterer Schäden, die der Eurex Clearing AG oder KCM aufgrund des Verzuges entstanden sind, unberührt bleibt.[1129] Darüber hinaus wird eine Vertragsstrafe erhoben.[1130]

b.) Verzug eines kaufenden Clearing-Mitglieds hinsichtlich seiner Pflicht zur Kaufpreiszahlung

Für den Fall, dass ein kaufendes Clearing-Mitglied (KCM) den Kaufpreis für die gekauften Wertpapiere nicht zahlt, enthalten die CB-Eurex in dem im Speziellen für den Kassahandel an der FWB geltenden Kapitel V keine Regelungen. Solche Bestimmungen finden sich jedoch im als allgemeiner Teil angelegten Kapitel I.

Zunächst darf KCM keine neuen Geschäfte mehr abschließen und ist zudem verpflichtet, alle offenen Positionen durch ein Gegengeschäft glattzustellen oder auf ein anderes Clearing-Mitglied zu übertragen.[1131] Erfolgt Letzteres nicht binnen einer von der Eurex Clearing AG gesetzten Frist, so wird der zentrale Kontrahent die Geschäfte von KCM glattstellen, hierfür die von KCM gestellten Sicherheiten verwerten und Beiträge zum Clearing-Fonds in Anspruch nehmen.[1132] Die Eurex Clearing AG kann in allen Fällen Schäden, welche ihr oder dem korrespondierenden verkaufenden Clearing-Mitglied entstanden sind, geltend machen. Auch hier wird zudem eine Vertragsstrafe erhoben.[1133]

Etwas anderes gilt, wenn über das Vermögen von KCM bereits ein Insolvenzverfahren eingeleitet worden ist. Für diesen Fall sehen die CB-Eurex in Kap. I Ziff. 2.4 Abs. 2 lit. c vor, dass die Eurex Clearing AG die Clearing-Lizenz des Clearing-Mitglieds mit sofortiger Wirkung beenden kann. Im Anschluss hieran kommt es zur Ermittlung eines Differenzanspruches für jedes noch nicht erfüllte Börsengeschäft.[1134] Dabei werden die gegenseitigen noch offenen Verbindlichkeiten

---

1128 Vgl. dazu oben, S. 223.

1129 Kap. V Ziff. 2.2 Abs. 6, Abs. 10 lit. b, Kap. I Ziff. 7.1 Abs. 4 S. 1, Abs. 6 S. 1 CB-Eurex. Soweit ein durch den Verzug geschädigtes Clearing-Mitglied Schadensersatzansprüche gegen die Eurex Clearing AG geltend machen kann, kann Letztere ihre gegen das sich im Verzug befindliche Clearing-Mitglied bestehenden Schadensersatzansprüche an das geschädigte Clearing-Mitglied mit schuldbefreiender Wirkung abtreten (Kap. I Ziff. 7.1 Abs. 6 S. 2 CB-Eurex).

1130 Kap. I Ziff. 7.1 Abs. 4 Unterabs. 2 CB-Eurex.

1131 Kap. I Ziff. 7.1 Abs. 5 CB-Eurex.

1132 Kap. I Ziff. 7.1 Abs. 5 Unterabs. 2 i.V.m. Kap. I Ziff. 8.1 CB-Eurex.

1133 Kap. I Ziff. 7.1 Abs. 4 und Abs. 6 CB-Eurex.

1134 Kap. I Ziff. 8.2.1-8.2.3 CB-Eurex.

zwischen der Eurex Clearing AG und dem säumigen Clearing-Mitglied ermittelt und miteinander verrechnet, wobei hinsichtlich solcher Ansprüche, die auf die Lieferung von Wertpapieren gerichtet sind, der Markt- bzw. Börsenpreis oder – falls sich dieser nicht ermitteln lässt – ein nach einem genau bestimmten Verfahren zu ermittelnder Referenzpreis zugrunde gelegt wird.[1135] Die sich für die einzelnen Börsengeschäfte ergebenden einseitigen Differenzansprüche werden sodann wiederum alle zu einem einzigen endgültigen Differenzanspruch zugunsten der einen oder der anderen Partei verrechnet.[1136] Es findet also ein vertragliches Close-Out-Netting statt, an dessen Ende nur ein einseitiger auf Zahlung gerichteter Anspruch der Eurex Clearing AG oder des säumigen Clearing-Mitglieds besteht.[1137]

2.) Verzug des zentralen Kontrahenten gegenüber einem Clearing-Mitglied

Im Folgenden sollen die Bestimmungen der CB-Eurex für den Fall, dass der zentrale Kontrahent gegenüber einem Clearing-Mitglied in Verzug gerät, dargelegt werden. Der Verzug des zentralen Kontrahenten ist in Kap. I Ziff. 9.5.1 ff. CB-Eurex geregelt. Dabei ist wiederum zu unterscheiden, ob der zentrale Kontrahent als Verkäufer mit der Übereignung und Übergabe der Wertpapiere (a.)), oder ob er als Käufer mit der Zahlung des Kaufpreises in Verzug gerät (b.)).

a.) Verzug des zentralen Kontrahenten hinsichtlich seiner Pflicht zur Übereignung und Übergabe der Wertpapiere

Falls der zentrale Kontrahent die Wertpapiere nicht am zweiten Geschäftstag geliefert hat, muss unterschieden werden, ob er säumig geworden ist, weil er selbst im korrespondierenden Deckungsgeschäft mit dem anderen Clearing-Mitglied (VCM) ausgefallen ist, oder nicht.

Im erstgenannten Fall wird er die oben beschriebenen Maßnahmen gegenüber dem sich in Verzug befindlichen VCM vornehmen, die das nicht belieferte Clearing-Mitglied (KCM) daraufhin gegen sich gelten lassen muss.[1138] KCM hat in

1135 Kap. I Ziff. 8.2.2 f. CB-Eurex.

1136 Kap. I Ziff. 8.2.4 f. CB-Eurex.

1137 Sollte das Insolvenzverfahren bereits tatsächlich eröffnet worden sein, endet die Clearing-Lizenz automatisch mit sofortiger Wirkung (Kap. I Ziff. 2.4 Abs. 2 lit. d CB-Eurex) und es kommt zu dem gesetzlich nach § 104 InsO vorgesehenen Close-Out-Netting. Dabei gelten alle noch offenen Börsengeschäfte als ein einziger gegenseitiger Vertrag (§ 104 Abs. 2 S. 3 InsO i.V.m. Abs. 4 der Präambel der CB-Eurex).

1138 Kap. V Ziff. 2.2 Abs. 4 CB-Eurex. Insb. kann das Clearing-Mitglied wie oben dargelegt nicht vom Vertrag zurücktreten (Kap. I Ziff. 1.2.1 Abs. 6 CB-Eurex).

diesem Fall keine Möglichkeit, den zentralen Kontrahenten im Wege des nachstehend beschriebenen Verfahrens in Verzug zu setzen.

Im zweitgenannten Fall bleibt KCM nach Kap. I Ziff. 9.5.1.2.2 Abs. 2 CB-Eurex nur die Möglichkeit, den zentralen Kontrahenten zweimal zur Lieferung anzumahnen und nach Erfolglosigkeit auch der zweiten Mahnung zehn Kalendertage später vom zentralen Kontrahenten die Zahlung eines Barausgleiches statt der Lieferung zu verlangen. Nach dem Barausgleichsverlangen ist der zentrale Kontrahent nicht mehr zur Lieferung verpflichtet.[1139] Sollte der zentrale Kontrahent auch mit der Zahlung des Barausgleichs in Verzug geraten, liegt sodann ein sogenannter Beendigungsgrund vor.[1140] Infolge dessen kann KCM alle ausstehenden Kaufverträge mit dem zentralen Kontrahenten im Wege einer sogenannten Kündigung beenden,[1141] woraufhin weder der zentrale Kontrahent noch KCM zur Vornahme weiterer Zahlungen oder Wertpapierlieferungen zur Erfüllung bereits fälliger oder nach dem Beendigungszeitpunkt fällig werdender Verpflichtungen verpflichtet sind.[1142] Stattdessen wird ein Schlussabrechnungsbetrag ermittelt, der eine einzige auf Zahlung gerichtete Forderung zugunsten derjenigen Partei darstellt, für welche sich bei der Berechnung ein positiver Saldo ergibt.[1143]

Da in diesem Fall aber der zentrale Kontrahent aus § 433 Abs. 2 BGB weiterhin gegenüber VCM zur Abnahme der Wertpapiere und Kaufpreiszahlung verpflichtet ist, bedarf es einer Regelung, wie er sich hiervon lösen kann, damit die Spiegelbildlichkeit der beiden juristischen Geschäfte mit dem zentralen Kontrahenten gewährleistet bleibt. Daher sieht Kap. I Ziff. 9.6.1 CB-Eurex vor, dass bei einer Beendigung der Geschäfte durch KCM der zentrale Kontrahent die korrespondierenden Geschäfte, aus denen er einen Anspruch auf Erhalt von Wertpapieren der gleichen Gattung hat, gleichfalls beenden kann. Daraufhin haben die veräußernden Clearing-Mitglieder nicht mehr das Recht, ihre Verpflichtungen aus den Kaufverträgen durch Übergabe und Übereignung zu erfüllen. Stattdessen findet auch in diesen Verhältnissen ein Barausgleich nach den gleichen Bestimmungen wie zwischen KCM und dem zentralen Kontrahenten statt.[1144]

1139 Kap. I Ziff. 9.5.1.2.2 Abs. 2 lit. d S. 3 CB-Eurex.

1140 Kap. I Ziff. 9.5.1 lit. b i.V.m. Kap. I Ziff 9.5.1.2 lit. b CB-Eurex.

1141 Kap. I Ziff. 9.5.2.1 CB-Eurex. Ausgeschlossen ist dabei die Kündigung nur eines Teils der Kaufverträge.

1142 Kap. I Ziff. 9.5.3 CB-Eurex.

1143 Kap. I Ziff. 9.5.4 CB-Eurex.

1144 Kap. I Ziff. 9.6.1 Abs. 3 CB-Eurex.

b.) Verzug des zentralen Kontrahenten hinsichtlich seiner Pflicht zur Kaufpreiszahlung

Die für den Fall des Verzuges des zentralen Kontrahenten mit seiner Kaufpreiszahlungspflicht gegenüber einem verkaufenden Clearing-Mitglied (VCM) vorgesehenen Regelungen entsprechen im Wesentlichen denjenigen über den Verzug mit der Lieferung. VCM muss den zentralen Kontrahenten ebenfalls zweimal mahnen. Nach erfolglosem Ablauf einer Frist von zwei Kalendertagen nach der zweiten Mahnung gerät der zentrale Kontrahent sodann in Zahlungsverzug, was ebenfalls einen Beendigungsgrund darstellt, infolge dessen durch Kündigung seitens VCM das beschriebene Verfahren eingeleitet werden kann.[1145] Damit der zentrale Kontrahent sich auch in diesem Fall von den Deckungsgeschäften lösen kann, um nicht weiterhin zur Lieferung der Wertpapiere verpflichtet zu sein,[1146] sieht Kap. I Ziff. 9.6.2 CB-Eurex das Recht zur Beendigung von bestehenden Deckungsgeschäften des zentralen Kontrahenten mit anderen Clearing-Mitgliedern vor.

Mit den Regelungen über den Verzug des zentralen Kontrahenten in Kap. I Ziff. 9.5.1 ff. CB-Eurex legen die CB-Eurex abweichend von § 286 BGB fest, wann der zentrale Kontrahent gegenüber einem Clearing-Mitglied in Verzug gerät. Ferner schließt Kap. I Ziff. 1.2.1 Abs. 6 CB-Eurex einen Rücktritt eines Clearing-Mitglieds von einzelnen Kaufverträgen aus.[1147]

c.) Schadensersatzansprüche eines Clearing-Mitglieds gegenüber dem zentralen Kontrahenten

Fraglich erscheint noch, ob ein Clearing-Mitglied Schadensersatzansprüche wegen des Verzuges des zentralen Kontrahenten geltend machen kann. Eine dahingehende ausdrückliche Regelung fehlt. Dagegen spräche, dass in die Berechnung des Schlussabrechnungsbetrages auch solche Posten Eingang finden, die sonst im Wege des Schadensersatzes geltend zu machen sind.[1148] Auch ein Vergleich mit den Regelungen hinsichtlich des Verzuges eines Clearing-Mitglieds legt

---

1145 Vgl. Kap. I Ziff. 9.5.1 lit. b i.V.m. Kap. I Ziff. 9.5.1.2 lit. a, Kap. I Ziff. 9.5.1.2.1, Kap. I Ziff. 9.5.2.1 CB-Eurex.

1146 Denn infolge der Beendigung durch VCM kann der zentrale Kontrahent von diesem die Übereignung und Übergabe der Wertpapiere nicht mehr verlangen. Geschuldet wird dann – entweder vom zentralen Kontrahenten oder von VCM – nur noch der Schlussabrechnungsbetrag (Kap. I Ziff. 9.5.3 CB-Eurex).

1147 Auch durch die „Kündigung" nach Kap. I Ziff. 9.5.2.1 CB-Eurex kann ein Clearing-Mitglied nicht einzelne Kaufverträge beenden.

1148 Vgl. im Einzelnen Kap. I Ziff. 9.5.4.2 CB-Eurex.

nahe, dass Schadensersatzansprüche der Clearing-Mitglieder im Fall des Verzuges des zentralen Kontrahenten nicht bestehen sollen. Denn beim Verzug eines Clearing-Mitglieds ist anders als beim Verzug des zentralen Kontrahenten ausdrücklich vorgesehen, dass die Eurex Clearing AG und ein geschädigtes anderes Clearing-Mitglied entstandene Schäden geltend machen können.[1149]

Für die Möglichkeit von Schadensersatzansprüchen eines durch den Verzug des zentralen Kontrahenten geschädigten Clearing-Mitglieds kann aber Kap. I Ziff. 9.5.5 CB-Eurex angeführt werden. Die Klausel regelt, dass das Clearing-Mitglied mit Ansprüchen gegen einen von ihm zu zahlenden Schlussabrechnungsbetrag aufrechnen kann, welche es aus anderen Rechtsgründen gegen die Eurex Clearing AG hat. Auch muss berücksichtigt werden, dass die CB-Eurex ansonsten weitergehende Ansprüche explizit ausschließen, sofern dies gewollt ist (vgl. Kap. I Ziff. 1.2.1 Abs. 6 CB-Eurex). Des Weiteren sieht Kap. I Ziff. 7.1 Abs. 6 S. 2 CB-Eurex vor, dass die Eurex Clearing AG Ansprüche, welche sie gegen ein sich im Verzug befindliches Clearing-Mitglied hat, mit schuldbefreiender Wirkung an ein durch den Verzug des Clearing-Mitglieds geschädigtes anderes Clearing-Mitglied auf dessen Antrag hin abtreten kann. Diese Klausel geht somit offensichtlich davon aus, dass ein Clearing-Mitglied Schadensersatzansprüche gegen die Eurex Clearing AG haben kann, welche die Eurex Clearing AG dann mittels einer schuldbefreienden Abtretung eigener Schadensersatzansprüche erfüllen kann.

Die CB-Eurex sind also nicht so zu verstehen, dass sie mögliche Schadensersatzansprüche von durch den Verzug des zentralen Kontrahenten betroffenen Clearing-Mitgliedern nach dem BGB verdrängen.

3.) Fazit zum Verzug

Die CB-Eurex beinhalten umfassende Regelungen für den Fall des Verzuges. Sie stellen damit ein das allgemeine Leistungsstörungsrecht weitgehend verdrängendes Regelungsregime dar. Zum einen enthalten sie Bestimmungen zu der Frage, unter welchen Voraussetzungen ein Verzug des zentralen Kontrahenten oder eines Clearing-Mitglieds sowohl hinsichtlich der Pflicht zur Übereignung und Übergabe der Wertpapiere als auch hinsichtlich der Pflicht zur Kaufpreiszahlung vorliegt. Zum anderen haben sie auch ein umfassendes Rechtsfolgenprogramm zum Inhalt, das aber in Ansehung möglicher Schadensersatzansprüche nicht abschließend ist.

1149 Vgl. Kap. V Ziff. 2.2 Abs. 6, Abs. 10 lit. b, Kap. I Ziff. 7.1 Abs. 4, Abs. 6 CB-Eurex.

B.) Unmöglichkeit der Leistung

Im Folgenden soll untersucht werden, welche Rechtsfolgen gelten, wenn die Übereignung und Übergabe der Wertpapiere unmöglich wird. Dazu soll zunächst kurz erörtert werden, unter welchen Voraussetzungen und mit welchen Rechtsfolgen dies nach den maßgeblichen Bestimmungen des BGB der Fall ist und welche Relevanz diesen zunächst theoretisch erscheinenden Fällen zukommt (I.)). Sodann soll untersucht werden, ob die CB-Eurex auch für den Fall der Unmöglichkeit ein solch umfassendes Regelungsprogramm beinhalten wie für den Verzug (II.)). Anschließend soll der Frage nachgegangen werden, ob für Fälle, in welchen die Regelwerke an einem Markt keine Normierung der objektiven Unmöglichkeit der Leistung enthalten, sie gleichwohl abschließend zu verstehen sind und damit die gesetzlichen Regelungen hinsichtlich der Unmöglichkeit der Leistung verdrängen und welche Folgen dies bedingen würde (III.)).

I.) Unmöglichkeit der Übereignung und Übergabe der Wertpapiere

Wenn zwischen der Entstehung der Verkäuferpflichten aus § 433 Abs. 1 S. 1 BGB mit Abschluss des Kaufvertrages (Zeitpunkt T) und deren angestrebten Erfüllung am Erfüllungstag (T+2) die Übergabe und Übereignung dem Verkäufer unmöglich wird, ist die Frage aufgeworfen, wer die Gefahr der Unmöglichkeit der Leistung trägt. Diese Frage nach der Verteilung der Leistungs- wie auch der Gegenleistungsgefahr stellt sich stets, wenn zwischen dem Entstehen der Leistungspflicht des Verkäufers mit dem Abschluss des Kaufvertrages und deren Erfüllung und damit ihrem Erlöschen (vgl. § 362 BGB) eine Zeitspanne, der Erfüllungszeitraum, liegt und innerhalb dieser Spanne die Erfüllung der Leistungspflicht unmöglich wird.[1150]

1.) Die gesetzlich vorgesehene Verteilung der Leistungs- und Gegenleistungsgefahr

Die erste hier maßgebliche Gefahrtragungsregel stellt § 275 BGB dar. Nach § 275 Abs. 1 BGB ist bei der anfänglichen wie bei der nachträglichen, verschuldeten oder unverschuldeten Unmöglichkeit der Anspruch des Käufers auf die Leistung des Verkäufers (in Natur)[1151] ausgeschlossen; der Verkäufer wird ipso

1150 *Emmerich,* Leistungsstörungen, § 9 Rn. 7 f. (S. 145).

1151 § 275 BGB meint die Leistungspflicht des Schuldners (Verkäufers) in Natur, wie sie der Gläubiger (Käufer) nach § 241 Abs. 1 BGB von diesem fordern darf (vgl. *Schwarze,* Leistungsstörungen, Vor § 3 (S. 21)). Keine Aussage macht § 275 BGB dazu, ob Letzterer über-

iure von seiner Leistungspflicht frei.[1152] Unmöglich ist eine Leistung, die nicht erbracht werden kann,[1153] sei es von niemandem (objektive Unmöglichkeit)[1154] oder nur vom Schuldner allein (subjektive Unmöglichkeit).[1155] Erfasst sind somit alle Fälle, in denen ein Leistungsurteil sinnlos wäre, weil auch unter Vollstreckungszwang die Leistung definitiv nicht erreicht werden kann.[1156] Indem nun § 275 Abs. 1 BGB für den Fall der Unmöglichkeit das Erlöschen der Leistungspflicht des Verkäufers anordnet, weist er dem Käufer die Leistungsgefahr zu.[1157] Der Käufer trägt die Gefahr, im Falle des Untergangs der geschuldeten Gegenstände, diese nicht zu erhalten und auch nicht mehr beanspruchen zu dürfen.

Allerdings hat es dabei beim Kaufvertrag nicht sein Bewenden. Denn bei diesem Vertrag handelt es sich um einen Grundtypus des gegenseitigen Vertrages.[1158] Bei solchen Verträgen bewirkt die Unmöglichkeit nicht nur, dass die andere Vertragspartei (Käufer) die ihr geschuldete Leistung nicht mehr beanspruchen kann, sondern es stellt sich auch die Frage, ob der Schuldner (Verkäufer) die Gegenleistung verlangen darf.[1159] Diese Frage ist dadurch bedingt, dass bei gegenseitigen Verträgen die versprochenen Leistungen synallagmatisch verbunden sind: Die eine Partei hat sich nur verpflichtet, weil sich die andere Partei ebenfalls zur (Gegen-)Leistung verpflichtet hat (do ut des).[1160] Diese Verbindung betrifft aber nicht nur die Entstehung der gegenseitigen Verbindlichkeiten (genetisches Synallagma), sondern wirkt auch fort, sodass auch das weitere Schicksal der versprochenen Leistungen im Gegenseitigkeitsverhältnis steht. Entfällt die Leistungspflicht, so erlischt auch die Gegenleistungspflicht (konditionelles Synallagma).[1161]

Diese synallagmatische Verknüpfung der wechselseitig eingegangenen Pflichten in ihrem Fortbestand kommt (in erster Linie) in § 326 Abs. 1 S. 1 BGB zum Ausdruck:[1162] Tritt Unmöglichkeit der Leistung ein und wird der Verkäufer somit nach § 275 Abs. 1 BGB von seiner Leistungspflicht frei, entfällt nach

---

haupt keine Leistung erlangt. Dies ist nur der Fall, wenn der Schuldner mangels Vertretenmüssen der Unmöglichkeit auch keinen Schadensersatz (§§ 280 Abs. 1, Abs. 3, 283 BGB) leisten muss (MüKoBGB-*Ernst*, § 275 Rn. 1, 67 f.).

1152 *Reinicke/Tiedtke,* Kaufrecht, Rn. 215.

1153 Staudinger-*Löwisch/Caspers*, § 275 Rn. 11.

1154 MüKoBGB-*Ernst*, § 275 Rn. 35.

1155 MüKoBGB-*Ernst*, § 275 Rn. 51.

1156 MüKoBGB-*Ernst*, § 275 Rn. 32.

1157 Staudinger-*Löwisch/Caspers*, § 275 Rn. 2.

1158 Bamberger/Roth-*Grothe*, § 320 Rn. 7.

1159 HKK-*Schermaier*, § 326 Rn. 1; *Schwarze*, Jura 2002, S. 73, 81.

1160 HKK-*Schermaier*, § 326 Rn. 1.

1161 Soergel-*Gsell*, § 326 Rn. 8; Staudinger-*Otto*, § 326 Rn. A 1, A 4 und B 1.

1162 Soergel-*Gsell*, vor § 320 Rn. 15.

§ 326 Abs. 1 S. 1 BGB die Gegenleistungspflicht des Käufers zur Zahlung des Kaufpreises. Das BGB verknüpft damit das Schicksal von Leistungs- und Gegenleistungspflicht während des Erfüllungszeitraumes.[1163] Damit weist § 326 Abs. 1 S. 1 BGB dem Verkäufer die Gefahr zu, infolge der Unmöglichkeit seiner Leistung keinen Anspruch auf die Gegenleistung, den Kaufpreis, zu haben (Gegenleistungs- oder Preisgefahr).[1164]

Eine weitere die Gegenleistungsgefahr regelnde Norm ist speziell für den Kaufvertrag in § 446 BGB enthalten. Diese Vorschrift findet auf alle Kaufverträge über bewegliche und unbewegliche Sachen oder – jedoch nur im Fall von § 453 Abs. 3 BGB[1165] – über Rechte Anwendung, wobei ferner irrelevant ist, ob es sich um einen Stück- oder um einen Gattungskauf handelt.[1166] Nach § 446 BGB trägt der Käufer bereits ab dem Zeitpunkt der Übergabe[1167] die Gefahr des zufälligen Untergangs der Kaufgegenstände. Einen eigenständigen Anwendungsbereich hat § 446 S. 1 BGB jedoch nur, wenn die Übergabe erfolgt, bevor die Übereignung stattfindet.[1168] Wie gezeigt, erfolgen die für die Übergabe bei Börsengschäften maßgeblichen Buchungen auf Ebene der Wertpapiersammelbank und damit auch die Übergabe selbst ebenso wie die vollständige Erfüllung durch Übereignung am zweiten Tag nach dem Tag des Geschäftsabschlusses, folglich keineswegs zeitlich der Vollendung der Übereignung vorgelagert.[1169] Mithin kann die vom Grundsatz des § 326 Abs 1 S. 1 BGB, dass die Gegenleistungsgefahr erst mit der vollständigen Erfüllung vom Verkäufer (Schuldner) auf den Käufer (Gläubiger) übergeht, abweichende Regelung in § 446 S. 1 BGB bei Börsengeschäften nicht angewendet werden.[1170]

Gesetzlich vorgesehen ist somit, dass bei Unmöglichkeit von Übergabe und Übereignung der Verkäufer nicht mehr verpflichtet ist, diese Leistungen zu erbringen (§ 275 Abs. 1 BGB). Im Erfüllungszeitraum wird somit dem Käufer die Leistungsgefahr zugewiesen.[1171] Im Gegenzug kann der Verkäufer jedoch auf-

1163 HKK-*Schermaier*, § 326 Rn. 2.
1164 Staudinger-*Otto*, § 326 Rn. A 8.
1165 Jauernig-*Chr. Berger*, § 446 Rn. 3.
1166 Jauernig-*Chr. Berger*, § 446 Rn. 3; MüKoBGB-*H.P. Westermann*, § 446 Rn. 4.
1167 Auch wenn „Übergabe" i.S.d. § 446 S. 1 BGB im Ausgangspunkt die Verschaffung des unmittelbaren Besitzes (§ 854 BGB) meint, liegt im Fall der Abwicklung der Börsengeschäfte, bei der wie dargelegt nur mittelbarer Besitz vom Veräußerer auf den Erwerber übertragen wird, eine von § 446 S. 1 BGB erfasste Übergabe vor. Denn wenn im Kaufvertrag eine andere als die auf unmittelbaren Besitz gerichtete Form der Besitzverschaffung vereinbart ist, gilt auch diese als Übergabe i.S.d. § 446 S. 1 BGB (Erman-*Grunewald*, § 446 Rn. 5).
1168 Vgl. Erman-*Grunewald*, § 446 Rn. 2.
1169 Siehe oben, S. 219 u. 222.
1170 *Fleckner*, WM 2009, S. 2064.
1171 Vgl. *Emmerich,* Leistungsstörungen, § 9 Rn. 4 (S. 143).

grund des Erlöschens seines Anspruches aus § 433 Abs. 2 BGB gem. § 326 Abs. 1 S. 1 BGB vom Käufer auch nicht mehr die Zahlung des Kaufpreises verlangen. Somit trägt im Erfüllungszeitraum der Verkäufer die Gegenleistungs- oder Preisgefahr. Ein Leistungsaustausch unterbleibt infolge der Unmöglichkeit der Leistung gänzlich.

2.) Unmöglichkeit der Übergabe und Übereignung von Wertpapieren im Börsenhandel

Dass die Übergabe und Übereignung geschuldeter Wertpapiere nach dem Abschluss des Kaufvertrages und vor der vollständigen Erfüllung der hieraus resultierenden Pflichten des Verkäufers unmöglich wird und damit der Anspruch des Käufers nach § 275 Abs. 1 BGB erlischt, ist im Börsenhandel nicht selten. Kaum denkbar ist freilich, dass ein Fall der subjektiven Unmöglichkeit eintritt. Denn bei der Verpflichtung zur Übereignung und Übergabe der Wertpapiere handelt es sich um eine gattungsmäßig bestimmte Schuld (§ 243 Abs. 1 BGB),[1172] bei welcher dem Verkäufer eine Beschaffungspflicht obliegt.[1173] Sollten die Wertpapiere in seinen Beständen in irgendeiner Form untergehen oder nie existiert haben, so muss er sich mit solchen Papieren eindecken. Seine Leistungspflicht besteht mithin fort.[1174] Sollte ihm eine solche Beschaffung aus finanziellen Gründen nicht möglich sein, ist dies für § 275 Abs. 1 BGB unerheblich,[1175] da jeder Schuldner stets für seine finanzielle Leistungsfähigkeit einzustehen hat.[1176] Als ein Fall subjektiver Unmöglichkeit kommt lediglich in Betracht, dass kein anderer Handelsteilnehmer bereit ist, die betreffenden Wertpapiere zu veräußern, sodass ein Deckungsgeschäft ausscheidet. Da solche Umstände aber bei in den Börsenhandel einbezogenen Wertpapieren unwahrscheinlich sind, kann dieser Fall vernachlässigt

---

1172 Gelegentlich wird diese Schuld mit dem Hinweis darauf, dass die gattungsgemäß bestimmte Ware auf dem Markt beschafft werden kann, als „marktbezogene“ Gattungsschuld bezeichnet (vgl. *Canaris*, JZ 2001, S. 499, 518). Der Begriff geht zurück auf Ballerstedt, der damit aber einen ganz anderen Fall meinte. Nach Ballerstedt handelt es sich bei einem marktbezogenen Gattungskauf um einen Kauf gattungsmäßig bestimmter Waren, bei dem der Verkäufer die Ware erst nach Abschluss des Kaufvertrages selbst am Markt erwerben wird, er sie also nicht auf Lager hat. Den vorliegend gegebenen Fall, bei dem der Verkäufer über die Kaufgegenstände verfügt (Ausnahme: Leerverkauf), aber subsidiär die Beschaffung auf dem Markt schuldet, bezeichnet Ballerstedt als Kauf gattungsmäßig bestimmter Ware (vgl. *Ballerstedt*, FS Nipperdey (1955), S. 261, 264 f.).

1173 Bamberger/Roth-*Unberath*, § 276 Rn. 41; *Harke,* Allgemeines Schuldrecht, Rn. 212.

1174 Vgl. *Unberath,* Vertragsverletzung, S. 274.

1175 Jauernig-*Stadler*, § 275 Rn. 18.

1176 Staudinger-*Löwisch/Caspers*, § 275 Rn. 72.

werden. Sollte gleichwohl mal ein derartiger Fall eintreten, wäre auch hierfür § 275 Abs. 1 BGB einschlägig.

Gewöhnlich kommen im Börsenhandel lediglich Fälle objektiver Unmöglichkeit der Leistung in Betracht, sei es weil der Leistungsgegenstand nicht (mehr) existiert (physische Unmöglichkeit) oder aber die Leistung aus rechtlichen Gründen nicht bewirkt werden kann (rechtliche Unmöglichkeit).[1177]

Zu denken ist zunächst an den Fall, dass die Wertpapierurkunden physisch vernichtet werden. Dies kann beispielsweise durch Schädlingsbefall in den Tresorräumen der Wertpapiersammelbank oder Zerstörung infolge einer Naturkatastrophe, eines sonstigen Unglücks (z.B. Brand) oder auch eines Terroranschlags geschehen. Bei rein kontenverbuchten Effekten ist zudem auf das Risiko hinzuweisen, dass solche Effekten aufgrund einer Datenlöschung – beispielsweise durch einen Computerfehler, die Vernichtung der Datenträger oder menschliches Versagen – „untergehen". Und auch bei der Girosammelverwahrung ist bei einer Datenlöschung nicht mehr ersichtlich, wer die Eigentümer der Wertpapiere sind, weil diese dann *niemandem* mehr zugeordnet werden können. Folglich ist auch in diesem Fall die Übereignung objektiv unmöglich.[1178]

Ferner sind die – praktisch relevanteren und für die Frage nach der Verteilung der Leistungs- und Preisgefahr weitaus interessanteren – Fälle des Handels von Aktien insolventer oder insolvenznaher Gesellschaften zu nennen. Dem liegt zugrunde, dass sowohl die Stellung des Insolvenzantrages, als auch die Einsetzung eines vorläufigen Insolvenzverwalters oder gar die Eröffnung des Insolvenzverfahrens nicht automatisch zum Wegfall der Börsennotierung führen. Wenn überhaupt, dann findet lediglich eine vorübergehende Aussetzung der Börsennotierung statt (vgl. § 25 Abs. 1 Nr. 1 BörsG) und diese Aussetzung währt in der Praxis in der Regel nicht länger als eine Stunde.[1179] Eine Einstellung des Börsenhandels der Aktie des betreffenden Unternehmens nach § 25 Abs. 1 Nr. 2 BörsG wird hingegen in der Praxis durch die Geschäftsführung der Börse selbst bei Eröffnung eines Insolvenzverfahrens meist nicht vorgenommen, da auch im laufenden Insolvenzverfahren ein weiterer Handel zweckmäßig und daher geboten sein kann.[1180] Erst mit Abschluss des Insolvenzverfahrens oder infolge der Mitteilung des Insolvenzgerichts, dass die Gesellschaft vermögenslos oder erloschen

---

1177 Vgl. *Schwarze*, Jura 2002, S. 73, 75.

1178 Anders wäre dies, wenn nur die Depotgutschrift des Verkäufers gelöscht würde. Dann könnten andere Handelsteilnehmer weiterhin die Wertpapiere liefern, sodass der Verkäufer sich eindecken könnte.

1179 *Schäfer*, FS Schneider, S. 1097.

1180 Dies ist auch der Hintergrund der Einfügung von § 43 BörsG, vgl. Groß-*Groß*, § 25 BörsG Rn. 8.

ist, kommt es zum Widerruf der Börsenzulassung (§ 38 Abs. 1 BörsG).[1181] Das bedeutet, dass auch die Aktien insolvenznaher Unternehmen an der Börse weiterhin gehandelt werden. Von besonders praktischem Interesse und mittlerweile auch Gegenstand börsenschiedsgerichtlicher[1182] und gerichtlicher Verfahren[1183] ist diese Rechtslage hinsichtlich US-amerikanischer Gesellschaften, die sich in einem Restrukturierungsverfahren nach Chapter-11 des US-amerikanischen Bankruptcy Codes[1184] befinden.[1185] Bei diesen Chapter-11-Fällen werden die Aktien US-amerikanischer Emittenten bei Abschluss des Restrukturierungsverfahrens für wertlos erklärt und infolge dessen in den Beständen der Sammelverwahrer und damit auch der deutschen Wertpapiersammelbank gelöscht.[1186] Infolge der Löschung der Bestände bei der Wertpapiersammelbank ist es für jedermann unmöglich, die Wertpapiere zu liefern (objektive Unmöglichkeit).[1187] Sollte die Löschung zwischen Abschluss und Erfüllung der Börsengeschäfte erfolgen, stellt sich auch hier die Frage nach der Gefahrtragung. Bedeutsam ist deren Beantwortung umso mehr, als sich die Handelsteilnehmer des Umstandes bewusst sind, dass sich der Emittent der Wertpapiere in einem Restrukturierungsverfahren befindet und damit eine Wertloserklärung nicht unwahrscheinlich ist.[1188]

Somit sind auch im Börsenhandel Fälle denkbar und durchaus praxisrelevant, in denen die Leistung des Verkäufers objektiv unmöglich ist oder im Erfüllungszeitraum wird und damit nach § 275 Abs. 1 BGB die Leistungspflicht des Verkäufers und nach § 326 Abs. 1 S. 1 BGB die Gegenleistungspflicht des Käufers erlischt.

II.) Keine umfassende Regelung der objektiven Unmöglichkeit in den CB-Eurex

Mit der Feststellung, dass bei einer Unmöglichkeit der Erfüllung der Verkäuferpflichten aus § 433 Abs. 1 S. 1 BGB die gegenseitigen Leistungspflichten der Vertragsparteien erlöschen (§§ 275 Abs. 1, 326 Abs. 1 S. 1 BGB), muss es jedoch nicht sein Bewenden haben. Denn die Regelungen des BGB über die Vor-

---

1181 *Schäfer*, FS Schneider, S. 1097, 1098; *Weber*, ZinsO 2001, S. 385, 388.

1182 Vgl. *Fleckner*, WM 2009, S. 2064.

1183 LG Frankfurt a.M. WM 2012, S. 363; OLG München WM 2012, S. 649.

1184 Bankruptcy Code of 1978, in Kraft getreten aufgrund des Bankruptcy Reform Act of 1978. Zum Ablauf eines Chapter-11-Verfahrens vgl. *Gräwe*, ZInsO 2012, 158.

1185 Vgl. *Fleckner*, WM 2009, S. 2064, 2064 f.; *Hadding*, FS Schwark, S. 697.

1186 Vgl. *Fleckner*, WM 2009, S. 2064, 2064 f.

1187 *Schäfer*, FS Schneider, S. 1097, 1101.

1188 Vgl. *Hadding*, FS Schwark, S. 697, 705; *Schäfer*, FS Schneider, S. 1097, 1098.

aussetzungen und die Folgen der Unmöglichkeit sind mit Ausnahme derjenigen in § 276 Abs. 3 BGB dispositiv und damit der Parteivereinbarung zugänglich.[1189] Die Risikoverteilung bei Unmöglichkeit ergibt sich somit in erster Linie aus der vertraglichen Vereinbarung der Beteiligten,[1190] folglich auch aus den in deren Rechtsverhältnis wirksam einbezogenen AGB.[1191] Mithin ist zu untersuchen, ob die Regelwerke – nämlich die CB-Eurex für den Kassahandel an der FWB unter Einbeziehung der Eurex Clearing AG als zentralem Kontrahenten – wie für den Verzug auch für die objektive Unmöglichkeit umfassend Regelungen bereithalten.

Anders als zum Verzug[1192] beinhalten die CB-Eurex keine ausdrücklich als Regelungen über die Unmöglichkeit der Leistung ausgewiesenen Klauseln. Zu untersuchen ist jedoch, ob sich eine Regelung dieser Fälle im Wege der Auslegung der CB-Eurex ermitteln lässt. Da es sich bei den CB-Eurex um AGB handelt, sind sie objektiv und „einheitlich so auszulegen, wie sie von verständigen und redlichen Vertragspartnern unter Abwägung der Interessen der normalerweise beteiligten Kreise verstanden werden".[1193]

In Betracht zu ziehen ist, dass die Fälle der objektiven Unmöglichkeit von den Verzugsregeln der CB-Eurex mit erfasst werden. Beleuchtet man Kap. V Ziff. 2.2 Abs. 3 CB-Eurex, wonach die Eurex Clearing AG auch schon am 1. Geschäftstag nach dem Erfüllungstag (T+3) einen Barausgleich vornehmen kann, wenn sie unter anderem „aufgrund sonstiger schwerwiegender Gründe eine Durchführung der genannten Maßnahmen für erforderlich hält", kann erwogen werden, dass die objektive Unmöglichkeit ein solcher schwerwiegender Grund ist. Denn existieren die Wertpapiere nicht mehr, ist auch die sonst zunächst in Kap. V Ziff. 2.2 Abs. 1 CB-Eurex vorgesehene Maßnahme einer Vornahme von Deckungskäufen naturgemäß unmöglich. Die Folge wäre eine Umwandlung der Lieferverpflichtung des Verkäufers in eine Pflicht zu einer entsprechenden Geldzahlung. Tatsächlich wurde zum 26. April 2011 in das für den Handel an der FWB maßgebliche Kapitel V der CB-Eurex die Bestimmung in Ziff. 2.2 Abs. 1 lit. k aufgenommen, welche lautet: „Wird bezüglich des Emittenten der zu liefernden Wertpapiere ein Verfahren nach Kapitel 11 des US-amerikanischen Bankruptcy Code eröffnet, so kann die Eurex Clearing AG einen Barausgleich abweichend von lit. b und lit. d bereits am 6. Geschäftstag nach dem Liefertag festlegen."

1189 Staudinger-*Löwisch/Caspers*, Vorbem. zu §§ 275-278 Rn. 17.

1190 *Motsch*, JZ 2001, S. 428, 429.

1191 Vgl. *Fleckner*, WM 2009, S. 2064, 2071.

1192 Die dort angeführten Klauseln unter Kap. I Ziff. 7.1, 7.2, 9.5.1.2.1, 9.5.1.2.2, sowie Kap. V Ziff. 2.2 CB-Eurex sind mittels ihrer Überschriften „Verzug", „Zahlungsverzug" oder „Lieferverzug" explizit als Verzugsvorschriften bezeichnet.

1193 BGH NJW 2001, S. 2165, 2166 m.w.N.

Für den Eintritt eines Chapter-11-Falles, allerdings auch ausschließlich für diesen Fall der Unmöglichkeit der Leistung, sehen die CB-Eurex für den Handel an der FWB daher ausdrücklich eine Rechtsfolgenregelung vor. Diese Regelung verdrängt das allgemeine Leistungsstörungsrecht des BGB. Es kommt mithin ohne das sonst bei einem Verzug vorzunehmende Prozedere zeitnah zur Durchführung des beschriebenen Barausgleichs.[1194] Die wechselseitigen Ansprüche der Kaufvertragsparteien erlöschen somit in diesen Fällen der Unmöglichkeit nicht ersatzlos, wie dies an sich die Rechtsfolge aus §§ 275 Abs. 1, 326 Abs. 1 S. 1 BGB wäre. Vielmehr werden sie durch entsprechende Zahlungsansprüche ersetzt, die miteinander verrechnet werden. Aus einem Umkehrschluss zu dieser Klausel ergibt sich jedoch auch, dass die CB-Eurex für andere Fälle einer Unmöglichkeit der Leistung keine besonderen Regelungen enthalten.

III.) Geltung des allgemeines Leistungsstörungsrechts für nicht in den Regelwerken normierte Fälle der objektiven Unmöglichkeit

Allein der Umstand, dass die Regelwerke an einem Börsenplatz keine ausdrückliche, alle denkbaren Fälle erfassenden Bestimmungen für objektive Unmöglichkeit enthalten, bedeutet jedoch noch nicht, dass sie die objektive Unmöglichkeit ungeregelt lassen. Nichterwähnung ist nicht zwangsläufig Nichtregelung.[1195] Denkbar ist vielmehr, dass ausschließlich die vorgesehenen Bestimmungen zur Regelung von Leistungsstörungen gelten sollen. Dann wären die Regelwerke als abschließend zu verstehen, mit der Folge, dass sie die Anwendung des allgemeinen Leistungsstörungsrechts ausschließen würden.[1196]

Im Folgenden wird erörtert, ob bei den Börsengeschäften als Konsequenz eines abschließenden Charakters der Regelwerke das Prinzip des „periculum est emptoris“ zur Anwendung gelangen würde, nach welchem der Käufer ab Vertragsschluss die Gegenleistungsgefahr trägt (1.)). Sodann wird untersucht, ob die Regelwerke wenn sie keine Regelung der Rechtsfolgen der objektiven Unmöglichkeit der Leistung vorsehen, dahingehend ausgelegt werden können, dass sie abschließend gegenüber dem allgemeinen Leistungsstörungsrecht sind (2.)).

1194 Insofern kann auf die Ausführungen zum Verzug verwiesen werden (siehe oben, S. 262).

1195 Vgl. *Fleckner*, WM 2009, S. 2064, 2069.

1196 So *Hadding*, FS Schwark, S. 697, 702 ff. und auch *Schäfer*, FS Schneider, S. 1097, 1104 ff. zu den Bestimmungen der GB-FWB, die wie die CB-Eurex (diese jedoch mit Ausnahme der Chapter-11-Fälle) die objektive Unmöglichkeit nicht regeln, zur Zwangsregulierung im Rahmen des Freiverkehrs an der FWB. Dagegen *Fleckner*, WM 2009, S. 2064, 2071 f.

1.) Konsequenzen einer als abschließend zu verstehenden Regelung der Leistungsstörungen in den Regelwerken

Zuerst sollen die Folgen eines für den Fall einer fehlenden Regelung der objektiven Unmöglichkeit gegenüber dem allgemeinen Leistungsstörungsrecht gleichwohl als abschließend auszulegenden Charakters der Regelwerke an einem Börsenplatz dargelegt werden. Zu fragen ist, welche Rechtsfolgen eintreten, wenn §§ 275 Abs. 1, 326 Abs. 1 S. 1 BGB unanwendbar sind.

Dabei ist zunächst zu klären, was Folge der nicht möglichen Lieferung der Wertpapiere ist. Dies betrifft namentlich die Frage, ob die Unmöglichkeit auch bei fehlender gesetzlicher Anordnung per se zu einem Wegfall der Leistungspflicht führt, wie dies § 275 Abs. 1 BGB vorsieht. Immerhin wurde im Laufe des Gesetzgebungsverfahrens zu § 275 BGB lange und in mehreren Entwürfen auf einen Wegfall der Leistungspflicht für den Fall der Unmöglichkeit verzichtet. Dabei sollte zwar nach dem Kommissions- und Diskussionsentwurf von 1992 bzw. 2000 der vorgesehene § 275 BGB KommE/DiskE entgegen seinem Wortlaut nicht nur Unvermögensfälle, sondern auch Fälle der „echten" Unmöglichkeit erfassen, da nicht geschuldet sei, was der Schuldner nicht leisten könne.[1197] Jedoch war § 275 BGB KommE/DiskE als Einrede ausgestaltet, was daher auch die Fälle der wirklichen Unmöglichkeit erfasst hätte,[1198] sodass auch in diesen Fällen die Leistungspflicht fortbestanden hätte. Und § 275 BGB a.F. unterschied immerhin zwischen zu vertretender und nicht zu vertretender Unmöglichkeit, wobei eine nicht unbeachtliche Mindermeinung den Standpunkt einnahm, dass dem Schuldner eine Leistungspflichtbefreiung nur zugute kam, wenn die Unmöglichkeit nicht von ihm zu vertreten war.[1199]

Zutreffend jedoch erscheint indes ein Wegfall der Leistungspflicht, auch wenn eine dahingehende ausdrückliche gesetzliche Anordnung fehlt. Ausgangspunkt ist, dass die Rechtsordnung den Schuldner nicht zu einem unmöglichen Handeln verpflichtet.[1200] Daran anknüpfend könnte nun zwar erwogen werden, dass der Anspruch des Gläubigers gleichwohl fortbesteht, jedoch dem Schuldner eine Einrede zugebilligt wird, wie dies der Kommissionsentwurf vorsah. Jedoch macht eine lediglich hemmende Einrede bei einer unmöglichen Leistung keinen Sinn.[1201] Eine Einrede dient dazu, dem Einredeberechtigten eine Entscheidung über deren Ausübung zu ermöglichen. Besieht man aber die Unmöglichkeit der

---

1197 Vgl. *Finn*, Erfüllungspflicht und Leistungshindernis, S. 116 f. m.w.N.

1198 *Finn*, Erfüllungspflicht und Leistungshindernis, S. 118 f.

1199 Zum Streitstand vgl. *Finn*, Erfüllungspflicht und Leistungshindernis, S. 41 ff.; *Mitzkait*, Leistungsstörung und Haftungsbefreiung, S. 34 f. je m.w.N.

1200 *Schapp*, JZ 1993, 637, 639.

1201 So auch *Brüggemeier*, Referat zum 60. DJT, S. K 47, K 63.

Leistung, ist dem Schuldner ein Raum zur freien Entscheidung gar nicht gegeben.[1202] Eine für jedermann unmögliche Leistung kann schlichtweg nicht gefordert werden, ein darauf gerichtetes Leistungsurteil wäre somit ebenso sinnlos,[1203] wie eine Verweisung des Käufers auf die Regelungen in den Börsenregelwerken zum Verzug.[1204] Diese würden mangels Möglichkeit des Verkäufers, die Wertpapiere zu verschaffen oder auch des zentralen Kontrahenten, sich anderweitig mit diesen einzudecken, schlicht ins Leere laufen. Mit einem gleichwohl bestehenden Anspruch wäre auch sonst dem Gläubiger nicht gedient. Denn im Falle der Nichterfüllung durch den Schuldner könnte er gleichwohl nicht Schadensersatz verlangen, weil der Schuldner bei Erhebung der Einrede nicht leisten müsste und auch im Falle einer nicht erhobenen Einrede die Nichterfüllung einer einredebehafteten Forderung keine Pflichtverletzung darstellen würde.[1205] Bei trotz Unmöglichkeit erhobener Klage auf Lieferung der Wertpapiere wäre dies – zumindest im Fall der evidenten Unmöglichkeit – als rechtsmissbräuchlich zu qualifizieren und der begehrten Rechtsdurchsetzung des Gläubigers stünde die Einwendung[1206] des § 242 BGB entgegen.[1207] Es kann daher dahinstehen, ob es vorpositiv ausgeschlossen ist, dass der Käufer vom Verkäufer weiterhin die Übergabe und Übereignung der Wertpapiere verlangen kann.[1208] Zumindest besteht kein schutzwürdiges Interesse des Käufers an einem solchen Anspruch,[1209] da dessen Ausübung jedenfalls rechtsmissbräuchlich wäre.[1210] Es gilt somit die Celsus-Regel[1211] „impossibilium nulla est obligatio".[1212] Eine Anwendung von § 275 Abs. 1 BGB bedarf es insoweit überhaupt nicht.[1213]

1202 *Schapp*, JZ 1993, 637, 639.

1203 MüKoBGB-*Ernst*, § 275 Rn. 32.

1204 Vgl. LG Frankfurt a.M. WM 2012, S. 363, 364 f.

1205 *Schapp*, JZ 1993, 637, 639.

1206 Palandt-*Grüneberg*, § 242 Rn. 21.

1207 *Schapp*, JZ 1993, 637, 639.

1208 Vgl. *Unberath*, Vertragsverletzung, S. 271 u. auch S. 199; *Meincke*, AcP 171 (1971), S. 19, 24 f. Dagegen *Stoll*, JZ 2001, 589, 590 f. m.w.N.

1209 Vgl. *Canaris*, JZ 2001, 499, 500.

1210 *Schapp*, JZ 1993, 637, 639.

1211 Celsus D. 50, 17, 185.

1212 *Kisch*, Wirkungen der nachträglich eintretenden Unmöglichkeit, S. 44; *Wächter*, AcP 15 (1832), S. 97, 115 f. Der Grundsatz „impossibilium nulla est obligatio" besagt dabei keinesfalls, dass die Unmöglichkeit der Leistung die schuldrechtliche Bindung durch einen auf diese Leistung gerichteten Vertrag verhindert. Er drückt nur aus, dass Unmögliches nicht geleistet werden kann. Klargestellt ist dies in § 311a Abs. 1 BGB. Vgl. *Schwarze*, Leistungsstörungen, § 4 A. I. (Rn. 3).

1213 *Fleckner*, WM 2009, S. 2064, 2070. Vgl. auch *Kisch*, Wirkungen der nachträglich eintretenden Unmöglichkeit, S. 44.

Anders als bezüglich des Anspruchs auf Lieferung der Wertpapiere, dessen Erfüllung in keinem Fall durchsetzbar ist, könnte es sich jedoch mit der Pflicht zur Kaufpreiszahlung verhalten.[1214] Denn es kann sich der Käufer wie bereits erläutert nicht auf fehlende Geldmittel zur Erfüllung seiner Pflicht aus § 433 Abs. 2 BGB berufen. Er bliebe mithin zur Zahlung des Kaufpreises verpflichtet, ohne aber die Übergabe und Übereignung der Wertpapiere verlangen zu können.[1215] Es käme also im Fall objektiver Unmöglichkeit zu einer Aufhebung des synallagmatischen Verhältnisses von Leistung und Gegenleistung in ihrem Fortbestand.[1216] Mithin wäre das konditionelle Synallagma bei den im Rahmen des Börsenhandels abgeschlossenen Kaufverträgen aufgelöst. Sollten die Regelwerke also das allgemeine Leistungsstörungsrecht, insbesondere die §§ 275 Abs. 1, 326 Abs. 1 S. 1 BGB verdrängen, käme es zu einer Abweichung von den gesetzlich vorgesehenen Rechtsfolgen einer Unmöglichkeit der Leistung.[1217] Vielmehr würde die dem römischen Marktrecht bekannte Regel[1218] des „periculum est emptoris“ zur Anwendung gelangen, nach welcher der Käufer ab Vertragsschluss (perfecta emptione) die Gegenleistungsgefahr trägt, indem er im Falle des Untergangs der Kaufgegenstände nach Vertragsschluss den Kaufpreis zu zahlen verpflichtet bleibt.[1219]

2.) Geltung des Prinzips des „periculum est emptoris“ bei Börsengeschäften?

Soweit die börslichen Regelwerke keine positive Regelung der Rechtsfolgen objektiver Unmöglichkeit enthalten, muss durch Auslegung ermittelt werden, ob sie als gegenüber dem allgemeinen Leistungsstörungsrecht abschließend zu verstehen sind, mit der Folge, dass abweichend von § 326 Abs. 1 S. 1 BGB das Prinzip „periculum est emptoris“ gelten würde. Bei der Auslegung sind maßgeblich auch die (mutmaßlichen) Parteiinteressen zu berücksichtigen. Denn es ist der

---

1214 Vgl. *Meincke*, AcP 171 (1971), S. 19, 26; *Wächter*, AcP 15 (1832), S. 97, 119 und S. 188, 189 f.

1215 Vgl. *Fleckner*, WM 2009, S. 2064, 2070.

1216 *Hadding*, FS Schwark, S. 697, 705.

1217 Vgl. zu den GB-FWB in ihrer bis zum 1. November 2007 geltenden Fassung *Schäfer*, FS Schneider, S. 1097, 1101 f.

1218 Paulus D. 18, 6, 8; Inst. 3, 23, 3/3a.

1219 Vgl. HKK-*Schermaier*, § 326 Rn. 3; Staudinger-*Otto*, § 326 Rn. B 4. In den Ausnahmefällen des § 2380 BGB und des § 56 ZVG ist dieses Prinzip auch in der deutschen Rechtsordnung zu finden. Dazu, dass sich die Ausgestaltungen des Übergangs der Gegenleistungsgefahr erst mit vollständiger Erfüllung, bereits mit Übergabe oder bereits mit Vertragsschluss allesamt in heutigen Rechtsordnungen finden lassen, vgl. *Filios,* Gefahrtragung beim Kauf, S. 8 ff.; *Rabel,* Recht des Warenkaufs II, § 113 (S. 308-311).

Zweck der Regelwerke, diese Interessen zu einem gerechten Ausgleich zu bringen.[1220] Eine Auslegung entsprechend dem (mutmaßlichen) Parteiwillen und mit dem Ziel eines gerechten Interessenausgleichs gilt insbesondere dann, wenn die Regelwerke, wie die CB-Eurex, privatrechtlicher Natur sind.[1221] Die Parteiinteressen müssen dabei unter Berücksichtigung der Besonderheiten des Börsenhandels ermittelt werden.

Es wird im Folgenden zunächst dargelegt, dass für eine Verdrängung der Grundsätze in §§ 275 Abs. 1, 326 Abs. 1 S. 1 BGB deutliche Anzeichen dahingehender Parteiinteressen erforderlich sind (a.)). Sodann wird untersucht werden, ob die Besonderheiten beim Börsenhandel dazu führen, dass die Anwendung des Prinzips „periculum est emptoris“ die Parteiinteressen zu einem gerechten Ausgleich bringt (b.)). Im Anschluss soll gefragt werden, ob die CB-Eurex dahingehend ausgelegt werden können, dass sie abschließend alle Fälle der Leistungsstörungen regeln und damit für nicht geregelte Fälle einer objektiven Unmöglichkeit der Leistung die Anwendung der §§ 275 Abs. 1, 326 Abs. 1 S. 1 BGB ausschließen (c.)). Abschließend wird der Frage nachgegangen, ob bei hochspekulativen Geschäften (Chapter-11-Fälle) eine konkludente Abbedingung der §§ 275 Abs. 1, 326 Abs. 1 S. 1 BGB durch die Parteien angenommen werden kann (d.)).

a.) Anhaltspunkte für Abweichung vom Grundsatz des § 326 Abs. 1 S. 1 BGB

Im Ausgangspunkt festzuhalten ist, dass es deutlicher Anzeichen dafür bedarf, dass die Regelwerke von der Verteilung der Leistungs- und Gegenleistungsgefahr, wie sie in §§ 275 Abs. 1, 326 Abs. 1 S. 1 BGB erfolgt, abweichen, indem sie diese Vorschriften verdrängen. Denn bei den an der Börse abgeschlossenen Geschäften handelt es sich um Kaufverträge, die – im Übrigen ebenso wie die dem eigentlichen Börsenhandel vorgelagterten Kommissionsverträge – einen Grundtypus der gegenseitigen Verträge darstellen.[1222]

Wesensmerkmal der gegenseitigen Verträge ist nun aber das Synallagma. Die wechselseitige Bedingtheit der Leistungsversprechen beim gegenseitigen Vertrag (ich gebe, weil du gibst – do ut des) bezieht sich dabei nicht nur auf die *Abgabe* der Leistungsversprechen. Vielmehr determiniert sie auch den Inhalt der Verträge

---

1220 Vgl. *Fleckner*, WM 2009, S. 2064, 2072.

1221 So zu den mittels der Verweisungsvorschrift des § 19 Abs. 1 S. 1 AGB Freiverkehr FWB i.d.F. v. 15.11.2007 privatrechtlich auch im Freiverkehr an der FWB geltenden GB-FWB *Hadding*, FS Schwark, S. 697, 702. Allgemein vgl. BGH NJW-RR 2003, S. 1053 (Bei Auslegung eines Vertrags ist insbesondere zu berücksichtigen, in welchem Umfang die Parteien nach ihrer Interessenlage jeweils das wirtschaftliche Risiko späterer Entwicklungen tragen sollten.); MüKoBGB-*Busche*, § 157 Rn. 7 m.w.N.

1222 Bamberger/Roth-*Grothe*, § 320 Rn. 7.

dahingehend, dass sich die Parteien nur zu einer eingeschränkten Leistung verpflichten, nämlich nur zur Leistung im Austausch gegen die Gegenleistung.[1223] Entfällt nun die Leistungspflicht des einen Vertragspartners, so kann es zu dem Austausch nicht mehr kommen, mithin dem Inhalt des Vertrages (Leistung nur um der Gegenleistung willen) nicht mehr genügt werden. Konsequenterweise muss dann auch die Gegenleistung entfallen. Dies ist die Kehrseite des Austauschvertrages.[1224] § 326 Abs. 1 S. 1 BGB setzt folglich ein Grundprinzip eines jeden gegenseitigen Vertrages um,[1225] ordnet also eine Rechtsfolge an, die sich aus der durch das Synallagma geprägten Struktur der gegenseitigen Verträge ohnehin ergibt[1226] und der Natur des Kaufvertrages entspricht.[1227]

Gerade beim Kaufvertrag ist dabei auch der wechselseitige finanzielle Bezug von Leistungs- und Gegenleistungspflicht zu berücksichtigen, der ebenfalls bedingt, dass der Wegfall der Leistungs- sich grundsätzlich auch auf die Gegenleistungspflicht auswirkt.[1228] Und gerade diese Auswirkung wird durch das Zusammenspiel von § 275 Abs. 1 mit § 326 Abs. 1 S. 1 BGB hergestellt.[1229] Würde nun aufgrund des abschließenden Charakters der Regelwerke die Vorschrift in § 326 Abs. 1 S. 1 BGB verdrängt und aufgrund des sich wie dargelegt gleichwohl eintretenden Ausschlusses der Leistungspflicht das Prinzip „periculum est emptoris“ zur Geltung kommen, wäre dies also eine erhebliche Abweichung vom synallagmatischen Charakter der Kaufverträge. Zusätzlich zu gewichten ist, dass § 326 Abs. 1 S. 1 BGB auch einen materiellen Gerechtigkeitswert besitzt. Die Regelung des § 326 Abs. 1 S. 1 BGB bewirkt nämlich, dass der Käufer, solange er noch nicht über den Kaufgegenstand verfügen kann, auch nicht die Nachteile seines Untergangs tragen muss.[1230]

b.) Besonderheiten des Börsenhandels rechtfertigen keine Abweichung vom Prinzip des konditionellen Synallagmas

Es stellt sich somit die Frage, ob im Börsenhandel eine Interessenlage der Parteien gegeben ist, die eine Durchbrechung des konditionellen Synallagmas, welches dem Kaufvertrag grundsätzlich immanent ist, rechtfertigen kann. Dann nämlich wären die Börsenregelwerke teleologisch dahingehend auszulegen, dass sie auch

1223 *Kirn*, JZ 1969, S. 325 ff.; *Meincke*, AcP 171 (1971), S. 19, 31.
1224 *Schwarze*, Leistungsstörungen, § 15 A. (Rn. 1).
1225 So zur Vorgängernorm § 323 Abs. 1 BGB a.F. *Meincke*, AcP 171 (1971), S. 19, 31.
1226 Vgl. *Larenz*, Schuldrecht AT, § 21 I (S. 310).
1227 *Filios*, Gefahrtragung beim Kauf, S. 17.
1228 Staudinger-*Otto*, § 326 Rn. A 1.
1229 Vgl. Staudinger-*Otto*, § 326 Rn. A 1.
1230 *Schwarze*, Leistungsstörungen, § 15 B. I. (Rn. 4).

bei fehlender positiver Regelung der objektiven Unmöglichkeit der Leistung abschließend sind, wodurch die §§ 275 Abs. 1, 326 Abs. 1 S. 1 BGB verdrängt und somit das Prinzip „periculum est emptoris" zur Anwendung gelangen würde.

Ganz augenscheinlich entspricht es nicht den Interessen der Wertpapierkäufer, direkt ab Vertragsschluss und schon vor der Erfüllung ihrer Ansprüche nicht nur die Leistungs-, sondern auch die Gegenleistungsgefahr zu tragen. Folglich müssten gewichtige Interessen der Verkäufer vorliegen, um die auf eine Tragung der Gegenleistungsgefahr durch den Verkäufer gerichteten Interessen der Käufer verdrängen zu können. Denn nur dann könnte man den Grundsatz „periculum est emptoris" als einen angemessenen Ausgleich der Interessen der Beteiligten betrachten. Und nur dann entspräche eine dahingehende Auslegung der Regelwerke für den Fall, dass sie keine positive Normierung der Rechtsfolgen objektiver Unmöglichkeit der Leistung vorsehen, dem mutmaßlichen Parteiwillen.[1231] Und auch aus dem Gebot von Treu und Glauben (§ 242 BGB) kann sich eine Abweichung von der in §§ 275 Abs. 1, 326 Abs. 1 S. 1 BGB geregelten Risikoverteilung nur ergeben, wenn es bei deren Anwendung zu nicht hinnehmbaren Wertungswidersprüchen käme.[1232]

An dieser Stelle muss daran erinnert werden, dass sich die Frage nach der Zuteilung der Gegenleistungsgefahr im Börsenhandel nur stellt, weil zwischen dem Geschäftsabschluss und der Erfüllung zwei Geschäftstage, mithin ein Erfüllungszeitraum liegt.[1233] Ein Ansatzpunkt für eine möglicherweise eine Durchbrechung des konditionellen Synallagmas rechtfertigende Interessenlage der Beteiligten könnte nun sein, dass diese Verschiebung der Erfüllung im alleinigen oder überwiegenden Interesse der Käufer erfolgt. Dann entspräche es umgekehrt dem legitimen Interesse der Verkäufer, nicht die Gefahr für die innerhalb dieses Zeitraums bestehenden Risiken tragen zu müssen. Und genau diese Vorstellung liegt auch dem Grundsatz „periculum est emptoris" zugrunde, welcher darauf beruhte, dass der Käufer die präsente Ware noch nicht abnehmen wollte.[1234]

An dieser Stelle ist festzustellen, dass die nicht taggleiche Erfüllung keineswegs allein abwicklungstechnisch bedingt ist.[1235] Es ließe sich durchaus im modernen, auf Computersystemen basierenden Handel und Settlement eine taggleiche Erfüllung der Börsengeschäfte implementieren. So ist schon heute im bilateralen Handel möglich, dass die Parteien als Erfüllungstag den ersten Geschäftstag nach dem Tag des Geschäftsabschlusses (T+1) vereinbaren und dann nach Anweisung

---

1231 Diese Ansicht vertritt Schäfer für die den Fall der objektiven Unmöglichkeit nicht regelnden GB-FWB (vgl. *Schäfer*, FS Schneider, S. 1097, 1106).

1232 LG Frankfurt a.M. WM 2012, S. 363, 364.

1233 Vgl. *Emmerich,* Leistungsstörungen, § 9 Rn. 7 f. (S. 143).

1234 Vgl. *Schäfer*, FS Schneider, S. 1097, 1104.

1235 Davon geht jedoch Fleckner aus (vgl. *Fleckner*, WM 2009, S. 2064, 2067).

an die Clearstream Banking AG bereits an diesem Tag die Erfüllung erfolgt. Im Handel mit einem zentralen Kontrahenten scheitert eine derartige Parteivereinbarung derzeit zwar daran, dass die Erfüllungszeiträume dort für alle Geschäfte einheitlich sein müssen, weil die aus den einzelnen juristischen Geschäften stammenden Forderungen mit Gegenansprüchen aus anderen Geschäften verrechnet werden sollen. Jedoch könnte auch dort der Handel gänzlich auf andere Erfüllungstage umgestellt werden, sodass sich auch im Handel unter Einbeziehung eines zentralen Kontrahenten andere Erfüllungsfristen einrichten ließen. Wollte man also in der nicht taggleichen Erfüllung einen allein den Käuferinteressen entsprechenden Umstand sehen, so müsste man sich zwingend fragen, warum einer – unter dieser Prämisse anzunehmende – einseitigen Benachteiligung der Verkäufer nicht durch eine andere Ausgestaltung der Erfüllungsfristen schlicht der Boden entzogen wird. Dies zu unterlassen, aber zugleich im Gegenzug eine den Käuferinteressen widersprechende Abkehr vom konditionellen Synallagma anzunehmen, stellt kein schützenswertes Interesse der Verkäufer dar. Insbesondere würde eine Abweichung von der in §§ 275 Abs. 1, 326 Abs. 1 S. 1 BGB normierten Risikoverteilung nicht zu nicht hinnehmbaren Wertungswidersprüchen führen.[1236]

Vielmehr verhält es sich tatsächlich so, dass die zeitlich verzögerte Abwicklung der Börsengeschäfte keineswegs allein oder überwiegend im Interesse der Käufer erfolgt. Durch die verzögerte Erfüllung kann zwar durchaus auf der einen Seite dem Käufer die Möglichkeit einer Ratenzahlung oder Refinanzierung eröffnet werden.[1237] Jedoch kann dafür auf der anderen Seite der Verkäufer im Erfüllungszeitraum die Wertpapiere beispielsweise verleihen. Auch wären andernfalls Leerverkäufe nicht denkbar, da der Verkäufer bereits zum Zeitpunkt des Verkaufs über die Wertpapiere verfügen müsste, wenn er sie sogleich liefern müsste.[1238] Da also die zeitlich hinausgeschobene Erfüllung nicht allein im Interesse der Wertpapierkäufer an der Börse erfolgt, entspricht es keinem legitimen Interesse der Verkäufer, abweichend vom Grundsatz des § 326 Abs. 1 S. 1 BGB die Gegenleistungsgefahr für den Erfüllungszeitraum, in welchem alleine die

1236 OLG München WM 2012, S. 649, 650.

1237 *Fleckner*, WM 2009, S. 2064, 2067.

1238 In Deutschland sind nach § 30h Abs. 1 S. 1 WpHG ungedeckte Leerverkäufe u.a. in Aktien, die an einer inländischen Börse zum Handel im regulierten Markt zugelassen sind, verboten. Dies erfasst aber nicht Verkäufe von Aktien, welche zwar nicht im Eigentum des Verkäufers stehen, auf die er aber einen schuldrechtlichen Anspruch hat (vgl. § 30 Abs. 1 S. 4 Nr. 2 WpHG). Wäre der Erfüllungszeitraum auf null reduziert, so wären auch solche (sog. gedeckten) Leerverkäufe nicht möglich. Im Übrigen bestehen ohnehin Ausnahmen von dem beschriebenen Verbot (vgl. § 30h Abs. 1 S. 3, Abs. 2, Abs. 3 S. 1 Nr. 1 WpHG). Zu den §§ 30h f. WpHG vgl. näher *Möllers/Christ/Harrer*, NZG 2010, S. 1167.

Verkäufer ja noch über die verkauften Wertpapiere verfügen können, diese Papiere weiterhin ihrem Vermögen zugeordnet sind, auf den Käufer abzuwälzen. Die zeitlich verzögerte Erfüllung erfolgt daher im beiderseitigen Interesse der Vertragsparteien.

Der letztgenannte Aspekt, nämlich die Frage, wessen Vermögen die Wertpapiere während des Erfüllungszeitraums noch oder schon zugeordnet sind, wäre durchaus aber auch ein Anknüpfungspunkt für eine von § 326 Abs. 1 S. 1 BGB abweichende Verteilung der Gegenleistungsgefahr für Fälle einer bei Börsengeschäften im Erfüllungszeitraum eintretenden Unmöglichkeit. Hinsichtlich dieses Aspektes wird vertreten, es erscheine gerechtfertigt, den Käufer bereits ab Vertragsschluss und vor vollständiger Erfüllung die Gegenleistungsgefahr tragen zu lassen, sofern ihm schon ab Vertragsschluss die Nutzungen des Kaufgegenstandes zukommen.[1239] Dieser Gedanke liegt auch § 446 S. 1, S. 2 BGB zugrunde, wonach bereits ab Übergabe und nicht erst ab dem Zeitpunkt der vollständigen Erfüllung des Kaufvertrages die Gegenleistungsgefahr auf den Käufer übergeht.[1240]

Tatsächlich sehen die Börsenusancen einiger deutscher Börsen, beispielsweise § 22 GB-FWB oder § 33 GB-BB, aber auch Kap. V Ziff. 2.3 CB-Eurex vor, dass Dividenden- und Bonuszahlungen, die hinsichtlich der verkauften Wertpapiere im Erfüllungszeitraum fällig werden, bereits dem Käufer gebühren. Dies könnte Anlass dazu geben, die Gegenleistung grundsätzlich bereits ab dem Zeitpunkt des Vertragsschlusses dem Vermögen des Käufers endgültig zuzuordnen.[1241]

Allerdings muss berücksichtigt werden, dass mit der in § 446 S. 1, S. 2 BGB ausgedrückten Wertung auch einhergeht, dass dem Käufer ab dem Zeitpunkt der Übergabe schon die tatsächliche Einwirkungsmöglichkeit auf die Kaufgegenstände gegeben ist.[1242] Dementsprechend stellt § 446 S. 1, S. 2 BGB auch gerade nicht auf den Vertragsschluss, sondern erst auf die Übergabe ab. Gerade diese Einwirkungsmöglichkeit hat der Käufer bei den Börsengeschäften vor vollständiger Erfüllung freilich nicht. Vielmehr lässt sich feststellen, dass die Usancen und die CB-Eurex allein hinsichtlich der Nebenrechte auf den Zeitpunkt des Kaufvertragsschluss abstellen, hinsichtlich der Wertpapiere als solcher indes gerade keine derartigen Regelungen vorsehen. Zudem stellen die CB-Eurex auch lediglich hinsichtlich der Dividenden- und Bonuszahlungen sowie der Bezugsrechte und vergleichbarer Rechte auf den Zeitpunkt des Vertragsschlusses ab.[1243] Nicht erfasst werden hingegen die, Einwirkungsmöglichkeiten eröffnenden

1239 *Schäfer*, FS Schneider, S. 1097, 1104.

1240 Staudinger-*Beckman*, § 446 Rn. 7; MüKoBGB-*H.P.-Westermann*, § 446 Rn. 1.

1241 So *Schäfer*, FS Schneider, S. 1097, 1104 f.

1242 Staudinger-*Beckman*, § 446 Rn. 7.

1243 Vgl. Kap. V Ziff. 2.3 CB-Eurex, welche daher auch mit „Kapitalmaßnahmen" überschrieben ist.

Stimmrechte. Gerade in den Fällen, in denen die Wertpapiere infolge einer gescheiterten Restrukturierung untergehen, sind aber Einwirkungsmöglichkeiten im Vorfeld von größerer Bedeutung[1244] als Dividendenzahlungen, zu denen es bei insolventen Gesellschaften ohnehin nicht kommen wird.

Und auch in anderen Fällen der nachträglichen Unmöglichkeit stellt sich die Frage, wie bedeutend die dem Käufer bereits ab Vertragsschluss gebührenden Nutzungen praktisch sind. Denn dies setzt voraus, dass innerhalb des relativ kurzen, zweitägigen Erfüllungszeitraums die Dividenden- oder Bonuszahlungen fällig werden. Sollte dies tatsächlich einmal der Fall sein, so ist dies dem Verkäufer bewusst oder zumindest hätte es ihm bewusst sein können und er hätte mit dem Verkauf zuwarten können, um selbst in den Genuss der Zahlungen zu kommen. Wartet er nicht zu, zeigt er deutlich, dass er hieran ohnehin kein Interesse hat, sondern vielmehr ausschließlich auf den Veräußerungserlös abzielt. Dann aber darf die Berechtigung des Käufers auf Dividenden- oder Bonuszahlungen bereits ab dem Zeitpunkt des Vertragsschlusses auch für eine Interessenbewertung zugunsten des Verkäufers nicht ins Feld geführt werden.

Vielmehr liegen hier, wie Fleckner zutreffend festgestellt hat, bei der Auslegung auch berücksichtigenswerte Drittinteressen[1245] vor, die gerade für die in § 326 Abs. 1 S. 1 BGB vorgesehene Zuweisung der Gegenleistungsgefahr an den Verkäufer streiten.[1246] Denn regelmäßig agieren die Handelsteilnehmer als Kommissionäre und sind daher den Kommittenten gegenüber verpflichtet, die Börsengeschäfte deren Interessen gemäß abzuschließen (§ 384 Abs. 1 Hs. 2 HGB). Dabei entspräche es nicht dem Interesse der Einkaufskommittenten, wenn die Kommissionäre unter einem Regelungsregime kontrahieren würden, bei dem der Grundsatz „periculum est emptoris“ gilt. Hiernach würden nämlich die Kommittenten Gefahr laufen, dem Kommissionär Aufwendungsersatz für den von diesem zu zahlenden Kaufpreis leisten zu müssen (§§ 675 Abs. 1, 670 BGB, § 396 Abs. 2 HGB), ohne etwas aus dem Ausführungsgeschäft ihres Kommissionärs zu erhalten, weil der Kommissionär wegen der Unmöglichkeit der Leistung und dem Untergang seiner Ansprüche aus dem Kaufvertrag selbst nichts erlangt. Da die Heranziehung des allgemeinen Leistungsstörungsrecht, insbesondere der Vorschrift in § 326 Abs. 1 S. 1 BGB, dieser Gefahr begegnet, entspricht es den hier ebenfalls zu berücksichtigenden Drittinteressen der Kommittenten und auch den hiermit zusammenhängenden Interessen der Einkaufskommissionäre, die den Interessen ihrer Kommittenten Rechnung tragen müssen (§ 384 Abs. 1 Hs. 2 HGB), wenn die für die Börsengeschäfte relevanten Bedingungen nicht dazu führen,

---

1244 Vgl. *Fleckner*, WM 2009, S. 2064, 2067 und dazu auch näher unten, S. 294.

1245 Vgl. MüKoBGB-*Busche*, § 157 Rn. 7 m.w.N.

1246 Vgl. zum Folgenden *Fleckner*, WM 2009, S. 2064, 2071 f.

dass der Käufer vom Zeitpunkt des Vertragsschlusses an ausnahmslos die Gegenleistungsgefahr trägt.

Damit liegt beim Börsenhandel keine Interessenlage bei den Vertragsparteien vor, die eine Durchbrechung des konditionellen Synallagmas rechtfertigen kann. Es lässt sich bei Börsengeschäften kein mutmaßlicher Parteiwillen annehmen, es solle abweichend von dem gesetzlich vorgesehenen und dem Kaufvertrag immanenten Prinzip des konditionellen Synallagmas der im alten römischen Marktrecht geltende Grundsatz „periculum est emptoris“ gelten. Vielmehr führt eine Heranziehung der gesetzlichen Regelungen in §§ 275 Abs. 1, 326 Abs. 1 S. 1 BGB zu einem angemessenen Interessenausgleich.

Fehl geht auch die Ansicht, es sei konsequent, wenn man entsprechend des für die Nebenrechte relevanten Zeitpunkts auch das Gegenleistungsrisiko mit dem Kaufvertragsschluss auf den Käufer übergehen ließe, weil Wertpapiere nichts anderes seien, als – wenn überhaupt (ausländische Aktien) – verbriefte Rechte.[1247] Bei auslandsverwahrten Wertpapieren würden zudem ohnehin dem Einkaufskommittenten vom Kommissionär nur Gutschriften in Wertpapierrechnung erteilt (§ 12 Abs. 3 SoBedWp),[1248] wodurch der Kommittent lediglich einen schuldrechtlichen Anspruch erhalte. Hieran anknüpfend wird argumentiert, beim Rechts- und Forderungsverkauf könne die veräußerte Forderung direkt nach Abschluss des Kaufvertrages übertragen werden, wodurch der Käufer die Gegenleistungsgefahr trage.[1249] Ganz entscheidend basiert diese Argumentation somit auf dem Gedanken, es sei allein der Verbriefung und dem Erfordernis sachenrechtlicher Übereignung geschuldet, dass die Wertpapiere erst am Tag T+2 geliefert werden, weshalb nur wegen der Verbriefung der Rechte die Frage aufgeworfen sei, wer die Gegenleistungsgefahr trage. Wie aber dargelegt, erfolgt die zeitlich verzögerte Erfüllung im beiderseitigen Interesse und hat nichts damit zu tun, dass die betreffenden Rechte in Wertpapieren verbrieft sind. Und wie ebenfalls bereits erwähnt, beziehen sich alle relevanten Regelwerke hinsichtlich der Zuweisung von Rechten zum Käufer bereits ab dem Zeitpunkt des Kaufvertragsschlusses nur auf die Nebenrechte, nicht aber auf die Wertpapiere als solche. Auch sehen sie im Falle der Erfüllung durch Gutschriften in Wertpapierrechnung gerade keine anderen Erfüllungstage vor, behandeln Forderungen und deren Übertragung also diesbezüglich genauso wie die Fälle, in denen Wertpapiere sachenrechtlich übertragen werden.[1250] Es ist somit keineswegs inkonsequent, wenn man hinsichtlich des Übergangs des Preisrisikos anders als bezüglich der

---

1247 So aber *Schäfer*, FS Schneider, S. 1097, 1104 f.

1248 Vgl. zu diesen MüKoHGB-*Einsele*, Depotgeschäft, Rn. 17, 206 ff.

1249 *Schäfer*, FS Schneider, S. 1097, 1105.

1250 Vgl. Kap. V Ziff. 2.1 Abs. 4, Abs. 5 CB-Eurex, § 12 Abs. 3 GB-FWB.

Zuweisung der Nebenrechte nicht auf den Zeitpunkt des Kaufvertragsschlusses abstellt, sondern es entspricht die unterschiedliche Behandlung vielmehr der in den Regelwerken selbst enthaltenen dahingehenden Unterscheidung.

Somit sind die Regelwerke so auszulegen, dass sie das allgemeine Leistungsstörungsrecht betreffend die objektive Unmöglichkeit der Leistung nicht verdrängen, soweit sie selbst insofern keine ausdrücklichen Regelungen enthalten.

c.) Auslegung der CB-Eurex

Für die CB-Eurex wird das unter b.) festgestellte Ergebnis durch den Wortlaut und die Systematik der Bestimmungen dieses Regelwerks bestätigt. Die CB-Eurex können nicht dahingehend ausgelegt werden, sie regulierten alle Fälle der Leistungsstörungen abschließend, wodurch für Fälle objektiver Unmöglichkeit, für die sie anders als für die Chapter-11-Fälle keine Rechtsfolgen vorsehen, §§ 275 Abs. 1, 326 Abs. 1 S. 1 BGB nicht zur Anwendung gelangen könnten.

Zunächst bestätigen die CB-Eurex, wie im Übrigen auch die Usancen an den Börsen,[1251] die synallagmatische Verbindung von Leistung und Gegenleistung, indem sie in Kap. I Ziff. 1.5 Abs. 3 S. 2 und für an der FWB abgeschlossene Geschäfte zudem in Kap. V Ziff. 2.1 Abs. 4 S. 2 anordnen, dass die Wertpapierlieferung Zug um Zug gegen die Kaufpreiszahlung stattfindet. Dies betrifft die Durchsetzbarkeit der wechselseitigen Ansprüche und stellt damit wie die Vorschriften §§ 320, 322 BGB eine Regelung des funktionellen Synallagmas dar.[1252] Ferner bringt Kap. I Ziff. 1.5 Abs. 4 2. Spiegelstrich CB-Eurex die Leistung und die Gegenleistung in ein konditionelles Verhältnis zueinander, indem die Klausel die Zahlung des Kaufpreises als aufschiebende Bedingung für die Übereignung normiert.

Des Weiteren wird für eine abschließende Regelung der Leistungsstörungen in den GB-FWB ins Feld geführt, diese Geschäftsbedingungen ließen anderweitige Formen der Schadensberechnung nicht zu.[1253] Selbst wenn man dieser Ansicht folgen wollte,[1254] so muss demgegenüber festgestellt werden, dass die CB-Eurex die Geltendmachung von weitergehenden Schäden ausdrücklich zulassen[1255] und lediglich für Einzelfälle explizit aufheben.[1256] Die CB-Eurex zeigen

---

1251 Vgl. § 15 Abs. 2 GB-München, § 7 Abs. 2 GB-FWB, § 19 Abs. 2 GB-BB.

1252 Vgl. Bamberger/Roth-*Grothe*, § 320 Rn. 6, 8.

1253 *Hadding*, FS Schwark, S. 697, 703.

1254 Aus § 28 GB-FWB ergibt sich e contrario freilich vielmehr, dass die GB-FWB keine das allgemeine Leistungsstörungsrecht umfassend verdrängende Regelung darstellen, da sie dort *einzelne* Rechte und Ansprüche explizit ausschließen. Im Ergebnis ebenso, jedoch mit anderer Begründung *Fleckner*, WM 2009, S. 2064, 2064 f.

1255 Vgl. z.B. Kap. I Ziff. 7.1 Abs. 4 S. 1 und Abs. 6 S. 1, Kap. V Ziff. 2.2 Abs. 6 S. 4 und Abs. 10 lit. b CB-Eurex.

1256 Vgl. Kap. I Ziff. 1.2.1 Abs. 6 CB-Eurex.

sich mithin ausdrücklich offen gegenüber den bürgerlich-rechtlichen Leistungsstörungsregelungen.

Wo die Anwendung des allgemeinen Leistungsstörungsrechts auf Börsengeschäfte untunlich erscheint, wird es von den CB-Eurex dementsprechend konsequent ausgeschlossen. So ist nach Kap. I Ziff. 1.2.1 Abs. 6 CB-Eurex die Geltendmachung jeglicher auf Aufhebung oder inhaltliche Anpassung von abgeschlossenen Börsengeschäften gerichteter Ansprüche ausgeschlossen. Damit wird unter anderem ein mögliches auf § 323 BGB beruhendes Rücktrittsrecht einer der Parteien eines Börsengeschäftes abbedungen. An dieser Stelle muss man auch berücksichtigen, dass ein Zusammenspiel der Rechtsfolgen von §§ 275 Abs. 1, 326 Abs. 1 S. 1 BGB ebenfalls wie eine Vertragsstornierung wirkt.[1257] Es ist also davon auszugehen, dass die CB-Eurex die in der Regelung in §§ 275 Abs. 1, 326 Abs. 1 S. 1 BGB vorgesehene Rechtsfolge ebenfalls eindeutig ausschließen würden, wenn deren Nichteintritt intendiert gewesen wäre. Diese Feststellung wird untermauert durch die explizite Regelung der Chapter-11-Fälle. Denn wollten die CB-Eurex alle Fälle objektiver Unmöglichkeit abschließend erfassen, hätten sie nicht allein auf diese speziellen Fälle abgestellt, sondern allgemein einen Barausgleich für jeden Fall objektiver Unmöglichkeit normiert.

Schließlich ergibt sich aus einem Vergleich des Zwecks der ausdrücklichen Verzugsfolgenregelungen in den CB-Eurex mit den Umständen, wie sie bei der Unmöglichkeit der Leistung vorliegen, dass der Verzug abschließend geregelt sein soll, die Unmöglichkeit hingegen nicht. Denn die den Verzug betreffenden Regelungen der CB-Eurex sind darauf gerichtet, dass die Börsengeschäfte erfüllt werden und eine Rückabwicklung unterbleibt.[1258] Eine solche Intention ist bei einer Unmöglichkeit der Leistung hingegen nicht auszumachen, weil eine Erfüllung schlichtweg ausgeschlossen ist. Und auch zu einer Rückabwicklung kommt es hier nicht, da die Abwicklung der Börsengeschäfte vereinbarungs-[1259] und usancegemäß[1260] nur Zug um Zug erfolgt und somit keine Partei in Vorleistung tritt. Dies ist auch faktisch durch die Kopplung der Geldzahlungen mit den Depotumbuchungen auf der Ebene der Wertpapiersammelbank im Rahmen des Settlements gewährleistet.

1257 MüKoBGB-*Ernst*, § 326 Rn. 9a. Das Schuldverhältnis im Ganzen erlischt freilich erst, wenn keine weiteren Leistungspflichten mehr zwischen den Parteien bestehen (Palandt-*Grüneberg*, § 326 Rn. 7). Dies ist durch den automatischen Wegfall der Pflicht zur Übergabe und Übereignung der Wertpapiere und der Pflicht zur Zahlung des Kaufpreises hinsichtlich des Kaufvertrages der Fall. Unberührt davon bleiben selbstverständlich die Pflichten, die zwischen einem Clearing-Mitglied und der als zentraler Kontrahent agierenden Clearing-Stelle aufgrund des zwischen ihnen bestehenden Rahmenvertrages bestehen.

1258 Siehe so zu den GB-FWB *Hadding*, FS Schwark, S. 697, 705.

1259 Kap. I Ziff. 1.5 Abs. 3 S. 2, Kap. V Ziff. 2.1 Abs. 4 S. 2 CB-Eurex.

1260 § 7 Abs. 2 GB-FWB.

Damit bedeutet die Nichterwähnung der objektiven Unmöglichkeit in den CB-Eurex zugleich auch, dass dieses Regelwerk mit Ausnahme für die Chapter-11-Fälle keine diesbezüglichen Regelungen enthält. Die CB-Eurex sind mithin nicht so zu verstehen, dass sie abschließend alle Fälle von Leistungsstörungen erfassen. Und weil damit eine vertragliche Verteilung der Leistungs- und Gegenleistungsgefahr bei objektiver Unmöglichkeit fehlt, findet das gesetzliche Recht der §§ 275, 326 BGB Anwendung.[1261] Im Falle der objektiven Unmöglichkeit der Erfüllung der aus dem Abschluss von Börsengeschäften resultierenden Verkäuferpflichten und dem dadurch gem. § 275 Abs. 1 BGB bedingten Erlöschen der korrespondierenden Ansprüche des Käufers, wird der Käufer demnach gemäß § 326 Abs. 1 S. 1 BGB davon befreit, gleichwohl den Kaufpreis zahlen zu müssen. Es kann somit dahingestellt bleiben, ob eine den § 326 Abs. 1 S. 1 BGB verdrängende Ausschließlichkeit der CB-Eurex eine in AGB erfolgende Abbedingung der genannten Norm darstellen und ob diese einer AGB-Prüfung standhalten würde.[1262]

d.) Abweichendes Ergebnis im Falle der hochspekulativen Chapter-11-Fälle?

In Betracht kommt schließlich noch, dass sich eine abweichende Auslegung des Parteiwillens im Falle hochspekulativer Börsengeschäfte, namentlich der Chapter-11-Fälle ergibt. Dem soll hier abschließend nachgegangen werden.

Nicht ausgeschlossen ist es, dass der Käufer bei Börsengeschäften besonderen Zuschnitts gelegentlich vertraglich die Gegenleistungsgefahr übernimmt. Die vertragliche Risikoübernahme kann unter anderem dadurch geschehen, dass die Parteien vereinbaren, was unter „Verantwortlichkeit" i.S.d. § 326 Abs. 2 S. 1 Var. 1 BGB zu verstehen ist.[1263] Denn für welche Risiken der Gläubiger verantwortlich

1261 *Motsch*, JZ 2001, S. 428, 429.

1262 Vgl. BGH NJW 1982, S. 181 („Zu den Grundgedanken der gesetzlichen Regelung, auf die es nach dieser Bestimmung [§ 9 Abs. 2 Nr. 1 AGBG = § 307 Abs. 2 Nr. 1 BGB] maßgeblich ankommt, zählt auch der Grundsatz, daß bei der Abwicklung gestörter gegenseitiger Verträge auf das Verhältnis von Leistung und Gegenleistung angemessen Rücksicht zu nehmen ist (vgl. § 323 BGB [a.F.]).") (Unwirksamkeit einer Klausel, die dem Verwender eine Gebühr zusprach, auch wenn es aufgrund Vertragsstornierung zu keinem Leistungsaustausch kommt); BGH NJW 1984, S. 2162 (Unwirksamkeit einer Vergütungsklausel für den Fall der Nichtinanspruchnahme der Leistung). Gegen die Möglichkeit einer Abbedingung des § 326 Abs. 1 S. 1 BGB durch AGB auch Bamberger/Roth-*Grothe*, § 326 Rn. 12 m.w.N.; Palandt-*Grüneberg*, § 326 Rn. 6.

1263 Staudinger-*Otto*, § 326 Rn. C 19. Möglich ist auch, dass die Parteien eine umfassende Rechtsfolgenregelung für die Realisierung bestimmter Leistungsrisiken vereinbaren. Dann findet § 326 Abs. 2 S. 1 Var. 1 BGB keine Anwendung (vgl. *Schwarze,* Leistungsstörungen, § 37 B. II. (Rn. 14)). Da aber wie dargelegt die Parteiinteressen im Börsenhandel für die Fälle der Unmöglichkeit der Leistung dahin gehen, dass sie durch das gesetzliche Leistungsstörungsrecht geregelt werden, spricht vieles dafür, dass die Parteien – wenn überhaupt – die Risikoverteilung über eine vertragliche Abrede hinsichtlich der Verantwortlichkeit i.S.d. § 326

in diesem Sinne ist, ergibt sich primär aus der Risikoverteilung, wie sie die Parteien verabredet haben.[1264] Die Übernahme des Risikos des Untergangs der Leistung ist dabei auch durch eine stillschweigende, gegebenenfalls auch im Wege der ergänzenden Auslegung zu ermittelnde[1265] Vereinbarung möglich.[1266] Dies stellt hier im standardisierten Börsenhandel mangels ausdrücklicher Parteivereinbarung auch der einzige Weg dar, auf dem sich eine solche Parteiabrede ermitteln lässt.[1267]

Darüber hinaus kann sich eine von den Regelungen der §§ 275 Abs. 1, 326 Abs. 1 S. 1 BGB abweichende Risikoverteilung auch aus dem Grundsatz von Treu und Glauben nach § 242 BGB ergeben, wenn es nämlich einen nicht hinnehmbaren, gesetzgeberisch nicht bedachten Wertungswiderspruch darstellen würde, wenn die gesetzliche Risikoverteilung zur Anwendung gelangte.[1268]

Ergibt sich im Wege der Auslegung eines Kaufvertrages oder aus dem Gebot von Treu und Glauben, dass der Käufer in Chapter-11-Fällen das Risiko einer Löschung der Wertpapiere tragen soll, so bleibt er bei einer Realisierung dieses Risikos zur Kaufpreiszahlung verpflichtet.[1269] Das aus dem Zusammenspiel der § 275 Abs. 1 BGB und § 326 Abs. 1 S. 1 BGB folgende wirtschaftliche Risiko des Verkäufers[1270] wäre sodann im Einzelfall auf den Käufer übertragen. Ob dem bei Börsengeschäften an der FWB so ist, muss durch eine unter Abwägung der Interessen der Beteiligten vorzunehmende Auslegung[1271] ermittelt werden.

Abs. 2 S. 1 Var. 1 BGB vornehmen. Denkbar wäre ferner eine individualvertragliche Abbedingung des § 326 Abs. 1 S. 1 BGB (Palandt-*Grüneberg*, § 326 Rn. 6). Im Ergebnis kann hier dahingestellt bleiben, welchen Weg die Parteien wählen, da die Rechtsfolge in allen genannten Fällen wäre, dass der Käufer bei Realisierung der Gefahr den Kaufpreis zu zahlen verpflichtet bliebe.

1264 Soergel-*Gsell*, § 326 Rn. 44 f. m.w.N.; *Richter*, AcP 209 (2009), S. 466, 479. Darauf stellen auch *Weber/Jouannaud*, BKR 2012, S. 249, 250 ab und sehen in den Chapter-11-Fällen eine vertragliche Risikoübernahme für das sich in der Insolvenz des Unternehmens „ultimativ verwirklichende […] Risiko der Fehlentwicklung des betreffenden Unternehmens" durch den Käufer gegeben.

1265 *Coester-Waltjen*, Jura 2007, S. 110, 111.

1266 Vgl. BGHZ 77, S. 320, 323; Soergel-*Gsell*, § 326 Rn. 44; Staudinger-*Otto*, § 326 Rn. C 19.

1267 *Fleckner*, WM 2009, S. 2064, 2067.

1268 Insbesondere unter diesem Aspekt wird die Problematik der Risikoverteilung in den Chapter-11-Fällen auch in den Entscheidungen LG Frankfurt a.M. WM 2012, S. 363 und OLG München WM 2012, S. 649 erörtert.

1269 Vgl. MüKoBGB-*Ernst*, § 326 Rn. 52, 58; Soergel-*Gsell*, § 326 Rn. 45.

1270 Dass der Verkäufer das wirtschaftliche oder Investitionsrisiko trägt, ergibt sich daraus, dass er sowohl den untergegangenen Kaufgegenstand als auch seinen Kaufpreisanspruch verliert, während der Käufer vorbehaltlich eines entgangenen Gewinns aus einem für ihn vorteilhaften Geschäft grundsätzlich so steht, wie vor Abschluss des Kaufvertrages (vgl. Staudinger-*Otto*, § 326 Rn. A 8; *Larenz*, Schuldrecht AT, § 21 I (S. 310)).

1271 Dies ergibt sich aufgrund der am Maßstab von Treu und Glauben vorzunehmenden Auslegung (vgl. BGH NJW-RR 2003, S. 1053 (Bei Auslegung eines Vertrags ist insbesondere zu berück-

Ein Ansatzpunkt für eine konkludente Übernahme des Risikos eines Untergangs der Wertpapiere durch die Löschung aus den Beständen der Wertpapiersammelbank oder einen andernfalls nach Maßgabe von § 242 BGB nicht hinnehmbaren Wertungswiderspruch könnte in den Chapter-11-Fällen der Umstand sein, dass der Wertpapierkäufer von diesem Risiko weiß.[1272] Deshalb kann diskutiert werden, ob der Rechtsgedanke des § 311a Abs. 2 S. 2 BGB, nach welchem ein Schuldner (!) für ein anfängliches Leistungshindernis (nur dann) nicht einstehen muss, wenn er dieses Hindernis bei Vertragsschluss nicht kannte und seine Unkenntnis nicht zu vertreten hat, zunächst auf den Gläubiger übertragen[1273] und sodann (in einer weiteren Übertragung auf den Fall der nachträglichen Unmöglichkeit und den § 326 Abs. 2 S. 1 Var. 1 BGB) eine (konkludente) Übernahme der Verantwortlichkeit i.S.d. § 326 Abs. 2 S. 1 Var. 1 BGB angenommen werden kann, wenn der Gläubiger (Käufer) Kenntnis von der Leistungsunfähigkeit des Schuldners (Verkäufer) hat, oder aber wie in den Chapter-11-Fällen zumindest mit dieser Möglichkeit rechnen muss. Dass dies einem angemessenen Interessenausgleich entspricht, ließe sich mit der Argumentation bestärken, der Verkäufer trage nach der gesetzlichen Lage infolge des Zusammenspiels von § 275 Abs. 1 BGB und § 326 Abs. 1 S. 1 BGB das wirtschaftliche Risiko des Untergangs des Leistungssubstrats,[1274] weshalb es nur billig sei, wenn dies in Fällen, in denen der Käufer bewusst das Risiko der Unmöglichkeit eingehe, andersherum sei.

Dem lässt sich jedoch entgegnen, dass in den Chapter-11-Fällen nicht allein der Käufer, sondern vielmehr beide Parteien davon wissen, dass die Wertpapiere möglicherweise aus den Beständen gelöscht werden.[1275] Gerade diese Möglichkeit und die Spekulation über die Wertloserklärung ist in den Chapter-11-Fällen der Anlass zum Geschäftsabschluss.[1276] Und wenn geltend gemacht wird, der Käufer habe Kenntnis vom Stand des Restrukturierungsverfahrens des Emittenten,[1277] so gilt dies gleichermaßen für den Verkäufer, namentlich, weil der Wertlos-

---

sichtigen, in welchem Umfang die Parteien nach ihrer Interessenlage jeweils das wirtschaftliche Risiko späterer Entwicklungen tragen sollten.); MüKoBGB-*Busche*, § 157 Rn. 7 m.w.N.).

1272 *Fleckner*, WM 2009, S. 2064, 2067. Auf Basis dieser Bewusstseinslage der Einkaufskommittenten will Schäfer die Gegenleistungsgefahr abweichend von § 326 Abs. 1 S. 1 BGB dem Käufer zuweisen, wobei er jedoch ausblendet, dass auch der Verkaufskommittent von dem hochspekulativen Charakter der Geschäfte und der Gefahr des Eintritts der Unmöglichkeit Kenntnis hat (vgl. *Schäfer*, FS Schneider, S. 1097, 1105 f.).

1273 Eine solche Übertragung befürwortet Rauscher hinsichtlich einer beidseitig zurechenbaren anfänglichen Unmöglichkeit (*Rauscher*, ZGS 2002, S. 333, 337).

1274 Staudinger-*Otto*, § 326 Rn. A 8.

1275 LG Frankfurt a.M. WM 2012, S. 363, 364; OLG München WM 2012, S. 649, 650; *Fleckner*, WM 2009, S. 2064, 2066.

1276 LG Frankfurt a.M. WM 2012, S. 363, 364.

1277 Vgl. *Hadding*, FS Schwark, S. 697, 705.

erklärung und Bestandslöschung im Restrukturierungsverfahren öffentliche Maßnahmen vorausgehen[1278] und weil er zudem als Anteilseigner am Unternehmen regelmäßig über mindestens ebenso viele Informationen hinsichtlich der Unternehmenslage verfügt, wie Dritte.

Auch ist es keineswegs der Käufer alleine, der in den Chapter-11-Fällen bewusst riskante Positionen aufbaut. Gleiches gilt auch für den Verkäufer. Denn dieser hat selbst entweder die Wertpapiere erworben, als sich die Gesellschaft wirtschaftlich noch nicht in der Krise befand. Dann hat er aber von der späteren Einleitung des Restrukturierungsverfahrens Kenntnis erlangt oder hätte diese Kenntnis mindestens erlangen können und dann alsbald die Wertpapiere veräußern können.[1279] War ihm dies nicht mehr möglich, so trägt er wie jeder Eigentümer das Risiko des Untergangs eigener Vermögensgüter. Oder aber er hat die Wertpapiere nach Einleitung des Restrukturierungsverfahrens erworben und war sich folglich des Risikos einer Bestandslöschung und einer möglichen wirtschaftlichen Unverwertbarkeit bewusst oder hätte zumindest dieses Bewusstsein haben müssen.[1280] In jedem Fall aber handelte der Verkäufer gleichfalls spekulativ, wenn er die Wertpapiere in der Krise nicht veräußert oder gar sie erst in der Krise erwirbt.

Ferner ist aber zu berücksichtigen, dass der Käufer in den Chapter-11-Fällen den Erfüllungszeitraum zu Spekulationszwecken nutzen kann (und möglicherweise will).[1281] Es könnte argumentiert werden, dass es einen angemessenen Interessenausgleich darstellen würde und folglich also eine Vertragsauslegung dahingehen müsste, dem Käufer das Risiko einer Löschung der Wertpapiere infolge des Scheiterns einer Sanierung und damit die Übernahme der Gegenleistungsgefahr zuzuweisen. Denn scheitert die Sanierung und werden die Wertpapiere dann gelöscht, so kann er diese zwar nicht mehr beanspruchen (§ 275 Abs. 1 BGB), er muss jedoch auch nicht den Kaufpreis für sie zahlen (§ 326 Abs. 1 S. 1 BGB). Gelingt die Sanierung hingegen, hat er die Wertpapiere zu einem günstigen Kurs erworben und kann nun von deren Wertsteigerung profitieren. Deshalb könnte man den Gedanken aufnehmen, der Erfüllungszeitraum

---

1278 *Fleckner*, WM 2009, S. 2064, 2066. So werden an der NASDAQ gehandelte Aktien mit einem "Q" am Ende ihres Börsennamens versehen. Ferner erfolgt meist ein Delisting, da die Börsenregularien einen gewissen Mindestwert ($ 1 USD) pro Aktie vorsehen, der bei insolvenznahen Unternehmen vielfach nicht mehr erreicht wird. Auch informieren die betreffenden Unternehmen selbst umfangreich auf ihren Websites, so zum Beispiel American Airlines unter http://www.aa.com/edgedownloads/restructuring/Investors.pdf (Stand: 21.11.2012). Die eigentliche Wertloserklärung erfolgt dann mit der gerichtlichen Annahme des Reorganisationsplans, sofern er dies wie in den meisten Fällen vorsieht.

1279 *Fleckner*, WM 2009, S. 2064, 2066.

1280 *Fleckner*, WM 2009, S. 2064, 2066.

1281 Vgl. *Fleckner*, WM 2009, S. 2064, 2066.

diene hier überwiegend Zwecken des Käufers, weshalb es angemessen sei, dem Käufer auch das Risiko für einen in diesem Zeitraum eintretenden Untergang der Leistungsgegenstände aufzubürden. Dann müsste eine an einem angemessenen Interessenausgleich orientierte Auslegung dazu kommen, der Käufer übernehme konkludent das Risiko der Löschung der Wertpapiere.

Doch auch eine solche Argumentation kann nicht überzeugen. Zunächst muss man sich auch an dieser Stelle vergegenwärtigen, dass die nicht taggleiche Erfüllung nicht abwicklungstechnisch bedingt ist, es also möglich wäre, der Spekulation des Käufers dadurch den Boden zu entziehen, dass man die Erfüllungszeiträume reduziert oder eliminiert. Auch könnte der Verkäufer die Wertpapiere bilateral verkaufen und bereits derzeit Erfüllung am Tag T+1 verlangen, was sein Risiko zumindest minimiert. Schließlich ist daran zu erinnern, dass die Erfüllung der Börsengeschäfte grundsätzlich nicht nur allein im Interesse der Käufer, sondern im Interesse beider Vertragsparteien nicht unmittelbar am Tag des Geschäftsabschluss, sondern zwei Tage später erfolgt. Denn es wird dem Verkäufer die Möglichkeit gegeben, mittels Leerverkäufen zu spekulieren. In der Tat handelt es sich bei den Chapter-11-Fällen zwar um hochspekulative Geschäfte. Doch unabhängig von der Frage, ob die Käufer wirklich von einer Sanierung profitieren wollen oder lediglich das Ziel verfolgen, die Wertpapiere kurzfristig weiterzuveräußern, mithin gar keinen längerfristigen Anlagehorizont besitzen,[1282] würde eine Risikotragung durch den Käufer ab Vertragsschluss ebenfalls Möglichkeiten risikoloser Spekulationen eröffnen, nämlich für den Verkäufer.[1283] Denn dieser könnte dann die Wertpapiere spekulativ mehrfach leerverkaufen.[1284] Scheitert die Sanierung, so könnte er aus jedem der Kaufverträge die Zahlung des Kaufpreises verlangen, ohne aber die Wertpapiere liefern zu müssen. Es käme also zu einer genau umgekehrten Ausnutzung des Erfüllungszeitraums zu Spekulationszwecken. Zu einer angemesseneren Verteilung – sofern man durch die Zuweisung der Gegenleistungsgefahr an den Verkäufer überhaupt eine Unbilligkeit sehen mag – der Leistungs- und Gegenleistungsgefahr käme man deshalb auch durch eine Übernahme des Unmöglichkeitsrisikos durch den Käufer nicht. Vielmehr würde das Chance-Risiko-Verhältnis der Leerverkäufe des Verkäufers gestört.[1285]

Des Weiteren muss gegen die Annahme, eine konkludente Risikoüberahme durch den Käufer führe zu einem angemessenen Interessenausgleich, noch darauf

---

1282 Vgl. *Fleckner*, WM 2009, S. 2064, 2067. Explizit auch *Schäfer*, FS Schneider, S. 1097, 1098 („Vielfach sind es „Day-Trader", die die Aktien von in der Insolvenz befindlichen, „geeigneten" Aktiengesellschaften mit hoher Umschlaghäufigkeit in der Absicht der Erzielung von kurzfristigen Kursgewinnen kaufen und verkaufen.").

1283 OLG München WM 2012, S. 649, 650.

1284 LG Frankfurt a.M. WM 2012, S. 363, 364; *Fleckner*, WM 2009, S. 2064, 2067.

1285 LG Frankfurt a.M. WM 2012, S. 363, 364.

hingewiesen werden, dass es – wenn überhaupt – gerade der Verkäufer ist, der hier als Anteilseigner Einfluss auf den Erfolg der Sanierung nehmen kann, sodass es gerecht erscheint, wenn er auch das Risiko ihres Scheiterns trägt. Denn eine dem Grundsatz „periculum est emptoris" entsprechende Risikoverteilung würde dazu führen, dass der Verkäufer zwar über die Rechte und Pflichten aus der Anteilseignerschaft verfügen,[1286] er aber bei Maßnahmen hinsichtlich der Gesellschaft, an denen er mitzuwirken berechtigt ist, nicht mehr das Risiko ihrer Konsequenzen – insbesondere in Hinblick auf den Erfolg der Sanierung – tragen würde.[1287]

Schließlich kann auch nicht gegen eine Heranziehung der gesetzlichen Risikoverteilung als Argument vorgebracht werden, dass für die Börsenkurse von Aktien der Wert und die Zukunftsaussichten der Aktiengesellschaft maßgeblich seien und diese Faktoren aber bei einem Rechtskauf außerhalb der Kaufmängelgewährleistung bleiben. Da deshalb, so wird weiter argumentiert, der Wertpapierkäufer ab dem Zeitpunkt des Vertragsschlusses das Risiko der Verschlechterung des Unternehmens oder dessen Zukunftsaussichten trage, da er keine Nacherfüllung verlangen könne, müsse diese Risikoverteilung auch für die Gefahrtragung hinsichtlich der verbrieften Mitgliedschaftsrechte gelten.[1288] Daher trage der „Käufer nach der Konzeption des Vertrages das – sich in der Insolvenz des Unternehmens ultimativ verwirklichende – Risiko einer Fehlentwicklung des betreffenden Unternehmens […] ab Vertragsschluss,"[1289] was zu einem Fortbestand der Kaufpreisschuld nach § 326 Abs. 2 S. 1 Var. 1 BGB führe.[1290]

Eine solche Betrachtung folgert die Gefahrtragung hinsichtlich der Primäransprüche also aus der Beantwortung der Frage, ob und inwiefern Nacherfüllungsansprüche bestehen. In der Tat verhält es sich zwar so, dass der Käufer in den Chapter-11-Fällen das Risiko trägt, dass die Wertpapiere im Erfüllungszeitraum (noch) weniger wert werden und er für die Wertminderung keine Nacherfüllung verlangen kann. Es kann für ihn daher mitunter durchaus wirtschaftlich günstiger sein, wenn die Wertpapiere aufgrund der Unternehmensinsolvenz gänzlich wertlos werden, sodann aufgrund ihrer Löschung nicht mehr lieferbar sind und er nach §§ 275 Abs. 1, 326 Abs. 1 S. 1 BGB von seiner Leistungspflicht frei wird. Die Minderung des Wertes des verkauften Rechts nach Abschluss des Kaufvertrages ist jedoch ein jedem Rechtskauf, bei welchem allein für die Verität und

---

1286 Sofern bezüglich deren Zuordnung zum Käufer in den Regelwerken nicht bereits auf den Zeitpunkt des Vertragsschlusses abgestellt wird, siehe oben, S. 284.

1287 Darauf weist Fleckner mit dem Beispiel einer sanierungsrelevanten Kapitalmaßnahme hin (vgl. *Fleckner*, WM 2009, S. 2064, 2067).

1288 *Weber/Jouannaud*, BKR 2012, S. 249, 250.

1289 *Weber/Jouannaud*, BKR 2012, S. 249, 250.

1290 *Weber/Jouannaud*, BKR 2012, S. 249, 250.

nicht die Bonität des Kaufgegenstandes gehaftet wird,[1291] immanentes Käuferrisiko. Allein aber aus dem Umstand, dass beim Rechtskauf hinsichtlich des Wertes des Rechts bereits ab Vertragsschluss Nacherfüllungsansprüche nicht bestehen, insoweit also der Käufer das Wertminderungsrisiko trägt, kann nicht gefolgert werden, dass gleichsam der Käufer auch bereits ab Vertragsschluss das Risiko der Unmöglichkeit der vom Verkäufer geschuldeten Leistung zu tragen hat.[1292] Der Umfang des Bestehens von kaufrechtlichen Mängelgewährleistungsansprüchen entscheidet nach der gesetzlichen Konzeption der §§ 275 Abs. 1, 326 Abs. 1 S. 1 BGB einerseits und der Gewährleistungsrechte der §§ 434 ff., 453 BGB andererseits nicht darüber, wie das Risiko in Ansehung der Primärleistungspflichten verteilt ist.[1293] Nicht anders würde man im Übrigen beim Kauf eines Schmuckstücks urteilen, dessen Marktwert zwischen Kaufvertragsschluss und Gefahrübergang beispielsweise durch Veränderungen der Mode erheblich sinkt. Der Verkäufer schuldet für eine solche Wertminderung keine Nacherfüllung, der Käufer hat sich schlicht „verspekuliert“. Sollte jedoch das Schmuckstück vor Gefahrübergang zerstört werden, würde der Käufer nach §§ 275 Abs. 1, 326 Abs. 1 S. 1 BGB von seiner Pflicht zur Kaufpreiszahlung befreit werden. Und wie der Verkäufer in diesem Beispiel nicht für den Fortbestand der Mode und die Bewertung des Schmuckstücks haftet, der Käufer mithin das Wertminderungsrisiko ab Vertragsschluss trägt, haftet ein Wertpapierverkäufer nicht für den Bestand der Bemessungsfaktoren für den Börsenkurs. Im Übrigen folgt die Unmöglichkeit der Leistung hier keineswegs aus der Insolvenz des Unternehmens bzw. der Wertlosigkeit der Wertpapiere. Denn nicht die Insolvenz selbst führt zur Unmöglichkeit der Leistung, sondern die Löschung der Wertpapiere in den Beständen der Sammelverwahrer.

Würde also nach § 326 Abs. 2 S. 1 Var. 1 BGB aus „der Konzeption des Vertrages“[1294] in den Chapter-11-Fällen ein von §§ 275 Abs. 1, 326 Abs. 1 S. 1 BGB abweichende Risikoverteilung, mithin das Prinzip „periculum est emptoris“ folgen, müsste dies gleichsam für alle Kaufverträge gelten, in denen eine Wertentwicklung des Kaufgegenstandes zwischen Vertragsschluss und Gefahrübergang möglich ist und der Verkäufer für die Wertbemessungsfaktoren keinen Gewährleistungsansprüchen ausgesetzt ist. Und dass eine auf Übernahme des Bonitätsrisikos gerichtete konkludente Parteivereinbarung im Rahmen von § 326 Abs. 2 S. 1 Var. 1 BGB in den Chapter-11-Fällen nicht gegeben ist, wurde be-

---

1291 Bamberger/Roth-*Faust*, § 453 Rn. 20 m.w.N.

1292 Vgl. MüKoBGB-*Westermann*, § 453 Rn. 10 f.

1293 Dass das Mängelgewährleistungsrecht und die Unmöglichkeit streng zu unterscheiden sind, betont auch MüKoBGB-*Westermann*, § 453 Rn. 10 f.

1294 *Weber/Jouannaud*, BKR 2012, S. 249, 250.

reits erörtert. Gleichsam kann auch nach dieser Argumentation in den Chapter-11-Fällen keine vom Gesetzgeber nicht bedachte Fallgestaltung gesehen werden, die aufgrund des Grundsatzes von Treu und Glauben nach § 242 BGB eine von §§ 275 Abs. 1, 326 Abs. 1 S. 1 BGB abweichende Risikoverteilung gebietet.

Damit liegen auch bei den Chapter-11-Fällen keine Umstände vor, weshalb eine andere als die durch §§ 275 Abs. 1, 326 Abs. 1 S. 1 BGB bewirkte Verteilung der Leistungs- und Gegenleistungsgefahr einen angemesseneren Ausgleich der Parteiinteressen mit sich brächte. Folglich kommt eine am Maßstab der Parteiinteressen orientierte Auslegung der Kaufverträge auch nicht dazu, dass der Käufer konkludent das Risiko der Sanierung des Emittenten und der Löschung der Wertpapiere übernimmt. Insbesondere kann daher der Wertpapierverkäufer auch nicht geltend machen, dass es seitens des Käufers treuwidrig sei, wenn er an dieser Risikoverteilung festhalte.[1295] Denn ein vom Gesetzgeber nicht bedachter Wertungswiderspruch liegt bei Anwendung der in §§ 275 Abs. 1, 326 Abs. 1 S. 1 BGB normierten Risikoverteilung gerade nicht vor.[1296] Es bleibt also bei der Tragung der Gegenleistungsgefahr durch den Verkäufer bis zur vollständigen Erfüllung des Kaufvertrages gemäß dem Rechtsgedanken, dass derjenige die Gefahr trägt, der noch oder schon über die Sache verfügen kann, wie er auch der Bestimmung in § 326 Abs. 1 S. 1 BGB zugrunde liegt.[1297]

C.) Ergebnis

Ausschlaggebend für die Behandlung von Leistungsstörungen bei Börsengeschäften ist es, inwieweit die Regelwerke der Börsen einschlägige Bestimmungen enthalten. Für die bei Börsengeschäften relevanten Leistungsstörungen des Leistungsverzuges und der Nichtleistung aufgrund Unmöglichkeit der Leistung ergibt sich für den Handel an der FWB unter Einbeziehung der Eurex Clearing AG als zentraler Kontrahent und Clearing-Stelle ein unterschiedliches Bild.

Während die Tatbestände und Rechtsfolgen eines Zahlungs- oder Lieferverzuges sowohl der Clearing-Mitglieder als auch des zentralen Kontrahenten in den CB-Eurex ausführlich geregelt sind, welche das allgemeine Leistungsstörungsrecht des BGB weitgehend verdrängen, findet sich mit Ausnahme der Vorschriften für die Chapter-11-Fälle keine Bestimmung über das Ausbleiben einer Wertpapierlieferung aufgrund Unmöglichkeit. Wo solche Regelungen für Fälle der Unmöglichkeit der Leistung fehlen, muss durch Auslegung der Regelwerke

1295 OLG München WM 2012 S. 649, 650..

1296 Vgl. LG Frankfurt a.M. WM 2012, S. 363, 364.

1297 Vgl. *Schwarze,* Leistungsstörungen, § 15 B. I. (Rn. 4).

ermittelt werden, ob das jeweilige Regelwerk abschließend ist. Dabei sind die Parteiinteressen unter Berücksichtigung der Besonderheiten des Börsenhandels maßgeblich. Es wurde gezeigt, dass diese Besonderheiten die Vorschriften in §§ 275 Abs. 1, 326 Abs. 1 S. 1 BGB keineswegs verdrängen können. Und auch bei besonders spekulativen Geschäften (Chapter-11-Fälle) stellt eine konkludente Abbedingung der Verteilung der Leistungs- und Gegenleistungsgefahr, wie sie in den genannten Normen vorgesehen ist, durch die Parteien keinen angemessen Interesenausgleich dar und es entspricht somit nicht dem Parteiwillen, von der in §§ 275 Abs. 1, 326 Abs. 1 S. 1 BGB vorgesehenen Verteilung der Leistungs- und Gegenleistungsgefahr abzuweichen.

Kapitel VII: Fazit und Zusammenfassung

Die vorliegende Untersuchung hat gezeigt, dass das komplexe, sich wie eine Black-Box darstellende Geschehen um den Börsenhandel hinsichtlich all seiner Komponenten dogmatisch befriedigend eingeordnet werden kann. Es lässt sich vielfach bereits mit dem allgemeinen bürgerlichen Recht und dem Handelsrecht, zumindest aber unter Zuhilfenahme der einschlägigen Spezialgesetze, insbesondere des DepotG, erklären. Im Einzelnen lassen sich die Ergebnisse wie folgt zusammenfassen:

Nach der als vorzugswürdig zu erachtenden Konstruktion kommen die Börsengeschäfte zwischen den Clearing-Mitgliedern und dem zentralen Kontrahenten durch gestattetes Selbstkontrahieren der Clearing-Mitglieder mit Eingabe der Order zustande. Wenn ein Nicht-Clearing-Mitglied an dem wirtschaftlichen Geschäft beteiligt ist, kommen die einzelnen Kaufverträge zwischen ihm und dem ihm zugeordneten Clearing-Mitglied durch ein Insichgeschäft des Nicht-Clearing-Mitglieds sowie zwischen dem Clearing-Mitglied und dem zentralen Kontrahenten durch ein Insichgeschäft des Clearing-Mitglieds zustande, welches durch das Nicht-Clearing-Mitglied vertreten wird.

Allerdings werden die einzelnen Verträge nur unter der aufschiebenden Bedingung eines Matchings zweier korrespondierender Orders wirksam, wodurch sichergestellt wird, dass der zentrale Kontrahent sich nur zur Wertpapierlieferung beziehungsweise Kaufpreiszahlung verpflichtet, wenn er entsprechendes auch von einem anderen Clearing-Mitglied beanspruchen kann. Gleichermaßen wird so bei einer Beteiligung von Nicht-Clearing-Mitgliedern am wirtschaftlichen Geschäft gewährleistet, dass das dem Nicht-Clearing-Mitglied zugeordnete Clearing-Mitglied gegenüber dem zentralen Kontrahenten und gegenüber dem Nicht-Clearing-Mitglied nur Verbindlichkeiten eingeht, hinsichtlich derer es korrespondierende Ansprüche gegen das Nicht-Clearing-Mitglied beziehungsweise den zentralen Kontrahenten besitzt.

Ferner konnte gezeigt werden, dass es sich bei den einzelnen an der Börse abgeschlossenen Verträgen trotz einiger Besonderheiten um Kaufverträge i.S.v. §§ 433 ff. BGB handelt. Diese Kaufverträge sind jedoch aufgrund der Einschaltung des zentralen Kontrahenten als Intermediär wirtschaftlich einer Kommission derart angenähert, dass sie als atypische Kaufverträge zu qualifizieren sind.

Die dogmatische Einordnung des Nettings als erstem Bestandteil der Erfüllung der aus den atypischen Kaufverträgen folgenden Pflichten ist maßgeblich durch die entsprechende Ausgestaltung der am jeweiligen Börsenplatz geltenden Regelwerke determiniert. Es konnte festgestellt werden, dass die gegenseitige Verrechnung der Verbindlichkeiten und Ansprüche sich beispielsweise als Schuldersetzung ausgestalten ließe. An der FWB unter Einbeziehung der Eurex Clearing AG als Clearing-Stelle und zentraler Kontrahent kommt jedoch lediglich ein antizipierter Aufrechnungsvertrag oder ein Vertrag zur Begründung einer Aufrechnungsbefugnis in Betracht. Dabei ist der letztgenannten Alternative der Vorzug zu geben. Folglich wird durch Vereinbarung der Clearing-Bedingungen mit Abschluss der Clearing-Vereinbarung dem zentralen Kontrahenten die Befugnis eingeräumt, einseitig die Aufrechnung der aus den Börsengeschäften folgenden Ansprüche und Verbindlichkeiten zu erklären.

Im Anschluss wurde dargelegt, dass die Wertpapierinhaber aufgrund der heutzutage praktizierten Girosammelverwahrung von Wertpapieren kein Eigentum an einzelnen Wertpapierurkunden haben. Ihre Rechtsposition lässt sich als Miteigentum nach Bruchteilen besonderer Art bezeichnen. Jeder Miteigentumsanteil besteht an jedem einzelnen verwahrten Wertpapier eines Sammelbestandes. Über einzelne Miteigentumsanteile kann der Berechtigte jedoch nicht verfügen. Verfügungsgegenstand ist vielmehr die Summe der Miteigentumsrechte an allen Urkunden des Sammelbestandes, also der Anteil an diesem Sammelbestand. Dieser Anteil wird sodann fiktiv wie eine ihm entsprechende Anzahl einzelner Wertpapierurkunden behandelt. Somit liegt eine Lockerung der Identität von Rechtsposition und Verfügungsgegenstand vor. Bezeichnet werden diese Verfügungsgegenstände als Girosammeldepotanteile. Da sie aber fiktiv wie Wertpapiere behandelt werden, kann gleichwohl von Wertpapieren gesprochen werden.

Da die Wertpapierinhaber mittelbare Mitbesitzer an den verwahrten Urkunden sind, ist eine Übertragung der Wertpapiere nach § 929 S. 1 BGB möglich. Die Übergabe erfolgt dabei, indem die Wertpapiersammelbank ihr Besitzmittlungsverhältnis von der Veräußerer- auf die Erwerberbank umstellt. In diesem Zusammenhang belastet die Wertpapiersammelbank das Depotkonto der Veräußererbank und schreibt dem Konto der Erwerberbank die entsprechende Anzahl von Girosammeldepotanteilen gut. Die dingliche Einigung erfolgt im Fall einer Einbeziehung der Eurex Clearing AG in den Settlementprozess, wie dies heute bei der Abwicklung der an der FWB unter Einbeziehung der Eurex Clearing AG als zentraler Kontrahent und Clearing-Stelle abgeschlossenen Geschäfte gehandhabt wird, im Wege einer Mehrfachvertretung der beteiligten Banken durch die Eurex Clearing AG.

Obgleich also die Übertragung der Wertpapiere nach § 929 S. 1 BGB und damit nach sachenrechtlichen Grundsätzen erfolgt, ist wegen der Einschaltung der Eurex Clearing AG als Clearing-Stelle an der FWB in den Prozess der Abwicklung ein gutgläubiger Erwerb nicht mehr möglich. Dies ist durch den Umstand bedingt, dass der Mitbesitz an den Wertpapierurkunden kein hinreichender Publizitätstatbestand ist. Über dieses missliche Ergebnis ließe sich zwar gegebenenfalls noch mit einer Rechtsfortbildung hinweghelfen, aufgrund derer die Depotbuchungen als zusätzlicher Publizitätstatbestand herangezogen werden. Es kommt jedoch hinzu, dass der zentrale Kontrahent als Empfangsvertreter der Erwerberbank und damit als maßgeblicher Beteiligter am Prozess der dinglichen Einigung keine Einsicht in die entscheidenden Buchungen hat. Die von der Wertpapiersammelbank an den zentralen Kontrahenten überstellten Lieferlisten können keinen Rechtsscheinträger darstellen, da sie nicht über den vollen Umfang der vermeintlichen Verfügungsbefugnis der Veräußererbank Auskunft geben können. Bei den sogenannten Hausübertragungen scheidet ein gutgläubiger Erwerb ohnehin aus.

Ein Effektenwesen, welches auch rechtlich an die heute bereits faktisch maßgeblichen Depotbuchungen anknüpft, wie dies insbesondere die UNIDROIT-Konvention und das Schweizer Bucheffektengesetz vorsehen, löst zwar manche Probleme der derzeit in Deutschland auf sachenrechtlichen Grundsätzen basierenden Wertpapierverwahrung und -übertragung. Jedoch bringt auch ein solches System wiederum eigene, ihm immanente Schwierigkeiten mit sich, die den Rechtsanwender vor neue Probleme stellen.

Die Behandlung von Leistungsstörungen bei Börsengeschäften hängt maßgeblich davon ab, inwieweit die jeweiligen Börsenregelwerke diesbezügliche Bestimmungen enthalten. Am Beispiel der FWB unter Einbeziehung der Eurex Clearing AG wurde gezeigt, dass bezüglich des Verzuges eines Vertragspartners die Tatbestände und Rechtsfolgen ausdrücklich in den Clearing-Bedingungen geregelt sind, wodurch das allgemeine Leistungsstörungsrecht des BGB weitgehend verdrängt wird. Vergleichbare Regelungen für den Fall einer Unmöglichkeit der Leistung finden sich jedoch mit Ausnahme der Spezialvorschriften für die sogenannten Chapter-11-Fälle in den Börsenregelwerken nicht.

In den Fällen, in welchen die Regelwerke die Rechtsfolgen der Unmöglichkeit der Leistung nicht ausdrücklich regeln, muss durch Auslegung ermittelt werden, ob die Regelwerke gleichwohl als abschließend zu verstehen sind und deshalb die §§ 275 Abs. 1, 326 Abs. 1 S. 1 BGB verdrängen. Sollte dies der Fall sein, würde das dem alten römischen Marktrecht entstammende Prinzip „periculum est emptoris“ zur Anwendung gelangen, wonach der Käufer bereits ab Vertragsschluss die Gegenleistungsgefahr trägt. Bei der Auslegung der Regelwerke sind insbesondere die Parteiinteressen unter Berücksichtigung der Besonderheiten des Börsenhandels maßgeblich. Es wurde gezeigt, dass es auch unter Berücksichtigung der Spezifika der Börsengeschäfte den Parteiinteressen und somit auch dem mutmaßlichen Parteiwillen sowie dem Zweck der Börsenregelwerke entspricht, wenn bei objektiver Unmöglichkeit der Leistung die Leistungs- und Gegenleistungsgefahr gemäß den gesetzlichen Vorschriften in den §§ 275 Abs. 1, 326 Abs. 1 S. 1 BGB verteilt ist. Daher sind die Regelwerke überall dort, wo sie keine positiven Regelungen der objektiven Unmöglichkeit der Leistung enthalten, dahingehend auszulegen, dass sie das allgemeine gesetzliche Leistungsstörungsrecht und damit die §§ 275 Abs. 1, 326 Abs. 1 S. 1 BGB nicht verdrängen. Auch bei den besonders spekulativen Geschäften (Chapter-11-Fälle) ist eine konkludente Abbedingung der Verteilung der Leistungs- und Gegenleistungsgefahr, wie sie in den genannten gesetzlichen Bestimmungen vorgesehen ist, durch die Parteien nicht anzunehmen.

Auszug aus den Clearing-Bedingungen der Eurex Clearing AG

(Stand: 26. April 2011)

Kapitel I Allgemeine Bestimmungen

Abschnitt 1

Allgemeine Vorschriften

1.2 Geschäftsabschlüsse, Übertragung von Wertpapieren, Rechten und Emissionsrechten

1.2.1 Geschäftsabschlüsse

(1) Die aus der Zusammenführung von Aufträgen und Quotes (Matching) des Clearing-Mitgliedes in den Systemen der Märkte resultierenden Geschäfte, deren Clearing von der Eurex Clearing AG gemäß den nachfolgenden Kapiteln durchgeführt wird, kommen nur zwischen der Eurex Clearing AG und einem Clearing-Mitglied zustande. [...]

(2) Ist ein Handelsteilnehmer eines Marktes gemäß Absatz 1 selbst nicht zum Clearing berechtigt (Nicht-Clearing-Mitglied), kommen Geschäfte nur über das General-Clearing-Mitglied [...] oder das konzernverbundene Direkt-Clearing-Mitglied [...] zustande, über das er seine jeweiligen Geschäfte abwickelt. Wird ein von einem Nicht-Clearing-Mitglied in die Systeme der Märkte gemäß Absatz 1 eingegebener Auftrag oder Quote mit einem anderen Auftrag oder Quote zusammengeführt, kommt ein Geschäft zwischen dem Nicht-Clearing-Mitglied und dem General-Clearing-Mitglied oder dem Direkt-Clearing-Mitglied und gleichzeitig ein entsprechendes Geschäft zwischen dem General-Clearing-Mitglied oder dem Direkt-Clearing-Mitglied und der Eurex Clearing AG zustande. [...]

(6) Bezüglich der in das Clearing einbezogenen Geschäfte sind zivilrechtliche Ansprüche der Geschäftsparteien, die auf die Aufhebung, solcher Geschäfte gerichtet sind, insbesondere eine Anfechtung wegen Irrtum, sonstige Anfechtungsrechte und zivilrechtliche Ansprüche, die eine Anpassung des Inhaltes solcher Geschäfte zum Ziel haben, ausgeschlossen. Im Fall der Aufhebung oder

Preiskorrektur oder Vertragsübernahme von solchen Geschäften sind gegenseitige Ansprüche der Parteien auf Schadensersatz ausgeschlossen. [...]

1.2.2 Übertragung von Wertpapieren, Rechten und Emissionsrechten

(1) Wertpapiere, welche gemäß § 5 Depotgesetz in Girosammelverwahrung („GSVerwahrung") verwahrt werden, werden nach den sachrechtlichen Grundsätzen des Deutschen Bürgerlichen Gesetzbuches durch Einigung und Übergabe übertragen.
[...]

1.4 Aufrechnung

Soweit in den nachfolgenden Kapiteln der Clearing-Bedingungen nichts anderes bestimmt ist, rechnet die Eurex Clearing AG gegenüber den Clearing-Mitgliedern Forderungen entsprechend dem nachfolgend beschriebenen Verfahren auf. Die Aufrechnung von Teilforderungen ist zulässig.

1.4.1 Aufrechnungsverfahren

(1) Aufgerechnet werden fällige Forderungen aus Geschäften über den Kauf oder Verkauf von Wertpapieren, deren Clearing von der Eurex Clearing AG gemäß Kapitel III bis V der Clearing-Bedingungen durchgeführt wird, sowie getrennt hiervon ebenso Ansprüche auf Lieferung von lieferbaren Verbindlichkeiten gemäß Kapitel VIII der Clearing-Bedingungen. [...]

(2) Die Clearing-Mitglieder können gegenüber der Eurex Clearing AG erklären, dass Forderungen der Eurex Clearing AG aus einem oder mehreren von den Clearing-Mitgliedern näher bestimmten Geschäft/en nicht aufgerechnet werden sollen. Diese Erklärung muss in der von der Eurex Clearing AG vorgeschriebenen Form und Frist erfolgen. [...] Hinsichtlich des Verfahrens zur Bestimmung der aufrechenbaren Forderungen finden weiterhin die Vorschriften der Ziffer 1.6 Absatz 1 b), c) und d) Anwendung.
[...]

1.4.2 Aufrechnungserklärung

Die Eurex Clearing AG erklärt die Aufrechnung durch die Übermittlung der Daten der aufgerechneten Forderungen an das Clearing-Mitglied. Die Aufrechnungserklärung erfolgt einen Tag vor oder bei Fälligkeit der Forderung.

1.4.3 Aufrechnungswirkung

Die Aufrechnung wird zum Zeitpunkt der Erklärung, frühestens jedoch am Fälligkeitstag der aufgerechneten Forderung, wirksam.

1.5 Abwicklung von Geschäften

(1) Die Eurex Clearing AG ist Vertragspartner für alle Lieferungen und Zahlungen bei der Erfüllung von den an den Märkten abgeschlossenen Geschäften, deren Clearing von Eurex Clearing AG gemäß den nachfolgenden Kapiteln der Clearing-Bedingungen durchgeführt wird.

(2) Clearing-Mitglieder haben ihre Liefer- und Zahlungsverpflichtungen aus Geschäften gemäß Absatz 1 nach Weisung der Eurex Clearing AG zu erfüllen.

(3) Im Falle von girosammelverwahrten Wertpapieren gilt für die Liefer- und Zahlungsverpflichtungen bei der Erfüllung von Geschäften gemäß Absatz 1, soweit in den nachfolgenden Kapiteln nichts anderes bestimmt ist, Folgendes:

Alle stückemäßigen Lieferungen sowie Zahlungen erfolgen Zug um Zug direkt zwischen den Clearing-Mitgliedern und der Eurex Clearing AG und entsprechend zwischen der Eurex Clearing AG und den zu beliefernden Clearing-Mitgliedern zu den in den nachfolgenden Kapiteln genannten Zeitpunkten bzw. am vereinbarten Liefertag. Die Eurex Clearing AG tritt – soweit in den nachfolgenden Kapiteln nichts anderes bestimmt ist – hinsichtlich der an sie gelieferten Wertpapiere als Besitzmittler der lieferpflichtigen Clearing-Mitglieder auf, um diese Wertpapiere an die zu beliefernden Clearing-Mitglieder weiterzuliefern. Hierbei erfolgen die stückemäßigen Lieferungen über eine von der Eurex Clearing AG anerkannte Wertpapiersammelbank bzw. einen Custodian oder Central Securities Depository und die Zahlung über das entsprechende von der Wertpapiersammelbank bzw. dem Custodian oder Central Securities Depository festgelegte Konto. Bei der Erfüllung der von Clearing-Mitgliedern abgeschlossenen Geschäfte findet somit eine Übertragung des Eigentums an den zu liefernden Wertpapieren unmittelbar zwischen den beteiligten Clearing-Mitgliedern statt.

(4) Der Eigentumsübergang bezüglich der zu liefernden und girosammelverwahrten Wertpapiere erfolgt in dem Zeitpunkt, im dem die nachfolgenden Voraussetzungen insgesamt erfüllt sind:

- die in die Wertpapierübertragung einbezogene Wertpapiersammelbank oder Custodian oder Central Securities Depository, soweit erforderlich, alle Buchungen vom Depotkonto der Eurex Clearing AG bezüglich der von der Eurex Clearing AG verrechneten oder nicht verrechneten Geschäfte auf die Depots der zu beliefernden Clearing-Mitglieder vorgenommen hat und
- seitens der Wertpapiersammelbank oder des Custodian oder des Central Securities Depository die entsprechende Geldverrechnung durchgeführt wurde und
- den Clearing-Mitgliedern von der Eurex Clearing AG der Ist-Lieferreport bereitgestellt wurde, der die tatsächlich belieferten Einzelgeschäfte ausweist.

[…]

(7) Jedes Clearing-Mitglied und die Eurex Clearing AG haben durch entsprechende Beauftragung der Wertpapiersammelbank bzw. des Custodian oder Central Securities Depository sicherzustellen, dass die Transaktion zu den in den nachfolgenden Kapiteln genannten Zeitpunkten bzw. am vereinbarten Liefertag bearbeitet werden kann. Die Clearing-Mitglieder verpflichten sich, die Eurex Clearing AG durch Erteilung einer entsprechenden Vollmacht gegenüber der Wertpapiersammelbank bzw. dem Custodian oder Central Securities Depository zu ermächtigen, im Namen des Clearing-Mitgliedes und mit Wirkung für sowie gegen dieses Clearing-Mitgliedes alle Lieferinstruktionen zu erteilen, freizugeben, zu übermitteln und Lieferinstruktionen zu ergänzen, zu ändern oder zu stornieren, die zur fristgemäßen bzw. zur korrekten Erfüllung ihrer gegenüber der Eurex Clearing AG bestehenden Liefer- und Zahlungsverpflichtungen aus Transaktionen von Geschäften im Sinne von Absatz 1 erforderlich sind. Gleiches gilt im Hinblick auf die Instruktion der korrespondierenden Zahlungsaufträge.
[...]

1.6 Brutto-Liefermanagement

[...]

(1) Das Brutto-Liefermanagement umfasst folgende Leistungsmerkmale

a) Freigabeverfahren (Release Method)

Dem Clearing-Mitglied stehen zwei Freigabeverfahren zur Verfügung:

- Die Belieferung aller Geschäfte ist nicht freigegeben. Sollen einzelne Geschäfte beliefert werden, müssen diese durch das Clearing-Mitglied gekennzeichnet werden (Positiv-Verfahren). Die Kennzeichnung von Bruchteilen eines Geschäfts ist zulässig.
- Die Belieferung aller Geschäfte ist freigegeben. Sollen einzelne Geschäfte nicht beliefert werden, müssen diese durch das Clearing-Mitglied gekennzeichnet werden (Negativ-Verfahren). Die Kennzeichnung von Bruchteilen eines Geschäfts ist zulässig.

b) Verarbeitungsverfahren (Processing Method)

Dem Clearing-Mitglied stehen zwei Verarbeitungsverfahren zur Verfügung:

- Das Clearing-Mitglied erklärt, dass grundsätzlich keine Aufrechnung der aus den Geschäften resultierenden Forderungen im Sinne der Ziffern 1.4 f. erfolgen soll (Brutto-Verfahren). Alle Einzelgeschäfte sind gemäß Ziffer 1.5 zu erfüllen. Im Rahmen des Brutto-Verfahrens kann das Clearing-Mitglied für einzelne Geschäfte bestimmen, dass diese in das Aufrechnungsverfahren gemäß der Ziffern 1.4 f. einbezogen werden sollen.
- Das Clearing-Mitglied erklärt, dass grundsätzlich eine Aufrechnung der aus den Geschäften resultierenden Forderungen im Sinne der Ziffern 1.4 f. erfol-

gen soll (Netto-Verfahren). Aufrechenbare Forderungen aus Käufen und Verkäufen werden gegenübergestellt (Aufrechnungsblock). Das Clearing-Mitglied kann im Rahmen des Netto-Verfahrens einzelne Geschäfte bestimmen, die nicht in das Aufrechnungsverfahren gemäß der Ziffern 1.4 f. einbezogen werden sollen.

[...]

c) Zusammenfassung von Geschäften (Nettoverarbeitung)

Die Eurex Clearing AG berücksichtigt bei der Aufrechnung die Parameter Wertpapier, Währung, Depotkonto und Abwicklungsstelle. Damit werden Forderungen zur Aufrechnung gegenübergestellt, die aus Geschäften resultieren, welche über dasselbe Wertpapier abgeschlossen wurden, die selbe Währung ausweisen, dem selben Depotkonto und der selben Abwicklungsstelle zugewiesen sind.

- Trennung auf Positionskontoebene

  Auf dieser Ebene erfolgt bei der Aufrechnung gemäß Ziffern 1.4 f. eine Trennung nach Eigen- und Kundengeschäften des Clearing-Mitglieds. Forderungen aus Eigengeschäften werden somit nicht mit Forderungen aus Kundengeschäften aufgerechnet. Eigen- und Kundengeschäfte von Nicht-Clearing-Mitgliedern sind Kundengeschäfte im Sinne dieser Bestimmung.

- Trennung auf Positionskontoebene sowie per Nicht-Clearing-Mitglied

  Auf dieser Ebene werden die Forderungen aus Geschäften des Nicht-Clearing-Mitglieds nicht mit den Kundengeschäften des Clearing-Mitglieds aufgerechnet. Eine Aufrechnung aus Geschäften unterschiedlicher Nicht-Clearing-Mitglieder erfolgt nicht.

Kapitel V

Geschäfte an der Frankfurter Wertpapierbörse

Abschnitt 2

Abwicklung von an der Frankfurter Wertpapierbörse abgeschlossenen Geschäften

2.1 Allgemeine Verpflichtungen

(1) Für die Abwicklung von FWB-Geschäften gilt Kapitel I Ziffer 1.5 soweit nachfolgend nicht anderes bestimmt ist.

(2) Die Eurex Clearing AG ist Vertragspartner für alle Lieferungen und Zahlungen bei der Erfüllung von FWB-Geschäften.

[...]

(4) Für das Verfahren bei Lieferungen und Zahlungen nach Absatz 1 bis 3 für girosammelverwahrte Wertpapiere gilt Folgendes:

Alle stückemäßigen Lieferungen sowie Zahlungen erfolgen Zug um Zug direkt zwischen den Clearing-Mitgliedern und der Eurex Clearing AG und entsprechend zwischen der Eurex Clearing AG und den zu beliefernden Clearing-Mitgliedern am zweiten Geschäftstag nach dem Tag des jeweiligen Geschäftsabschlusses.

(5) Für das Verfahren bei Lieferungen und Zahlungen nach Absatz 1 bis 3 für in Wertpapierrechnung (Treuhandgiroverkehr) verwahrte Wertpapiere und Rechte gilt Folgendes:

Alle Abtretungen sowie Zahlungen erfolgen Zug um Zug direkt zwischen den Clearing-Mitgliedern und der Eurex Clearing AG und entsprechend zwischen der Eurex Clearing AG und den zu beliefernden Clearing-Mitgliedern am zweiten Geschäftstag nach dem Tag des jeweiligen Geschäftsabschlusses.

Börsen- und kapitalmarktrechtliche Abhandlungen

Herausgegeben von Horst Hammen

Band 1 Susann Schumann: Die Verbesserung der Eigenkapitalausstattung mittelständischer Unternehmen durch Unternehmensbeteiligungsgesellschaften. Eine Analyse der Entwicklung des Gesetzes über Unternehmensbeteiligungsgesellschaften. 2007.

Band 2 Sonja Granzow: Die Aufsicht über den Handel mit Energiederivaten nach dem Gesetz über das Kreditwesen. 2007.

Band 3 Jens H. Kunz: Ausgewählte Rechtsprobleme des Zentralen Kontrahenten. Unter besonderer Berücksichtigung des Clearing-Systems an der Frankfurter Wertpapierbörse. 2009.

Band 4 Stefan Bressler: Public Private Partnership im Bank- und Börsenrecht durch Beleihung mit einer Anstaltsträgerschaft. 2009.

Band 5 Horst Hammen (Hrsg.): Interessenkonflikte beim Börsengang von Börsen. 2009.

Band 6 Alexander Hofmann: Der Skontroführer an den deutschen Wertpapierbörsen. 2009.

Band 7 Roman Jüngling: Polnisches Börsen- und Kapitalmarktrecht. Interessenkonflikte bei der Selbstnotierung der Warschauer Börse. 2010.

Band 8 Gisella Victoria Villeda: Prävention und Repression von Insiderhandel. 2010.

Band 9 Horst Hammen: Börsen und multilaterale Handelssysteme im Wettbewerb. Eine wirtschaftsrechtliche Analyse. 2011.

Band 10 Karsten Fink: Der Freiverkehr. Die rechtliche Organisation des Handelssegments Freiverkehr an deutschen Börsen. 2013.

Band 11 Simon Reitz: Börsengeschäfte, Übertragung von Wertpapieren und Leistungsstörungen. 2013.

www.peterlang.de

www.ingramcontent.com/pod-product-compliance
Ingram Content Group UK Ltd.
Pitfield, Milton Keynes, MK11 3LW, UK
UKHW021838290926
8980IPUK00004B/521

9 783631 625293